من غابو
إلى ماريو
جيل البُوم الأدبي

من غابو إلى ماريو
جيل البُوم الأدبي

آنخل إستيبان - آنا غاييغو كوينياس

ترجمة: صالح علماني

دار جامعة حمد بن خليفة للنشر
HAMAD BIN KHALIFA UNIVERSITY PRESS

الطبعة العربية الأولى عام 2019

دار جامعة حمد بن خليفة للنشر
صندوق بريد 5825
الدوحة، دولة قطر

www.hbkupress.com

DE GABO A MARIO
La estirpe del boom
First published in 2015 by Editorial Verbum, S. L.

Text Copyright © Ángel Esteban, Ana Gallego Cuiñas, 2015

حقوق الترجمة © صالح علماني، 2019
الحقوق الفكرية للمؤلفين محفوظة.

جميع الحقوق محفوظة.
لا يجوز استخدام أو إعادة طباعة أي جزء من هذا الكتاب بأي طريقة دون الحصول على الموافقة الخطية من الناشر باستثناء حالة الاقتباسات المختصرة التي تتجسد في الدراسات النقدية أو المراجعات.

الترقيم الدولي: 9789927137297

تمت الطباعة في بيروت-لبنان.

مكتبة قطر الوطنية بيانات الفهرسة – أثناء – النشر (فان)

إستيبان، آنخل، 1963- مؤلف.

[De Gabo a Mario]. Arabic

من غابو إلى ماريو : جيل البوم الأدبي / آنخل إستيبان، آنا غاييغو كوينياس ؛ ترجمة صالح علماني. الطبعة العربية الأولى. - الدوحة : دار جامعة حمد بن خليفة للنشر، 2019.

صفحة ؛ سم

تدمك 978-992-713-729-7

1. غارسيا ماركيز، غابرييل، 1927-2014. 2. بارغاس يوسا، ماريو، 1936- 3. أدب أمريكا اللاتينية -- القرن 20 – تاريخ ونقد.

أ. غاييغو كوينياس، آنا، مؤلف. ب. علماني، صالح، 1949- مترجم. ج. العنوان.

PQ8180.17.A73 G33 2019

201927367009 863 – dc23

المحتويات

مقدمة 7

1. الجنوب موجود أيضًا 13
   الجنوب حزين أيضًا، والجنوب يقتحم أيضًا 19
   الجنوب يعقد المؤتمرات أيضًا 24

2. مُحَدِّدو أبعاد الربيع 31
   غابو يهز ذيله 33
   ماريو عكس الرزنامة 38
   وكوبا؟ 44

3. الحركات في كاراكاس 51
   مئة عام من العزلة 55
   بعد الزلزال.. الحريق 59

4. من كاراكاس إلى ليما مرورًا ببوغوتا 67
   رسالتان تمهيديتان 71
   ست وخمسون ساعة في بوغوتا 76
   وردة (ربيعية) من ليما 82

5. عن الصداقة وشياطين أخرى 89
   فريدريتش شيلر ويوهان فولفغانغ فون غوته 91
   الصديق هو «أنا» آخر 96
   الحياة بلا أصدقاء (وبلا كثير من الأشباح) ليست حياة .. 100

6. مبارزات ورقية: بُوم المجلات 109
   راما وبارغاس يوسا: مناظرات مجلة مارتشا 111
   عالم جديد غير ممكن في كاسا دي لاس أمريكاس 120
   أحبك «حُرًّا» 126

7. عندما صار البُوم «بُومًا»: قضية باديًّا (الجزء الأول: الجائزة 1968) .. 135
   لاعب هجوم وسط خارج اللعبة 136
   نحن الفريق أحد عشر شخصًا 140

	151 .... تحرُّك الدبابات، والمتكلِّمون من بطونهم	
	157 .... لعبة أن يكونوا آلهة مع الآلهة	
8.	عندما صار البُوم «بُومًا»:	
	قضية باديًّا (الجزء الثاني: السجن، الرسالة الأولى، ردود أفعال 1971) 163	
	166 .... رائحة الجوافة العفنة	
	خمس ساعات من يوم الخامس من أبريل (نيسان) مع ماريو 169	
9.	ضربات ذيل باديًّا (P(esc)adilla) الذي يهز ذيله	
	(النقد الذاتي، الرسالة الثانية، البُوم) 171	
	الرابع من مايو (أيار) (وماريو قد استعد للنزال) 175	
	كاتب طفولي جدًّا بيدين هائلتين 181	
	عام تشظي البُوم 189	
	المحامي الأجمل في العالم 191	
10.	عودة السفن الشراعية: مد الجسور بين إسبانيا والبُوم 199	
	إسبانيا والبُوم الأمريكي اللاتيني: جسر من الألمنيوم 201	
	جيل البُوم 203	
11.	برشلونة جيدة إذا كانت المافيا ترن: جسر من ملح 217	
	تاريخ شخصي للبُوم البيتي 226	
	غابو وماريو: رأس جيل البوم البرشلوني وقلبه 238	
	برشلونة تتجمَّد عندما يسافر ماريو 241	
12.	أعراس البُوم الكتالونية: العرَّاب، والعرَّابة، والقاضي 247	
	أفضل هدية زفاف: الجائزة الأدبية 251	
	عرَّابة فاخرة: كارمن بالثييس 254	
	حَكَمٌ لا يلين ولا يستكين: الرقابة الفرانكوية 258	
13.	الصنارة الأدبية في تلك السنة الكبيسة 265	
	أدلة الجناية 269	
	التصريحات التالية 275	
14.	نهاية «نوبلية» 283	
15.	العالم بلا غابو 291	
	المراجع 297	

مقدمة

في ليلة خميس الفصح من عام 2014، ذهبنا لمشاهدة خروج **يسوع الصمت** من كنيسة سان بيدرو، عند أقدام قصر الحمراء الغرناطي. كانت الساعة تشير إلى الثانية عشرة، وهناك آلاف الأشخاص يجتازون، بازدحام بطيء، الدَّرب الضيق المعروف بـ«ممر المحزونين». كان الموكب يجتاز فناء الكنيسة الذي لا تُضيئه سوى شموع التائبين، بينما القمر المكتمل يُخلِّف على قصر بني نصر، فوق الجبل، ظلالًا أشبه بظلال أساطير بيكر. عُدنا إلى البيت بعد نحو ساعتين، وعندما استعرضنا آخر أخبار ذلك اليوم، علمنا أن غابرييل غارسيا ماركيز تُوفِّي للتوِّ. فكَّرنا عندئذ في ذلك الصمت الرهيب الذي شعرنا به قبل قليل، على الرغم من الحشد المزدحم؛ إنه الصمت نفسه الذي يسبق الكوارث الكبرى. كان يمكن لغابو أن يموت في اليوم الحادي عشر من يناير (كانون الثاني) عديم الأهمية؛ يوم لا يحدث فيه أي شيء أبدًا، أو في اليوم السابع من سبتمبر (أيلول)؛ وهو لا يقل ابتذالًا عن التاريخ السابق. ولكن لا. لا بد أن يكون موته بأُبَّهة، كيلا ينسى أحدٌ أنه أول عضو من جماعة **البُوم** يحصل على نوبل، وأنه الكاتب الذي اخترع عالمًا يسكنه ملايين الأشخاص، حين اختلق ماكوندو في الستينيات، وأنه الرجل الذي وضع كولومبيا وأمريكا اللاتينية على الخريطة الأدبية للقارَّات الخمس. في عام 2012 مات كارلوس فوينتس، وقبل سنوات من ذلك فعلها خوليو كورتاثر، وخوسيه دونوسو، وكابريرا إنفانتي، ومات تقريبًا جميع من كانوا في مدار **البُوم**. لم يبقَ لنا اليوم من تلك الجماعة التي لا تتكرَّر، سوى ماريو بارغاس يوسا، الثاني في تلقِّي جائزة الأكاديمية السويدية، والذي ما زال يواصل نشر روايات ودراسات كما في أفضل أيامه. الدائرة آخذة في الانغلاق، وسيمر وقت طويل، وربما طويل جدًّا، قبل أن يجتمع جيل من الكُتَّاب مثل هؤلاء.

جميعنا جهلة، لكن المسألة هي أننا لسنا جميعًا نجهل الأشياء نفسها، ولهذا يصل البعض إلى الذرى، بينما يظل آخرون في الهاويات. صاحب هذه العبارة شخصٌ يُدعى «ألبيرت أينشتاين»، كان جاهلًا، لأنه لم يكن يعرف أن غابو وُلد في آراكاتاكا في السادس من مارس

(آذار) 1927؛ ولكن أطروحته للدكتوراه التي لم تكد تزيد على سطر واحد، غيَّرت العالم، لأن ذلك الإيجاز الشديد لم يكن جهلًا (فهو لم يحتج إلى عدة مئات من الصفحات كي يُقنع هيئة تحكيمٍ رصينة)، وكان له تأثيره الكبير في الفيزياء المعاصرة، وفي المعرفة العلمية التالية؛ تأثيرٌ لا يمكن مقارنته إلا باكتشاف نيوتن. وهذا يُثبت أن ما لا يُمكن تجاهله هو ما يضع كلَّ امرئ في مكانته.

ما ستجده في هذا الكتاب، أيها القارئ الجاهل، هو قصة حالف أبطالها الحظ بمعرفة ما هو ضروري، في المكان الصحيح وفي الزمان المناسب، ولهذا صاروا اليوم ما هم عليه: شخصيات عظيمة في الأدب العالمي، مُذنبون بأنهم جعلوا سنوات الستينيات والسبعينيات من القرن العشرين عصرًا ذهبيًا حقيقيًا للأدب المشغول في أمريكا اللاتينية، والأكثر ازدهارًا في الكوكب كله. حقيقة ليست حزينة بأي حال ولا مفر منها، ولا ترغب في أن يكون لها مفر. ولكن لم يكن كل شيء سهلًا: قذائف **البُوم**، التي تفجَّرت في نطاق مُشابه للكُرة الأرضية، لها قصة صروف قاتمة وشاقة. فلا أحد يجهل الصدمة النفسية التي تعرَّض لها ماريو بارغاس يوسا حين تعرَّف على أبيه وهو في التاسعة من عمره، والعذابات التي أُخضع لها في مراهقته، بسبب صرامة تربيته، واستنكار ميل تلميذ الضابط إلى الكتابة الأدبية. وقلةٌ هم مَن يجهلون حياة تيهِ غارسيا ماركيز أثناء ما يزيد على ثلاثين سنة، مع جدَّيه أولًا، لأن الأبوين كانا غير قادرين على إطعامه، وبعد ذلك بسبب الأعمال المختلفة التي مارسها كي يكسب مبالغ بائسة، ما أوصله إلى رهن مخطوطاته، وإلى أن يكفله صاحب دار المومسات حيث كان يعيش. ولن يكون مُبهجًا تَذَكُّر اللحظة التي كان فيها على الصغير بورخيس، وهو في التاسعة من عمره، وبعد أن عاش وسط أقطان ناعمة، في جوٍّ أُسري حالم، أن يذهب إلى المدرسة ويدرك أن العالم شاسع وغريب، أو عندما أدرك، فيما بعد، أنه ورث مرض أبيه، وأنه سيتحوَّل إلى أعمى في سن مبكرة. وبكمٍّ من الحزن والغم يمكن تحديد مظهر غييرمو كابريرا إنفانتي، وهو الإنفانتي المزدوج[1]، بلا حذاء وبلا ملابس تقريبًا، إلى أن تمكَّن من الخروج من مدينة خيبارا. وكم كان بائسًا ومُحزنًا أول اتصال لخوسيه دونوسو بعالم النشر، إذ كان عليه أن يدفع تكاليف طباعة كتاب قصصه القصيرة الأول بنقود

(1) الإنفانتي المزدوج، لأن كُنيته «إنفانتي»، و«إنفانتي» (infante) تعني: «طفل»، وكان طفلًا.

أقرضه إيَّاها أصدقاءٌ وأقارب. وكئيبة كانت، في نهاية المطاف، طفولة خوليو كورتاثر، ما بين أُمٍّ مكتئبة لفقدان زوجها، وطبيبٍ ينصح والدته بألَّا يُترك الطفل يقرأ، لأن ذلك قد يُسبِّب له اضطرابات ذهنية.

ولكنهم جميعًا، خصوصًا مَن ارتبطوا منهم **بالبُوم**، عرفوا كيف يتجاوزون تلك المصاعب، وكيف يصلون إلى القمة التي ارتبطوا بها، لمزايا خاصة فيهم، ولإيمانهم ومراهنتهم على صواب الميول.

لقد عرف شُبان **البُوم** كيف يستخدمون الحياة، ولكن كان عليهم أن يعملوا بمشقة من أجل بلوغ ذلك. في هذا الكتاب سترى كيف أنه، في سنوات الستينيات، عندما لم يكن هناك بَعدُ من يتكلَّم عن الأدب في أمريكا اللاتينية، جرت سلسلة وقائع، ونُشرت أعمالٌ غيَّرت المشهد الثقافي في الغرب بصورة جلية؛ شهدنا انتصار الثورة الكوبية، واصطفاف المثقفين الأمريكيين اللاتينيين، وكثير من الأوروبيين، إلى جانب الثوار المنتصرين المبتهجين؛ جبنا شوارع كاراكاس، وبوغوتا، وليما، تقودنا يد غابو، وماريو، وخوسيه ميغيل أوبييدو، لحضور الحفاوة بالانفجار الحقيقي (**البُوم**) بنيل ماريو جائزة، وبالنشر المُدوِّي لرواية الكولومبي العظيمة، وسنسافر من باريس إلى لندن، ومن بويرتو ريكو إلى الولايات المتحدة، ومن هناك إلى برشلونة، للمشاركة في حياة هذه المدن التي تجتاحها حفلات واجتماعات، ونشاطات ثقافية ومقابلات في مختلف وسائط الاتصال؛ نقرأ الرسائل، غير المنشورة حتى يومنا هذا، التي جرى تبادلها أثناء كل تلك السنوات؛ نهرع إلى كوبا حتى لحظات قضية باديًا التي ستشغل رؤوسنا لوقت طويل؛ نمر من باريس ومكسيكو وبراغ عام 1968، كي نعيش أهم لحظات التوترات الطلابية، وهول الدبابات الروسية؛ نتناول العشاء في أشهر المطاعم الكتالونية، برفقة الأصدقاء، ونُمضي معًا أفضل حفلات أعياد الميلاد في حياتنا؛ تعرفنا على كارلوس بارال وكارمن بالثييس اللذين سيصبح أحدهما ناشرنا والثانية وكيلتنا الأدبية، وبفضلهما كسبنا الكثير من النقود، ونشرنا في أفضل مجلات تلك الأزمنة؛ ضحكنا وبكينا، وكانت لنا مواجهات ونزاعات جدِّية.

بين حين وآخر تطبع الحياة قُبلة على فمنا، ولكن، حتى لو لم تفعل ذلك، فإن الأدب هو ما يتبقَّى لنا على الدوام: حتى لو افتقدنا همسة الحياة ولم يملأ هواؤها رئاتنا، نحلم بأن أحدهم يأخذنا في نزهة في الشوارع محمولين ونشعر بأننا في أيدٍ أمينة، وأن أحدهم

يُخرج لنا أرنبًا من قبعة قديمة، وأننا سعداء، كسعادة طفل عند خروجه من المدرسة، كما يقول خوان مانويل سِيرَّات في إحدى أغنياته. الأدب ينقلنا إلى بُعدٍ آخر، يُحرِّرنا من الإحباطات، يجعلنا نعبر من مرآة «أليس»، ونواصل على دروب مرصوفة ببلاطات صفراء، ونُتوَّجُ ملوكًا على ماكوندو. إذا كان شُبان **البُوم** قد وصلوا إلى ما هم عليه، فإنما لأنهم، في جهلهم لنظرية الجاذبية، كانوا يعرفون كيف يجب الإمساك بالقارئ من ياقته وعدم إفلاته قبل وصوله إلى السطر الأخير. الأدب لا يتفوَّق على الحياة، ولكنه يُلوِّنها، وحتى إنه يجعلها أفضل. لهذا السبب نقرأ، ولهذا السبب يُغْني الأدب حياتنا، ويهدي إلينا تجارب عوالم أخرى، وأفرادًا آخرين نتحد بهم، ونتفق معهم، وننتقدهم، ونؤيدهم أو نرفضهم بصورة حازمة. يجعلنا الأدب، بلا شك، نشعر بأننا أحياء، ولهذا هو ضروري بكل مظاهره: تاريخ الكتب، وأسرار الأعمال الأدبية وخفاياها، وأفكار الكُتّاب حول إبداعهم، والعلاقات الشخصية التي يقيمونها فيما بينهم.

ضمن إطار الأجواء الهيسبانية، سجَّلتْ حقبة **البُوم** حدثًا تاريخيًّا لا جدال فيه، حاولنا تأريخه، وتقديمه بجميع مظاهره في هذه الصفحات. وللوصول إلى ذلك أجرينا مقابلات كثيرة، سواء مع الكُتّاب أو مع أصدقائهم، أولئك الذين عاشوا إلى جانب العباقرة لحظات لا تُنسى، كما أننا وجدنا مواد منشورة ساعدتنا. ولكن مما لا شك فيه أن أكثر ما يمكن أن يثير الاهتمام في هذا الكتاب، للتجديد الذي يزعمه، هو كمية المعطيات والمعلومات والنصوص غير المنشورة سابقًا للساردين وحول الساردين: رسائل خطية، وشهادات شخصية، وتصريحات شفوية، وغيرها... عالم يتيح لنا الدخول بمزيد من الشغف والمعرفة إلى أعمالهم، كي نكون أقلَ جهلًا، وقُرَّاءً أفضل.

منذ صدور الطبعة الأولى من هذه الدراسة، عام 2009، حتى يومنا هذا، نُشرت نصوصٌ أخرى ما زالت تجمع تفاصيل لم تُنشر حتى ذلك الحين، جميعها تقريبًا مكدسة في قاعة الكتب النادرة (Rare Books) بجامعة برِنستون، حيث بدأت هذه الأبحاث مع بداية القرن الحالي. وما يملؤنا بالرضا والسعادة أننا فتحنا الأبواب كي يواصل باحثون آخرون إخراج تلك الكنوز إلى النور، وهي كنوز تتيح لنا معرفة المزيد حول العصر الذهبي الحقيقي للآداب الأمريكية اللاتينية. من يعرف ما هو ضروري، ليس عليه أن يعرف أمورًا أخرى يجهلها. ولمن يعرف، تُقدَّم الحياة، أو الأدب، عاريين في أكثر من مناسبة، ويُهدى إليه

حلم مُتفلِّت لا بد من زرعه على رؤوس الأصابع كيلا ينكسر السحر. ذلك أننا نستمتع بالأعمال الأدبية، وبمعرفتنا أسرار إنجازها، ولا نستفيق أبدًا من دون أن نعرف ما الذي يحدث، بينما نحن نمص عود حلوى، ونجلس على يقطينة[1].

(1) الجملتان الأخيرتان من أغنية للمُغني الكتالوني خوان مانويل سيرَّات، وهذا مقطع منها: بين حين وآخر/ تتناول الحياة قهوتها معي/ وهي جميلة ورؤيتها متعة/ تُفلت شعرَها وتدعوني/ للخروج معها إلى المنصة/ تجعل نفسها على مقاسنا/ وتضبط مشيتها على خطواتنا/ وتُخرج أرنبًا من قبعة قديمة/ فيشعر أحدنا بسعادة طفل/ عند الخروج من المدرسة/ بين حين وآخر/ تمازحنا الحياة قليلًا/ ونستيقظ من دون أن ندري ما الذي يحدث/ بينما نحن نمص عود حلوى، ونجلس على يقطينة.

1
الجنوب موجود أيضًا

عقد الستينيات من أهم المراحل الثقافية والتاريخية في الغرب: البيتلز، والرولينغ، وربيع براغ، والمجمع الفاتيكاني الثاني، ولاهوت التحرُّر، ومايو (أيار) 68، والثورة الكوبية، وبُوم الرواية الهيسبانوأمريكية، والتقدُّمية السياسية لدى النخب الثقافية، والوصول إلى القمر، والأمل في انتصار أنظمة سياسية جديدة أكثر عدلًا، وحرب فيتنام، والتمرُّد ضد التفرقة العنصرية في الولايات المتحدة، إلخ. وقد شكَّل ذلك كله زخمًا إنسانيًّا وعامًّا لم يتبدَّد حتى يومنا هذا. استدعت تلك الأحداث والوقائع مجموعة من إشارات الاستفهام على عالم المعاصرة، ما زالت الإجابة عنها، حتى الآن، في **مهب الريح يا صديقي**، كما سيقول بوب ديلان. فبعد انتهاء الحرب العالمية، وانقسام العالم إلى كتلتين كبيرتين، بدا أن دور هؤلاء وأولئك رُسم بصورة متقنة ومحدَّدة، إلى أن حدث في تلك السنوات أن ألقى أحدهم حبة دواء بيضاء فوَّارة، في مياه الأطلسي الباردة، فتحوَّل الغرب إلى حفلة تمرُّد، حيث راحت الفقاعات تلطخ الشواطئ الأوروبية والأمريكية، من شمال ذلك المحيط حتى جنوبه. وفي أجواء الغبطة المشتركة العامة تلك، كان الشرق يتحوَّل إلى محور ادِّعاء في مواجهة الغرب الرأسمالي، ولكن الجنوب أيضًا؛ الجنوب الفقير والمستبعَد منذ عصور، بدأ يخرج من غيابه ليفرض وجوده. ويكتب ماريو بينيديتي قصيدة **الجنوب موجود أيضًا**، فيصف هذه الهواجس:

بطقوسهِ الفولاذية
بمداخنه الهائلة
بحكمائه السِّريين
وغناء حورياته
بامتلاكه مفاتيح المملكة
الشمال هو الذي يأمر

***

ولكن هنا في الأسفل، في الأسفل
الجوع الحاضر
يلوذ بالثمرة المُرَّة
بما يُقرره آخرون
بأمله القاسي
الجنوب موجود أيضًا

***

بكهنته الواعظين
بغازاته التي تسمم
بمدرسته في شيكاغو
وسادته مالكي الأرض
بخِرقه الفاخرة
وعظامه البائسة
بدفاعاته المهترئة
ونفقاته الدفاعية
بمأثرته الغازية
الشمال هو الذي يأمر

***

ولكن هنا في الأسفل، الأسفل
كل واحد في مخبئه
هناك رجال ونساء
يعرفون بماذا يمسكون
يتجنبون غير النافع
ويستخدمون ما يفيد
فبإيمانه المجرب
الجنوب موجود أيضًا

***

ببوقه الفرنسي
وأكاديميته السويدية
بصلصته الأمريكية
ومفاتيحه الإنجليزية
بكل صواريخه
وموسوعاته
بكل أكاليل غاره
الشمال هو الذي يأمر

***

ولكن هنا في الأسفل، الأسفل
قريبًا من الجذور
هنا حيث الذاكرة
لا تستبعد أي ذكرى
وحيث من يموتون اللاموت
ومن يعيشون اللاحياة
يحققون فيما بينهم
ما كان مُحالًا
كي يعلم العالم بأسره
أن الجنوب موجود

(Esteban y Gallego 2008: 1040–1042)

الجنوب موجود لأن العالم بأسره صار يعرف، بدءًا من ذلك الحين، أن الجنوب يشغل مكانًا ومكانةً في العالم. ففي المجال السياسي، ستُدخله كوبا إلى الشرق، كي يصل من هناك إلى الشمال. وفي مجال الأدب، يحشد أفراد جماعة البُوم ربَّات الإلهام التسع ليقولوا للقارات الخمس وللمحيطات الخمسة: «نحن هنا». وفي عام 1985، عندما صار بحوزة هذا الأدب جائزتا نوبل، وصارت ترجمات أعماله الأساسية تجوب مطارات العالم بأسره، يُشهر

المغني خوان مانويل سِيرَّات أسطوانته لأشعار بينيديتي، وهي تحمل بالضبط عنوان «الجنوب موجود أيضًا»، مُذكرًا أمريكا اللاتينية بأسرها، بما بدأ قبل عشرين عامًا. يُقدِّم عمله الغنائي أولًا في سانتو دومينغو[1]؛ مهد الهيسبانية، ومن هناك ينطلق في جولة عبر أمريكا اللاتينية كلها، يُكملها في عام 1986 بحفلتين في روساريو ومار ديلا بلاتا (الأرجنتين)، وتكون الذروة النهائية في مونتيفيديو، الموطن الصغير للشاعر بينيديتي، حيث يجتمع ثلاثون ألف شخص لحضور الحفل. ويُسجِّل للتلفزيون الإسباني كذلك عرضًا خاصًّا يحمل عنوان الأسطوانة نفسها وقصيدة الشاعر الأُورُوغْوياني (وفق سيناريو لمانويل باثكيث مونتالبان ومشاركة الصحفي فرناندو غارثيا تولا)، حيث تُضمَّن كذلك اللحظات الفارقة اللامعة لمرور المغني وأغنيته من مدريد وبرشلونة وبلنسية.

كيف بدأ الجنوب يتحوَّل إلى شمال؟ بدأ ذلك أدبيًّا، عندما اخترع بضعة شبان أمريكيين لاتينيين طريقة أخرى لقول الأشياء. وكان بينهم شخصان لا جدال فيهما، غابو وماريو: الشاعر والمهندس المعماري، ساحر الكلمات ومهندس الكون. وكارلوس فوينتس، صديق كليهما والناقد الألمعي بعيد النظر؛ حيث انتبه، منذ عام 1964، إلى أن شيئًا آخذ في التبدُّل جذريًّا في العالم، وأن دور البطولة الثقافية يَرِدُ، منذ ذلك الحين، من تلك القارة الخلاسية الهجينة، الجديدة وشبه العذراء. في رسالة إلى ماريو بارغاس يوسا مؤرَّخة في 29 فبراير (شباط) من سنة 1964 الكبيسة، يعترف فوينتس لصديقه:

> أنهيتُ للتوِّ قراءة **المدينة والكلاب**، وأجد صعوبة في الكتابة إليك، ومعرفة من أين أبدأ. أشعر بحسد، من النوع الحميد، تجاه عمل بارع سيحمل، فجأة، الرواية الأمريكية اللاتينية إلى مستوى جديد، ويحل أكثر من مشكلة تقليدية في سردنا الروائي. كنت أتحدث مع كوهين في لندن، واتفقنا في الرأي على أن مستقبل الرواية سيكون في أمريكا اللاتينية، حيث كل شيء ينتظر أن يُقال، وأن يُسمَّى؛ وحيث يبرز الأدب، لحسن الحظ، نابعًا من حاجة ضرورية، وليس حصيلة ترتيب تجاري أو عملية فرض سياسي، مثلما يحدث بكثرة في أنحاء أخرى. الآن، وبعد أن قرأتُ على التوالي، روايات: **عصر الأنوار**، **لعبة الحجلة**، **ليس لدى الكولونيل من يكاتبه**، **المدينة والكلاب**، أجدني متأكدًا

---

(1) جزيرة سانتو دومينغو: تُشكِّل اليوم دولتي الدومينيكان وهايتي، وهي أول أرض في العالم الجديد وصلها كولومبوس، وأطلق عليها يومذاك تسمية «إسبانيولا». ولهذا تُعدُّ مهد الهيسبانية في أمريكا.

من هذا التفاؤل. أعتقد أنه لم يحدث في العام الماضي، في أي مجتمع ثقافي آخر، إنتاج أربع روايات بهذا المستوى. الصعود السردي الشاق من خلال روايات غير شخصية أو توثيقية، وليست عن الغابة والنهر، عن الثورة والأمثولة البيِّنة، تسمح لنا بالوصول إلى كاربينتير، يحول هذه المادة الوثائقية إلى خرافة، ومن خلال الخرافة، يتحوَّل ما هو أمريكي إلى كوني. لكن الشخصانية التامة للرواية الأمريكية اللاتينية (في مغزى مزدوج: شخصيات حية مرئية من وجهة النظر الشخصية للكاتب) جرى الوصول إليها فقط، على ما أعتقد، في **المدينة والكلاب**. لماذا أُخبرك بكل ما أثر فيَّ وبهرني في عملك البارع العجيب؟ (Princeton C.0641, III, Box 9)[1].

من الجلي أن فوينتس، في لفتة تواضع، لم يُشر ضمن تلك المجموعة من الروايات إلى روايته **موت أرتيميو كروث**، التي صدرت في تلك السنة نفسها، وهي الرواية التي ما زالت تُعدُّ حتى اليوم ذروة أعمال الكاتب المكسيكي، وأحد أبرز الأعمال المرجعية لحركة **البُوم** الشهية. أما ما عدا ذلك، فحكمه صائب وجدير بالتقدير. فالآن، وبعد مرور ما يقرب من الخمسين عامًا، أصبح من السهل جدًّا تقييم ما كانت عليه تلك اللحظات، ولكن بُعد نظر كارلوس فوينتس وبصيرته الفريدة أتاحا له المغامرة بإطلاق تلك الفرضية في اللحظة التي بدأت فيها سيرورة **البُوم** في التشكُّل. وقد تساءل ماريو بينيديتي، في عام 1967، حين لم تعد هناك سوى شكوكٍ قليلة حول أهمية الجماعة التي ستُشكِّل **البُوم**: «أيُّ أدبٍ قادر اليوم على تقديم تشكيلة معادلة في النوعية لروايات: **الخطى الضائعة**، و**بيدرو بارامو**، و**الترسانة**، و**موت أرتيميو كروث**، و**ابن الإنسان**، و**لعبة الحجلة**، و**البيت الأخضر**، و**مئة عام من العزلة**؟» (Benedetti 1967: 23).

ولهذا، ليس من المستغرب أن مجلة بعيدة كل البُعد عن الأجواء اللاتينية، مثلما هو ملحق الإيكونوميست، تؤكِّد في عام 1968، بما لا يدع مجالًا للشك، أن المساهمة الأكثر أهمية في الأدب العالمي تأتي في هذه السنوات من أمريكا التي تكتب بالإسبانية.

---

(1) هذا الشاهد مُستخرج من وثائق حول المؤلِّفين الأمريكيين اللاتينيين، موجودة في قاعة الكتب النادرة بمكتبة جامعة برنستون في الولايات المتحدة. وهي وثائق ومخطوطات يمكن الاطلاع عليها هناك فقط. وكل وثيقة منها لها رمز، وتوجد في عدة علب مخصصة لنصوص مختلفة مرتبة أبجديًا وحسب الأقدمية، وعدة أقسام حسب نوع التوثيق. وبدءًا من الآن، جميع الاستشهادات التي سنأخذها من هذه النصوص ستضع في الحسبان تلك الرموز، مع ذكر «برِنستون» (Princeton) حيث يجب أن يكون اسم المؤلف.

فيما يخص الشأن السياسي، بدأ الجنوب في الاقتراب من الشمال، مثلما أسلفنا. وقد جرى الحدث المفصلي في الأول من يناير (كانون الثاني) 1959، قبل نصف قرن بالضبط، في إحدى جزر الكاريبي، عندما نزل من الجبال عدد ضئيل من المُلتحين، وسيطروا على جمهورية موز كانت حتى ذلك الحين مصمَّمة ومسيطرًا عليها ومستغلَّة من قِبل الولايات المتحدة. لم نتأمل بعدُ بما يكفي، ما عناه انتصار جماعة من رجال حرب العصابات الثوريين، الذين لم يُغيروا تاريخ كوبا فحسب، وإنما فكرة العالم الثالث برُمَّتها في مواجهة إمبراطورية رأس المال. من الصعب التفكير فيما كان سيحدث في النصف الثاني من القرن العشرين لو أن كاسترو ومعاونيه لم يضعوا كوبا في النقطة الاستراتيجية للمبادرة الجماعية، ولم يقودوا مشروعًا، بدأ محليًا، وسرعان ما تحوَّل إلى واقع قاريٍّ له ارتدادات مهمة، على الأقل في أوروبا وأفريقيا. ليس هذا فقط، فالثورة الكاستروية أغرقت العالم السياسي كما الثقافي، على السواء؛ فقد نظَّم المثقفون الصفوف، مع استثناءات ضئيلة، حول مشروع يجتذبهم بعمق. ولهذا، فإن الحديث عن انفجار **بُوم** أدب الستينيات هو متابعة أيضًا لتطوُّر الحياة السياسية والثقافية في كوبا تلك السنوات. إذا كان الجنوب موجودًا، فهو موجود إلى حدٍّ كبير لأن كوبا موجودة وكاسترو موجود. وسنوات الستينيات وبداية السبعينيات، إلى أن ظهرت «قضية باديّا»، هي التي حدَّدت سيطرة «ما هو كوبي» في منطقة الجنوب. فحتى عام 1979 كان الحديث لا يزال يدور حول الأثر الذي خلَّفه الثوريون في العالم الثقافي اللاتيني منذ عام 1959. والدليل على ذلك هو الرسالة التي أرسلها خوانتشو آرماس مارثيلو إلى ماريو بارغاس يوسا في 25 يوليو (تموز) 1979، بعد انتهاء المؤتمر، حول الأدب الأمريكي اللاتيني الذي نظَّمه هو نفسه في جزر الكناري. في ذلك الاجتماع نشبت مناظرات، وبصورة خاصة لأن الكوبيين أرادوا السيطرة على المؤتمر وتسييسه، مثلما اعتادوا أن يفعلوا دومًا:

> تكشَّف المؤتمر، وكان بالنسبة إليَّ تجربة عظيمة، عن لعبة شطرنج ظننتُ - في الأيام الأولى - أنها خاسرة، ثم رأينا أنها ليست كذلك، وأن **المركزية الكوبية** ستتلاشى في ذلك الاجتماع. يبدو أنه تأثير عام، فكوبا لم تعد هي الآمرة، بصورة تدليسية، في القرارات الثقافية الأمريكية اللاتينية الحاسمة، وهذه القرارات بدأت تُناقشها بصورة تدريجية أجيالٌ جديدة من الكُتَّاب والمثقفين. أرسل غابو برقية للتخفيف من شكوى الباديين[1]

(1) «الباديون»: أنصار باديّا.

المبطنة. كان لا بد من رؤية أدريانو غونسالس ليون وقد تحوَّل إلى وحش فنزويلي ضارٍ: لأيٍّ لعنة سترسله أسرته من هافانا؟ ووسط السخريات كان هناك تقدُّم في التوصُّل إلى نتائج قوية إلى هذا الحدِّ أو ذاك، أو حازمة على الأقل.

النزاع الداخلي، والوسطية وحسد كُتَّاب جزر الكناري المجهولين، والعالميين محليًّا (على الرغم من أن عددهم لا يتجاوز العشرين) لم تُتح المجال للانتظار. اتهامات مضحكة موسومة بإحباطهم، مثلما يمكن لك أن تتصوَّر. أجل، إنني أتذكَّر الآن كلمة قُلتها لنفسي في ليما، في حفل الاستقبال الذي أقامه السفير تينا: «مزعج». هذا هو الإحساس الذي استقر في أعماقي أثناء أيام المؤتمر، لأنها تلك الوسطية نفسها التي كانت في اجتماع السفير؛ وسطية «أنصار ثوريًا» و«أنصار أليخاندرو»، ممن أطلقوا من كناريا أيضًا نداءهم غير المُجدي حول المؤتمر (Princeton C.0641, III, Box 2).

الجنوب حزين أيضًا، والجنوب يقتحم أيضًا

شكَّلت سنوات الستينيات كذلك تقاربًا عاطفيًّا من جانب المثقفين العالميين مع شريحة البطيخة المتعفنة[1]، تلك التي بلا موارد. توَّج البابا يوحنا الثالث والعشرون بمنشوريه عن «الأم والمعلمة»، و«سلام على الأرض»، في عامي 1961 و1963 على التوالي، عملية تحوُّل افتُتحت عام 1891 على يد البابا ليون الثالث عشر من خلال نصه «Rerum Novarum» (عن الأشياء الجديدة)، حيث جرى الدخول بعمق، لأول مرَّة، في قضايا اجتماعية من الوزن الثقيل، مثل الاستغلال الذي يخضع له العمال والمُذَلون من جانب سادة رأس المال. الحقيقة أن حالة الخذلان التي تعيشها الطبقات الدنيا في أمريكا اللاتينية ومناطق كثيرة أخرى من الكوكب، والحصار الدائم الذي تفرضه البلدان القوية على اقتصادات بلدان الجنوب الهشة، تعكس غياب آلية بديلة مختلفة. وفي ذلك العقد من السنوات تحديدًا طُرحت في أمريكا اللاتينية الأسس النظرية والعملية للتغيير المحتمل. فلا الاستقلال في بدايات القرن التاسع عشر، ولا الحركات العمالية في أواخر القرن نفسه، ولا الثورة المكسيكية في بدايات القرن العشرين، ولا تكاثر وتفريخ أحزاب اليسار في سنوات العشرينيات، ولا الإصلاحات الزراعية في الثلاثينيات، ولا النتائج القاريَّة للحرب العالمية الثانية، توصَّلت إلى كسر البنية

(1) إشارة إلى قارة أمريكا الجنوبية التي تبدو على الخريطة كشريحة من بطيخة الكرة الأرضية.

الأساسية للأنماط السياسية أو الاقتصادية في الجنوب الكئيب. لكن عقد الستينيات حوَّل إلى وعد محتمل ما كان حتى ذلك الحين مجرد رغبة بلا طائل. إنها أربعة عشر عامًا من المجد (1959-1973)، تبدأ بدخول مُلتحيٍ الجبال إلى هافانا، وتنتهي بميتة ألليندي العنيفة في تشيلي. والمثير للفضول أنها السنوات نفسها التي ينفجر فيها النتاج الأدبي الأمريكي اللاتيني ويتحوَّل إلى ظاهرة عالمية.

في هذا المشروع كانت هناك أهمية مماثلة للسياسيين والمثقفين، لأن هؤلاء الأخيرين اكتسبوا دور بطولة سياسية جذَّابة. وهو ما لم يحدث في العالم الأول. ففي ألمانيا وفرنسا وإنجلترا والولايات المتحدة، إلخ، كان السياسيون هم من يديرون السياسة، بينما المثقفون يعربون عن آرائهم حول ما يفعله أولئك. قلما يحدث أن يتقدم روائي عظيم (مثل بارغاس يوسا في البيرو) إلى انتخابات رئاسية، أو أن يترأس حامل جائزة نوبل في الآداب (مثل بابلو نيرودا في تشيلي) حملة الدعاية الرئاسية لحزب سياسي سيكسب الانتخابات، ثم يجري تعيينه بعد ذلك سفيرًا على رأس السفارة المشتهاة أكثر من سواها[1]، أو أن يصير روائي كبير (مثل سيرخيو راميريث في نيكاراغوا) نائبًا للرئيس في بلاده، أو وزيرًا (مثل: آبيل بريتو في كوبا، وأرنستو كاردينال في نيكاراغوا). ولكن الخط الفاصل في أمريكا اللاتينية بين رجل الممارسة العملية والفنان هو خط رفيع جدًّا في معظم الأحيان، بل أكثر من ذلك، ففي الستينيات، وصلت السياسة إلى حدِّ تشكيل العقدة المتينة لشرعية عمل الفنانين والمثقفين، وكان الشأن العام المادة التي تُضفي الشرعية على صوته. ونتج عن ذلك محاولة شُجاعة لتقوض، دفعة واحدة إلى الأبد، جميع الحدود بين الفن والحياة، والقضاء نهائيًّا على صورة الكاتب الرومانسية في برجه العاجي. إنه **صندوق الخياط** حيث يظل كل التزام الكاتب قليلًا من أجل تغيير العالم. الكاتب الفرنسي الذي كان له أكبر تأثير على جماعة **البُوم** الأمريكيين اللاتينيين، وبصورة خاصة على بارغاس يوسا وساباتو، كان يسوغ العنف الثوري في مقدمته لكتاب «معذبو الأرض»، باعتباره محركًا للتاريخ، ويرى دورًا فاعلًا وحاسمًا للكاتب في إنجاز هذه الحركة. والواقع أن مصطلح «**المثقف**» يُشحن بمضمون سياسي وثوري. وسيكون المثقف، منذ ذلك العقد، ليس فقط من يتداول أفكارًا ويطرحها، وإنما هو الملتزم مع قضايا

(1) ترأس الشاعر بابلو نيرودا، في انتخابات تشيلي عام 1970، حملة مرشح قوى اليسار سلفادور ألليندي لرئاسة الجمهورية. وفور نجاح ألليندي في انتخابات الرئاسة، عيَّن الشاعر نيرودا سفيرًا في باريس.

التوجهات اليسارية، ويصل إلى أن يكون «أحد العوامل الأساسية في التحوُّل الجذري للمجتمع» (Gilman 2003: 59). في عام 1960، أكَّد موران أن «الكاتب الذي يكتب رواية هو كاتب، ولكنه إذا تكلَّم عن التعذيب في الجزائر فهو مثقف» (Morin 1960: 35).

في هذا السياق، كانت الثورة الكوبية أحد الأحداث التاريخية التي ساهمت في تحديد هوية المثقف من خلال ارتباطه بمشروع سياسي. فحين سأل بعض الفرنسيين سارتر كيف يُعلن موقفًا ملتزمًا مع قضية أشد المحتاجين، ردَّ عليهم المفكر الفرنسي العائد لتوِّه من أكبر جزر الكاريبي قائلًا: «بالتحوُّل إلى كوبي!» (Gilman 2003: 73). منذ تأسيس كاسا دي لاس أمريكاس، ارتبط معظم الكُتَّاب الأمريكيين اللاتينيين، وجزء كبير من المثقفين الأوروبيين، ارتباطًا قويًّا بالنشاطات السياسية والثقافية التي ينظمها الكوبيون، وكانوا يسافرون بكثرة إلى الجزيرة. وفي عام 1960 أُطلقت مجلة **كاسا دي لاس أمريكاس**، بإدارة إحدى بطلات سييرا مايسترا: هايدي سانتاماريا، وسيظل دورها أساسيًّا في المؤسسة حتى وفاتها عام 1980. في تلك الأعداد الأولى من المجلة، في الستينيات، نجد بين من انضموا تدريجيًّا إلى هيئة التحرير وإلى المشاركين كثيرين ممن شكَّلوا **البُوم**، ونقادهم وأتباعهم؛ أشخاصًا من أمثال خوليو كورتاثر، وماريو بارغاس يوسا، وإرنستو ساباتو، وربيرتو فيرنانديث ريتامار، وروكي دالتون، وكارلوس فوينتس، وآنخل راما، وأنطون آروفات، وماريو بينيديتي، ودافيد بينياس، وليساندرو أوتيرو، وخوان غويتيسولو، وأرنستو كاردينال، وريجيس دوبريه، وخوان كارلوس أونيتي، وأليخو كاربينتير، وخوسيه دونوسو، داروا بكثرة حول تلك المطبوعة الكوبية، وأظهروا وجهها الأشد التزامًا. فالميزة الكوبية تتلخَّص في إشاعة الاعتقاد بأن هناك مشروعًا أمريكيًّا لاتينيًّا مشتركًا، وفيه يختلف الجنوب بصورة جذرية عن الشمال، ليس في التعبير عن الهوية فقط، وإنما كذلك من خلال الممارسة والالتزام من أجل تغيير العالم.

كانت بصمة المشروع الكوبي الجديد فورية وراسخة جدًّا، بحيث ظهرت ردود فعل كونية ضده، لما بدا فيه من أنه مبادرة قاريَّة أكثر منه كونه خاصًّا بكوبا. الواقع أن السياسة الثقافية الأمريكية الشمالية كانت منذ اللحظة الأولى معادية للتوجهات الكوبية، ومنذ أن حاول العدو الشمالي القضاء على نشاطاتٍ مثل تلك التي لها علاقة بوكالة برنسا لاتينا؛ وكالة الأنباء التي تأسست بطلب من تشي غيفارا، والتي عمل فيها غارسيا ماركيز لبضعة أشهر في عام 1960، وليس من دون مجازفة حتى بنزاهته نفسها، لا سيما في مرحلته النيويوركية. ردٌّ سريع آخر، في السنة نفسها، على المخاوف من التوجهات الكوبية، جاء من «المجلس

من أجل الحرية والثقافة»، وهذه مؤسسة أُنشئت عام 1950 لها طابع معادٍ للشيوعية ومؤيد للتوجهات الأمريكية. وقد عقد مندوبو البلدان الأمريكية اللاتينية عدة اجتماعات في منتصف ديسمبر (كانون الأول) في باريس للتباحث حول التسييس المفرط للمثقفين في جنوبي القارة الأمريكية، وارتباطهم غير المشروط بالأيديولوجيات اليسارية، واتحادهم في قضية مشتركة مع الحالة الكوبية. وكانت المسألة تتمثل في إقناع الكُتَّاب بأن يتجنبوا الحماسة المفرطة، وأن تُقدم إليهم في الوقت نفسه معلومات موضوعية حول ما يسعى إليه المُلتحون الذين وصلوا حديثًا إلى السُّلطة. ففي «البيان حول كوبا»، الذي نُشر في مجلة **كواديرنوس** عام 1961، يأسف لأن التلهف للوصول إلى مجتمع عادل وحر وديمقراطي لم يتحقق، لأن كوبا «تحوَّلت إلى تابع يدور في فلك روسيا السوفيتية والصين الحمراء، وما هو أكثر مدعاة للقلق أنهم يطرحون الوصول إلى أهداف مماثلة في بقية أنحاء أمريكا اللاتينية» (Gilman 2003: 106).

الحقيقة أن كوبا لم تكن فقط بؤرة أفكار ومواقف، إنما كانت كذلك بيتًا للمثقفين الأمريكيين اللاتينيين الملتزمين. كثيرون منهم ساروا على خطى تشي واستقروا في لؤلؤة الكاريبي، في مأمن نخيلها، كما هي حال إليزابيث بورغوس، وماريو بينيديتي، وخابير هيراود، وإنريكي ليهن، وغارسيا ماركيز، وبلينيو أبوليو ميندوسا، وروكي دالتون، وريجيس دوبريه، إلخ. وفي الوقت نفسه، نظم فيديل كاسترو الصفوف في إطار من بقوا أحياء من مقاتلي سييرا مايسترا، ولكنه استفاد شيئًا فشيئًا كذلك من معين الشيوعيين القدماء الذين زرعوا الجزيرة، منذ تأسيس حزبهم في العشرينيات، بمتنازعين متأففين.

فمما هو معروف، مثلًا، قضية إيديث غارسيا بوتشاكا التي عُينت سريعًا رئيسةً للمجلس الوطني للثقافة، وكانت من أثارت أول فصول الرقابة والقمع المحزنة ضد الفيلم الوثائقي الذي أنجزه سابا كابريرا وأورلاندو خيمينيث، بعنوان «PM». وقد روى لنا أورلاندو نفسه في مقابلة أجريناها معه في ماربييًا في أغسطس (آب) 2007، في الفندق الذي يقضي فيه هو وبارغاس يوسا، مع مثقفين آخرين، بضعة أسابيع كل صيف - خيمينيث يعمل منذ سنوات طويلة في ميدان السينما بمدريد، ولكنه يحتفظ بذكرى حية لما كانت عليه سنوات الستينيات الأولى في كوبا - روى لنا أن إيديث غارسيا بوتشاكا عَرفَتْ كيف «تدمر الجيدين»؛ فقد تزوجت أول مرَّة من كارلوس رافائيل رودريغيث، عضو اللجنة المركزية للحزب الشيوعي والوزير لعدة مرَّات، ثم تزوجت ثانية من شخص تاريخي آخر هو خواكين أوردوكي. وكانت

بوتشاكا هي من أملت أولى القواعد «الثورية» حول أسلوب ممارسة النقد الأدبي: فحين يُمارس ضد العدو الإمبريالي يجب أن يكون نقدًا ماحقًا، بلا رحمة، حتى لو كان الكاتب من نوعية أدبية معترف بها، ويجب إظهار ذلك بالمعنيين، الأيديولوجي والشكلاني. أما حين يتعلق الأمر بكاتب صديق للثورة، فيجب أن يكون النقد رقيقًا، ودودًا ومتفهمًا، حتى لو كانت النصوص موضوع الدرس تفتقر إلى أدنى المعايير الأدبية.

إلى تلك الفترة يعود خطاب فيديل كاسترو «كلمات إلى المثقفين»، حيث أصدر حكمه الأوسع شهرة: «ضمن الثورة كل شيء، خارج الثورة لا شيء». وقد كانت طريقة أشد حسمًا وأقل فظاظة تُكمل فكرة بوتشاكا. لهذا، لا يمكن استهجان أن المحاضرة التي ألقاها كورتاثر في بداية الستينيات في هافانا لم تستجب لكل توقعات ومتطلبات أشد الراديكاليين. وقد نُشرت هذه المحاضرة فيما بعد، في عام 1970، في عدد الاحتفال بالذكرى العاشرة لمجلة **كاسا دي لاس أمريكاس**، تحت عنوان «بعض مظاهر القصة القصيرة». وفيها يؤكد الكاتب الأرجنتيني أنه لا وجود لموضوعات جيدة وموضوعات رديئة، وإنما «هناك فقط معالجة جيدة أو رديئة للموضوع» (Cortázar 1994/2: 372). وتقريبًا في نهاية المحاضرة الطويلة والعظيمة، يصل إلى النقطة الشائكة جدًّا. بعد أن يُلمح إلى أنه لا يكفي الأسلوب الجيد وحده، وإنما يجب أن تتوافر كذلك المعايشة العميقة، ويستخلص أن الحالة المعاكسة لهذا ستكون أسوأ، «لأن الحماسة لا تنفع في شيء، حين نريد إيصال رسالة، إذا ما افتقرت إلى الأدوات التعبيرية والأسلوبية التي تجعل ذلك التواصل ممكنًا» (Cortázar 1994/2: 380). وبعد ذلك يُمرِّر جملة صريحة وقاطعة بصورة مطلقة، يمكن للبيروقراطية الثقافية أن تسيء فهمها أو أن تسيء هضمها، فضلًا عن تلاعبه بثنائية داخل/ خارج التي استخدمها فيديل قبل سنة من ذلك: «أنا أعتقد، وأقول بعد أن فكرتُ مليًا ومطولًا في كل العناصر التي تدخل في اللعبة، أن الكتابة لثورة، الكتابة **ضمن** ثورة، الكتابة بثورية، لا تعني، مثلما يظن كثيرون، الكتابة بصورة إجبارية عن الثورة نفسها»، ولكي يكون أكثر وضوحًا بكثير في السطور التالية، يقول:

> خلافًا لضيق وجهة نظر كثيرين ممن يخلطون بين الأدب والتربية، وبين الأدب والتعليم، وبين الأدب والتمذهب الأيديولوجي، للكاتب الثوري الحق كاملًا في التوجه إلى قارئ أشد تعقيدًا بكثير، أكثر تطلبًا بكثير في مسألة روحانية مما يتصوره الكُتَّاب والنُّقاد المرتَجَلون بفعل الظروف، والمقتنعون بأن عالمهم الشخصي هو العالم الوحيد الموجود، وأن هموم اللحظة الآنية هي الهموم الوحيدة المقبولة (Cortázar 1994/2: 382).

مع ذلك، على الرغم من أن وجهات نظر كبار الكُتّاب تكشف عن احترام للأدب أكبر بكثير من الاحترام للثورة، وأن وجهات نظر السياسيين الثوريين تتخذ موقفًا أقرب إلى الستالينية التي نحملها جميعًا في داخلنا، فإن أغلبية المثقفين الأمريكيين اللاتينيين واصلوا دعمهم بلا تحفُّظ للمشروع الذي يمنح الأمل في جنوب يناضل من أجل التخلص من جميع أشكال التبعية المغرقة في القِدم.

الجنوب يعقد المؤتمرات أيضًا

أحد أعظم مصادر القوة لثورة يبدو أنها ستتخذ ملامح قاريَّة، وعالمية كذلك، هو اللجوء إلى عقد اجتماعات علمية لكُتَّاب وسياسيين ومؤرخين وتقنيين أدبيين وأساتذة جامعيين ومثقفين من جميع الأنواع. تجري فيها مناقشات حامية حول قيمة الكلمة في مواجهة الوقائع أو الأسلحة، وحول دور الأدب في عمليات التحوُّل الثورية، وحول المؤلفين (ذوي الاسم والكنية) الذين كانوا يمارسون أو لا يمارسون أدبًا يتفق مع اضطراب الأزمنة السياسي، إلخ. ففي بداية الستينيات، عُقدت سلسلة اجتماعات ذات طابع كوني في أمكنة مختلفة من الكوكب، مستخدمة مصطلح بلدان العالم الثالث كأساس لطروحات من أجل العمل السياسي. وفي عام 1960، في مؤتمر لكُتَّاب أمريكيين عُقد في تشيلي، هو الأول في ذلك العقد، شارك فيه غونثالو روخاس (المضيف)، وإرنستو ساباتو، وسيباستيان سالازار بوندي، وآلين جينسبيرغ، وآخرون، جرى التوصل إلى نتيجة مفادها أنه لا يمكن للكُتَّاب أن ينسوا، ويجب عليهم ألا ينسوا، الواقع المُلح الذي تفرضه التعاسة، وفي حالات كثيرة، استغلال البلدان المهيمنة. وعمليًّا، كانت النقاط الأساسية للجلسة الحصرية الوحيدة هي التالية:

1- التمرُّد الهيسبانوأمريكي على السوبرمناطقية[1].

2- صلاحية الوظيفة الاجتماعية للتعبير الأدبي.

3- العلاقات بين الأدب والحياة في عملية التحوُّل الأمريكية.

خطاب جلسة الافتتاح، وقد نُشر في العدد 380-381 من مجلة **آتنيا**، يؤكد: «نحن لا نسعى إلى فرض وجهة نظرنا على أحد، ولكن الكثير، والكثير جدًّا، مما نقرأه اليوم وما

(1) السوبرمناطقية: هي المناطق الجغرافية الكبرى (المكسيك، الأرجنتين، البرازيل) التي تُهيمن ثقافيًّا وفكريًّا على مجمل القارة الأمريكية اللاتينية.

قرأناه من قبل، لكُتَّابنا في القارة، يقودنا إلى التفكير في أنه، في إطار تقليد ساذج، يجب اعتبار الأدب، حتى إشعار آخر، وسيلة بناء في أمريكانا، أكثر من كونه نتاجًا ثقافيًا أو ظاهرة فنية». ومما لا شك فيه أن هذا البناء على علاقة كبيرة بالطروحات السياسية والاجتماعية التي يجب تحقيقها من أجل تطور المنطقة. وقد كان الأمر على هذا النحو إلى حد أن سالازار بوندي الذي كرمه ماريو بارغاس يوسا عند موته باعتباره مثقفًا ملتزمًا، وصل إلى التساؤل في ذلك الاجتماع عما إذا لم يكن من الأجدر التخلي عن كتابة القصائد أو الروايات من أجل الانضمام إلى النضال لتحرير أمريكا اللاتينية في مهمة كفاحية (Gilman 2003: 108).

في عام 1961 ولدت فكرة العالم الثالث، في اجتماع لبلدان عدم الانحياز. وفي ذلك العام نفسه أيضًا، بعد بضعة أشهر، عُقد في بلجيكا مؤتمر للبلدان المحايدة. وبعده بعامين، شهدت تنجانيقا اجتماعًا للتضامن الأفروأسيوي، حيث قُدمت مبادرة فريدة وضعت العالم اللاتيني على المدار، ذلك أن مجموعة كبيرة من مثقفي القارات الخمس اقترحت تكريس يوم 17 أبريل (نيسان) 1963 للتضامن الدولي مع بلدان أمريكا اللاتينية (Gilman 2003: 45). وفي ذلك الموعد عُقد مؤتمر قاري للتضامن مع كوبا في البرازيل، حضره مثقفون من جميع البلدان الأمريكية اللاتينية. وكان نجم المؤتمر الشاعر نيكولاس غييِّن الذي اختير للتوِّ رئيسًا للاتحاد الوطني لكُتَّاب وفناني كوبا الذي تأسس قبل وقت قصير.

وقبل سنة من ذلك عُقد مجددًا اجتماعٌ آخر في تشيلي، وكان هذه المرَّة أيضًا بمبادرة من غونثالو روخاس، مع العديد من الكُتَّاب الأمريكيين اللاتينيين، تحت شعار «صورة الإنسان في أمريكا اللاتينية»، بمشاركة بابلو نيرودا، وكارلوس فوينتس، وأليخو كاربينتير، وخوسيه ميغيل أوبييدو، وخوسيه ماريا أرغويداس، وخوسيه دونوسو، وربيرتو فيرنانديث ريتامار، وماريو بينيديتي، وكلاريبيل أليغريا، وغيرهم. وقد تولى فوينتس زعامة المجموعة، وانتهى إلى القول إنه ليس من حق المثقف فقط، بل من واجبه، التدخل في الحياة السياسية، لا سيما إذا كان ذلك في سياق النضال ضد الإمبريالية، وهي مسألة تجد القارات الثلاث الفقيرة («جنوبي» أمريكا وأفريقيا وآسيا) نفسها متداخلة فيها بصورة حميمة. وما بين الكاتب المكسيكي ونيرودا وُجِّه اهتمام الملتقى نحو القضية الكوبية، وحاولا أن يكسبا إلى صفها كل أولئك الذين كانوا مترددين أو بعيدين عن تأييد الثورة. وبدا واضحًا آنذاك أن إعلان الطريق الملتزم لأمريكا اللاتينية يعني في الغالب شق طريق نحو الكاريبي باتجاه الجزيرة المفضلة. وقد تأكَّد هذا كله عام 1965، عندما التقى في كوبا كثيرون ممن شاركوا في مؤتمرات الأعوام

السابقة. كان الحدث مميزًا، أقيم في **الكولومبيانوم**، وهي مؤسسة أنشأها الأسقف الجيزويتي أنجلو آربا، الكاهن الأحمر، تكريمًا لكريستوفر كولومبوس، الملّاح الجنوي الذي تصادف أن التقى بالقارة الأمريكية من دون أن يخطط لذلك. وكان الكاهن متفرغًا لدراسة أمريكا اللاتينية والدفاع عنها، وبصورة عامة عن كل ذلك الإطار الواسع الذي أطلق عليه حديثًا اسم «العالم الثالث». في سنوات الستينيات الأولى، نظم هذا الكاهن الجيزويتي الإيطالي مهرجانات سينما[1]، ومحاضرات ومؤتمرات، إلخ. وقد مرَّ من هناك فيلليني، وروسوليني، وبازوليني، وبعض المخرجين ذوي الأسماء الأقل إيطالية والأكثر أُورُوغْوِيانية، مثل بونويل الذي كسب جائزة مهرجان سيستري ليفانتي عام 1962 عن فيلمه **ملاك الهلاك**. ويحتفظ ليوبولدو زيا بذكرى رائعة من صداقته مع الأسقف آربا ومؤتمر عام 1965:

كان نشاط **الكولومبيانوم** يتضاعف؛ ففي عام 1965 دعت هذه المؤسسة إلى لقاء كبير حول الثقافة الأمريكية اللاتينية والأفريقية. عُقد الاجتماع المزدوج في مقر المؤسسة بجنوة. كانت هناك مبالغة! فشُنت حملة في أوروبا وأمريكا اللاتينية لإخماد عزيمة المثقفين المدعوين. فهو اجتماع شيوعي، نظَّمه شيوعيون، ولن يحضره سوى شيوعيين. وعلى الرغم من الحملة، فإن اللقاء لاقى نجاحًا كبيرًا. وبسبب ضخامة الاجتماع، تجاوزت تكاليفه ميزانية المنظمين، فعُرض عليهم قرض مالي لحل المشكلة، وكان يكفي توقيع الأب آربا كضمانة للقرض. وبعد انتهاء الاجتماع بقليل طُولبوا بدفع قيمة القرض فورًا. كان الأب آربا آنذاك في المكسيك ينظم اجتماعًا لحاملي جائزة نوبل ضد استخدام القنبلة الذرية. علم الأب آربا هناك، من خلال الصحافة، بأنه وُجهت إليه تهمة لص سارق في إيطاليا، وأنه سيُودع السجن فور عودته، لكنه رجع على الرغم من هذا التهديد، وعانى نتائج ذلك. حُبس الأب آربا في روما، وطُرد من فرقة يسوع. عندئذ تحرك فيدريكو فيلليني، فالكاهن صديقه ومتلقي اعترافه، كما ظهرت شخصيته في فيلم **ثمانية ونصف**، تحرك فورًا والتمس تدخُّل البابا بولس السادس الذي أخرج الكاهن من السجن ومنحه وظيفة في الفاتيكان. ويوضح أحد مساعديه: «الأب آربا قديس يتصل بالرب، لكنه لا يعرف ما يحدث عند قدميه». بعد ذلك التقيت به في روما في بيِّا ديلا كونسولازيوني حيث يعيش، وحدثني كثيرًا عن الفترة التي عاشها، وفي أحد

(1) زيا، ليوبولدو (2003). العالم الجديد أمام تحديات الألفية الجديدة. في:

http://ensayo.rom.uga.edu/filosofos/mexico/zea /milenio /2-9.htm26

الأيام قال لي: «زيارتك ربانية، لقد تكلمتُ مع بيرلينغير وسنعيد بعث **الكولومبيانوم**». لم يحدث ذلك، ولم ألتقِ به، وأعرف أنه ما زال حيًّا.

الحقيقة أن المؤتمر ضم ماركسيين وكاثوليك ومحافظين ومستقلين من اليسار، وأعلن في نتائجه عن وجود أمريكا اللاتينية كوحدة واحدة، واعتبر الثورة الكوبية الحدث الأهم في الأزمنة الأخيرة، ودعا إلى النضال المناهض للإمبريالية كموقف أخلاقي. كل ذلك نُشر في العدد رقم 30 من مجلة **كاسا دي لاس أمريكاس**. وعلى هامش هذا الاجتماع أُنشئت جمعية الكُتَّاب الأمريكيين اللاتينيين التي حاولت إقرار حركة موحدة للمثقفين للعمل سياسيًّا بطريقة دستورية.

ومع ذلك، كان النشاط التالي مُهمًّا جدًّا؛ مؤتمر تضامن شعوب آسيا وأفريقيا وأمريكا الإيبيرية الذي عُقد في العاصمة الكوبية من 3 إلى 15 يناير (كانون الثاني) 1966، والذي اشتهر أكثر باسم «مؤتمر القارات الثلاث في هافانا». حضر مندوبون من 70 بلدًا، مع نحو 500 مندوب يمثلون حكومات وأحزابًا شرعية أو تعمل في ظروف السرية، بما في ذلك منظمات حرب عصابات. ولم يكن مصادفة أن المنظمة التي قادت المشروع، تحت إدارة إليزابيث بورغوس، مقرها في العاصمة الكوبية. وكانت المنظمة تعارض، بصورة حازمة، نيوليبرالية شعوب الشمال، وتؤكد على أن أهدافها تتمثل في تحقيق مشروعات تعاون تطوير اقتصادي واجتماعي للشعوب المتخلفة والنامية أو التي على طريق التطور، وتنسيق الجماعات والأشخاص الذين يعملون من أجل التضامن مع شعوب أمريكا اللاتينية وأفريقيا وآسيا، وتنشيط مبادئ السلام وحقوق الإنسان بين الشعوب. وقد واصلت منظمة التضامن هذه عقد الاجتماعات في سنوات تالية، وظلت تفعل ذلك في العقود الأخيرة. والواقع أن لقاءً آخر عُقد في صيف عام 1967 بإشراف المنظمة الأمريكية اللاتينية للتضامن التي أُنشئت حديثًا، وترأستها هايدي سانتاماريا. وكان هذا الاجتماع بصورة خاصة مثيرًا للجدل؛ لأنه أقر أن الكفاح المسلح هو السبيل الوحيد للثورة، وبهذا المعنى تُعد كوبا طليعة العالم الأمريكي اللاتيني والعالم الثالث بصورة عامة، في النضال ضد الإمبريالية. ولكن في تلك الفترة نفسها، ومن أجل الاحتفال بالسادس والعشرين من يوليو (تموز)، عاشت كوبا أيام تمجيد جماعي، بحضور أكثر من مئة مشارك، ما بين كُتَّاب ورسامين وموسيقيين وغيرهم. وكان هناك لقاء لرسامين أوروبيين وأمريكيين ومهرجان للأغنية المعارضة في بارادير و، حيث حضر المغني سيلفيو رودريغيث، مع أنه لم يشارك في الغناء، وكان يُعرَّف كعضو في

تيار الأغنية الكوبية الجديدة. وفي الجزيرة، كان حتى أكثر الارتيابيين يتقبلون فكرة أن كوبا، في تلك اللحظات، هي بؤرة الثقافة الأشد هيجانًا وتنوعًا في العالم بأسره.

فيما بعد، في عام 1968، عُقد مؤتمر هافانا الثقافي ذو الأهمية البالغة، بحضور 483 مشاركًا أجنبيًا، بينهم شخصيات بارزة جدًّا على مستوى خوليو كورتاثر، وروبرتو ماتا، وجوليس فييفير، وأنطونيو ساورا، وبلاس دي أوتيرو، وإيف لاكوست، وميشيل ليريس، وإدواردو بيغنون، وأندريه بيري دي مانديارغيس، وفيكتور فاساريللي، وموريس سينه، وأرنولد ويسكر، ولويجي نونو، وفرنسيسكو روسيه، وإيميه سيزار، ودافيد ألفارو سيكيروس، وهانز ماغنوس إنزنسبيرغر، وماريو بينيديتي، ورومان كارمن، وكذلك عدد من ممثلي المثقفين الآسيويين والأفارقة، ومما كان يُسمى آنذاك «البلدان الاشتراكية». وقبل أن يُفتتح المؤتمر أقيم سيمنار تحضيري في مركز استجمام إلى الغرب من هافانا. وهناك جرى التأكد من أن التوترات والصراعات بين مختلف القطاعات الثقافية هي أكبر مما كانت عليه مع بدايات الثورة. وحدثت مناقشات حامية حول عدد المدعوين إلى السيمنار: كل منظمة تنافس على المشاركة بأغلبية من أعضاء عصبتها، وتتبدى بوضوح خصومات كامنة للهيمنة في الثقافة. ومع ذلك، كان مفيدًا جدًّا أن يجري لأول مرَّة منذ عقود جمع شمل مثقفين من جميع أنحاء العالم، من أجل النضال معًا ضد الإمبريالية والاستعمار الجديد.

كان اللقاء ميدان نزاعات. وأهم إرث خلَّفه المؤتمر هو الوحدة النَّقية بين سورياليين وتروتسكيين وشيوعيين وكاثوليكيين ومقاتلي حرب عصابات ودعاة سلام وماسونيين وفرويديين من أجل الإعلان عن أن النزاع الأساسي في عصرنا يحدث بين الجنوب والشمال، بين ما يُسمى «العالم الثالث» و«إمبريالية البلدان الغنية»، لا سيما الولايات المتحدة، وأن رجال الفكر والإبداع أولئك يُشكِّلون الطليعة الجديدة التي سترعى تمرُّدًا ضد البنى التقليدية واستبدال مبادرات تجديدية بها. غير أن غزو تشيكوسلوفاكيا أحاط هذا التحالف بالضباب، وسرَّع الموقف الذي اتخذته الحكومة الكوبية وقائدها الأعلى، من القطيعة، فمات مؤتمر هافانا الثقافي بعد شهور من ميلاده. وقد ترك الكاتب الكوبي ليساندرو أوتيرو، الذي تُوفِّي مؤخرًا، تقريرًا شخصيًّا شديد الإيحاء عن اللقاء:

> لم يكن المؤتمر شحيحًا بحوادثه الطريفة، وقد أتاحت لي إحداها عقد صداقة مع أحد أعظم الرسامين الأمريكيين اللاتينيين: دافيد ألفارو سيكيروس. فعند إحدى النواصي

المركزية في شارع البيدادو، افتُتح مجمع ثقافي، وقد زين الرسام الفرنسي اللامع بينون بهو المجمع بلوحة جدارية. وفي ليلة الافتتاح تجمَّع المدعوون أمام درجات السلم ينتظرون فتح الأبواب، ولمحتُ الشاعرة الفرانكومصرية جويس منصور تقترب من الصفوف الأولى. كنت أعرف الشاعرة منصور، لأني أنا من وجهت إليها الدعوة شخصيًا في باريس، بناءً على اقتراح جان بيير فاي وجماعة مجلة تال-كوال. أخبروني أنها ثرية ثراء هائلًا، وأنها تنفق ثروتها على مبدعين حقيقيين، فكانت رعايتها للآداب تمنحها تقديرًا. بدت لي آنذاك هذيانية بعض الشيء. هذيانات تلامس سوريالية مفرطة. وإلى جانبها كان الشاعر روبرتو ماتا يبدو أعجوبة في الاتزان العقلاني.
وقفتْ منصور وراء سيكيروس، واستجمعت قواها، ووجهت إليه ركلة قوية وهي تصرخ: «هذه من أجل تروتسكي!»، مشيرة بذلك إلى محاولة الاغتيال الفاشلة التي شارك فيها الرسام المكسيكي. التفت سيكيروس متفاجئًا، لكن ذهوله لم يدم أكثر من ثوانٍ. ولأنه اعتاد على كل أنواع الفضائح والتحديات، فقد ارتجل على الفور خطبة سياسية وصف فيها الاعتداء الذي تعرَّض له بالاستفزاز الإمبريالي. وما بين ضحكات مكتومة وهروب خجول ممن لا يريدون أن يبدوا متورطين في خصام قديم، تلاشى الحدث وذاب مع بدء حفل الافتتاح[1].

الحقيقة أن هذا المؤتمر شكَّل معلمًا في تاريخ الأجواء الثقافية الأمريكية اللاتينية، إذ توافد إليه أشخاص بارزون في عالم الأدب والفن من القارات الخمس، ونُوقشت فيه موضوعات كانت محل بحث، بطريقة ما، طوال ذلك العقد؛ ولأن الموقف من غزو تشيكوسلوفاكيا أدى إلى انقسامات ستصبح فيما بعد أكبر، وغير قابلة للإصلاح في قضية باديًا. كان خطاب فيديل كاسترو الختامي تاريخيًا، حيث أعطى ثقته للمثقفين الحاضرين فيما يتعلق بالإمكانيات الواقعية لمواصلة النضال الثوري وحصد النجاحات. في تلك الأوقات، كان جميع مؤلفي **البُوم** قد أعربوا عن حماستهم لكوبا، لكن هذا التجانس لن يستمر إلا وقتًا قصيرًا جدًّا؛ فبعض الأحداث مثل قضية باديًا، والخلاف بين مجلتي **موندو نويفو** و**مارتشا**، وتحركات مايو (أيار) 68، وتوالي قضايا خروج عدة مثقفين كوبيين إلى المنافي، مثل: غييرمو

(1) نَصٌّ مأخوذ من: (http://laventana.casa.cult.cu/modules.php?name=News&file=print&sid=3222). نُشر أولًا في «La Ventana» الموقع الإخباري لكاسا دي لاس أمريكاس، يوم 2 يونيو (حزيران) 2006، تحت عنوان: «واقعة من حياة سيكيروس».

كابريرا إنفانتي، ونيستور ألميندروس، ولينو نوفاس، وسيفيرو ساردوي، ممن صاروا في نهاية الستينيات أصواتًا راسخة جدًّا في بلدان الإيواء، وغيرها من الأمور، أنهت السنوات السعيدة. ومع ذلك، فإن ما لم يجرِ التوصل قَطُّ إلى بلورته سياسيًّا، كمشروع قاريٍّ، قد طفح وفاض في الميدان الأدبي. كانت الشعلة قد أُضيئت، وهي لن تنطفئ أبدًا.

مضى أكثر من خمسين عامًا على انفجار **البُوم** الأمريكي اللاتيني، وما زال بعض أبطاله أحياء يهزون ذيولهم (بعضهم يهزون الذيول أكثر من غيرهم، لكن السنوات لا ترحم)، وجميع من جاءوا فيما بعد لم يتحرروا قَطُّ من ثقل وطأة كبارهم. أجيال نهاية القرن، حتى الوقت الحالي، صنفوا أنفسهم انطلاقًا من **البُوم**: منذ 1975 يتحدثون عن **ما بعد البُوم**، وعن كُتَّاب أكثر شبابًا بدأوا في الظهور، مثل: ألفريدو بيرسي إتشينيكه، وأنطونيو سكارميتا، ورينالد أريناس، وآبيل بوسي، وإيزابيل ألليندي، ولويس سيبولبيدا، ويقدمون كتابة ونظرة مختلفة جدًّا عن آبائهم، بلا مزاعم كبيرة، وبلا روايات كُلية وشاملة، بعيدة عن التفسيرات الكونية، وعن بناء عوالم مفرطة في تعقيداتها. وعندما صرنا في السنوات الأخيرة من القرن الماضي، ظهرت إلى الضوء زمرة جديدة من الكُتَّاب الشباب الجيدين، يُذَكِّرون بطريقة ما ببريق الستينيات، وجرى الحديث عن **بوميرانغ**، أو عن عودة **بُوم** أمريكي لاتيني أوَّلي يكتسح قوائم الكتب الأكثر مبيعًا في إسبانيا وأمريكا اللاتينية. وأخيرًا، في السنوات الأولى من القرن الحالي، ظهر جيل جديد، ربما أكثر اندفاعًا وحِرفية من الأجيال السابقة، ولَّد حضورًا باهرًا في عالم النشر والثقافة في الجنوب والشمال على السواء، وكانت هناك عودة إلى استخدام المصطلح الذي لا مفر منه، فظهر هذه المرَّة على شكل **بيبي بُوم**. وكان ظهور أقلام شابة جدًّا مثل: آندريس نيومان (أرجنتيني مقيم في إسبانيا، وحاصل على جوائز أكثر من كتبه)، أو سنتياغو رونكاغليولو (بيروفي مستقر في برشلونة، وحاصل على جائزة الفاغوارا)، أو ويندي غيرًا (كوبية تعيش بين موطنين: كوبا وفرنسا)، أو رونالدو مينينديث، أو إيفان ثاياس، نموذجًا جيدًا منهم.

هل الجنوب موجود إذن؟ إنه موجود، ولكنه يقتحم أيضًا، ويُصرُّ أيضًا، ويحضر مؤتمرات أيضًا. ربما بفضل أولئك الذين جعلوه مرئيًّا، هناك في الستينيات. وفي تلك الجماعة الأولى كلها، هناك رأسا حربة، اثنان حدَّدا فصول الربيع، إنهما الشاعر والمهندس المعماري، غابو وماريو، هذا وذاك، لا فرق... الصنوان.

2
مُحَدِّدو أبعاد الربيع

لم يكن **البُوم** جماعة حاولت، بصورة واعية، أن تشق طريقًا بين كواليس النجاح التجاري. فما حدث هو أن سلسلة مصادفات، إضافةً إلى النوعية الأدبية العالية لأبطالها، أحدثت الزلزال الأشد اندفاعًا وقوةً في عصور الآداب الهيسبانية كافة. كان مخاض ذلك كله في بداية الستينيات، لكنه بدأ يتجسَّد واقعًا مرئيًا وجليًا وباهرًا منذ عام 1967، مع نشر رواية **مئة عام من العزلة** للشاعر، ومنح جائزة رومولو غاييغوس، عن رواية **البيت الأخضر** للمهندس المعماري. هذان الحدَّان لربيع **البُوم**، المعاصر لربيع براغ، كانا قمة جبل الجليد التي أتاحت رؤية ما يوجد تحتها: في ذلك العام نفسه رأت النور رواية **ثلاثة نمور حزينة** للكوبي غييرمو كابريرا إنفانتي، وسيظهر اثنان من أبرز مؤلِّفي تلك اللحظة، بأعمال متينة ومتماسكة صارت خلفهما، لينضما إلى الموكب، إنهما: الدبلوماسي وخبير العلاقات العامة وينبوع الجهاز الدعائي؛ كارلوس فوينتس، والساحر الذي أبدع قبل أربع سنوات شخصية «الساحرة»[1]، وثوَّر مفهوم الرواية نفسه في إطار لغة ثربانتس؛ خوليو كورتاثر، الذي قفز في عام 1963 إلى الشهرة بروايته **لعبة الحجلة**، بعد أن نشر ثلاثة - ليست حزينة بأي حال[2] - كتب قصص قصيرة وعظيمة، سوريالية ورفيعة الأصالة، ويُعاد في عام 1967 تقييمه على وهج حرارة **البُوم**. ثم ينضم إلى هذا الصف الأول مؤرِّخ أخبار المجموعة؛ خوسيه دونوسو، المتيقِّظ دومًا إلى عدم التخلُّف عن القطار والالتحاق بركب مشهوري المأدبة. كما ينضم رفاق متميزون آخرون مثل خورخي إدواردز، وكان لا يزال شابًا فتيًا آنذاك، لكنه صديق لعدد منهم، وكثيرون ممن أحدثوا الصدمة، مع أنهم لم يشاركوا مباشرة في عسل الصداقة مع من هم في الطليعة.

لكن علينا ألَّا نستبق الأحداث، فالحقيقة أنه في السنوات الأولى من عقد الستينيات لم يكن هناك من يستطيع مجرد تصوُّر ما سيأتي فيما بعد. فخوسيه دونوسو، في كتابه الذي لا

---

(1) الساحرة «لاماغا» (la maga): بطلة رواية «لعبة الحجلة» للأرجنتيني خوليو كورتاثر.

(2) الإشارة هنا إلى «ثلاثة نمور حزينة»؛ رواية كابريرا إنفانتي الأوسع شهرة وأهمية.

غنى عنه، **تاريخ شخصي للبُوم**، والذي يمكن لنا إعادة عنونته بـ«تاريخ شخصي [كيلا يظل صاحبه خارج] البُوم»، يشير إلى مؤتمر عام 1962 المهم في تشيلي، الذي نظمه حامل جائزة ثربانتس الكاتب التشيلي غونثالو روخاس، والذي سيكتب بعد عقد من ذلك:

> أثناء هذا المؤتمر [...] لم تكد تُذكر أسماء ساباتو، وكورتاثر، وبورخيس، وأونيتي، وغارسيا ماركيز، وبارغاس يوسا (هذا الأخير نشر روايته الأولى في ذلك العام)، وخوان رولفو. كانوا شبه مجهولين أو مهمشين منذ عشر سنوات. لم يكن **البُوم** قد بدأ بعد (Donoso 1999: 46).

ما الذي كان يفعله الشَّابان المعنيان آنذاك، أحدهما بشاعريته والآخر ببناه المعمارية المتقنة؟ كان غابو صحفيًّا جيدًا، في الثلاثين وبضع سنوات قليلة، بدأ كروائي بلا نجاح؛ حيث نشر في عام 1955 رواية **عاصفة الأوراق**، وبضع قصص قصيرة منشورة في الصحف، على النمط الكافكاوي، في كتاب بعنوان: **عينا كلب أزرق**، لم يكن حتى عام 1974 كتابًا واسع الانتشار، وكان يكتب رواية ستتمخض عن روايتين: **ليس لدى الكولونيل من يكاتبه**، و**ساعة الشؤم**؛ وصدرت كلتاهما في بدايات الستينيات، وقصصًا قصيرة ذات أجواء ماكوندوية ستتخذ شكل كتاب أيضًا يصدر في عام 1962 بعنوان: **مأتم الأم الكبيرة**. أما ماريو، وهو أصغر سنًّا بتسع سنوات، فقد تزوَّج قبل بلوغه العشرين من ابنة خالة له أكبر منه سنًّا بكثير، وكان قد كسب جائزة عن إحدى قصصه الأولى، تمكَّن بفضلها من القيام برحلة إلى العاصمة الفرنسية. وذهب أيضًا إلى إسبانيا في عام 1958 حيث قرر هناك، وقد تجاوز العشرين قليلًا، أن يكرس حياته للكتابة. نشر كتاب قصصه القصيرة الأول عام 1959، وبعد ذلك، بينما يعيش في باريس، عمل في الصحافة وفي التعليم، كي يتمكن من العيش والانخراط تمامًا في ميله الأدبي، لكن حياته تبدَّلت بين عامي 1962 و1963؛ إذ إن رواية تحمل عنوان: **المدينة والكلاب**، ستبرز بفخر، وتشمخ بقوة على أرض تفاهة المشهد الأدبي الإسباني الغارق في التفجُّعية والواقعية الاجتماعية والرقابة الفرانكوية.

في ذلك الحين لم يكن هناك تعارف بين من سيُصبحان صديقين عظيمين، ولم تكن ثمة صلات جوهرية بين أعمالهما، ولكن كانت هناك أخبار مشتركة. لم يمر أحدٌ باستخفاف على جائزة بيبليوتيكا بريفي، وجائزة النقد، اللتين حصل عليهما ماريو عن روايته الأولى، وأصداء رواية **ليس لدى الكولونيل من يكاتبه**، وإن لم تكن مدوية كما هي حال البيروفي، إلا إنها أذهلت فقط من كانوا يعرفون كتابات الكولومبي الأولى.

غابو يهز ذيله

وصل في اليوم السابق إلى المكسيك، هذه البلاد التي لن يهجرها أبدًا منذ ذلك الحين. وفي الصباح الباكر اتصل به الشاعر خوان غارسيا بونثي، وقال له: «القوَّاد هيمنغواي فجَّر رأسه ببندقية صيد». ظلت تلك الواقعة الفظيعة راسخة في ذهنه «كبداية مرحلة جديدة». هكذا بدأ غابو حياة مذهلة في العاصمة الأزتيكية، على الرغم من أن يومها الأول صُبغ بالدم ورائحة البارود. حدث ذلك عام 1961، ولا يمكن لمصادفة توافق بدء حياة وانتهاء أخرى إلا أن تستثير القلق، لأن حامل نوبل المُنتحر كان أحد محاور التكوين الأدبي لحامل نوبل المستقبلي وقاتل الآلهة. يروي الكولومبي أنه رأى هيمنغواي ذات يوم، في عام 1957، يمشي في جادة سان ميشال بباريس، ولم يخطر له أي شيء سوى أن يصرخ مناديًا من الرصيف المقابل: «أيها المعلم». فأدرك الكاتب الغرينغو أنه لا يمكن أن يكون هناك معلمون كُثر بين جموع الطلاب والسياح، فالتفت ولوَّح بيده صارخًا بالإسبانية: «وداعًا يا صديقي». من هيمنغواي تعلَّم غابو «أساليب خياطة» البناء، ذلك أن الكاتب الغرينغو، بصرامته نافذة البصيرة، «يترك براغيه ظاهرة ومكشوفة من الجهة الخارجية، كما في عربات القطارات. ربما لهذا السبب كان فوكنر - يقارن الكولومبيُّ غارسيا ماركيز - كاتبًا له دور كبير في روحي، أما هيمنغواي فهو أكثر من له علاقة بمهنيتي» (Cremades y Esteban 2002: 258).

عندما بدأنا هذه الأبحاث، فكرنا بالبدء في روايتها من عام 1967 الذي كان، كما أسلفنا، العام الذهبي للسرد الأمريكي اللاتيني، ولكننا تبادلنا الحديث منذ عام مع ميشيل بالنثيا-روث، في بيته بإربانا-شامبين، في إلينوي (الولايات المتحدة الأمريكية)، فقال لنا إنه من المناسب والأفضل تقديم بداية البحث إلى تاريخ اليوم الذي وصل فيه غابو إلى المكسيك عام 1961، لأن ذلك الحدث، ذلك التبديل في مكان الإقامة، لم يكن يعني بالنسبة إليه بدء مرحلة جديدة وحسب، حيث رأى نفسه فيها، أشبه بكلب سعيد وجد تطابقًا مع الوسط المحيط، فعاد يهز ذيله في اتجاهات أدبية وسينمائية؛ وإنما لأنه كان كذلك نقطة انطلاق مسيرة ناجحة ستنفجر في منتصف ذلك العقد، ولكنها لم تكن ممكنة من دون تلك السنوات الأولى. وميشيل، فضلًا عن كونه صديقًا عظيمًا، آوانا في بيته، وقدَّمنا بطريقة شديدة الكرم في المحاضرة التي ألقيناها، وربما يكون هو أيضًا الأكثر معرفةً بأعمال الكاتب الكولومبي، ومن تعمَّق بمهارة وحكمة في معالم وخرافات وشعائر روايات وقصص غابو، فضلًا عن أنه كتب عن علاقة الشاعر بالمعماري مقالةً،

أعطانا نسخة منها أثناء ذلك اللقاء، تحمل عنوان «فن الذاكرة في أعمال غارسيا ماركيز وبارغاس يوسا» (Palencia 1990: 351-367).

أضف إلى ذلك أن الجامعة التي يُدرِّس فيها منذ سنوات طويلة، جامعة إلينوي في إربانا-شامبين، هي إحدى أفضل جامعات الولايات المتحدة، ومكتبتها هي الأفضل بعد مكتبة هارفرد.

الحقيقة أنه يمكن القول إن سنوات بداية الستينيات تلك، هي سنوات التكوين الحقيقي للكولومبي؛ فبإقامته في العاصمة المكسيكية تعرف، عن طريق ألبارو موتيس، على أبرز المثقفين المكسيكيين والأمريكيين اللاتينيين، كما أنه دخل ميدانًا كان يغريه ارتياده بقوة منذ زمن طويل، لكنه لم يكن قد وضع قدميه فيه قَطُّ؛ إنه ميدان السينما. وتعرف على كارلوس فوينتس، وصار صديقًا له بمناسبة إنجازهما سيناريو سينمائي، استنادًا إلى قصة خوان رولفو: «الديك الذهبي». وكان كارلوس بارباتشانو، منتج ومؤسس السينما المكسيكية المستقلة، هو من اقترحه عليه بتشجيع من ألبارو موتيس. وافق غابو على كتابة السيناريو، ولكن عندما رأى المنتج حصيلة العمل علَّق قائلًا: «إنه جيد جدًّا، لكنك كتبته بالكولومبية، ولا بد من ترجمته الآن إلى المكسيكية». فكان أن تدخَّل عندئذ فوينتس، وجرى آنذاك تقديم كلٍّ من الصديقين المستقبليين إلى الآخر. بعد شهور من ذلك، ترسخت تلك الصداقة عندما عملا معًا على تحويل رواية **بيدرو بارامو**، وهي لرولفو أيضًا، إلى السينما، وكان المشروع إخفاقًا ذريعًا. ومع ذلك، استمر إلى الأبد تقديرهما المتبادل الذي ازداد أكثر فأكثر في سنوات ربيع **البُوم**، وواصل التنامي حتى موته.

أضف إلى ذلك ضرورة ملاحظة كيف أن هذا التطور في الصداقة كان يمضي دومًا بيد خوان رولفو، الذي ربما يكون أحد المرشدين غير المباشرين وغير الإراديين لجماعة **البُوم**، إلى جانب بورخيس وكاربينتير؛ فهم نماذج من عالم آخر، كائنات خرافية حقيقية في عالم الأدب، ينتمون إلى جيل سابق، خصَّبوا أثناء عقد الخمسينيات وبداية الستينيات أرضًا كانت تتأرجح حول الواقعية الطبيعية الملتصقة بالأرض، وحدِّي الثنائية في رواية القرن التاسع عشر: حضارة - بربرية، عبر لغة مستقرة كذلك في تقاليد سابقة. أما في حالة غابو، فكان رولفو هو المفاجأة الكبرى، ففضلًا عن قصص السيناريوهات السينمائية، كان اكتشاف أعماله كلها كشفًا حقيقيًّا. لقد روى لنا ميشيل بالنثيا ذات مساء خريفي؛ واحد من تلك المساءات القليلة في إربانا-شامبين ذات المناخ القاري شديد القسوة، حيث لا يتجمد المرء ولا يذوب: في أحد

أيام غابو الأولى في مكسيكو، ذهب حاميه ألبارو موتيس لزيارته في البيت، فسأله غابو عن المؤلفين الذين يجب عليه قراءتهم في المكسيك. رجع موتيس بعد وقت قصير حاملًا رزمة كتب، تناول كتابين نحيلين منها وقال له: «اقرأ هذا الشيء ودعك من الإزعاج، كي تتعلَّم كيف هي الكتابة» (Saldívar 1997: 410). خلال ما يزيد على يوم بقليل أعاد غابو قراءة **بيدرو بارامو** و**السهب الملتهب** عدة مرَّات، حفظهما عن ظهر قلب على التوالي، ولم يكد يقرأ في تلك السنة مزيدًا من الروايات، لتقديره أن كل ما عداهما أدنى من هذين العملين الصغيرين. لم تكن الضربة التي تلقاها بهذه القراءة تماثلها سوى تلك التي عاناها بعد قراءة السطور الأولى من **التحول** لكافكا، عندما كان يدرس في جامعة بوغوتا في أواخر الأربعينيات.

ويعود رولفو للظهور، شخصيًّا، في حياة غابو في مكسيك الستينيات. فالكولومبي يواصل عقد الصداقات مع أشخاص مرتبطين بعالم السينما والأدب: جومي غارسيا أسكوت، وماريا لويسا إيليو (المنفيان الكتالونيان اللذان سيهدي إليهما ماركيز عمله الكبير البارع)، ولويس بيسنس، ولويس بونويل، وإيلينا بونياتوسكي، وخوان خوسيه أريولا، وتيتو مونتيروسو، وخوسيه إميليو باتشيكو، وخايمي غارسيا تيريس، ومع مخرجين سينمائيين: لويس ألكوريثا، وألبيرتو إساك، وأرتورو ريبشتين. وطوال عقود قام كثير من السينمائيين الذين تعامل معهم آنذاك بإخراج أفلامه. هكذا كانت الأمور، فبين عامي 1963 و1964 كانت قصة حبه للسينما تكتسب أبعادَ هوسٍ إلى حدٍّ أنه فكَّر في ترك الكتابة الأدبية والتوجُّه بالكامل نحو الفن السابع. إحدى أفضل ثمار تلك المعاشرة مع السينما هي الاقتباس الذي قام به بنفسه لقصته القصيرة: **لا لصوص في هذه القرية**، حيث أقام مأدبة سينمائية مع الأصدقاء. وفي الفيلم الوثائقي المعروف عن حياته وأعماله: **الكتابة المسحورة**، تظهر صور ومشاهد من ذلك الفيلم، يمكن فيها رؤية غارسيا ماركيز وهو يتقاضى تعرفة الدخول في المشاهد الأولى، وعند بدء الفيلم يظهر لويس بونويل مُجسِّدًا دور كاهن يُقدِّم موعظة كارثية من فوق منبر مرتفع، بينما خوان رولفو وكارلوس مونسيفايس يلعبان الدومينو كقرويين إضافيين. وجسَّد لويس بيسنس (وهو مكتبي وسينمائي) شخصية دون أوبالدو، أما خوسيه لويس كويفاس، وإيميليو غارسيا ريبرا، أحد المخرجين، فيظهران مستغرقين في لعب أدوار بلياردو لانهائية، وشارك في الإخراج كذلك الصديق ألبيرتو إساك.

تروي حكاية الفيلم قصة قرية وقعت في أزمة عميقة عندما سرق أحدهم كرات البلياردو من الحانة، وهي التسلية الوحيدة لرجال القرية. المذنب هو أحد شبان المكان،

ولا يريد إعادة الكرات على الرغم من أن زوجته تحثه على فعل ذلك. وهو ما لا يحدث إلا بعد أن يتهموا زنجيًّا ويقتادوه إلى السجن. لكن الأمر المفاجئ، أن غابو توصَّل إلى جعل رولفو يُمثِّل في الفيلم. كانا قد تعارفا قبل شهور من ذلك في حفل زفاف صديق مشترك، في اليوم نفسه بالضبط الذي مات فيه أوزوالد، قاتل كينيدي (Saldívar 1997: 425)، وشيئًا فشيئًا توطدت الصداقة، ومنذ ذلك الحين صارا يلتقيان بكثرة في اجتماعات أدبية ومواعيد سينمائية.

ولكن الهيام بالفن السابع لم يكن أبديًّا، فشهر العسل ذاك تواصل بصورة خاصة طوال عام 1964، بإنتاج عدة سيناريوهات مقابل أجر جيد، بعضها مستمد من قصص سابقة، وبعضها الآخر سيناريو أصيل قائم بذاته، كما هو فيلم **زمن الموت**. ومع ذلك، بدأ التعب ينال من كاتب السيناريو، وراح يفقد الحماسة. في تلك الأثناء كان كارلوس فوينتس واضحًا جدًّا مع صديقه الكولومبي، وشجَّعه على ألا يقلق، لأن علاقة كليهما بالسينما لا هدف لها سوى التمويل، بصورة غير مباشرة، لرواياتهما التي لا يفكران أبدًا في أن يصبحا ثريين منها. كما أعرب ألبارو موتيس عن ثقته في كفاءة غابو في مواصلة الكتابة. وفي عام 1965 حدثت المعجزة؛ حدثان صيفيان سيحولان ذلك العام إلى الحد الفاصل لربيع **البُوم**.

الحدث الأول هو اللقاء بوكيلته الأدبية كارمن بالثيس، وكانت إحدى القطع المفصلية في انتصار **البُوم** في إسبانيا وخارج شبه الجزيرة الإيبيرية. بعقليتها الكتالونية، وانكبابها الضاري على عملها، لم تحوِّل غابو وحده إلى ذهب، وإنما ماريو، وكورتاثر، وفوينتس، وبيرسي، وسلسلة طويلة أخرى من المؤلفين أيضًا. وبالطبع، جعلت من نفسها ذهبًا أيضًا. «برشلونة جيدة إذا كان لكيس النقود رنين»، هذا ما يقوله المثل الأكثر كتالونية في العالم. كانت كارمن بالثيس تُمثِّل مصالح غابو التجارية منذ عام 1962، وفي أوائل شهر يوليو (تموز) 1965 أمضتْ بضعة أيام في العاصمة المكسيكية بعد رحلة إلى الولايات المتحدة، حيث حصلتْ على عقد بقيمة ألف دولار عن كتب غابو الأربعة. ظنت أنها أفضل لحظة للتعرف شخصيًّا على محظيها، وإطلاعه على الخبر العظيم، لكن الكولومبي قال لها مباشرة وبلا مواربة: «هذا العقد مجرد خِراء» (Saldívar 1997: 432). ومع ذلك، فقد فعلت الكيمياء الشخصية مفعولها فورًا، وأثناء ثلاثة أيام وثلاث ليالٍ أكرم المضيفُ الوافدةَ الجديدة بحفلات متواصلة وتجوال لا يُنسى في أرجاء مدينة لا تنتهي أبدًا. وأخيرًا، وكدليل على وفائه الأخلاقي، وبعيدًا عن كل رسميات وبيروقراطيات المتطلبات التجارية، وقَّع غابو عقدًا مع كارمن يخول إليها

تمثيله في كل لغات العالم خلال مئة وخمسين عامًا. وكانت تلك بداية صداقة، وبداية كثير من السعادات، الاقتصادية والشخصية، التي توالت على الطرفين.

أما الحدث الآخر فهو طرفة أخرى معروفة، وقد تحدَّثنا عنها سابقًا في كتاب **عندما تأتي ربات الإلهام**:

> أمضى ما يقرب من السنوات الأربع من دون أن يكتب سطرًا إبداعيًا واحدًا، وفي رحلة من مكسيكو إلى أكابولكو عام 1965، أوقف السيارة فجأة، وقال لزوجته مِرثيديس: «وجدتُ النبرة! سأروي القصة بالوجه الخشبي نفسه الذي كانت جدتي تروي لي به قصصها الخيالية، وانطلاقًا من ذلك المساء الذي ذهب فيه الطفل مع أبيه للتعرُّف على الثلج!». لم يصلوا إلى أكابولكو؛ استدار بالسيارة نحو البدء في الكتابة. قرر غارسيا ماركيز الاعتكاف. جمع خمسة آلاف دولار من المدخرات العائلية، ومساعدات الأصدقاء، وغيرها. وطلب من زوجته مِرثيديس ألا تزعجه في الشهور المقبلة. إنها ثمانية عشر شهرًا بالتحديد، أمضاها في كتابة الرواية، وأثناء تلك الفترة لحقت بالاقتصاد الأُسري ديون بقيمة عشرة آلاف دولار (Cremades y Esteban 2002: 262).

يقول خوسيه دونوسو إنه في عام 1965 تعرف على غابو بمناسبة المؤتمر الدولي في تشيتشين إتثا، الذي دعاه إليه كارلوس فوينتس. وكان ذلك المؤتمر أشبه بحفلة نظَّمها «المضيف-الدبلوماسي» لبعض المشاركين الأجانب في بيته بالتحديد، وقد علَّق أحدهم أمام دونوسو بأن مؤلفَ الكتاب الذي قرأه للتوِّ، وخلَّفه منهوكًا، موجودٌ في الحفلة. الكتاب المقصود هو **ليس لدى الكولونيل من يكاتبه**. ويتذكَّر دونوسو: «في اللحظة التي كنت أنقل فيها هذه المعلومة إلى زوجتي كي تساعدني في العثور عليه، اقترب سيد بشارب أسود، وسألني إذا ما كنت أنا بيبي دونوسو، وحين تعانقنا عناقًا أمريكيًا لاتينيًا امتصتنا عقرب التارانتولا المنفلتة التي كانت تمر» (Donoso 1999: 106). ويُشدِّد على أن غابو كان في تلك الفترة غارقًا في حالة جفاف أدبي استمرت عشر سنوات، وكانت كتبه محدودة التداول، وضمن أجواء هامشية جدًّا وضيقة. ويواصل الكاتب التشيلي: «رأيت غارسيا ماركيز كائنًا مكفهرًا، سوداويًا، معذبًا بسبب جفافه الأدبي... وكان ذلك الجفاف أسطوريًا كما هو جفاف إرنستو ساباتو، وجفاف خوان رولفو الأبدي كذلك» (Donoso 1999: 106). لكن حالة غابو تلك لم تستمر طويلًا، لا سيما بعد الرحلة التي لم تكتمل إلى أكابولكو.

بقية القصة - حتى نشر الرواية الربيعية - تستمر مئة عام، تستقر خلالها عزلة الباحث عن العمق في حجرة، وفيها يتعايش غابو مع شخصيات روايته: يقتلهم، يولدهم، يعدمهم رميًا بالرصاص، ينقلهم من جانب إلى آخر، يرفعهم إلى السماء بملاءة سرير، يبيدهم في إضراب عُمَّال موز أو في قطار أصفر، وهكذا حتى عام 1967.

ماريو عكس الرزنامة

بارغاس يوسا هو الأصغر سنًّا بين كُتَّاب البُوم، لكنه الأول في التحوُّل إلى كاتب ناجح يُحطِّم كل الأرقام القياسية: أول جائزة وهو في الثانية والعشرين، أول كتاب (وتسع جوائز) وهو في الثالثة والعشرين، أول رواية بارعة (ومزيد من الجوائز) وهو في الخامسة والعشرين. وما بين عامي 1962 و1963 تتبدَّل حياته إلى الأبد، وتكون تلك هي اللحظة الحقيقية لبداية البُوم. إنه يعيش في باريس، بالقرب من حدائق اللكسمبورغ. وكان قد انتبه بوضوح، قبل وقت من ذلك، إلى ميوله ككاتب، ولكن كان عليه أن يمارس نوعًا آخر من الأعمال كي يؤمِّن معيشته. فهو يعمل في الإذاعة والتلفزيون الفرنسيين، وفي وكالة فرانس برس، ويعطي كذلك دروسًا في اللغة الإسبانية في مدرسة بيرلتز للغات، ولكنه مُتعجِّل لتحطيم الزمن في مرحلة تلك السياحة الفرنسية الفريدة، فيرسل مخطوطةً أنهاها للتوِّ إلى دار نشر إسبانية، دار سيس بارال، فيقرأ أحد الناشرين، كارلوس بارال، بعض النصوص التي وصلت إلى الدار للتوِّ، ويصادف إحدى المخطوطات التي رُفضت، بعنوان: **بيت البطل**، ويصف خوانتشو آرماس مارثيلو اللحظة الحاسمة في اكتشاف العبقري:

واصل (كارلوس بارال) القراءة، وراحت الرواية تستحوذ عليه بأقصى سرعة. وبينما هو مستغرق في القراءة، لم ينتبه إلى أن الليل خيَّم عليه. وفي تأمله، تخيَّل أن ما بين يديه مخطوطة سردية استثنائية، وأن التقرير السلبي الذي رفعه قارئه رافضًا الرواية يمكن أن يكون خطأً كبيرًا [...]. كان متفاجئًا. في ذلك المساء وصل إليه ما سمَّاه هو نفسه «التجلي الأدبي»، اكتشاف مدهش ومثير. يجب أن يتعرف على المؤلف في أسرع وقت. يجب أن يتبادل معه الحديث في أقرب وقت ممكن. سيطرح عليه اقتراحًا بالتأكيد. ومفتونًا بنص الرواية التي سيصبح اسمها النهائي: **المدينة والكلاب**، يُسجِّل بارال مكان إقامة الروائي المستجد. إنه في باريس، يعيش في باريس وهو من البيرو (Armas 2002: 34).

وهكذا يُقرِّر الناشر السفر إلى باريس. ويقول بارال بشيء من السخرية، حين رآه أول مرَّة: «بذلك الشارب الذي يشغل كل ملامحه تقريبًا، والنظرة العميقة المرتابة في الوقت نفسه» ظن أنه «أمام راقص تانغو أرجنتيني، أكثر مما هو أمام كاتب بيروفي» (Armas 2002: 34). لم تُنشر الرواية وحسب، بل حصلت على جائزة بيبليوتيكا بريفي التي تُقدِّمها دار النشر، ثم جائزة النقد الإسبانية، وكانت المنافس الأخير على جائزة فورمينتور. كل ذلك في زمن قياسي، معاكس للساعة، ومعاكس للتقويم، لكنه قبل كل شيء، معاكس لكل التنبؤات. يرغب كل كاتب في المجد والنجاح، وأن يحدث ذلك بطريقة صاعقة، لكن في حالتنا هذه، لم يخطر ببال ماريو أن العالم سيتغير بتلك السرعة، وهو مَن لم ينشر أي شيء تقريبًا. هذا ما أخبرنا به في واحدة من المقابلات التي منحنا إياها أثناء عدة إجازات اصطياف في محيط مدينة ماربيّا، حيث اعتاد قضاء ثلاثة أسابيع بين شهري يوليو (تموز) وأغسطس (آب) منذ سنوات طويلة. ولم تخطر له مفاجأة الرواية الأولى، ولا جائزة رومولو غاييغوس، ولا أشياء كثيرة أخرى حدثت في مسيرته، ولم يكن ينتظر حتى جائزة نوبل، مثلما أكَّد لنا، فهو يرى أن «أفضل طريقة للتلقي هي عدم الانتظار».

كانت الشقة في باريس صغيرة جدًّا، وعند بابها يتقاطع سيفان وراية تنين. أول ما يلفت النظر هو الآلة الكاتبة، وسط الحجرة، وهي أول ما يُسمع أيضًا. عندما يستغرق تلميذ الضابط السابق الشاب في العمل، لا يشعر إلا بضربات أصابعه. هناك عاش الممثل جيرار فيليب، في الشقة التي تحت شقته بالضبط، وكانت أرملته، وهي لا تزال على قيد الحياة، تدق السقف غاضبة بعصا، كل يوم، بدءًا من الساعة الثانية عشرة ليلًا، لأن ضجة أزرار الآلة الكاتبة لا تسمح لها بالنوم. يروي كارلوس بارال أنه يتذكره في تلك الأمتار القليلة، وهو يعمل بلا كلل، لا يشرب الكحول، وإنما الحليب فقط، بينما الكتالوني بارال يستهلك كؤوس الجن واحدة بعد أخرى. كانا يقضيان ساعات في الحديث عن الأدب، وفي بعض الأحيان يأتي زائرون، نساء في الغالب، ولكن شغف الكتابة كان جارفًا ولا يمكن تجاوزه:

> سمع بارال صوتًا أنثويًا: «مرحبًا». ردَّ ماريو بارغاس يوسا على التحية: «مرحبًا». كي يضيف بعد ذلك، وبلا أي تعثر في نبرة صوته: «إنني أعمل». يبدو أن صرامة الروائي في مهنته لم تردع الزائرة المجهولة التي دخلت البيت، ولا بد أنها - يتخيل بارال في العتمة الظليلة - جلست على كرسي قريب من الكاتب. وعلى الفور، استولت المفاجأة مجددًا على بارال: عاد ماريو بارغاس يوسا إلى عمله الروائي من دون إبداء أي اهتمام

بالحضور الأنثوي الذي جاء لتحريره من كروب نير الأدب. وبعد دقائق قليلة، سُمع صوت الشاب ماريو بارغاس يوسا طالبًا من الزائرة: «ماذا تفعلين؟ البسي ثيابك، سوف تصابين بالزكام». ومن جديد، كتوسل طاغٍ لا يتوقف، سُمع صوت الآلة الكاتبة «إيقاع النقر وصمت غريب». وبعد ثوانٍ قليلة، بينما الآلة الكاتبة تُسجِّل أنفاسهما الشخصية، سُمعت خبطة باب غاضبة، أشارت بدورها إلى نهاية غير متوقعة لزيارة سرية تلقَّاها الكاتب في ذروة نشوة الإبداع (Armas 2002: 35-36).

يعي بارال نفسه تمامًا أنه لم تكن هناك في تلك السنوات جماعة أدبية متماسكة، ولا أحاديث عن **البُوم**، ولا عن صداقات كُتَّاب. في الجزء الثالث من مذكراته يُلخِّص تلك الحقبة وحياة البيروفي كما يلي:

في تلك السنوات الأولى، عند اللقاء مع بارغاس يوسا، كانت معرفتي لا تزال ضئيلة بتشكُّل ذلك الجيل من الكُتَّاب الأمريكيين اللاتينيين المتفرقين الذين لم يعرفوا بعضهم بعضًا، بل إن كثيرين منهم لم يسمعوا بالآخرين، ولم يخطر لهم أنهم سيتعارفون وسيلتقون أخيرًا في قاعات وجحور دور النشر البرشلونية أو في حفلات هافانا الثورية، أو في مقهى في باريس [...]. بارغاس يوسا كان الهارب الرومانسي الذي تعرفتُ عليه حين كان يعيش في شارع تورنو، وكان قد أمضى إجازات عمل صيفية في كالافيل، ويعمل كمَن به مس لمدة ثماني ساعات يوميًّا في كتابة **البيت الأخضر**. في شهر يوليو (تموز) القائظ ذاك، وفي قريتي البحرية، لم أكد أخرج من حجرة بلا نوافذ وبديكور جداري مرتجل: خرائط، وأعمال حفر ضاربة إلى الصفرة تمثل غابات أمازونية؛ عندما أخذني إلى بيت خورخي إدواردز؛ شقة دبلوماسي أنيقة في شارع بويزيه. كان ماريو لا يزال يعيش حياة العامل الأدبي نفسها، بيوم عمل كامل، في ركنه قرب حدائق اللوكسمبورغ. يبدو أنه كان يتردد على عدد قليل من أصدقاء نقابة الأدب، وهم بكل تأكيد ممن يفرضهم الروتين المهني: كارلوس سيمبرون، وكلود كوفون، وجان سوبوبرفيل، والزوجان أورورا بيرنارديث وخوليو كورتاثر، ولم يكن هذان الأخيران يظهران إلا قليلًا. وكان ماريو يستقبل في المقابل ما لا حصر له من البيروفيين المتوحشين، والأنثروبولوجيين الرحالة المتشدقين، والموسيقيين المدعين، أو الشاعرات الناضجات اللاتي يهدرن بصورة دموية وقته الملليمتري (Barral 2001: 574-575).

أصبحت صرامته في التقيُّد بموعد العمل فيما بعد، مؤكدةً من قِبل كل مَن عرفه أثناء السنوات الخمسين الماضية؛ فهو لا يستقبل عادةً أي زيارات قبل الساعة السادسة أو السابعة مساءً، ولا يمسك الهاتف أبدًا. هذه أيضًا تجربتنا معه منذ تعرفنا عليه عام 2001 في شقته في لندن. وقد التقينا بعد ذلك في مدينة باو، وفي ماربيًا، وفي بيته المدريدي (بين شارعي فلورا وتروخييو، بالمصادفة[1])، وفي واشنطن ونيويورك، والنتيجة هي نفسها، حتى في أصياف العلاج الغذائي والسروال القصير. العمل أولًا وثانيًا وثالثًا. ولكنه عندما يستقبلك في المساء، يعطي انطباعًا بأنه لم يكن لديه أي شيء آخر سوى قضاء بعض الوقت معك. كريم ولطيف. هذه الجدية تصل إلى كل أركان شخصيته.

يروي الكاتب ألفريدو بيرسي إتشينيكه أنه، في باريس الستينيات، رافق ماريو ذات يوم لشراء كتب من مكتبة «بهجة القراءة»، وحدث ما يلي:

> ذُهلتُ حقًّا برؤية طريقته الجيدة إلى حدِّ الإدهاش في سرقة الكتب. يضع كتابًا بعد آخر تحت إبطه ثم يخرج بعد ذلك باطمئنان. هنأته عند الناصية فهتف: «ماذا؟!». وعندما انتبه إلى أنه، في سهوه، خرج من دون أن يدفع، وعلى الرغم من إلحاحي على أننا فقراء وسعداء، فإنه رجع إلى المكتبة ودفع، قائلًا لي: «يجب أن ندفع دومًا» (Bryce 1993: 311).

لكن أفضل من يروي عن أجواء تلك الستينيات في باريس هو خورخي إدواردز، في كتابه عن نيرودا: **وداعًا أيها الشاعر**. وهو يشير فيه إلى الشاعر التشيلي، فبعد قليل من استقراره هناك، عام 1962، دُعي إلى برنامج إذاعي حول الأدب، حيث سيشارك معه كلٌّ من جين سوبرفيلي، وكارلوس سيمبرون، وكاتب قصص قصيرة شاب من البيرو «مغلق الذهن بعض الشيء، يهوى التفسيرات اليسارية المبسطة» (Edwards 1990: 109-110). وقد وصفه إدواردز بأنه أشبه بـ«فتُوَّة الحارة»، بالشارب الضروري، وتسريحة الشعر «مع غرة مغنِّي البوليرو أو ممثلي السينما المكسيكية»، يلبس ببساطة من دون مراعاة الموضة الثقافية، لكنه كان أكثر أهمية من الناحية الأدبية، فهو يُعبِّر في آرائه طوال الوقت «عن أصالة، وجرأة، وسعة اطلاع استثنائية، فضلًا عن أنه شغوف ومبدع»، و«معجب متحمس بتولستوي»، وبجميع الروائيين «الطموحين ممن يبذلون الجهود الجبارة للخروج من أناهم وتشييد عوالم روائية موضوعية،

---

(1) التأكيد على المصادفة، لأن «فلورا تريستان» هي بطلة رواية بارغاس يوسا «الفردوس على الناصية الأخرى». والدكتاتور تروخييو هو بطل رواية «حفلة التيس».

ومتنوعة، ومتكاملة، يمكنها الوقوف في مواجهة الواقع **الحقيقي** كواقع متخيل متكامل»، وهو عارف كبير بشعر اللغة الإسبانية والفرنسية، ويحفظ الأشعار عن ظهر قلب، وكان فوق كل شيء قارئًا متحمسًا للسرد الموضوعي، كما في رواية **تيرانت الأبيض**[1]، للبلنسي جوانوت مارتوريل، وأعمال بلزاك، وفلوبير، ودوماس، وفوكنر، إلخ (Edwards 1990: 110-113).

ومن خلال ماريو - يتذكر خورخي إدواردز - تعرَّف على خوليو كورتاثر أيضًا في عام 1962، وكان يعرف أكثر منهما، «وبصورة خاصة عن كُتَّاب السرد الخيالي، وعن رواد السوريالية، أو عن الحداثة بصورة عامة»، وعن كُتَّاب يكونون بطريقة ما «هامشيين، معاصرين أو قدماء، مثل سارتر، والماركيز دي ساد، وفورييه أو مارسيل شويب، وجورج باتاي أو ماثيدونيو فيرنانديث، وخوسيه ليثاما ليما». ويُعلِّق كذلك بأن الأرجنتيني كورتاثر «تحوَّل في باريس إلى صديق لأوكتافيو باث، وهي حالة تبث فيه الاحترام، ويعترف بقرابة أدبية قريبة من خورخي لويس بورخيس»، وإنهما تصادف أن التقيا «في شقة ضيقة، مظلمة، خالية تمامًا من أي شيء ظريف، حيث عاش ماريو وخوليا أوركيدي فترة قصيرة». وهناك كان «خوليو يجلس، بيدي طفل عملاق متقاطعتين على ساقيه، وبوجهه المراهق غير المعقول، على الرغم من أنه يكبرني بخمس عشرة سنة، ويتكلم برائه المتفرنسة والشبيهة، بصورة مثيرة للفضول؛ براء أليخو كاربينتير. وإلى أحد جانبيه كانت أمه التي أتذكرها الآن فقط كحضور مشوش وصامت، وفي الجانب الآخر زوجته أورورا بيرنارديث. هاتان الشخصيتان الأنثويتان تنفعان، بطريقة ما، لإبراز مراهقته [كورتاثر] المديدة بصورة غريبة» (Edwards 1990: 113-114).

كان بارغاس يوسا يُمثِّل أيضًا في أحد آخر أفلام الفرنسي رينيه كلير، بوصفه كومبارسًا، مع زوجته الأولى خوليا أوركيدي، والتي سيجري طلاقه منها عام 1964. كان أحد الأفلام الثلاثة التي شارك في تمثيلها، كما أخبرنا هو نفسه، من إخراج رينيه كلير، وعنوانه «كل ذهب العالم»، في عام 1961، وكان من بطولة بورفيل، وفيه يتعرَّض مزارع متواضع إلى جميع أشكال الضغوط لأنه يحول دون أن تقيم شركة قوية متنفذة مُجمَّعًا سكنيًا على أرضه. وكان على ماريو أن يقف فقط مرتديًا بدلة أعاروه إيَّاها وتصوره الكاميرات من دون أن يتلفظ بكلمة. بعد هذه التجربة سيواصل الكتابة، وسيتزوج من ابنة خالته باتريثيا يوسا،

---

(1) «تيرانت الأبيض» (Tirante el Blanco): رواية فروسية إسبانية، كتبها جوانوت مارتوريل باللغة البلنسية في الأصل، وتُرجمت إلى القشتالية، واطَّلع عليها ثربانتس وذكرها في «دون كيخوته». وما زالت من روايات الفروسية التي تُطبع وتُقرأ حتى الآن.

في عام 1965، وسينجب ثلاثة أبناء، وينشر **البيت الأخضر** (1966)، ويتلقّى جائزة رومولو غاييغوس (1967) بعد أن يكون قد حصل مرّة أخرى على جائزة النقد الإسبانية، وسيخرج إلى النور كتابه: **الجراء** (1967)، وتبدأ علاقته مع نادي القلم، من خلال اجتماع جديد في نيويورك (1966)، ويُدرِّس في الكوين ماري كوليج بجامعة لندن، إلخ. وهو دائمًا بعكس الساعة، وبعكس التقويم، ناجح، وصادم، وحازم، وطموح، ومجادل، وقاتل آلهة. الهزة التي أحدثها في كثيرين نشرُ رواية **البيت الأخضر**، على سبيل المثال، لا يمكن مقارنتها إلا بإعصار، ولتقديم دليل مقتضب على ذلك، يكفي ذكر مقطع من رسالة طويلة أرسلها خوليو كورتاثر - المفتون والمصاب بالضربة القاضية بالمطلق - إلى البيروفي في 18 أغسطس (آب) 1965، حين لم تكن الرواية قد نُشرت بعدُ، وكان هو وحده من اطلع على المخطوطة النهائية:

> تركت أسبوعًا يمر بعد قراءة كتابك، لأني لم أشأ الكتابة إليك تحت تأثير انخطاف الحماسة الذي أحدثته **البيت الأخضر** بي [...]. أريد أن أقول، قبل أي شيء آخر، إن إحدى أعظم الساعات التي يخبئها لي المستقبل ستكون إعادة قراءة كتابك عندما يُطبع، عندما لا يكون عليَّ أن أُصارع ضد حرف «a» المشطور إلى قسمين في آلتك الكاتبة اللعينة (ألقِ بها إلى الشارع من الطابق 14، ستُحدث دويًّا استثنائيًّا، وستستمتع باتريثيا كثيرًا بذلك، وفي صباح اليوم التالي ستجد كل أجزائها الصغيرة في الشارع وسيكون ذلك رائعًا، من دون حساب ذهول الجيران، لأن الآلات - الكاتبة - لا - تُرمى - من - النوافذ - في فرنسا) [...].

حسنًا يا ماريو بارغاس يوسا، سأقول لك الآن الحقيقة كلها: بدأتُ بقراءة روايتك وأنا أموت خوفًا، نظرًا للإعجاب الكبير الذي قرأت به **المدينة والكلاب** (وهي ما زالت، بصورة سريَّة، في نظري **النصابون**)، وكنت أشعر بخوف لا يمكن الاعتراف به من أن تبدو روايتك الثانية أدنى، وأن تأتي الساعة التي أضطر فيها إلى القول لك (لأنني كنت سأقوله لك، وأظن أن كلًّا منا يعرف الآخر). بعد قراءة عشر صفحات، أشعلتُ سيجارة، واستلقيتُ في وضع مريح على الأريكة، وغادرني الخوف كله فجأة، وحلَّ محله من جديد ذلك الإحساس الرائع الذي أحدثه فيَّ لقائي الأول مع ألبيرتو، ومع الجغوار، ومع غامبوا[1]. وعند الوصول إلى الحوارات الأولى بين بونيفاثيو والراهبات صرت خاضعًا تمامًا لقدرتك السردية الهائلة، لهذا الذي لديك ويجعلك مختلفًا وأفضل من

(1) شخصيات أساسية في رواية «المدينة والكلاب»، وتظهر في الرواية بدءًا من الصفحة الأولى.

جميع الروائيين الأمريكيين اللاتينيين الأحياء الآخرين؛ بفعل هذه القوة، وهذا البذخ الروائي، وهذه السيطرة على المادة، التي تضع على الفور أي قارئ حسَّاس في حالة قريبة جدًّا من التنويم المغناطيسي [...].

إنني أضحك بخبث حين أفكر في حديثنا عن أليخو كاربينتير، الذي تُدافع عنه بكل ضراوة. ولكن يا رجل، عندما يصدر كتابك، سيبقى **عصر الأنوار**، وبصورة آلية، في ذلك المكان الذي قلته لك وكنتَ مُستهجنًا؛ في مستودع المهملات المهجورة، مستودع التمارين الأسلوبية البراقة. أنت أمريكا، ضوؤك هو الضوء الأمريكي الحقيقي، مأساتها الحقيقية، وأملها أيضًا، بالقدر الذي هي قادرة على أن تكونك بما أنت عليه (Princeton C.0641 III, Box 6).

وكوبا؟

ستكون جماعة **البُوم** لبعض الوقت من المدافعين المتحمسين عن القضية الكوبية التي كانت، كما أشرنا سابقًا، أحد عناصر تلاحم المثقفين في عقد الستينيات. لكن كل واحد منهم كان يدخل إلى عالم «التنميط اليساري» في أزمنة وظروف مختلفة، على حدِّ قول خورخي إدواردز. ويروي الكاتب التشيلي كيف أن الأرجنتيني كورتاثر، بتدبيرات طفولية ورؤية إنسانية عظيمة، كان أول من انبهر بنور الكاريبي، في أواخر عام 1962 أو بدايات عام 1963. في ذلك اللقاء الأول في بيت بارغاس يوسا، واللقاءات التي تلته:

كورتاثر برائه كأرجنتيني متبرسس (نسبة إلى باريس)، لم يحدثنا كثيرًا عن ريمون روسيل، وعن كتابه **انطباعات أفريقية**، أو عن لورنس ستيرن، وروايته **تريسترام شاندي**، مثلما حدثنا عن فيديل كاسترو والثورة الكوبية؛ إذ كان قد عاد للتوّ من زيارته الأولى لكوبا، ولم يكتشف سعادة وتضامن وعفوية الثورات في مرحلتها الابتدائية، وإنما اكتشف، أو أعاد اكتشاف العالم الأمريكي اللاتيني وموضوعاته. كان خوليو كورتاثر قد غادر بوينس آيرس مُتعمِّدًا كي يتحول إلى كاتب أرجنتيني في باريس، وهي سيرورة انتهى به الأمر إلى روايتها على طريقته، مستخدمًا نظامًا متعدد الأصوات في روايته **لعبة الحجلة**. ولكن رحلته إلى هافانا أثرت فيه؛ فمنذ ذلك اللقاء بدأ، من باريس، ولكن بمنظور آخر، في تغير معاكس، حيث شكَّلت الرحلة إلى كوبا الثورية اكتشافه لأمريكا، ودخوله في العالم الجديد، وشبابه المستعاد كطفل كبير (Edwards 1990: 114-115).

كانت رحلته الأولى كذلك هي رحلة المشاركة في لجنة تحكيم جائزة كاسا دي لاس أمريكاس، والمحاضرة حول القصة القصيرة في مؤسسة كاسا دي لاس أمريكاس، التي ذكرناها من قبل، وهي كذلك رحلة الاستلهام «الأدبي-الثوري». وبالفعل، كتاب القصص القصيرة الرابع لخوليو، **كل النيران النار**، الصادر عام 1966، يتضمن قصة من عام 1964 مكتوبة برمزية، عنوانها «اجتماع»، تحاول - بقليل من التخفي - أن تكون تكريمًا مستترًا للثورة الكوبية. وهذه القصة تستند، عمليًّا، إلى كتاب تشي غيفارا: **مشاهد من الحرب الثورية،** وبالتحديد إلى قصة النزول من المركب «غرانما» التي تُعدُّ بداية الكفاح المسلح في سييرا مايسترا. فالراوي في القصة، ذو اللكنة الأرجنتينية والذي يعاني الربو، يتوغل مع بعض الرفاق في غابة بعد النزول من المركب، من أجل البحث عن لويس قائد الجماعة، والبدء في ثورة في الجبال. ويقارن لويس بموزارت، لقدرته على بناء مقطوعة متقنة ومنتظمة؛ فلويس «موسيقي الرجال»، يتوصل إلى نظم ذلك النشيد الذي ظنناه مستحيلًا؛ نشيد يعقد صداقة مع قمم الأشجار، مع الأرض المستعادة لأبنائها (Cortázar 1999: 61). وبعد بضعة أسطر، تكتسب الحفاوة بفيديل صبغة تذلُّل غير عقلاني:

> علينا أن نكون مثل لويس، لا أن نتبعه، بل أن نكون مثله، نترك وراءنا الحقد والانتقام بصورة غير قابلة للاستئناف، وننظر إلى العدو مثلما ينظر إليه لويس، بشهامة لا تشوبها شائبة، كانت تطل بكثرة في ذاكرتي (ولكن، كيف لا يمكن إخبار أحد بذلك؟) إنها صورة القائد كُلِّي القدرة، صورة قاضٍ يبدأ بكونه المتهم والشاهد الذي لا يحاكم، وإنما يَفصل بكل بساطة أراضي اليابسة عن الأمواج كيما يولد في النهاية، ذات يوم، وطن بشر في فجر راعش، على ضفاف زمن أكثر نظافة (Cortázar 1999: 61-62).

هذه المقارنة مع قائد ديني، مع مسيحي كُلي القدرة، شبيهة بما أراد فيديل أن يعكسه عندما أوضح، في كتاب الكاهن فري بيو: **فيديل والدين،** أن من نزلوا في البدء من سلسلة الجبال كانوا ثلاثة عشر (لم يكونوا ثلاثة عشر، بل سبعة عشر)، وكان هو القائد بينهم، مثل يسوع المسيح بين حوارييه الاثني عشر، وجميعهم كانوا مُلتحين، تُذكِّر لحاهم بأولئك الذين غيَّروا العالم وحاولوا الحصول على «وطن بشرٍ في فجر راعش، على ضفاف زمن أكثر نظافة». لا بد أن كورتاثر، هو الأكثر التزامًا، والأكثر مثالية فيما يتعلق بما يمكن أن تفترضه الثورة، ولهذا كان التحامه الشخصي، ورحلاته إلى كوبا، ودعمه غير المشروط في تزايد

مستمر في الستينيات. إنها تاريخية، على سبيل المثال، مقالته في عام 1966، المنشورة في مجلة **أونيون** الكوبية، حول ليثاما ليما، والإعلان المفتوح عن التزامه بالنضال من أجل تحرير أمريكا اللاتينية، أو نشره رسالة 10 مايو (أيار) 1967 في كتابه «الجولة الأخيرة» (1968)، تركِّز على الوضع الحالي للمثقف الأمريكي اللاتيني، وكانت قد نُشرت قبل ذلك في مجلة **كاسا دي لاس أمريكاس**، ويبرر ضمها إلى الكتاب بهذه الطَريقة: «هذه الرسالة تُضمَّن هنا تحت عنوان وثيقة، لأن أسبابًا لها علاقة بالاستبداد تحول دون وصول المجلة المذكورة إلى الجمهور في أمريكا اللاتينية».

بعد كورتاثر، كان ماريو بارغاس يوسا هو أول من أقام علاقة ثقة مع القادة الثقافيين للثورة الكوبية، على الرغم من فتوته وقلة أعماله. الواقع أنه سافر عام 1965 إلى كوبا عضوًا في لجنة تحكيم جائزة كاسا دي لاس أمريكاس وهيئة تحرير مجلة **كاسا دي لاس أمريكاس**، وكان ذلك أول اتصالاته بملتحيٍّ الجبال. وهي زيارات تكررت بعد ذلك لاجتماعات هيئات مماثلة وأنشطة أخرى. وعلى الرغم من أن تأييده كان خفيفًا، كما سنرى في الفصل التالي، فإنه شاع بصورة مُطلقة في خطاب تلقِّيه جائزة رومولو غاييغوس، عام 1967، حيث كانت، من جهة أخرى، بداية خيبة أمله في المشروع الكاستروي.

أعرب كارلوس فوينتس أيضًا عن تأييده لثورة كوبا في وقت مبكر، على الرغم من أن اتصاله المباشر مع رمال شواطئ الكاريبي كان أكثر تقنينًا. ومع ذلك، فإن آراءه الأكثر تأييدًا تعود إلى السنوات الأولى من عقد الستينيات. ويُقدِّم خوسيه دونوسو في هذا الشأن معلومات ثمينة، فهو يروي في كتابه **تاريخ شخصي**، أنه حضر مؤتمر كونثيبثيون عام 1962، وهو لا يزال منبهرًا من قراءته للتوِّ رواية كارلوس فوينتس: **المنطقة الأكثر شفافية**. ذهب إلى المطار ومعه نسخته من رواية الكاتب المكسيكي بهدف التعرف عليه وطلب توقيعه على الكتاب، وعندما قُدِّم كلٌّ منهما إلى الآخر، عرفه فوينتس فورًا، لأنهما سبق أن تصادفا أثناء عام دراسي في المدرسة الكبرى بسنتياغو دي تشيلي، حيث كان والد فوينتس دبلوماسيًّا مكسيكيًّا في تشيلي، وهو أمر لم يبقَ، بأي حال، في ذاكرة دونوسو. ومنذ ذلك الحين صارا صديقين مقربين. سافرا معًا إلى كونثيبثيون بالقطار، وقال له فوينتس إنه لم يعد يتحدث أمام الجمهور إلا في السياسة، وليس في الأدب بأي حال، «لأنه لم يعد بالإمكان الفصل بين الأمرين في أمريكا اللاتينية، ولأنه لم يعد بإمكان أمريكا اللاتينية الآن سوى النظر نحو كوبا. فحماسته لشخصية فيديل كاسترو في تلك المرحلة الأولى، وإيمانه بالثورة، أشعلا مؤتمر

المثقفين الذي تحول بحضوره إلى مؤتمر مُسيَّس بشدة، وأعرب عددٌ من الكُتَّاب من مختلف بلدان القارة بالإجماع تقريبًا عن تضامنهم مع القضية الكوبية» (Donoso 1999: 58-59).

بعد ثلاث سنوات من ذلك، أثناء الشهور التي عاشها دونوسو في المكسيك، بعد مؤتمر تشيتشين-إتثا، وعى الكاتب التشيلي تمامًا أن مقر **البُوم** الروائي القاري آنذاك هو مدينة مكسيكو، «ضمن المافيا الحقيرة من أصدقاء كارلوس فوينتس وما حولها» (Donoso 1999: 100)، وأن كل الصعلكة «الأدبية-التشكيلية-السينمائية-المسرحية-الاجتماعية» في المكسيك، فضلًا عن الدولية، تمر عبر بيت كارلوس فوينتس وريتا ماثيدو. حيث يمر ناشرون من الولايات المتحدة، ووكلاء أدبيون، ومخرجو أفلام، ومديرو مجلات وشركات. ويأتي من كوبا، فضلًا عن الدعوات، شخصيات مثل ربيرتو فيرنانديث ريتامار، الذي أبهر الأجواء المكسيكية بثقافته المرهفة الراقية (Donoso 1999: 108-109). هذا يعني أن فوينتس، في تلك الأيام، لم يكن يتكلم عن كوبا وكاسترو فقط باعتبارهما الشيء المهم الوحيد «على هذه الأرض وفي هذه اللحظة»، حيث «أنا سعيد لأنني مارد» كما سيقول المغني سيلفيو مشيرًا إلى الأمر نفسه في لحظات مشابهة، طالبًا المعذرة، لأنه سعيد، من موتى سعادته، وإنما سيفيد كذلك كهمزة وصل مفصلية بين عالم الجزيرة والقارة، كي تحط القضية الكوبية على أرض صلبة. ولكن في عام 1966 انتقد ريتامار مساعدةَ فوينتس ونيرودا لاجتماع نادي القلم في نيويورك، وهو ما أثار استياء المكسيكي، وذكر ذلك في مقال في 17 أبريل (نيسان) 2003، بعنوان «ضد الجرائم». ومع ذلك، لم ينتهِ دعمه للثورة الكوبية آنذاك، إذا حكمنا من خلال مقاطع من رسالة فوينتس إلى ريتامار التي نشرها هذا الأخير في مجلة **لاخيربييًا** الكوبية، ردًّا على هجمات فوينتس في المقال السابق؛ رسالة نُشرت في العدد 43 من مجلة **كاسا دي لاس أمريكاس**، عدد يوليو (تموز) - أغسطس (آب) 1967، ومؤرخة في باريس يوم 28 فبراير (شباط) من تلك السنة نفسها، حيث تجري الإشارة إلى اجتماع حضره بارغاس يوسا وكارلوس فوينتس:

عزيزي ربيرتو:

من خلال رسالة وصلتني من ماريو بارغاس يوسا، ومحادثات مع خوليو كورتاثر، علمت بنجاح الاجتماعات التي عُقدت في هافانا. وقد أطلعني خوليو بالتحديد على نص البيان الذي صاغه مجلس التعاون مع المجلة. أريد أن أنتهز فرصة هذه الرسالة كي أعلن عن تأييدي للوثيقة المذكورة، النموذجية في نبرتها ورؤيتها الثوريتين. وأظن،

بصورة خاصة، أن الفقرات المخصصة لترسيخ الرؤية الثورية للحرية الفنية وتنويع جبهات نضال الكاتب الأمريكي اللاتيني، تتمتع بأقصى وضوح، وتُشكِّل حافزًا لمن يتطلعون، مثلي، إلى التغيير الديمقراطي لمجتمع معقد بصورة خاصة، كالمجتمع المكسيكي.

يسعدني جدًّا أن أرسل إليك فصلًا من روايتي الجديدة: «تغيير الجلد». وإذا كنت موافقًا، فأعلمني بذلك مع عودة البريد. لقد تبادلت الحديث كذلك مع ليساندرو أوتيرو ومع أليخو كاربينتير، عن إمكانية قيامي بزيارة إلى كوبا، عند عودتي إلى المكسيك، ربما في أواخر هذه السنة. الفكرة تبعث فيَّ الحماسة. وستكون مناسبة للتأكيد على تضامني الدائم مع الثورة الكوبية الذي لم يبدأ بالأمس ولم تكن تنقصه الأدلة، ولأكون شاهدًا، من جديد، على الانتصار الذي تشاركون جميعكم في بنائه يوميًّا. وستكون مناسبة كذلك لنناقش، على المستوى، وبالنبرة الواجبة على الأصدقاء، كثيرًا من المشكلات المشتركة، وهي تضامنية في نهاية المطاف، تتطلب حلولها مع ذلك طرقًا مختلفة، وشديدة التنوع، مثل السياقات الوطنية التي نعمل فيها.

عناق، مع صداقة قديمة، من كارلوس فوينتس

يُلاحظ أنه على الرغم من تضامنه مع الكوبيين، ومن فنونه الدبلوماسية، فإن دخوله إلى كوبا لم يكن بالسهولة المتوفرة لماريو بارغاس يوسا وخوليو كورتاثر، وهو يتمنى الزيارة بتلذُّذ.

وماذا عن غابو؟ ما الذي كان بينه وبين كوبا، وهو الذي أعلن أنه شيوعي بلا حزب، ومدافع عن القضية الثورية، وكونه صديقًا حميمًا لفوينتس؟ كما كتبنا بتوسُّع في كتابنا: **غابو وفيديل.. مشهد صداقة،** فإن الكولومبي هو أول من أقام علاقة مباشرة مع غبطة الأخضر الزيتوني، ففي عام 1959 حضر، كمراسل صحفي، المحاكمات التي أُدين فيها (وأُعدم رميًا بالرصاص) كثيرون من العسكريين الموالين لباتيستا، ممن لم يتمكنوا من المغادرة في طائرة يوم 31 ديسمبر (كانون الأول) 1958. وما بين عامي 1960 و1961 عمل صحفيًّا كذلك في وكالة أنباء برنسا لاتينا الكوبية، التي تأسست بإلحاح من تشي غيفارا، وعاش أول فترة له في كوبا، سعيدًا وبهوية. لكن كل شيء انتهى عند ذلك الحد، إلى ما بعد قضية باديًّا بوقت طويل. وبطريقة غير مفهومة، لم يعد غابو إلى الظهور في كوبا أثناء سنوات الستينيات، ولم يحضر المؤتمرات المهمة، ولم يُدعَ إلى كاسا دي لاس أمريكاس. وهناك تفسير لفترة الانقطاع تلك قدَّمه إلينا السياسي والمثقف الفرنسي ريجيس دوبريه في بيته الباريسي بشارع أوديون، فقد عاش دوبريه في كوبا أثناء سنوات الستينيات، وكان قريبًا جدًّا من السُّلطة، ومتزوجًا

فوق ذلك من إليزابيث بورغوس، الفنزويلية التي نظَّمت إلى حدٍّ كبير مؤتمر القارات الثلاث (تريكونتنينتال) عام 1966. وكان دوبريه قد شارك منذ عام 1961 في كل النشاطات المهمة للحكومة الكوبية، إلى أن سافر مع التشي غيفارا إلى بوليفيا، واعتُقل هناك، قبل أيام من مقتل رجل حرب العصابات الأرجنتيني، وحُكم عليه بالسجن ثلاثين عامًا، ثم أُطلق سراحه عام 1971، بفضل تدخلات ديغول وأندريه مارلو وسارتر. وكان غابو مرتبطًا بصداقة قديمة معه. ولمعرفته بنفوذه في البلاط الهافاني، طلب منه التكلم مع المراجع العليا للحصول على دعوة له، مثلما كان يُدعى غيره من الكُتّاب الملتزمين. سبر دوبريه الأمر مع فيديل، وكارلوس رافائيل رودريغيث، نائب رئيس مجلس الدولة، لكن أيًّا منهما لم يُبدِ اهتمامًا بدعوة الكاتب الكولومبي، لأنهما لا يثقان في درجة التزامه. ومع ذلك، فإن بعض تصريحاته في تلك الفترة حول رغبته في زيارة الجزيرة والتعرف جيدًا على الفردوس الكوبي كانت واضحة؛ فقد سأله غونثاليث بيرميخو، في مجلة ترينفو، في شهر نوفمبر 1971:

- صرَّحتَ في مقابلة قبل وقت قصير أن الأمور التي تهمك في العالم هي موسيقى الرولنغ ستونز، والثورة الكوبية، وأربعة أصدقاء. لخص لنا علاقتك بالثورة الكوبية.
- أؤمن بالثورة الكوبية كل يوم.
- ما أكثر مظهر يهمك في الثورة الكوبية؟
- يهمني أن تصنع اشتراكيتها آخذة في الاعتبار ظروفها الخاصة؛ اشتراكية تشبه كوبا ولا أحد آخر سوى كوبا؛ اشتراكية إنسانية، واسعة المخيلة، سعيدة، بلا صدأ بيروقراطي. وهذا مناسب جدًّا لأمريكا اللاتينية كلها، لأن ظروفها مشابهة جدًّا لظروف كوبا.
- متى ستذهب إلى كوبا؟
- في أي لحظة. مسودة كتابي ستنتهي في ديسمبر (كانون الأول)، وآمل أن أتمكن من الذهاب إلى كوبا أثناء الشهور الأولى من السنة المقبلة. وإذا كنت لم أذهب إلى كوبا من قبل، فهذا لأسباب عملية محضة؛ كان عليَّ أن أنهي روايتي.

(Rentería 1979: 63).

لكن 1971 زمن متأخر جدًّا، فبعض أصدقاء **البُوم** كانوا قد رجعوا نهائيًا من هناك، لا سيما بسبب قضية باديّا. وفي الستينيات، لم يكن غابو قد اقترب بعد من الفردوس... من ملكة جزر الكاريبي.

3

الحركات في كاراكاس

أول ما يظهر، فور الهبوط في كاراكاس، لوحة إعلان كبيرة، تحمل عبارة: «أهلًا بكم في مايكيتيًا». وهذا هو اسم المطار القائم في موقع يحمل الاسم نفسه، على ضفة الكاريبي الجنوبي، وعلى بُعد كيلومترات قليلة من العاصمة البوليفارية. إن رنة المصطلحات والأسماء الهندية الأمريكية اللاتينية لطيفة على الدوام، مثل: ماتشو بيتشو، هاتويي، بورينكين، غوايخيرو، وكثير غيرها، لكن مايكيتيًا تبدو مبهجة بصورة خاصة؛ إنه اسم زعيم هندي مشهور من القرن السادس عشر، قرر عقد سلام مع الإسبان، بينما لم يتقبل مُحَارِبه الأكثر حنكة ووفاء ذلك السلام بسهولة، فهاجم السفينة الشراعية الإسبانية **إل بيلايو**، التي دُمرت تمامًا بعد الهجوم والإحراق. مع أن لهذا الاسم المتناغم مغزى أكثر إيبيرية بالنسبة للاتيني الجانب الآخر من المحيط[1].

التقى بطلا **البُوم** البارزان في العاصمة الفنزويلية، وفي مطار مايكيتيًا بالتحديد، في بدايات أغسطس (آب) 1967. لم يكن أحدهما يعرف الآخر شخصيًا، مع أنهما تبادلا بعض الرسائل التي أعربا فيها عن التقدير المتبادل. كانت لهما وجهات نظر متشابهة في السياسة، وكانا روائيين كبيرين، كلٌّ منهما على طريقته. كان غابو يهبط للمرَّة الثانية في مطار مايكيتيًا،

(1) يبدو أنه يشير إلى ما يمثله اسم السفينة «بيلايو» في ذاكرة الإسبان على الضفة الأخرى من المحيط. لأن سفينة حربية ضخمة أخرى تحمل الاسم نفسه، كُلفت في أواخر القرن التاسع عشر بمهمة الذهاب إلى أمريكا لرفع حصار الولايات المتحدة الأمريكية عن كوبا؛ آخر مستعمرات إسبانيا في العالم الجديد، ولكن أوامر معاكسة وُجِّهت إلى السفينة بتغيير وجهتها إلى الفلبين (وكانت آنذاك مستعمرة إسبانية) لرفع الحصار الأمريكي عنها. لكن السفينة الأضخم في الأسطول الإسباني لم تستطع الوصول إلى الفلبين لأن السلطات المصرية آنذاك، بطلب من بريطانيا، رفضت تزويد السفينة بالفحم. وكانت هزيمة إسبانيا أمام الولايات المتحدة في كوبا والفلبين هي الإعلان الحاسم عن أفول دورها كقوة عالمية عظمى.

وقد تكون إشارة كذلك إلى بيلايو الأستوري الذي أسَّس مملكة في شمال شرقي إسبانيا الحالية، واستطاع إلحاق هزيمة كبرى بالعرب المسلمين في معركة كوفادونغا عام 722م. ومن هناك كانت بداية ما صار يُعرف في التاريخ الإسباني بـ«حرب الاسترداد».

والمرَّة الأولى كانت في 28 ديسمبر (كانون الأول) 1957، «يوم الأطفال الأبرياء»[1]، عندما أخذه بلينيو أبوليو ميندوسا في جولة عبر هذه المدينة المحصورة بين جبال، بعد أن تعاقدت مجلة مُومنتو التي يديرها بلينيو مع غابو ليعمل محررًا فيها. وستصبح كاراكاس بالنسبة للكولومبي، منذ تلك اللحظة، المدينة الهاربة من المخيلة بقلاع عملاقة، وجنيَّين مختبئين في القوارير، وأشجار تغني، وينابيع تحوِّل القلب إلى ضفادع، وصبايا عجيبات يعشن في عالم المقلوب ضمن المرايا، حسب ما يرويه في «ذكرى سعيدة عن كاراكاس» (Zapata 2007: 30). أثناء تلك الفترة وقع لغابو حدثان مهمان: تزوَّج من مِرثيديس بارتشا (قام برحلة خاطفة إلى بارانكييَّا ورجع معها)، وعاش عن قرب سقوط الدكتاتور بيريث خيمنيث، وهو حدثٌ وفَّر له فكرة كتابة رواية عن السُّلطة المطلقة، تبلورت بعد ثمانية عشر عامًا في **خريف البطريرك**، مثلما شرحنا بتوسُّع في كتاب آخر (Cremades y Esteban 2002: 262–264). في رحلته الثانية، بعد عشر سنوات من الأولى، كان قد أصبح كاتبًا مشهورًا، يُوزِّع توقيعه، وتُلاحقه آلات التصوير والأصدقاء والمعارف. جاء إلى كاراكاس من مكسيكو من أجل حفل تسليم جائزة رومولو غاييغوس لماريو بارغاس يوسا. وفي لقاء العملاقين الأول ذاك، برزت الصداقة كشرارة يُحدثها تيار زخم وشديد الكثافة.

لم تكن للبيروفي خبرة سابقة بفنزويلا، ولهذا ما كان لزيارته الأولى أن تصبح أكثر متعة مما كانت عليه: تلقَّى الجائزة الأهم في أمريكا اللاتينية، جائزة رومولو غاييغوس، من يدي الكاتب الذي تحمل الجائزة اسمه، وكلاسيكي الآداب الفنزويلية الكبير في القرن العشرين، وتعرَّف شخصيًّا على مَن سينال بعد سنوات جائزة نوبل، ومَن سيعيش معه لحظات صداقة وتواطؤ لا تُوصف حتى شهر فبراير (شباط) 1976. كما أن تاريخ الجائزة قد أبرز بصورة خاصة تسليمها لماريو بارغاس يوسا، ليس لأنها تُقدَّم لأول مرَّة فحسب، وإنما لأنها المرَّة الوحيدة التي تولَّى فيها الكاتب غاييغوس نفسه ترؤس الاحتفال وتسليم الجائزة، وستوافيه المنية بعد وقت قصير من ذلك. تعارف غابو وماريو في مطار مايكيتيَّا تحديدًا، ويروي ماريو في كتابه الذي ألَّفه عن صديقه: «تعارفنا في ليلة وصوله إلى مطار كاراكاس، كنتُ قادمًا من لندن وكان قادمًا من مكسيكو، وهبطت طائرتانا في الوقت نفسه.

(1) مذبحة «الأبرياء» هي مذبحة قام بها هيرودس حين أمر بذبح كل الأولاد الذكور في بيت لحم خشية فقدان مُلكه على يد المولود الذي أعلن المجوس عن ولادته.

كنا قد تبادلنا بعض الرسائل قبل ذلك، بل خططنا لأن نكتب معًا رواية مشتركة» (Vargas Llosa 2007: 177).

ستتحدث عن هذه الرواية المشتركة فيما بعد، لأن الرسائل التي تحدثا فيها عنها أقرب إلى صيف عام 1967، عندما كان كلاهما يعرفان أنهما سيلتقيان وسيتعارفان في كاراكاس. ولكن هناك قصة رسائل أخرى بدأت في 11 يناير (كانون الثاني) 1966، عندما حصل غابو على عنوان ماريو في باريس، وكتب إليه الرسالة القصيرة التالية، كما لو أن كلًّا منهما يعرف الآخر منذ الأزل:

العزيز ماريو بارغاس يوسا:

عن طريق لويس هارس حصلت على عنوانك، ولم يكن العثور عليه ممكنًا في مكسيكو، لا سيما في هذه الأوقات حيث يمضي كارلوس فوينتس ضائعًا من يدري في أي أدغال أوروبية.

تحمّس المنتج السينمائي أنطونيو ماتوك لفكرة إنتاج «المدينة والكلاب» في البيرو، وأن يتولى الإخراج لويس ألكوريثا. فلويس، مثلي أنا، معجب جدًّا بالكتاب، ويرى أنه يمكن صنع فيلم رائع من الرواية، بالاعتماد كذلك على مشاركتك في كتابة السيناريو [...].

لكننا هنا ننتظر بفارغ الصبر معرفة متى ستُنشر «البيت الأخضر». كانت كارمن بالثييس، عند مرورها في المكسيك، متحمسة جدًّا للأصل.

يسعدني، على كل حال، حتى لو لم يتبلور المشروع السينمائي، أن توفر لي هذه الرسالة فرصة إقامة تواصل بيننا.

بمودة قلبية،

غابرييل غارسيا ماركيز

(Princeton C.0641, III, Box 10)

في شهر ديسمبر (كانون الأول) من العام نفسه، وبعد بعض الرسائل الوسيطة، قدَّم غابو الشكر إلى ماريو لأنه بذل له المساعي من أجل نشر بعض قصصه بالإنجليزية، ولاحتمال توزيع **مئة عام من العزلة** في البيرو، على الرغم من أن الطبعة الأولى لم تصدر بعدُ في الأرجنتين، وأكَّد له كذلك أنه سيكون الحاصل على جائزة رومولو غاييغوس:

عزيزي ماريو:

أنت كوكيل أدبي، أنشط على الأقل من كارمن بالثييس؛ فقد أرسلتَ إلى ويستفالين فصلًا من **مئة عام من العزلة**، وهو بالمناسبة أحد الفصول المفضلة لديَّ: «صعود الجميلة ريميديوس بويندايا إلى السماء جسدًا وروحًا». وهكذا، فقد أطلقت مدفعية البداية بعملك هذا.

وافقتُ على السفر إلى بوينس آيريس في شهر يوليو (تموز) من هذا العام، بوصفي عضوًا في لجنة تحكيم جائزة «بريميرا بلانا» [...]، وأظن أنني عند العودة في شهر أغسطس (آب) سأتوقف في كاراكاس من أجل مؤتمر للكُتّاب يعقدونه هناك بمناسبة تسليم جائزة رومولو غاييغوس، وستكسبها أنت بلا شك عن «البيت الأخضر». مرشحي الآخر هو ليثاما ليما برواية «باراديسو»، لكنني أشك كثيرًا في أن ترسو عليه الجائزة. وهكذا سنلتقي هناك [...].

جميع مخططاتي تتحوَّل إلى طويلة الأجل. أما على المدى القريب، فأعرف أنه عليَّ العمل هنا كحمار، حتى شهر يوليو (تموز)، كي أنهي تسديد ديون خلَّفتها لي الرواية التي أنهيت كتابتها، وأجمع بعض المال للتفرُّغ لكتابة الرواية التالية، والتي لن أستطيع كتابتها قبل النصف الثاني من العام المقبل. وفي أثناء ذلك، سأحاول كتابة قصص قصيرة، لأنني إذا ما تركت المحرك يبرد فسأحتاج إلى خمس سنوات لإعادة تسخينه. ويخطر لي كأمر غامض جدًّا مشروع الذهاب لمدة عام إلى بيت على شاطئ البحر بالقرب من برشلونة، مع رحلات هروب قصيرة إلى باريس.

العمل في مكسيكو تجارة جيدة، والكتابة تجارة سيئة. فكرة جمع النقود في بلدان عُملتها قوية والإنفاق في بلدان عُملتها ضعيفة. يا للفظاعة! على هذه الحال لن نفعل شيئًا ككُتَّاب، لكننا سنصل بعيدًا جدًّا كمموِّلين.

عناق حار،

غابرييل

(Princeton C.0641, III, Box 10)

لكن التواصل الأهم هو ذاك الذي يجريه من خلال برقية، في اليوم نفسه الذي يعلم فيه أن القرار اتُّخذ، بصورة نهائية، بمنح ماريو الجائزة المشتهاة جدًّا. كان ذلك في 26 يوليو (تموز) 1967، قبل أيام قليلة جدًّا من تعارفهما بصورة شخصية ومباشرة. وقد كرَّمه هكذا:

إحدى وعشرون طلقة مدفعية شمبانيا للجنة التحكيم الأكثر عدالة في العالم.

غارسيا ماركيز

بهذه السوابق، ليس مستغربًا أن اللقاء الذي جرى في مطار مايكيتيًا كان له طابع احتفالي سحري، كعيد تجلٍّ شبه خارق للطبيعة.

مئة عام من العزلة

الشخص الأكثر معرفة بتلك اللحظة المتألقة في تاريخ الأدب هي سوليداد ميندوسا، أخت بلينيو أبوليو ميندوسا، أحد كبار أصدقاء طفولة غابو. وكانت عائلة ميندوسا قد عاشت لفترة في كاراكاس، بينما عاشت سوليداد بعد ذلك في العاصمة الفنزويلية، وصارت منذ ذلك الحين صحفيَّة معروفة، ومديرة مجلات، وراعية إصدار كتب فاخرة حول تلك البلاد، وسكانها، ومدنها، ومشاهدها، إلخ. وقد استقبلتنا في عام 2008 في بيتها بحي تشولابيستا، وهو حي يُشرِّف اسمه هذا[1]. وعلى قمة أحد الجبال العالية المحيطة بالعاصمة، توجد تلك الشقة الكبيرة، الفسيحة، المتخمة بلوحات وأعمال فنية لا تُقدَّر بثمن، والتي تتمتع كذلك بإحدى أكثر الإطلالات اكتمالًا وجمالًا على المدينة البوليفارية. تناولنا العشاء هناك مع برناردو إنفانتي، ناشرنا الفنزويلي، الكريم واللطيف إلى أقصى حدٍّ، وإحدى بنات روا باستوس، سوليداد، التي استقرت منذ سنوات طويلة في فنزويلا، وأقارب بوريس إثاغيري الشهير الذي يتمتع في بلاده بسُمعة مختلفة جدًّا عن الصورة العابثة والمستهترة التي يُبديها في إسبانيا، حتى لو احتل المكان الثاني في جائزة بلانيتا (أو ربما بسبب ذلك، من يدري).

تُعد سوليداد مصدرًا أوليًّا للمعلومات حول حياة غابو في كاراكاس، لأنها اعتادت أن ترافقه، في زياراته المتتالية إلى البلد، سائقةً وصديقةً ومضيفةً وحافظةَ أسراره الخاصة. فمنذ الخمسينيات، عندما كانا سعيدين وبلا هوية، قاما برحلة عبر أوروبا الشرقية، برفقة أخيها بلينيو؛ وتروي هي نفسها أن أبرز ما في شخصية غابو هو حس السخرية الدائم الذي قد يصل، على سبيل المثال، إلى حدِّ ممازحة شرطة الجمارك الحدودية في محاولة لإقناعهم بأنها هندية (يقوم بحركات وولولات بيده على فمه محاكيًا هنود الغرب الأمريكي)، ويتوصل بهذه الطريقة إلى أن يسمحوا لها بالمرور من بلد إلى آخر من دون أن تكون لديها فيزا رسمية.

---

(1) اسم الحي «تشولابيستا» (Chulavista)، أي: «مشهد بديع».

لكنها تقول إنها كانت قبل ذلك كله صديقةً له، لأن أخاها بلينيو كان يدير جريدة «آخر الأخبار» في كاراكاس، وغابو يكتب مقالات للجريدة بين حين وآخر، وكانت هي نفسها المسؤولة عن إعداد الشيكات المصرفية وإرسالها إليه. وتُعلِّق بفخر أن رسائلها ربما لقيت تقديرًا أكبر عند غابو من رسائل مِرثيديس بارتشا التي كانت آنذاك خطيبة الكاتب الكولومبي. وهكذا، عندما وصل غابو عام 1967، مدعوًّا بمناسبة تسلُّم ماريو جائزة رومولو غاييغوس والمؤتمر الذي زيَّن تلك المناسبة، ذهبت لاستقباله في المطار مع سيمون ألبيرتو كونسالبي، صديق غابو، وكان يشغل في ذلك الحين منصب رئيس معهد الثقافة. وصلت طائرة ماريو أولًا، فتحرك كونسالبي تحركات سريعة للمغادرة من أجل إيصال البيروفي إلى الفندق، لكن سوليداد قالت: «سأظل في انتظار وصول غابو»، وهي إيماءة أعجبت بارغاس يوسا، لأنه كان مهتمًّا بالتعرف عليه شخصيًّا بأسرع ما يمكن. وافق كونسالبي، وبعد قليل هبطت طائرة غابو، ثم ظهر مترنحًا على سلم الطائرة، كما رآه من ينتظرونه، حيث كان بوسع أقارب وأصدقاء المسافرين في تلك الأزمنة الوصول إلى مدرج الهبوط. وكانت كؤوس الويسكي التي تناولها في الطائرة هي السبب في عدم توازنه، وعلَّقت سوليداد: «إنه يتراقص، ليس لأنه سكير، إنما لأنه يشعر بالخوف من الطائرات، وبواسطة الكحول فقط يستطيع تحمُّل أزمات التحليق المرتفع تلك». وتواصل سوليداد: «عندما صار أمامنا وجهًا لوجه، اتجه نحوي بعناق مندفع، وقدَّمت إليه ماريو، فتحوَّل الأمر إلى حفلة مرتجلة، وابتهاج استمر طوال فترة بقائهما في المدينة». رفع غابو ماريو عن الأرض لحظة عناقه له، وعلَّق قائلًا له بنبرة متفاخرة إنه إذا كان قد كسب الجائزة فلأن الوقت قد فاته للتقدُّم بروايته «مئة عام من العزلة». وفي كتابه عن غابو، سيُعلِّق ماريو على تلك اللحظة:

> كانت تلك هي المرَّة الأولى التي نلتقي فيها وجهًا لوجه. إنني أتذكر وجهه جيدًا، في تلك الليلة، كان ممتقعًا بسبب خوفه من الطائرة، فهو يشعر بخوف شديد منها، وكان غير مرتاح وسط المصوِّرين والصحفيين الذين يحاصرونه. صرنا صديقين، وكنا معًا طوال الأسبوعين اللذين استمرت خلالهما جلسات المؤتمر. هذه هي كاراكاس التي كانت تدفن موتاها وتنفض عنها أنقاض الزلزال (Vargas Llosa 2007: 177–178).

ما يشير إليه بارغاس هو الزلزال الذي دمَّر المدينة يوم 29 يوليو (تموز) من ذلك العام. وفي يوم 25 من الشهر نفسه كانت المدينة قد احتفلت بالذكرى المئوية الرابعة لتأسيسها،

وكانت كاراكاس قد تزينت للحدث الجليل: استعراض عربات كرنفالية وألعاب نارية. وفي اليوم الرابع من الاحتفالات، في الساعة الثامنة مساء، كانت البلاد بأسرها متعلقة باحتفال اختيار ملكة جمال العالم الذي سيكون، مرّة أخرى، من نصيب حسناء فنزويلية تُدعى «ماريلا بيريث»، وكانت قد وصلت إلى التصفية الأخيرة مع الأمريكية سيلفيا هيتشكوك. ومع ذلك، وكما لو أن الأمر فيلم رعب من أفلام هيتشكوك الآخر، لم يستطع أهالي كاراكاس سماع قرار لجنة التحكيم الأخير، لأن جزءًا كبيرًا من المدينة تحوّل، في غضون خمس وثلاثين ثانية، إلى أنقاض، وانتشر الحزن بين السكان، لا سيما في مناطق ألتاميرا، ولوس بالوس غراندِس، وليتورال سنترال، تحت إشارة ست درجات ونصف على مؤشر ريختر في مركز الزلزال ما بين أريسيفيس ونايغواتا.

أما بالنسبة إلى المؤتمر، فيشير ماريو إلى المؤتمر الثالث عشر للمعهد الدولي للأدب الإيبروأمريكي، الذي أسسه بيدرو إنريكيث أورينيا، وألفونسو رييس، عام 1938. وجرت العادة أن يُعقد مرّة كل عامين في أمكنة مختلفة من العالم. وفي هذا الإطار، كان ماريو وغابو النجمين داخل أروقة المؤتمر وخارجه. بدت المدينة كما لو أنها عادت تستنشق الهواء المهرجاني والاحتفالي. وتقول سوليداد إن المطاعم تمتلئ دومًا بكُتّاب وصحفيين ونُقاد أدبيين وأساتذة جامعيين وطلاب وقُرّاء مهتمين، وهناك موائد مستديرة، وبرامج إذاعة وتلفزيون، وحفلات توقيع كتب، وأنشطة ثقافية من كل الأنواع... وكانت هي مرافقة الثنائي الجديد إلى كل الأمكنة، تنقلهما بسيارتها من مكان إلى آخر. وتؤكد جريدة **لابيرداد**: «انتقلت المدينة، بفضل المؤتمر الأدبي والجائزة، من حالة الارتباك والألم التي سبّبها الزلزال الذي حدث مؤخرًا، إلى أجواء البهجة والاهتمام المؤثر بالكُتّاب الحاضرين وكتبهم» (Zapata 2007: 116). كما توافدت إلى المدينة شخصيات أدبية مثل: أرتورو أوسلار بيتري، وسلفادور غارميندِيا، وآدريان غونثاليث ليون، وخوان كارلوس أونيتي، وميغيل أوتيرو سيلفا، وخوسيه ماريا كاستيليت، ومثقفون مثل: آنخل راما، وخوسيه ميغيل أوبييدو، وإمير رودريغيث مونيغال، وفرناندو أليغريا، وغيرهم.

قالت لنا سوليداد إنها تُفضِّل أن تكون سائقًا على أن تترك لغابو قيادة السيارة، لأن تجربة ماضية تمنعها من الثقة في الكولومبي؛ فقبل عشر سنوات، وكانت المرَّة الأولى التي يطأ فيها غابو أرض كاراكاس، علَّمته القيادة بسيارتها تحديدًا، فأعطبها غابو في طريق جبلي ضيق، عندما كشط باب السائق بالجدار المرتفع في الجهة اليسرى من الطريق، وكسر مقبض الباب. لكن ذلك صار من الماضي.

كانت سوليداد سعيدة لأن أجواء المدينة تحوَّلت إلى عيد، مثل باريس، ولأن الفعاليات في كاراكاس تتواصل على مدار الأربع والعشرين ساعة يوميًا. عاشت سوليداد في إحدى الفعاليات واقعة طريفة ستظل تتذكرها طوال حياتها. والحقيقة أن سعادة وجهها وهي تروي لنا ذلك، وترينا الأدلة الدامغة، بدت قصيدة متكاملة؛ ففي الليلة التي تناولنا فيها العشاء في مطعم تشولابيستا، وقبل البدء في تذوق لذائذ المطبخ الكاراكاسي، أخرجتْ بضعة كتب وأرتنا إياها. روت أنه في أحد أيام تلك الفعاليات، كان ثلاثتهم يتناولون الطعام (غابو، وماريو، وهي) في بيت أحد الأصدقاء، فأخرجت كتابيهما اللذين أهدياهما إليها بنفسيهما. كان ماريو قد قدَّم إليها رواية «البيت الأخضر»، تلك الطبعة الأولى التي نال عنها الجائزة، بينما قدَّم إليها غابو روايته حديثة الولادة «مئة عام من العزلة»، وكانت الرواية قد جلبت له، خلال أسابيع قليلة، منافع وفيرة، وشهرة غير متوقعة، وسعادات بلا حساب. اقترحت سوليداد عندئذ أن يكتبا لها إهداءً، وخرجت منها فكرة أن يُوقِّع لها غابو كتاب ماريو والعكس بالعكس. لا يمكن لأي جملة مما خطَّاه أن تكون عشوائية. كتب البيروفي كلمة «إلى» أمام عنوان الرواية الماكوندوية ووضع قوسًا قبل «مئة» وبعد «الـ»، فصارت تُقرأ: «إلى (مئة عام من الـ) سوليداد[1]، هذه الرواية الفروسية غير المعقولة التي ما كنت لأتورَّع عن تقديم ذراع أو ساق من أجل كتابتها»، والتوقيع: «ماريو، كاراكاس 1967». أما غابو، فكتب تحت عنوان «البيت الأخضر»: «إلى سوليداد، هذه الرواية التي حوَّلت ما كان يُعد من قبل بكل بساطة مجرد كتابة وغناء، إلى مشكلة أساسية»، ووضع توقيعه الذي لا يمكن الخطأ فيه: «غابو، 1967». يمكن لأي شخص أن يشعر بالامتلاء والتخمة وهو يعرض مثل هذه الكنوز، لكن الأمر لم ينتهِ عند هذا الحد، فقد استطعنا أن نتصفح أيضًا الطبعة الأولى من «حرب نهاية العالم»، بتوقيع الكاتب نفسه هذه المرَّة، في كاراكاس، أبريل (نيسان) 1983، بهذه الكلمات: «إلى سوليداد، مع قُبلتين (لكل خد) من صديق قديم».

لكن الإطراء والكلمات الجميلة لم تكن تذهب إلى السيدات فقط؛ فماريو وغابو كانا يتنافسان في اللطف، كلٌّ منهما للآخر، وفي تصريحات إيجابية حول أعمالهما وشخصيهما. ففي الرابع من أغسطس (آب) 1967، في جريدة **إل ناسيونال**، يؤكد غابو أن بارغاس يوسا حالة فريدة، ووُلد ليكون كاتبًا، وانتهى إلى القول: «أشعر تجاه ماريو بورع غير محدود».

---

(1) سوليداد هو اسمها، وكلمة سوليداد تعني: «عزلة».

وفي جريدة **آخر الأخبار**، في الرابع من أغسطس (آب) أيضًا، يقول إن **البيت الأخضر** عمل بارع، و«واحد من أفضل الكتب المكتوبة في أمريكا اللاتينية» (Zapata 2007: 113).

وبالطريقة نفسها كان بارغاس يوسا سخيًّا مع سخاء الصديق الجديد، ففي مقابلة أجراها كارلوس دياث سوسا لجريدة **لاريبوبليكا**، يجري الحوار التالي:

> ك. د. سوسا: سأطلب رأيك حول ما قاله غابرييل غارسيا ماركيز في مجلة **بيسيون**. حيث طرح، إلى هذا الحد أو ذاك، أنه كان هناك كُتَّاب روايات جيدون جدًّا في أمريكا اللاتينية، مؤلفون صاروا الآن في السبعين من العمر تقريبًا، وفي المشهد العام لم يحدث أي شيء، إلى أن ظهرت رواية **المدينة والكلاب** لماريو بارغاس يوسا الذي شق طريقًا في الميدان العالمي، بما في ذلك أوروبا.
>
> م. ب. يوسا: حسنًا، إنه كرم غارسيا ماركيز ومزاحه (يقولها بارغاس يوسا بتواضعه الذي لا يُضاهى)، وكذلك الصداقة التي تجمع بيننا.
>
> (Zapata 2007: 118).

بعد قليل من ذلك سيضيف ماريو أن غارسيا ماركيز «أحد أهم الكُتَّاب الأمريكيين اللاتينيين، وصاحب الأعمال الأكثر ثراء وإبداعًا في السنوات الأخيرة» (Zapata 2007: 119).

بعد الزلزال... الحريق

لم تمضِ عشرة أيام على اهتزاز أرض العاصمة الفنزويلية حين جاءت هزة أخرى، وكانت هذه المرَّة على شكل لهيب ناري أضاء كاراكاس، مخلفًا بريقًا شُوهد حتى في هافانا. سبَّب الحريق سيجارٌ أشعله كاتب بيروفي، وهو السيجار الذي دخن منه جميع المستمعين إلى أن خلَّفوا غابة الأدب في جذوات جمر. سيتلقَّى ماريو بارغاس يوسا من يدي رئيس الجمهورية، وفي حضور رومولو غاييغوس، الجائزة الأثمن في أمريكا اللاتينية في تلك الأثناء، وسيُخلف أثره في خطبة ساحقة ماحقة، مع قصة ونسيج مبطن وقراءة مزدوجة، بعنوان: **الأدب نار**.

أُقرت الجائزة في الأول من أغسطس (آب) 1964، من أجل الاحتفال بعيد ميلاد رومولو غاييغوس، في الثاني من أغسطس (آب). وبعد ثلاث سنوات من ذلك سُلِّمت أول مرَّة، لكن ليس في اليوم نفسه الذي يوافق تاريخ ميلاد الكاتب البارز، وإنما في يوم 11 أغسطس (آب). حيث أخَّرت أحداث الهزة الأرضية الحدث. كانت الجائزة تُمنح في البدء، مرَّة كل خمس

سنوات، مما يعني أن الدورة التالية جرت في 1972، وقد كسب غابو الجائزة، عن رواية **مئة عام من العزلة**. وفي عام 1977 كان الفائز كارلوس فوينتس، لتنغلق بذلك دفعة جماعة **البُوم**، وقد نالها فوينتس عن روايته **تيرا نوسترا**. وبدءًا من عام 1987 صارت الجائزة تُقدَّم مرَّة كل سنتين. وفي التسعينيات توسَّع ميدان المشاركة في الجائزة ليشمل مؤلفين إسبانًا أيضًا. وقد نالها منذ ذلك الحين، على سبيل المثال: خابيير ماریاس (1995)، وإنريكي بيلا-ماتاس (2001). في السنة الأولى، فضلًا عن ميدالية ذهبية وشهادة، كانت للجائزة منحة مالية بقيمة مئة ألف بوليفار، وهو مبلغ لم يكن فيه آنذاك ما يحسد عليه من الدولارات (خمسة وعشرون ألف دولار أمريكي تقريبًا). وهكذا لم يكن الأدب نارًا فقط، بل يمكن له أن يكون ذهبًا أيضًا.

كان هناك في السنة الأولى ثلاث عشرة لجنة تحكيم دولية، بمشاركة جميع البلدان الأمريكية اللاتينية، تُرسل أحكامها إلى لجنة رئيسية، وهي دولية أيضًا، مؤلَّفة من خمس شخصيات من عالم الأدب: آندريس إدوارتي (المكسيك)، وبيخامين كاريون (الإكوادور)، وفيرمين إستريًّا غوتيريث (الأرجنتين)، وخوان أوروبيسا (فنزويلا)، وأرتورو توريس ريوسيكو (تشيلي). قُدِّمت سبع عشرة رواية، وظل أونيتي وسيلفيا بويريتش في التصفية الأخيرة. والأكثر إثارة للفضول أن المبادرة في ترشيح ماريو لم تخرج منه شخصيًّا، وإنما من لجنة التحكيم الفنزويلية المؤلَّفة من: فرناندو باث، وبيدرو بابلو كاستييو، وبيدرو دياث سيخاس.

ولكن لم يكن كل شيء دروبًا مفروشة بورود وسجاجيد حمراء أثناء أيام الجائزة، فماريو بارغاس يوسا الذي عاش آنذاك حلمًا مثاليًّا مع الثورة الكوبية، واجه أول خيبة أمل، بسبب حادثة شديدة الغموض شكَّلت مقدمةً للابتعاد عن كوبا، إلى أن جاءت قضية باديًّا، بعد عدة سنوات، حيث بدأت أيضًا رحلة عودته عن صداقته مع غابو. ومع أننا تبادلنا الحديث معه بإسهاب في أدق تفاصيل الحدث، إلا إن ريكاردو آ. سيتي هو أفضل من أحاط بالأمر في مقابلة صحفية مع الكاتب البيروفي. بدأ الكوبيون يشعرون بالانزعاج من الشاب الناجح عندما توقف عن التدخل بصورة حصرية لمصلحة كاسا دي لاس أمريكاس، وفتح آفاقه نحو نظرات أخرى، لم تكن مرفوضة، إلا إنها تُعد عند الثوريين مغازلة لـ«بقية العالم»، لا سيما لذلك العالم الذي يعتبرونه غير محترم، ورأسماليًّا، وإمبرياليًّا، إلخ:

ريكاردو آ. سيتي: في تلك الحملة اتُّهمت بأنك تعهَّدت بالتبرع بالنقود التي ستتلقَّاها من جائزة رومولو غاييغوس، عام 1967، لأرصدة حرب العصابات التي يخوضها

تشي غيفارا [في بوليفيا]، لكنك بدلًا من ذلك اشتريت بيتًا. كيف جرى هذا الحدث؟

م. ب. يوسا: هذا حدثٌ يسبق ابتعادي عن كوبا. لقد أخبروني ذات يوم في باريس أنني ضمن التصفية الأخيرة لجائزة رومولو غاييغوس. وناشر كتبي، دار سيس بارال في برشلونة، هو مَن قدَّم روايتي «البيت الأخضر» إلى هذه الجائزة من دون أن أعلم بالأمر. كانت لي علاقة وطيدة مع الثورة الكوبية في ذلك الحين، وقد اقترفتُ الخطأ - وإن كان ما فعلته جيدًا في المجمل - ويتمثل الخطأ في أنني قلت لأليخو كاربينتير، وكان الملحق الثقافي الكوبي في باريس، إنني أريد معرفة رأي كوبا في هذه الجائزة، لأن ثمة احتمالًا بأن تُمنح لي.

ر. آ. س: وماذا حدث عندئذ؟

م. ب. يوسا: رجعت إلى لندن، حيث كنت أعيش، وبعد أيام قليلة تلقَّيت مكالمة هاتفية من أليخو كاربينتير، قال لي: «عليَّ أن آتي إليك في لندن لنتبادل الحديث، لأنني تلقَّيت رسالة خاصة لك، ويجب أن أنقلها إليك شخصيًّا». وأضاف: «سأذهب [إلى لندن] في الصباح كي أتمكن من العودة في المساء». عندئذ جاء للقائي في لندن، بسِرِّية كبيرة. كانت المرَّة الأولى التي يأتي فيها إلى إنجلترا. ذهبت لانتظاره في المطار، وذهبنا معًا لتناول الغداء في مطعم بمنطقة هايد بارك، وعندئذ أخرج رسالة من هايدي سانتاماريا؛ رسالة لا يمكنني الحصول عليها، وإنما سماعها منه فقط. كانت رسالة من هايدي سانتاماريا إلى أليخو كاربينتير كي يقرأها لي، فلا تبقى لديَّ أدلة، أو آثار من الواقعة. وفي تلك الرسالة، تقول هايدي سانتاماريا - ربما لم تكتب الرسالة بنفسها، لأنه ما كان لهايدي أن تكتب بتلك الطريقة؛ لكنني أشك إلى هذا الحد أو ذاك فيمن كتبها - تقول، وسط كثير من المديح لروايتي، إن جائزة رومولو غاييغوس توفِّر لي فرصة القيام بمأثرة عظيمة لمصلحة الثورة في أمريكا اللاتينية، وهذه المأثرة يجب أن تتمثل فيما يلي: تقديم تبرُّع لتشي غيفارا الذي لم يكن هناك من يعرف أين هو في ذلك الحين. فإذا فعلتُ ذلك، فسيكون لتصرفي صدى كبير في أمريكا اللاتينية.

إلى هنا كان الأمر جيدًا جدًّا؛ لكن أتى بعد ذلك جزء أغضبني كثيرًا. واصلت الرسالة القول: «ندرك بالطبع أن للكاتب احتياجاته» وبالتالي «هذا لا يعني أنه عليك أن تُلحق الضرر بنفسك بسبب هذا الفعل؛ فالثورة ستُعيد النقود إليك سرًّا، من دون أن يُعرف ذلك». فقلت لأليخو كاربينتير: «انظر يا أليخو، هذا أمر مسيء جدًّا. أتتخيل ما تقترحه عليَّ هايدي؟! أن أقوم بعمل تهريجي يبدأ بتلقِّي الجائزة، والذهاب بعد ذلك من

كاراكاس إلى هافانا، حيث سنُرتب عملية تهريج استثنائية أظهر فيها كبطل يتبرع بمبلغ خمسة وعشرين ألف دولار للثورة، ثم أذهب إلى لندن، وهناك تُعيد السفارة الكوبية الخمسة والعشرين ألف دولار لي سرًّا؛ أي أنني سأكون مُهرجًا، أُمثل واقعيًّا بازدواجية استثنائية». وقلت لكاربينتير: «كيف يمكن لهايدي أن تقدِّم إليَّ مثل هذا الاقتراح؟ هذا أمر يُغضبني كثيرًا جدًّا! لو قيل لي «تبرَّع لنا بالجائزة»، فسأُقرر بنفسي عندئذ ما إذا كان عليَّ أن أتبرَّع أو لا أتبرَّع، ولكن لا يمكن أن يقولوا لي: «شاركنا في مسرحية تهريجية للتبرع بالجائزة، لأنك لن تخسر شيئًا، وستحتفظ بالنقود». ليست هذه طريقة للتعامل مع كاتب يحترم عمله».

ر. آ. س: وماذا كان ردُّ فعل أليخو كاربينتير؟

م. ب. يوسا: قال أليخو كاربينتير عندئذ - وكان صفيقًا جدًّا، صحيح أنه كاتب كبير، لكنه رجل صفيق جدًّا، موظف لدى الحكومة - قال لي: «انظر، لا، لن أقول هذا لهايدي بهذه الطريقة، لأنه ليس من المناسب أن تدخل أنت في نزاع مع الثورة... سنقول إنك لا تستطيع فعل ذلك... وإنه لا يبدو لك ممكنًا، وإنك ستفكر في القيام بعمل ما فيما بعد...».

ر. آ. س: وكيف انتهت الحادثة؟

م. ب. يوسا: ذهبتُ لتلقِّي الجائزة، وألقيتُ خطابًا تحدثت فيه عن كوبا، حافظتُ على مسافة من حكومة فنزويلا [**التي أنشأت الجائزة، وكانت في ذلك الحين في حالة عداء مع كوبا**]، وامتدحت الثورة الكوبية، وتلقَّيت فيما بعد رسالة شديدة المحبة من هايدي، تقول إنها تهنئني على «صرخة كاراكاس» [**بنبرة سخرية**]. على أي حال، أدى ذلك كله إلى تباعد وفتور.

(Setti 1989: 147–150).

لم يؤدِّ ذلك إلى تحريم نقاء المُثل الثورية، وإنما إلى استبعادها بالمطلق. أين هي المثالية، والنزاهة، والسخاء، والتضامن مع قضايا الفقراء الكبرى، وصدق نوايا الثوريين ومحبتهم المخلصة؟ لا بد أن شيئًا من هذا القبيل هو ما توصَّل إليه ماريو الشاب، الذي كان يفكر حتى ذلك الحين في أن نظامًا شيوعيًّا من النوع الذي يُقام في كوبا، يمكن أن يكون حلًّا ينتظره كثير من الناس البسطاء لنيل العدالة الاجتماعية، والسلامة الفكرية، والمساواة، وتحسين ظروف الحياة. كل شيء كان مهزلة: الرسالة التي ربما يكون كاتبها هو ريتامار (لم يجرؤ ماريو على قول ذلك)، ورحلة كاربينتير، واقتراح مؤلف رواية

عصر الأنوار، والوفاء لتشي غيفارا، إلخ. ومع ذلك، قرأ ماريو، في حفل تلقِّي الجائزة، الخطاب الذي أعدَّه مُسبقًا، ولا بد أن ما كان يتطاير هو أكثر من نار؛ إنه شرر يتفجَّر في داخله، وهو يتلفَّظ بمقاطع مديح للثورة.

يبدأ نص الخطاب بتذكُّر الشاعر الطليعي البيروفي أوكيندو دي آمات، من خلال كتابه «خمسة أمتار من القصيد»، ويشير إلى أن قدر المبدعين في أمريكا، حتى تاريخه، كان قاتمًا على الدوام تقريبًا، كقدر أوكيندو الذي ربما يكون كتابه الوحيد «مدفونًا في مكتبات لا يزورها أحد»، ولم يعد هناك من يقرأه، فقصائده «تحوَّلت إلى دخان، إلى ريح، إلى هباء» (Vargas Llosa 1983: 132). ويواصل ماريو: ويحدث هذا، لأن المجتمعات ازدرت الأدب، وقتلت الميل الطبيعي لدى الكُتَّاب، وهو ميل يتطلَّب منهم، مثل أي ميول أخرى، استغراقًا كاملًا. حسنًا، المشهد الآن بدأ في التغير، بالقياس إلى ما هي عليه الحال في البيرو، «دوائر القُرَّاء آخذة في الاتساع، والبرجوازيات بدأت تكتشف أهمية الكتب، وأن الكُتَّاب هم أكثر من مجرد كونهم مجانين حميدين، وأن لهم دورًا عليهم القيام به بين البشر» (Vargas Llosa 1983: 134). الآن إذن هو الوقت الذي يجب على الكاتب أن يُذَكِّر فيه المجتمعات بما سيحدث، والبدائل التي تُقدم إليها:

تنبيهها إلى أن الأدب نار، وأنه يعني عدم الانصياع والتمرُّد، وأن مسوغ وجود الكاتب هو الاعتراض والاختلاف والنقد، وأن يُبيِّن أنه لا وجود لحدود وسط، فإما أن يلغي المجتمع إلى الأبد هذه المَلكة الإنسانية المتمثلة في الإبداع الأدبي، ويمحو من الوجود هذا الإزعاج الاجتماعي الذي هو الكاتب، وإما أن يتقبَّل الأدب في أحضانه، وليس له مفر في هذه الحالة إلا أن يتقبَّل سيلًا متواصلًا من الاعتداءات والسخرية التي تمضي من الوصف إلى الجوهر، من العابر إلى الدائم، من قمة الهرم الاجتماعي حتى قاعدته. هكذا هي الأمور، ولا وجود لمهرب منها، فالكاتب كان، وسيبقى، غير راضٍ. لأن مَن هو راضٍ غير قادرٍ على الكتابة، ولا يمكن لمن هو موافق ومتصالح مع الواقع، أن يقترف الحماقة الطموحة في اختلاق وقائع كلامية. فالميل الأدبي يتولَّد من عدم توافق الإنسان مع العالم، من حدسه لقصورٍ ما يحيط به، وخوائه وحثالته. الأدب هو طريقة في التمرُّد الدائم، وهو لا يتقبَّل قمصان الجَبريَّة. وجميع المحاولات الهادفة إلى تغيير طبيعته الغاضبة والمتمرِّدة، ستبوء بالفشل. يمكن للأدب أن يموت، ولكن لا يمكن له أن يكون خاضعًا (Vargas Llosa 1983: 134–135).

بهذه التصريحات التي تسوغ عنوان الخطاب، يضرب الشاب حائز الجائزة عصفورين بحجر واحد: فهو يعلن، من جهة، أن الكاتب يعمل بدافع الحاجة، وأنه يولد من عدم رضاه واستيائه من الحياة، ويتسنم من جهة أخرى الالتزام السياسي أو الاجتماعي، وهو حتى ذلك الحين التزام **سارتري** جدًّا، يسيطر على أفكاره الجمالية والفلسفية والسياسية. وعندما يكون الأدب نارًا وشكوى، فإنه ينجز عندئذ مهمة أخلاقية، حيث يساهم في إحكام تكوين الإنسان، ويُخرجه من خنوعه وسكونه وشلله. وبعد ذلك يتخلى عن النبرة غير الشخصية والنظرية ليُركِّز على الواقع الأمريكي اللاتيني. وفي هذا السياق لا يتردد بارغاس يوسا عن الإطراء على التغيير السياسي الذي وضع كوبا في طليعة حركات التحرر في أمريكا اللاتينية. ويمكن لنا أن نتخيله وهو يتلفَّظ بهذه الكلمات، وشيء يختنق في داخله، بعد تلك المحادثة مع كاربينتير قبل أيام قليلة:

> من الجلي أن الواقع الأمريكي اللاتيني يوفِّر للكاتب مأدبة حقيقية من الأسباب والمسوغات ليكون متمرِّدًا، وليعيش غير راضٍ. مجتمعات الجور فيها شريعة سائدة، وهي تُشكِّل جِنانًا للجهل والاستغلال وعدم المساواة المستترة بالبؤس، والإدانة الاقتصادية والثقافية والأخلاقية، بلادنا المضطربة توفِّر لنا مواد مثالية لعرضها في التخييل الروائي، بطريقة مباشرة أو غير مباشرة، من خلال وقائع، أو أحلام، أو شهادات، أو استحضارات، أو كوابيس، أو رؤى، على أن الواقع سيِّئ الصُّنع، وأن الحياة يجب أن تتبدل. لكن خلال عشر سنوات أو عشرين أو خمسين سنة ستكون قد وصلت إلى جميع بلداننا - مثلما وصلت الآن إلى كوبا - ساعة العدالة الاجتماعية، وستكون أمريكا اللاتينية بأسرها قد انعتقت من الإمبراطورية التي تنهبها، ومن السلالات التي تستغلها، ومن القوى التي تهيننا اليوم وتقهرها. أريد لهذه الساعة أن تصل في أسرع وقت، وأن تدخل أمريكا اللاتينية دفعة واحدة وإلى الأبد في الكرامة والحياة الحديثة، وأن تحررنا الاشتراكية من قيمنا البالية ومن رعبنا (Vargas Llosa 1983: 135).

لم يرضَ الكوبيون بكل هذا التصريح، ووجهوا إليه الاتهامات فيما بعد، كما أنه لم يظل على علاقة جيدة بحكومة راؤول ليوني الفنزويلية التي كانت تعارض سياسة كوبا الثورية. لكن خطابه كان نشيد أمل من أجل مستقبل أفضل للجنوب. ليس هذا وحسب، وإنما قناعة راسخة كذلك بأن الوضع في أمريكا اللاتينية، خلال خمسين عامًا، سيشهد تحولًا تامًّا. لم

يحدث في أمريكا اللاتينية تغيير جوهري بالطبع، ولم تكن الاشتراكية هي التحول المنتظر. ظل كاسترو حيًّا في كواليس نظام يذعن للموت، مثل مرشده، وظل اشتراكيو القرن الحادي والعشرين الجُدد يستثيرون خجل الآخرين. ويكفي رؤية التصريحات التي أطلقها حولهم، في مناسبات كثيرة، بطلا تلك التغييرات التاريخية أنفسهما. فسواء غابو أو ماريو، وهما على طرفي نقيض أيديولوجيًّا، ينتقدان تشافيس، وإيفو موراليس، إلخ، ويشعران، ربما بحزن، على الرغم من كل الأحزان، بأن أي زمن مضى كان أفضل. ولا بأس من القول الآن إن الشيء الوحيد الذي لم يخيِّب ظن الكُتَّاب، منذ بعض الوقت حتى الآن، هو الأدب. وكان خوسيه مارتي يقول إنه حين يشعر بالصدر مشحونًا بالغم وممزقًا، يفرغ الشحنة في بيت الشعر الصديق. فالأدب هو ما يبقى، وهو ما لا يضيع أبدًا، ولا ينتهي، ولا يخضع لتعسف السياسة السيِّئة. بل على الرغم من أن ارتقاء المجتمعات يوصل الإنسان إلى حالة نشوة روحانية و«نيرفانا» أو «سعادة سياسية»، فإن الكاتب عليه أن يظل حجر المحك. ويا للمصادفة، أو ربما ليست مصادفة إلى هذا الحد، فمقالة ماريو التي يحافظ عليها منذ سنوات في جريدة الباييس الإسبانية تحمل عنوان «حجر المحك». ولأنه لا بد من تقبُّله على هذا النحو، فإن شرط الكاتب على الدوام هو التمرُّد، ودور محامي الشيطان. لهذا السبب، وعند نهاية الخطاب تقريبًا، يجزم بأن هذا الدور المُلح والعاجل لا يتبدَّل أبدًا، أيًّا كان حكم التاريخ على قاطني كوكب الأرض.

ولكن عندما تختفي المظالم الاجتماعية، لن يعني ذلك للكاتب، بأي حال، أن ساعة الرضا حانت؛ ساعة الخضوع أو التواطؤ الرسمي، فمهمته ستتواصل، ويجب أن تظل هي نفسها، وأي تساهل في هذا المجال، من جانب الكاتب، يُشكِّل خيانة. علينا أن نواصل، ضمن المجتمع الجديد، وعبر الطريق الذي تسبقنا عليه أشباحنا وشياطيننا الشخصية، كما في الأمس، وكما الآن، قول لا، بنبرة متمرِّدة، والمطالبة بأن يُعترف بحقنا في الاختلاف، مُظهرين بطريقة حية وسحرية، لا يمكن أن يفعلها إلا الأدب، أن الدوغمائية، والرقابة، والتعسف، هي أيضًا عدو قاتل للتقدُّم والكرامة الإنسانية، مُؤكدين أن الحياة ليست بسيطة، ولا يمكن صبُّها في قوالب جاهزة، وأن الطريق إلى الحقيقة ليس مستويًا ومستقيمًا على الدوام، وإنما هو متعرِّج ووعر في كثير من الأحيان، ونُثبت في كتبنا مرَّة بعد أخرى جوهر العالم المعقَّد والمتنوع، والغموض المتناقض للأحداث والوقائع الإنسانية. كما في الأمس، وكما الآن، إذا ما أحببنا ميلنا، فسيكون علينا أن

نواصل خوض حروب الكولونيل أوريليانو بويندبا الاثنتين والثلاثين، حتى لو هُزمنا فيها جميعها، مثلما جرى له (Vargas Llosa 1983: 135–136).

التلميح إلى الصديق وروايته التي نُشرت للتوِّ، لا يمكن أن يغيب، فبعد تلك الأيام في كاراكاس، وخوض أعماق البحر الذي يدور حول منح الجائزة وقبولها، وتنامي تواطؤ الصديقين وتعزيزه مثل أوراق اللعب التي يسند بعضها بعضًا، وتصل إلى تشكيل قلاع حصينة: كلاهما يؤمن بالاشتراكية كطريق لمستقبل أمريكا اللاتينية، وربما للعالم بأسره، وكلاهما يؤمن بالأدب كنار، وكحافز، وكطريقة في العيش، وكواقع ميل والتزام، وكلاهما تذوَّق للتوِّ عسل الانتصار، وراح ينفتح أمامهما مشهد أزرق كبحر محيط؛ في العشرين من يونيو (حزيران) من ذلك العام ضرب غابو بصورة حاسمة ضربته الكبرى بنشر روايته عن ماكوندو في بوينس آيرس. وفي يوم وصولها إلى المكتبات بالتحديد، آتية من دار النشر الأرجنتينية «سودأمريكانا»، كان غابو موجودًا في الأرجنتين، وكان على غلاف مجلة **بريميرا بلانا** التي يرأس تحريرها توماس إيلوي مارتينيث، وهو صديق كبير للكولومبي، وقد أعد ريبورتاجًا مذهلًا عن الرواية. بعد شهر ونصف من ذلك، وغابو لا يزال في أوج الترويج للرواية، ووسط ضباب سكرة النجاح، انضم ماريو إلى الحفلة، وواصلا معًا رحلة طواف جديدة بأن تُروى بالتفصيل. كانت كاراكاس هي المرحلة الأولى من النشوة، وستتواصل في الأسبوع التالي في بوغوتا وليما. الحياة لن تكون هي نفسها لأيٍّهما، ولن تكون كذلك بالنسبة إلى ناشريهما، أو وكيلتهما الأدبية بالثيس؛ فالآلة التي تصنع أوراقًا نقدية، ومقابلات صحفية حصرية، وروايات لا تُجارى، وآراء سياسية وأدبية ذات شهرة، قد انطلقت، وما زالت مستمرة حتى وقتنا الراهن. وما تبقى لها...

4
من كاراكاس إلى ليما مرورًا ببوغوتا

«تُشوِّش الشهرةُ الإحساسَ بالواقع، ربما بالقدر نفسه الذي تفعل به السُّلطة ذلك»، هذا ما قاله غابو بعد أربعة عشر عامًا من تجربته الماكوندوية، وقبل سنة من تلقيه جائزة نوبل. فالنجاح يرفع البعض ويضعهم على سحابة، فيفقدون أهمية الحفاظ على نسبة ما هو عادي، بينما يُودي بآخرين إلى الإخصاء الانفعالي فلا يعودون قادرين على الإنتاج إلى الأبد. وأغنية خواكين سابينا «اسمع يا دكتور» مثال واضح على هذا الاحتمال الثاني. يتذكَّر الشخص الذي وصل إلى قمة النجاح، الزمنَ الذي كان فيه سيدًا نكرة، مكتئبًا، معدمًا، متمرِّدًا، ملتزمًا، وبفضل ذلك كله يمتلك كل ما في الدنيا من إلهام، ويمكنه أن يكتب الأغنيات التي منحته الشهرة، لكن النجاح انتزع منه الإلهام لأنه يسافر إلى الأمكنة كلها ببطاقة الأمريكان إكسبريس، ويتناول العشاء يوميًّا وفق قائمة الطعام الفاخر، فلا تخطر بباله موضوعات جديدة، ولا يجد في نفسه الحماسة للكتابة. يقول بارغاس يوسا في خطبته في كاراكاس إن الكاتب متمرِّد، يكتب لأنه يرى نزاعًا بين الإنسان والمجتمع، ولأنه يجد نفسه غير مستقر في عالم لا يعتبره عالمه. ويُعلِّق خواكين سابينا:

اسمع يا دكتور، أعد لي ضغطي
ألا ترى أن الأصدقاء ينأون عني؟
يقولون إنه ليس ممكنًا تقبُّل
هذه الابتسامة البلهاء.
اسمع أيها الدكتور، لم أكتب أي ملاحظة
مذ صرت سعيدًا.
اسمع يا دكتور، أعد إليَّ تمرُّدي
لأنني صرت أتناول العشاء حسب قائمة الطعام الفاخرة كل يوم
وأسافر ببطاقة الأمريكان إكسبريس

هناك أمور،
اسمع يا دكتور، كنت أظنها كريهة...
أوَتدري أنها رائعة جدًّا؟
اسمع يا دكتور، هذه المرَّة أخطأ معك التداوي بالإبر
أوَلم أدفع له الفاتورة؟
أعدني مثلما كنتُ، أرجوك!
اسمع يا دكتور، فلنرَ إن كان لي علاج
أريد فقط أن أكون أنا
وأن أشبه الآن رسمي الكاريكاتيري.
اسمع يا دكتور، أعد إليَّ إخفاقي
ألا ترى أنني أغني للتهميش؟
أعد لي حقدي وأهوائي.
دكتور، اعمل بما أقوله
أريد أن أعود مهرجًا مثلما كنت
مع أجنحة في قدميَّ.

لكن نشوة النجاح لم تصعد إلى رأسَي غابو وماريو، ولم تُسكرهما، ولم يتمنيا العودة إلى زمن فقرهما، ولم يشتاقا إلى الاكتئاب، ولم تهرب منهما ربَّات الإلهام. فالواقع أن غابو نشر في عام 1972 كتاب قصص عظيمًا، وفي 1975 أصدر روايته عن الدكتاتور، وفي عام 1981 نشر **قصة موت معلن**، وبعد نيله نوبل أصدر ما قد يكون أفضل رواياته: **الحب في زمن الكوليرا**، وقد قدَّمها خابيير بارديم بصورة بديعة في فيلم سينمائي مؤخرًا. ولم يتخلَّف ماريو كذلك، ففي عام 1969 رأت النور روايته **محادثة في الكاتدرائية**، وبعد ذلك **بانتاليون والزائرات**، و**حرب نهاية العالم**، و**حفلة التيس**، وغيرها... وجميعها أعمال بارعة. لم يكونا بحاجة إلى دكتور يُعيد إليهما الإلهام، لأنهما عاشا النجاح كشيء يمكن استعادته بصورة إيجابية في المجتمع. ولهذا استمرَّا، طوال حياتيهما، منهمكين في مشروعات سياسية وثقافية واجتماعية، فضلًا عن المشروعات الأدبية، لأنهما يعرفان أن صوتيهما يولِّدان أصداءً تصل إلى أقصى أركان الكون. وتُعدُّ كتبٌ شديدة الالتزام مثلما هو، على سبيل المثال، كتاب **خبر اختطاف** لغابو، و**يوميات العراق** لماريو، نماذج جلية.

في شهر أغسطس (آب) 1967 كان كل شيء عبارة عن احتفالات وأعياد، ففي يونيو (حزيران) قرَّر الزوجان غابو الذهاب للعيش في برشلونة، فأخذت مِرثيديس ابنيهما، رودريغو وغونثالو، إلى بارانكييًا في أواخر شهر يوليو (تموز)، وودعوا المكسيك؛ كي يتمكَّن، من سيحصل على جائزة نوبل بعد سنوات، من قضاء بضعة أسابيع مع أصدقائه، والاستمتاع بالنجاح والانتشار الذي تشهده روايته. وبالطريقة نفسها ترك ماريو زوجته باتريثيا مع ابنهما ألبارو، وقد وُلد في العام السابق (أما غونثالو فسيولد في سنة 1967 تلك) في مدينة ليما (مع أن مقر إقامتهم آنذاك كان في لندن)، ليذهب من أجل تلقِّي الجائزة. والآن، يمضي كلا الكاتبين وجهًا لوجه، في رحلة شهري أغسطس (آب) وسبتمبر (أيلول) تلك، وكل شيء سيمضي على ما يرام.

كانت هناك كيمياء منذ البدء، وربما كان ذلك، كما يقول داسو سالديفار، بفعل «الواقع السحري الدفين بالتوازي في حياتيهما، توازٍ يبدو مستخرجًا من صفحات الإلهي بلوتارخ[1]». كلاهما تربى عند جديه لأمه مع كل ما يعني ذلك من التساهل والأريحية، وكانا طفلين مدللين ونزويين، فقدا فردوس طفولتهما عند بلوغهما العاشرة من العمر، وتعرف كلاهما على والديه في وقت متأخر، وستكون علاقتهما بهما علاقة عدم توافق، وذلك، فضلًا عن أسباب أخرى، لأن الأبوين أبديا تحفظًا، أو عارضا ميول ابنيهما الأدبية. ودرس كلاهما في مدارس دينية، ودرسا المرحلة الثانوية بوصفهما تلميذين داخليين في مراكز ذات نظام رهباني أو عسكري، محتضنين الأدب ملاذًا وتأكيدًا لهويتيهما في مواجهة مُعادٍ لهما أو مُشمئزٍ منهما. ووجد كلاهما في المسرح والشعر الركيزتين الأساسيتين لتكوينهما الأدبي، وكتبا أشعارًا في مراهقتهما، ونشر كلٌّ منهما قصته القصيرة الأولى في السن نفسها تقريبًا، وقرأ كلاهما بحماسة شديدة أعمال ألكسندر دوماس، وتولستوي، وروبين داريو، وفوكنر، وبورخيس، ونيرودا. وبدأ كلاهما في كسب معيشته في صحف الأقاليم في ظروف غير مستقرة، ووصلا وهما شابان فَتِيَّان إلى أوروبا تجتذبهما أسطورة باريس، حيث واصلا العيش عن طريق العمل في الصحافة، وسيعانيان في مدينة النور أشد أيام حياتيهما قتامة تقريبًا. وقد استطاع كلاهما مواصلة كتابة كتبه في غرف بائسة على السطوح قدَّمها إليهما الزوجان، السيد والسيدة لاكروا،

---

(1) «بلوتارخ» أو «بلوتارخوس» (Plutarco): مؤرخ وكاتب سِير يوناني. من أشهر مؤلفاته كتاب «حيوات متوازية».

بالدَّين طوال شهور، في فندقين بائسين في الحي اللاتيني. ورأى كلاهما رفض روايتيهما الأوليين من قِبل داري نشر في مدينة بوينس آيرس نفسها. وعلى الرغم من توجهات كليهما الماركسية، فإنهما تجنبا على الدوام النضال السياسي ضمن أحزاب يسارية، وكانا مدافعين معلنين عن الثورة الكوبية، وسيصبحان صديقَيْ شاعر أمريكا الكبير بابلو نيرودا، وسينتهي بهما المطاف إلى أن يكونا «ابني» الأم الكبيرة كارمن بالثييس. وكنقطة التقاء، وصل كلاهما إلى أن يكونا النجمين الأكثر تألقًا في قبة سماء الرواية الأمريكية اللاتينية الجديدة التي عُرفت باسم «**البُوم**» غير المناسب والمبتذل» (Saldívar 1997: 461-462).

قصة فندق الحي اللاتيني طريفة إلى حدٍّ لا يمكن معه تصديقها، على الرغم من أنها حقيقية، ونهايتها جرت بالتحديد أثناء هذه الرحلة، في عام 1967 الذي نتحدث عنه. ففي يوم من تلك الأيام روى غابو لماريو بعض مغامراته في باريس، وهي مغامرات تُصادف جميع الأمريكيين اللاتينيين. واحدة منها هي مغامرة فندق فلاندر. عاش غابو هناك في النصف الثاني من عقد الخمسينيات، في شارع سيجاس، مراسلًا لجريدة **الاسبيكتادور**، لكن الدكتاتور الكولومبي روخاس بينيًّا أغلق الجريدة، وبقي غابو في باريس بلا عمل، وبلا إمكانيات كبيرة للحصول على عمل. إلا إن صاحبة الفندق، وهي امرأة فرنسية طيِّبة، أشفقت على الصحفي الشاب المتضرر من عدم الاستقرار السياسي في بلاده، فاقترحت عليه أن يبقى مقيمًا في الفندق، وأن يدفع لها عندما يجد عملًا، لكن عليه أن يترك الغرفة المريحة التي يقيم فيها ويصعد إلى حجرة غير مريحة ومظلمة على السطح. عندئذ قال ماريو لغابو إن شيئًا مماثلًا حدث له عند مجيئه في المرَّة الثانية إلى باريس، حيث أقام مع خوليا أوركيدي (زوجته آنذاك) في فندق ويتر بشارع سيمغار، وفي الحي اللاتيني أيضًا، وهو فندق يديره الزوجان لاكروا. وكان ماريو وخوليا ينتظران هناك منحةً ستصل إلى ماريو، فكانا يذهبان إلى السينما وإلى المسرح، ويزوران المتاحف، ويشتريان كتبًا، ويقرآن أدبًا فرنسيًّا، ولكن جاءه في أحد الأيام اتصال، وأخبروه بأنهم رفضوا الموافقة على منحته أخيرًا، ولم يكن لديه حينئذ سوى خمسين دولارًا، وهي لا تكفي لعودتهما إلى البيرو، وصار وجهه أشبه بوجه الكولونيل ما قبل الماكوندوي الذي ينتظر بجزع السفينة التي ستصل فيها رسالة راتبه التقاعدي، ولا يحدث أي شيء أبدًا، إلى أن جاء يوم قال فيه لامرأته، يائسًا، إنهما سيأكلان بدءًا من تلك اللحظة خِراءً. أشفقت عليهما السيدة لاكروا، وطلبت منهما ألا يقلقا، فسيبقيان في الفندق إلى أن يتمكنا من الدفع، ولكن عليهما أن ينتقلا بالطبع إلى غرفة ضيقة ومظلمة على السطح.

حتى هنا يبدو تشابه المسارين أكبر من أن يُصدَّق، على الرغم من أن غابو لم يكن يتذكر اسم السيدة التي عاملته بتلك الأريحية، ولكن كان للحكاية ذيلٌ تالٍ. فبعد سنة أو سنتين من ذلك، تصادف التقاء الصديقين في باريس. كان ماريو في فندق ويتر الذي يحتفظ بذكريات طيِّبة عنه، وذهب غابو إلى هناك بحثًا عنه، وعندما دخل إلى الفندق، تبدَّل وجهه، وشحب لونه، لأنه تعرف جيدًا على السيدة التي آوته بالدَّين قبل عشر سنوات أو اثنتي عشرة سنة. استدعى ماريو وأخبره، جانبًا، أنها السيدة نفسها، وأراد المغادرة من دون أن تتعرف عليه، لكن الوقت كان قد فات؛ بدت السيدة لاكروا سعيدة جدًّا لرؤيته من جديد. سألها ماريو إذا كانت لم تتعرَّف على السيد ماركيز، فردَّت عليه: «طبعًا، إنه السيد ماركيز، الصحفي الذي أقام في الطابق الأخير».

رسالتان تمهيديتان

فيما يتعلَّق بأفكاره الأيديولوجية، بدأت علاقة غابو بكوبا بعثرات، وستكون بداية صداقته مع فيديل في الستينيات، ومع كثيرين من أعضاء المكتب السياسي والمؤسسة الأدبية الكوبية أيضًا، في وقت بدأ فيه ماريو التراجع في هذا المجال تحديدًا. وعلى أي حال، كان فهم كليهما السياسي أعلى من مستوى اقتران كلٍّ منهما بكوبا، والدليل على ذلك هو الرسالة غير المنشورة التي كتبها غابو لماريو قبل شهور قليلة من تعارفهما شخصيًّا (وتحمل تاريخ 20 مارس (آذار) 1967)، حيث يخبره ببعض الأحداث التي جرت للتوِّ، ويُحدِّثه بعد ذلك عن خططه للصيف المقبل التي صرنا نعرفها. يتكلم أولًا عن أمور تتعلَّق بمؤتمر أدبي عُقد في المكسيك، وابتعاده عن مكائد سياسية تُدبَّر، يقودها الكوبيون (ريتامار وأتباعه). يقول غابو:

> في الأسابيع السابقة، ألحوا عليَّ كي أحضر إلى المؤتمر شبه الشبحي الذي يُعقد هنا [في المكسيك]. كان شيئًا مضطربًا إلى حدٍّ كبير. وقد صرحتُ للصحف في الوقت المناسب أنني لن أحضر «لأن وضع الكُتَّاب، في رأيي، لا يُحلُّ في مؤتمرات، وإنما بحمل بندقية في الجبال». وفي اللحظة الأخيرة، حاول ريتامار دفعي للمشاركة، بوهم أننا سنتمكَّن من تشكيل أغلبية، لكنه كان وهمًا باطلًا؛ إنه مؤتمر موقر لمستحثات رجعية متحجِّرة، ويتمثل هدفهم - لا أدري إن كان بوحي من شيخوختهم أم بتأثير نفوذ السي آي إيه (CIA) - في تأسيس جمعية أمريكية لاتينية للكُتَّاب؛ هيئة بمزاعم تتجاوز الغلاف الجوي، مكرسة لضمان عدم تسييس الأدب القاريِّ. وتتجه تجارتهم الكبرى،

بالطبع، إلى البلدان التي يُشكِّل فيها الكُتّاب اليساريون الأغلبية والمستوى الأفضل. بعض الأصدقاء (مثل: آنخل راما، وماريو بينيديتي، وسلفادور غارميندِيا، وقلة غيرهم) سقطوا بسبب افتقارهم للمعلومات. وقد جاء الكوبيون، حسب اعتقادي، كيلا تتضرَّر علاقاتهم الدبلوماسية مع المكسيك. الأخبار حتى هذا اليوم تشير إلى أن ذلك المؤتمر تحوَّل إلى مشاجرة كلاب، ولم يخرج عنه، لحسن الحظ، أي شيء (Princeton C.0641, III, Box 10).

كما يبدو واضحًا، فإن الألفة في تعامله مع مَن يخاطبه ألطف بكثير من الطريقة شبه الباردة، لحديثه عن الكوبيين. وفي الفقرة التالية ينأى عن الموضوعات السياسية، ويخبره عن خططه لتلك السنة، ومنها التعرف على ماريو، وهو أمر عرفناه، لكن لم يكن له قَطُّ وَقعٌ أفضل مما يخبرنا به غابو نفسه:

لن نعدم فرصة للقاء في هذه العوالم. مشروعاتنا آخذة في التبلور بسرعة كبيرة. في الأسبوع الأول من شهر يوليو (تموز) سنُودع أشياءنا التي هنا في مستودع، وسنذهب إلى بوينس آيرس - حيث سأكون عضوًا في لجنة تحكيم جائزة **الصفحة الأولى** - وعند العودة، سأتوقف لبضعة أيام في كولومبيا، ومن هناك سأقوم بقفزة إلى كاراكاس، في شهر أغسطس (آب)، إذا منحوك جائزة رومولو غاييغوس. وفي سبتمبر (أيلول) سنطير إلى برشلونة - من ابنين! - حيث أفكر في الكتابة هناك لمدة سنة، بفضل النقود التي تمكَّنتُ من الحصول عليها من العمل الدؤوب أثناء الشهور الماضية. ومن هناك - من برشلونة - لن يكون الهروب صعبًا، بين حين وآخر، إلى باريس أو لندن، فضلًا عن أننا سنحاول توفير حجرة إضافية لنحبس فيها ألبارو [ابن ماريو الأول] مع السيد رودريغو والسيد غونثالو [ابني غارسيا ماركيز]، إذا ما خطر لكم المجيء إلى تلك الأنحاء. اختيارنا لبرشلونة تحديدًا لا يعتمد، كما يظن الجميع، على أنه سيكون من السهل هناك سحب الأموال من كارمن بالثيس، وإنما لأن برشلونة تبدو لي المدينة الأوروبية الأخيرة التي يمكن لزوجتي فيها أن تحصل على بونيفيثيا، وهذه هي التسمية التي تُطلقها هي على جميع الخادمات منذ أن قرأتْ **البيت الأخضر**. سوف تفهم الآن بصورة أفضل سبب تأثرها الشديد عندما عرفت أنكما ستحملان وحدكما صليب ابن في لندن (Princeton C.0641, III, Box 10).

بعد ذلك، يحدثه عن الرواية التي ينوي البدء في كتابتها في برشلونة، وستتحدث عن الدكتاتور. ثم يواصل بعد ذلك إعطاء تقديم مُسبق عما سيكون عليه الكتاب الذي أوشك على الصدور؛ فقد انتهى من كتابته، لكنه يُصحِّح بعض التفاصيل. المشكلة أنه أعاد قراءته مرَّات كثيرة، فأصبح غير قادر على الانتباه إلى ما هو جيد، وما هو سيِّئ، يمر على صفحاته كمن يرى هطول المطر. من المثير جدًّا أن هناك عناصر في روايته يلاحظها من وجهة نظر علاقتها برواية ماريو:

> انتهيت من تصحيح التجارب المطبعية لـ«مئة عام من العزلة». لم يعد لها عندي أيُّ مذاق، هكذا بدلًا من تغيير كل شيء، مثلما كانت رغبتي في ليالي الأرق، قررت ترك كل شيء على حاله. الشيء الوحيد الذي عدَّلته بصورة كاملة هو وضع وأجواء ماخور في ماكوندو، وقد كان حسب ذكرياتي بيتًا من الأخشاب وسط رملة، وتبيَّن لي في اللحظة الأخيرة أنه مماثل بصورة مثيرة للشبهة لماخور في البيرو (إشارة إلى **البيت الأخضر**). أظن أن الكتاب سيصدر في مايو (أيار)، وقد وعدني باكو بوروا أن نسختك ستذهب طيرانًا إليك في لندن (Princeton C.0641, III, Box 10).

في تلك الشهور السابقة لصيف الصديقين السعيد، كانت رسائل كلٍّ منهما للآخر تتوالى بانفتاح وسرعة. في هذه الرسالة التي تعود إلى 20 مارس (آذار)، يتحدث غابو إلى ماريو عن مشروع طموح؛ إمكانية أن يكتبا رواية مشتركة. والواقع أنه لم يكن يُعرف إلا القليل جدًّا عن هذا الأمر، قبل اكتشاف هذه الرسالة غير المطبوعة. يذكر جميع كُتَّاب سيرتيهما الموضوع، ولكن أيًّا منهم لم يكن يعلم بصورة يقينية حقيقة الأمر. في هذه الرسالة، وفي رسالة أخرى تالية، يشرح غابو الفكرة لصديقه، والتي وُلدت تحديدًا من تشابه الماخورين: ماخور ماكوندو، وماخور بيورا. يقول غابو:

> مصادفة التوافق بشأن الماخور أوحت لي بفكرة لا بد لنا، أنت وأنا، من تنفيذها آجلًا أو عاجلًا: علينا أن نكتب عن تاريخ الحرب بين كولومبيا والبيرو. عندما كنا في المدرسة، علَّمونا الانصراف من الصفوف مع إطلاق صرخة: «تحيا كولومبيا، والموت للبيرو». معظم القوات الكولومبية التي أرسلوها إلى الحدود تاهت في الأدغال، ولم يعثر على الجيوش المعادية قَطُّ. بعضُ اللاجئين الألمان منذ الحرب العالمية الأولى، ممن أسسوا شركة طيران أبيانكا، وضعوا أنفسهم في خدمة الحكومة، وذهبوا إلى الحرب مع طائراتهم المصنوعة من ورق الألمنيوم. سقط أحدهم وسط الأدغال، والتهم

نمل التمبوتشا ساقيه. تعرفتُ عليه فيما بعد، وكان يُعلِّق أوسمته على الكرسي ذي العجلات. قصف الطيارون الألمان الذين عملوا في خدمة كولومبيا، بثمار جوز الهند، موكبًا دينيًّا في إحدى قرى البيرو الحدودية، وسقط أحد الجنود الكولومبيين جريحًا في مناوشة، وكان ذلك أشبه بكسب اليانصيب بالنسبة إلى الحكومة؛ حملوا الجريح عبر البلاد، كدليل على قسوة رئيس البيرو، سانتشيث ثيرو، ولكثرة ما أخذوا الرجل الطيِّب الجريح في كاحل قدمه وجاءوا به، تغنغرت ساقه ومات. لديَّ ألفا طرفة مثل هذه، وإذا ما تحريتَ أنت تاريخ الجانب البيروفي، وبحثتُ أنا في الجانب الكولومبي، أؤكد لك أننا سنكتب أشد الكتب التي يمكن تصورها هذيانية وغرابة وروعة (Princeton C.0641, III, Box 10).

مع غابو لا يمكن معرفة ما حدث حقًّا، وما هي ثمرة مخيلته. لكن من المؤكد أن كل ما يرويه يتولَّد من تجربته، من شيء رآه أو سمعه. وهذا يحدث في رواياته كلها، وقد أعلن عنه في مناسبات لا حصر لها. من الطبيعي أن تلفت انتباهه مثل هذه الأحداث في تلك المرحلة، وقد أنهى روايةً، نسبة عالية جدًّا من مادتها الأولية تُشكِّلها الحروب والانتفاضات والإضرابات والنزاعات، إلخ. إضافةً إلى أن كل ذلك يحدث محاطًا بعناصر سحرية، ما بين أشد ثنايا الواقع الواقعي خفاء وسِريَّة. لا نملك ردَّ غابو بشأن هذا الطلب، لكننا نحتفظ برسالة غابو التالية، في 11 أبريل (نيسان) من السنة نفسها، يرد فيها على رسالة ماريو، ويلح على الفكرة نفسها. أضف إلى ذلك أنها رسالة أُحادية الموضوع؛ فبينما تكلَّم في السابقة عن موضوعات كثيرة مختلفة، ركَّز في هذه الرسالة بصورة حصرية على الرواية التي يسعى إلى أن يكتباها معًا. ويمكن رؤية تقليبه للفكرة كثيرًا، وكيفية توثيق الأحداث، وإنجاز الكتابة، وغير ذلك. إنها لحظات تطفح فيها المخيلة والحلم بمشروعات جديدة ضخمة، ربما بسبب ما أصاب الكولومبي من إرهاق بذلِ الجهد المُركَّز، أثناء السنوات الأخيرة، والمصاعب الكثيرة، في سبيل كتابة **مئة عام من العزلة**. ففي رسالة بتاريخ 11 أبريل (نيسان) لا يمكن لمطلعها أن يكون أكثر إيجابية، كتب:

عزيزي ماريو:
كم يسعدني أن تروق لك فكرة كتاب مشترك. أرى ذلك فاتنًا، أعتقد أنه من الصعب التوصل إلى تصوُّر حكاية أشد فرادة، وبُعدًا عن المعقول، ومُضحكة، أكثر من ذلك الحدث التاريخي الفظيع. إمكانية نسف الوطنية المتوافق عليها، أمر رائع بكل بساطة. تدور الفكرة في رأسي منذ سنوات طويلة، لكنني كنت أرفض وضعها في حيز التنفيذ

ما لم أجد متواطئًا بيروفيًا معي، لأن «الخيانة» في هذه الحالة تكون كاملة، من الجانبين، ومثيرة ورائعة بكل بساطة.
(Princeton C.0641, III, Box 10).

وعلى الفور يقول له إنه من الأفضل معالجة الموضوع بالهدوء الموضوعي للتحقيق الصحفي، وبوسائل وتقنيات صحفية محضة، وهذا ما يعرفه كلاهما جيدًا، وبصورة خاصة غابو الذي لم يتخلَّ قَطُّ عن الصحافة وأهوائها. المهم هو وفرة المعلومات، والحفاظ على مسافة ابتعاد عنها، «وليُعلّق المراؤون على الجدار». سيهتم أحدهما بالبيرو، والآخر بكولومبيا، والشيء الوحيد الذي عليهما أن يفعلاه معًا هو المقارنة في بعض الحوادث، كيلا توجد تناقضات، فعلى سبيل المثال: يقول غابو: «أنت تروي عن عملية اغتيال سانتشيث ثيرو، وأنا أروي عن الطريقة التي قوبل بها الخبر وانعكاساته في كولومبيا» (Princeton C.0641, III, Box 10).

السُلطة هي أحد مظاهر التاريخ التي تستثير اهتمام غابو، أثبت ذلك في رواياته وقصصه، وقد تعرَّضنا له في كتابنا **غابو وفيديل**. وفي تلك الفترة تحديدًا، كان غابو سيبدأ، مثلما قال، في كتابة عمله حول الدكتاتور، لكن مشروع الرواية المشتركة سيخوض كذلك في الهواجس نفسها. يُلح غابو:

بغض النظر عن المظهر الكوميدي الرهيب لهذه القصة، فإنني أرى أن فيها شيئًا فظيعًا: من المحتمل أن سانتشيث ثيرو، ورجلنا أولايا هيريرا، قد اتفقا على إشعال تلك الحرب، حيث كان لا بد من ترسيخ موقعيهما في السُلطة. كان أولايا هيريرا أول رئيس ليبرالي بعد خمسة وأربعين عامًا من هيمنة المحافظين، ووفرت له الحرب مع البيرو فرصة لتوحيد أحزاب التهيُّج الوطني، وألبس سيناتورات المعارضة الهَرِمين زي جنرال الجمهورية، وأرسلهم إلى الموت في حمى المستنقعات في الأدغال. ثمة رواية غير مؤكدة عن أن مَن رتَّب المسألة في أحد أندية ليما هم سياسيون ودبلوماسيون من كلا البلدين، ويشكلون جزءًا من فريق بولو دولي. تصوَّر مقدار الذيل الذي يجرجره هذا الموضوع (Princeton C.0641, III, Box 10).

يرى غابو أن داء المتنفِّذين، وذوي المطامع، والمتعسفين، والراغبين في البقاء الأبدي على حساب أي تضحية بحيوات بشرية وجهود غير مجدية، له قدرة جذب غير متناهية. ولهذا لم يتراجع، على سبيل المثال، حتى توصَّل إلى صداقة كاسترو. ولهذا اهتم كثيرًا

بالتحرِّي عن دوافع تلك الحرب غير المجدية والنزوية. المشكلة الوحيدة، كما يتوقَّع غابو، هي أن على كلٍّ منهما أن يذهب لقضاء فترة في بلده، لأنهما لم يعيشا فيهما منذ سنوات، وأن يحصلا هناك على المعلومات الدقيقة. وكان غابو يُفكِّر في اللجوء إلى أكاديمية التاريخ، والاعتكاف في قسم التحرير بجريدة **إلتيمبو**، كي يحصل على النسخة الرسمية لما حدث يومًا بيوم. ويُفكِّر كذلك، بما أن أبطال تلك الحرب ما زالوا أحياء منسيين، فإن «ألسنتهم ستنفلت» عند إجراء مقابلة معهم، معتقدين أن الكاتبين سيحققان لهم العدالة، وسينقذان ذاكرتهم. وكان غابو يُفكِّر في الذهاب إلى هناك لمدة سنة، بعد أن يُنهي رواية الدكتاتور (مع أنه لن ينهيها إلا بعد سبع سنوات)، ويقول لماريو إن هذا المشروع يجب أن يظل في الوقت الحالي طي الكتمان وسرًّا بينهما فقط.

ثمة معلومة مثيرة للفضول أيضًا في هذه الرسالة؛ فبعد أن يُودِّع ويُوقِّع الرسالة، يضع ملاحظة غريبة بعض الشيء، حول تعليق شاع أثناء المؤتمر الذي أشار إليه في الرسالة السابقة:

> لقد نسيت: في الأيام الأخيرة للمؤتمر انفجر هنا خبر أنك أطلقت رصاصة على نفسك. وعلى الرغم من أن الإشاعة بدت جنونية تمامًا، فإني مررت بساعات من الشكوك، لأنني، وأنا الرافض للانتحار بامتياز، أتفهَّم أن أحدهم قد ينسف غطاء مخه، لمجرد الغضب، في واحد من تلك الاستعصاءات الرهيبة التي تظهر في منتصف رواية. لقد بلغتْ سرعة انتشار الخبر وإلحاحه حدَّ تلقِّينا ما لا يقل عن خمسين اتصالًا من أصدقاء يريدون معلومات، وكنا نبحث عن رقم هاتفك في لندن لتوضيح الأمور بصورة قاطعة. من المحال التقصي عن منشأ الخبر؛ فكالعادة، إنها مسألة سيدة من البيرو اتصلت بأخرى لتقول لها إن هناك من أخبرها أنهم أخبروه وأنهم أُخبروا. في ميثولوجيا قُرانا، تُفسَّر هذه الإشاعات على أنها إشارات إلى إزهار حياة صحية وسليمة.
>
> تحياتي
>
> (Princeton C.0641, III, Box 10)

ست وخمسون ساعة في بوغوتا

من المؤكد أن الصديقين، أثناء الأسبوعين اللذين أمضياهما في كاراكاس، وجدا الوقت ليتكلما عن مشروعهما المشترك، على الرغم من أن النشاطات الاجتماعية والأدبية لم تترك لهما، بلا شك، سوى ساعات قليلة يقضيانها معًا، ويتعرف كلٌّ منهما على الآخر

بصورة أفضل. لكن الحفلة تواصلت في بوغوتا، مثلما توقَّعا منذ شهور مضت. ففي رسالة سابقة، أخبره غابو أن جامعة كولومبيا أكَّدت له أن ماريو سيُشارك في حلقة محاضرات حول الرواية الأمريكية اللاتينية. واستفسر من ماريو عن مدى صحة الأمر، لأنه لن يذهب إن كان غير صحيح، وأنه لا يرغب في الذهاب من دون أن يكون برفقته. أضف إلى ذلك أن كل ما حدث أثناء السنة ونصف السنة الماضيتين خلَّفه مشوشًا:

بعد الفجوة المرعبة التي تسببت فيها «مئة عام من العزلة»، والتي ظننتُ أنني لن أخرج منها، أجد نفسي الآن مثقلًا بأعمال رهيبة بغية ترميم الميزانيات وإصلاحها، لكنني مستعد لفتح كوة من أجل الذهاب إلى بوغوتا لمدة أسبوع، إذا كنت ستذهب إليها حقًّا [...]. في حالة التأكيد على صحة ذلك، أرجو منك أن تخبرني أي مظهر من مظاهر الموضوع تفكر في تناوله، كي نتناوله معًا. أضف إلى ذلك أنني متحمس جدًّا لإمكانية أن أكون أنا من يفتح لك أبواب بلادي غريبة الأطوار، ولتتوفر لي كذلك مهمة تبادل الحديث معك لعدة أيام.

انتهيت من قراءة البيت الأخضر. إنها عمل هائل، نبَّهتني إلى أننا متفقان في هدف عدم هجر ممالك غاييغوس وريفيرا القديمة باعتبارها مطروقة، بل على العكس، مثلما تفعل أنت، ومثلما أحاول أن أفعل في كتابي الأخير، يجب الإمساك بهما مرَّة أخرى من البداية من أجل اختراقهما عبر الطريق الصحيح. لا بد أنك انتبهت إلى أن كُتَّاب المجلات التافهة المتأوربين ليسوا متفهمين لهذا المعنى. لقد نشروا هنا أشد السخافات صخبًا حول الفولكلورية المزعومة في روايتك. أما أنا، الذي لا أكاد أقرأ ما يُكتب عن كتبي، فلا أتمكن، وهذا مثير للفضول، من تحمُّل الغضب الذي تسببه لي البلاهات التي تُقال عن كتب تبدو لي، مثل كتابك، شديدة الأهمية. أتمنى أن نتمكَّن من تبادل الحديث في بوغوتا حول هذه الأمور.

أنت شخص لا يمكن الإمساك بك. حين كنت أفكر في إرسال كتبي إليك في باريس، كتب إليَّ كارلوس فوينتس يقول إنك في ليما. وفي هذه الأيام ظهرتَ في نيويورك، ولم أكد أعلم بالخبر حتى أرسل إليَّ باكو بوروا يخبرني أنك في بوينس آيرس. آمل أن تتلقى، عبر طريق ما، هذه الرسالة (Princeton C.0641, III, Box 10).

في الثاني عشر من أغسطس (آب) كان كلا الصديقين في بوغوتا، مستعدين لمواصلة الحديث عن الأدب أمام جماهير مفتونة بهما. يُحكى أنه أثناء مسار الطائرة من كاراكاس

إلى العاصمة الكولومبية حدثت مشكلات اضطراب حقيقية، وسيطرت حالة من العصبية الشديدة على كلا الصديقين، لكن حالة غابو كانت أشد، بسبب رُعبه الطبيعي من انفصال قدميه عن الأرض. ويشير بارغاس إلى هذا الحدث كاشفًا عن توهُّم غابو ومبالغات مخيلته:

بعد بضعة أسابيع من ذلك، سأرى في الصحف، في مقابلات مع غارسيا ماركيز، أنني في رُعبي أثناء تلك الرحلة، كنتُ أناشد العاصفة متوسلًا، إلقاء قصائد لداريو بصوت صارخ. وسأرى بعد شهور من ذلك، في مقابلات صحفية أخرى، أنني في أثناء تلك العاصفة الجهنمية، وبينما الطائرة تسقط، أمسكتُ بياقة غارسيا ماركيز وسألته: «الآن ونحن ندنو من الموت، قل لي بصراحة ما رأيك في رواية **منطقة مقدسة**» (التي نشرها كارلوس فوينتس للتوِّ). وبعد ذلك، في رسائله، كان يُذكِّرني أحيانًا بتلك الرحلة، التي قتلنا أنفسنا فيها، ما بين ميريدا وكاراكاس (Vargas Llosa 2007: 179).

حتى في أشد اللحظات غمًّا لا يفقد غابو حس السخرية...

لكن قبل أيام من ذلك الجسر فوق أجواء مضطربة، كان غابو يتسلَّى في كاراكاس بإجراء مكالمات خفية مع أصدقاء من بوغوتا، بهدف أن يخدموا ماريو، وخوسيه ميغيل أوبييدو، كمرشدين سياحيين، كيلا يريا المناطق البائسة وغير اللطيفة في المدينة، وكي يأخذا انطباعًا لطيفًا (Saldívar 1997: 465). لكن جهوده ذهبت أدراج الرياح؛ فماريو، وبمرافقة غابو، أصبح في بؤرة اهتمام وسائل الإعلام والاحتفالات والمناسبات، واللقاءات الثقافية والجامعية، بحيث أتيح له أن يرى بوغوتا شبرًا شبرًا، وأن تبدو له فظيعة مثل ليما. ومع ذلك، فإن حماسة الناس، ولُطف الأوساط الثقافية والأدبية والصحفية، وبصورة خاصة رفقة الأصدقاء، جعلت من زيارته تلك مقدمةً للفردوس في كل أركان المدينة. ثمة شهادة قيِّمة من إليخيو، أحد إخوة غابو الأربعة عشر، ولسوء الحظ أنه تُوفِّي، يروي فيها التفاصيل الدقيقة لتلك الرحلة ذات الأيام الثلاثة، في كتابه: **هكذا هم، ريبورتاج عن تسعة كُتَّاب أمريكيين لاتينيين**. يحمل الفصل المخصص لماريو في بوغوتا عنوان: «الطيِّب والشرير والقبيح». وأول ما يُبرزه إليخيو هو بساطة من نال جائزة غاييغوس للتوِّ، وصبره مع الجميع، وكرمه غير المحدود. ويصفه على النحو التالي:

لطيف، مهذب، حميم كقِلة من الناس، لم يقل «لا» لأحد قَطُّ، حتى لو كان الشاعر الجريء المجهول الذي زاره في الساعة السادسة صباحًا في غرفته في الفندق ليُقدِّم

إليه كُتيب أشعار حديث الطباعة، أو ذلك الصحفي الراديكالي الذي يريد لصوته أن يُسمع من محطة بث إذاعي في أقاصي الأمازون. ولم يقل «لا» كذلك لتلميذة السنة الثانية الثانوية التي طلبت منه توقيعًا على كتابه الفائز بالجائزة في كاراكاس، ووجدت بعد ذلك ما يكفي من البراءة لسؤاله: «ولماذا اسمه **البيت الأخضر**؟» (García Márquez, Eligio 2002: 177-178).

أقام غابو في بيت صديقه المصوِّر غييرمو أنغولو، بالقرب من الحديقة المركزية، بينما نزل ماريو في فندق تيكينداما القديم المهيب. وفي يوم الأحد 13 من شهر أغسطس (آب)، حضرا معًا وليمة في بيت رئيس تحرير **إلتيمبو**، إرناندو سانتوس، وحضرا بعد ذلك اجتماعًا شبه سِري مع مناضلين في منظمة الشبيبة الشيوعية. وفي صباح يوم الاثنين، كانت هناك مائدة مستديرة حول الأدب الأمريكي اللاتيني في مقر جريدة **إلتيمبو**. وفي المساء سهرة أدبية أخرى مع كوكتيل في المكتبة العصرية، وكانت صاحبتها هي الكاتبة والناقدة مارتا ترابا. وفي صباح يوم الثلاثاء، قاما بجولة طويلة في بوغوتا ومحيطها. وكل ذلك مُتبَّلٌ بمقابلات مع وسائل اتصال مختلفة، بين كل نشاط وآخر، على طريقة المقدمات أو المشاهد المسرحية القصيرة. لكن ماريو وجد الوقت أيضًا لإجراء مقابلة مطوَّلة مع صديقه بمناسبة روايته «مئة عام من العزلة» التي صدرت قبل وقت قصير، إذ إنه يفكر في الكتابة عنها، لأنها أعجبته إلى حدٍّ أعلن معه آنذاك أنه يتمنى لو كان كاتبها، مثلما قال في إهدائه الكتاب لسوليداد، لأنها تحوّل مؤلفها إلى آماديس دي غاولا[1] أمريكي.

تمثَّلت لحظة الذروة في الرحلة في حفل مكتبة ترابا. كانت مارتا امرأة شديدة الجاذبية، ليس جسديًّا فقط، وإنما في كل شيء، بنوعيتها الثقافية والإنسانية. أرجنتينية المولد، استقرت في بوغوتا بعد أن جابت نصف العالم. شاعرة، وروائية، وحاصلة على جائزة كاسا دي لاس أمريكاس، ومدافعة متحمسة عن الكاسترويّة، وناقدة أدبية وفنية مرهفة وأنيقة. متزوجة من آنخل راما الذي كان في ذلك الحين صديقًا لأصدقاء تيار **البُوم** الوليد. رأت في اجتماع ماريو وغابو، مع أبرز المثقفين الكولومبيين في مكتبتها، شرفًا كبيرًا. كانت جلسة الكوكتيل مقررة في الساعة السابعة مساءً، لكن منذ الساعة السادسة والنصف لم

---

(1) «آماديس دي غاولا» (Amadís de Gaula): بطل رواية تحمل اسمه عنوانًا لها. وهي إحدى روايات الفروسية الإسبانية في العصور الوسطى، وأشهر روايات الفروسية التي حظيت بانتشار واسع في القرن السادس عشر.

يعد هناك متسعٌ لمسمار في الفناء، وكان على كثيرين أن ينتظروا في الشارع. وهكذا، عند وصولهما في الساعة السابعة والنصف، كانت إمكانية دخولهما مستحيلة ماديًا، وقد تمكّنا من ذلك بجهد جهيد. كانت في المكتبة مئات النُسخ من رواية **البيت الأخضر**، ونُسخ أقل بكثير من **مئة عام من العزلة**؛ لأن طبعتها الأولى نفدت، وهكذا عندما انتهى غابو من توقيع كتبه، قال لماريو إنه يستطيع مساعدته في توقيع «البيت الأخضر»، وهذا ما جرى. وأخيرًا أنهى ماريو أيضًا توقيع النُسخ التي وقّعها غابو، ولم يعد هناك مزيد من الكتب، فبدأ الحضور يُقدِّمون إليهما مجلات، وأوراقًا بيضاء، وغيرها... كي يواصلا التوقيع عليها. لم يبدوا كاتبين أمريكيين لاتينيين، وإنما بدوا كما لو أنهما لينون ومكارتني[1]، أو سيمون وغارفنكل[2]، أو مارك أنتوني وج. لوبيث[3]. وكانت هناك فتاة، تأثرت بالحالة الجماعية، وطلبت من ماريو أن يُوقِّع على يدها، لأنه لم تتبقَّ أوراق، وهو ما لم يتردد الكاتب البيروفي في فعله. وبعد ساعتين من ذلك، وبينما الجمهور لا يزال ينخسهما، اضطرا إلى الاعتذار لأن عليهما الانصراف.

في واحدة من المقابلات الكثيرة التي أُجريت معهما، كانت الأسئلة كلها تقريبًا موجَّهة إلى البيروفي، وبدا واضحًا جدًّا في الردِّ على سؤال حول الالتزام السياسي:

> لا أريد للقارة الأمريكية اشتراكية مستنسخة عن بلدان الكتلة الشرقية. إنني مع اشتراكية تسمح بحرية الرأي، لأن أحد الأمور التي لا أريد فقدانها هو الحق الطبيعي للكاتب في الانتقاد، بهاجس محاكمة الواقع في جميع مستوياته (الاجتماعية، والسياسية، والدينية، إلخ)، فهذه بالتحديد هي الوظيفة الأولية لأي مبدع (García Márquez, Eligio 2002: 184).

وتتالت أيضًا أسئلةٌ مباشرة حول كوبا، فقد استجوبه أحد الصحفيين حول سباق التسلُّح في الجزيرة، فردَّ عليه ماريو:

---

(1) «لينون - مكارتني» (Lennon - McCartney): ثنائي غنائي، كانا يكتبان كلمات أغنياتهما معًا، ولكن يكتب كلٌّ منهما بشكل منفصل كذلك. شكَّلا مع موسيقيين آخرين فرقة «البيتلز» التي مثَّلت ثورة شبابية في ستينيات القرن الماضي.

(2) «سيمون - غارفنكل» (Simon - Garfunkel): ثنائي موسيقي، حازا شهرة واسعة في الستينيات.

(3) «مارك أنتوني - ج. لوبيث» (Marco Antonio Muñiz Rivera - Jennifer Lynn Lopez): مغنيان أمريكيان من أصول بويرتوريكية.

يُقال إن كوبا أكثر بلد مُسلَّح في أمريكا اللاتينية. ربما يكون هذا الكلام قابلًا للجدال، لكن كوبا على أي حال، هي البلد الأكثر تعرضًا للتهديد، وتعيش بطريقة ما في حالة حرب مستترة، وهذا ما يُفسِّر سعيها إلى التسلُّح، والاستعداد للدفاع عن النَّفس، لكن هذا الجهد الدفاعي لم يكن على حساب سياسة ثقافية جماهيرية واسعة ,García Márquez) .(Eligio 2002: 184–185

وسط ذلك الاضطراب الكبير البوغوتي، يتلقَّى ماريو اتصالًا من ليما. إنها باتريثيا. تقاطعه أثناء تناول الطعام. إنها على وشك إنجاب ابنها الثاني. ينهض ماريو بجزع ظاهر، بينما غابو الساخر دومًا، يُعلِّق للمدعوِّين بأن ما يثقل عليه في الواقع هو خشيته من أن يُولد الابن بذيل خنزير، لأن ماريو وزوجته ابنا خؤولة.

كان هناك وقت أيضًا، مثلما هو مُقرَّر، لنشاط مع جامعيين. سألوه عن خطبته في كاراكاس، وعن النبرة السياسية في النَّص، فردَّ ماريو بأنه لم يكن سياسيًّا، وأنه لا ينتمي إلى أي حزب، لكن هذا لا يعني أنه خلوٌّ من الأفكار السياسية؛ فهو كمثقف يُعدُّ محللًا للواقع السياسي والاجتماعي، «وهذا يعني بالضرورة الانصياع، والتمرُّد، لأن الأدب نار، ومبرر وجوده هو الاحتجاج والمعارضة» (García Márquez, Eligio 2002: 188).

سألوه عن المهنة، فردَّ بأنه يعتبر نفسه عاملًا في الأدب، لأنه لا يؤمن بالإلهام قدر إيمانه بالعمل المتواصل الدؤوب، وأنه يراجع، ويشذِّب، ويصحِّح، ويستعين بصديقه، كي يؤكِّد له الفكرة، بل إنه جعله يروي له قصة عملية كتابة **ليس لدى الكولونيل من يكاتبه**، وأنه كتب ست مسودات إلى أن توصَّل إلى النبرة التي يحتاج إليها؛ الإحساس بالحَر، لم يكن الوصول إليه سهلًا في برد باريس.

وأخيرًا، استجوبوه حول الالتزام. كان للسؤال «لفة العزقة»، إذ كان عليه أن يُثبت أن الوقت الذي ينفقه المؤلف في الكتابة لا يؤثر على التزامه. وكان الأمر واضحًا لدى بارغاس يوسا: لا يمكن للكاتب أن يكون بعيدًا عن مشكلات شعبه وقضاياه، لكن الالتزام الأساسي يكون مع ميله الأدبي. هذا ما يجبره على أن يكون حقيقيًّا، وألَّا يتحاشى الموضوعات التي يعالجها، بل يتولَّاها ويتحمل مسؤوليتها ويتعمَّق فيها. فالكاتب، في لحظة الإبداع، يجب ألَّا ينقاد لقناعاته، وإنما لهواجسه أولًا وقبل أي شيء آخر. فإذا توافق الأمران كان ذلك رائعًا، وإذا لم يتوافقا فمن الأفضل له الاستسلام لهواجسه، وإذا كان نزيهًا وصارمًا وصاحب موهبة، فسينتهي به المطاف إلى إبداع عمل تقدمي. والشيء الوحيد الذي يصبو هو نفسه

إليه، بكل بساطة، أن يروي قصة، ليتحرَّر بذلك من مجموعة تجارب أثَّرت فيه بعمق (García Márquez, Eligio 2002: 188-189).

في الخامس عشر من أغسطس (آب)، رجع بارغاس يوسا إلى ليما منهوكًا، لكن سعيدًا. وظل غابو في موطنه. لكنهما لم ينفصلا؛ ففي بدايات شهر سبتمبر (أيلول) رجعا إلى العمل المحبَّب، كمَن لم يبتعدا عن بعضهما قَطُّ، وكمَن أمضى حياته كلها وأكثر يفعل الشيء نفسه.

وردة (ربيعية) من ليما

لم يكن شهر سبتمبر (أيلول) في ليما، إعلانًا بالخريف، وإنما بالربيع وأزهاره النضرة. في عام 1967 كان فصل افتتاح الحياة هذا يؤكِّد ولادة **البُوم**؛ ولادة روايتين من أهم ما صدر في القرن العشرين بالإسبانية، وولادة أخرى ليست أقل أهمية: ولادة غونثالو، الابن الثاني لماريو؛ ووصول غابو إلى ليما في بدايات سبتمبر (أيلول) من أجل الحوار الشهير مع بارغاس يوسا، ولكن الأكثر كشفًا كان تكريس ربيع الصداقة بين الاثنين، عندما تولَّى الكولومبي دور عرَّاب ابن ماريو عند تعميده. وكردٍّ على هذا التفصيل، صار الاسم الكامل للمولود الجديد: غابرييل رودريغو غونثالو، وهذا يعني اسم الصديق وابنيه. وفي يومي 5 و7 من الشهر نفسه أُجري الحوار المشتهى، في القاعة الكبرى بكلية الهندسة المعمارية بالجامعة الوطنية للهندسة، وسط جمع حاشد من الطلاب. ويُعلِّق سالديفار على الموضوع:

> كان الحوار هادئًا متدفقًا، وشبه عائلي. لم يبدُ على غارسيا ماركيز استسلامه لدوره كمُمَثِّلٍ وحسب، بل بدا كمَن سيطر على رُعبه وهو يتكلَّم أمام جمهور. كان أشد قربًا، وخدومًا، وطيِّب المزاج؛ ومتدفقًا وغزير التفاصيل حين كشف أسرار فنه السردي، وروابطه مع الواقع، بنظرته الواسعة للرواية، وهوسه التحليلي لها. وكان بارغاس يوسا الموجِّه والمستجوِب اللامع، على الرغم من أنهما كانا يتبادلان الأدوار أحيانًا (Saldívar 1997: 466).

الحقيقة أن غابو كان يجد صعوبة على الدوام في التحدث أمام جمهور، فهو ليس خطيبًا كبيرًا، ولم يزعم ذلك قَطُّ، فاختصاصه هو الكتابة، مثلما يقول، وهذا ما يفعله أفضل من

الجميع. أما ماريو فكان كاستيلار[1] كاملًا، تعطي خطاباته وكلماته المرتجلة انطباعًا بأنها نصوص مكتوبة، ومهيأة، بتراكيب متقنة، وبلا تلعثم أو زوائد، ومضمون عميق، كما لو أنه أمضى حياته كلها يفكر فيما قاله للتوّ. وربما لهذا السبب بالتحديد، لم يشأ غابو في البداية أن ينشر مضمون الحوار، لكن خوسيه ميغيل أوبييدو، الذي رافقه أثناء الخريف كله (الربيع البيروفي) لصياغة الحوار، رأى في بدايات عام 1968 أن النَّص جاهز، وقد أرسله يوم 24 يناير (كانون الثاني) مع هذه الرسالة:

عزيزي ماريو:
أخيرًا [...] صار بين يديك النص الأصلي، بنسخة نهائية، لحوارك مع غابو [...]. صديقي العجوز، عليك أن تقرأه بأسرع ما يمكن، مع الملاحظات التي تعتبرها ضرورية، لنشره بعد ذلك هنا ككراس خاص يصدر عن الجامعة الوطنية للهندسة. لاحظتُ طبعًا أهمية النَّص الكبيرة، ومن غير المناسب تبديده في طبعة جامعية حصرية، وبنسخ قليلة بحيث لا يكاد يُتداول خارج مدينة ليما. وخطر لي تقديمه إلى باكو بوروا في دار نشر سودأمريكانا كي يُطلقه، بالتنسيق مع ناشرين آخرين، في كل أنحاء أمريكا «البُوم».
(Princeton C.0641, III, Box 16).

لكن غابو الذي تلقَّى أيضًا نسخة من مخطوطة أوبييدو، لم يكن موافقًا على النشر، مثلما يُستخلص من الرسالة التي كتبها لماريو في 7 فبراير (شباط):

عزيزي ماريو:
أكتب الآن إلى أوبييدو بعدم التصريح بنشر حوارنا في مدينة ليما في كتاب. هذا ما كان متفقًا عليه. قرأتُ النَّص، وما زلت أعتقد أنه ليس سيئًا كاستعراض سيرك، لكنه في المقابل إذا نُشر في كتاب، فسيكون سطحيًّا ومتعجلًا. السماح بنشره سيكون عملًا طائشًا لا يُغتفر [...].
وحتى لا تحدث مشكلة لخوسيه ميغيل، سأسمح بنشر الكراس الجامعي فقط، ولكن بعد كثير من التشذيب للنَّص. الشيء الوحيد الذي لن أفعله، لاعتبارات النزاهة الأساسية، هو إضافة أي سطور جديدة. وفي المستقبل سأهتم كثيرًا بعدم ترك هؤلاء الأبناء غير الشرعيين هائمين في أنحاء العالم.

---

(1) «كاستيلار» (Emilio Castelar y Ripol): كاتب ومؤرخ وصحفي وخطيب وسياسي إسباني، رئيس السُّلطة التنفيذية في الجمهورية الإسبانية الأولى 1873 و1874.

إنني ضائع؛ رواية الدكتاتور تنمو وتتشعب ذهنيًا، ويبدو لي أنها ستكون مسخًا بسبعة رؤوس. اتخذت القرار الحاسم بكتابتها بعمق، وأن أنسحب بعد ذلك إلى حجرتي الخاصة. لم أعد قادرًا على المزيد، لديَّ انطباع بأنني آخذ في الانتحار وراء الآلة الكاتبة [...].

أنتظرك بلهفة في أواخر هذا الشهر. ولنتحدث، أجل الآن! وسيكون رائعًا أن تأتي باتريثيا، فنحن لم نرها فارغة قَطُّ[1].

عناقي الحار،

غابو

(Princeton C.0641, III, Box 16)

من الطبيعي أنه بعد النجاح الذي لقيته رواية **مئة عام من العزلة**، ومعرفة مدى وسوسة غابو في إعطاء كتاباته للصحافة، ألَّا يرغب الكولومبي في نشر أي شيء باسمه. أما أوبييدو، في المقابل، فهو ناقد ومعلم، ويرى في ذلك النَّص مادة عظيمة للطلاب والدارسين. والواقع أنه لم تُنجز حتى الطبعة الجامعية التي خطَّط لها أوبييدو وتقبَّلها غابو بما يُشبه الإذعان. لكن ما لم يتقبله الكولومبي قَطُّ هو صدور طبعة ترافقها ضجة دعائية عن دار النشر الأرجنتينية التي نشرت روايته قبل ذلك. لم ينظر أوبييدو بعين الرضا إلى هذا القرار، وهو ما يُفهم من رسالة أخرى وجَّهها إلى ماريو، في 8 مارس (آذار)، حيث يقول:

أجل، رفض غابو الموافقة على إصدار طبعة عن دار سودأمريكانا. لستُ مُتفقًا معه في هذا الرأي مُطلقًا؛ فالحوار يتضمَّن قيمة كبيرة بالنسبة إلى أي قارئ مهتم بالرواية. أظن أن غابو يتصرَّف مدفوعًا بمزيج من الحياء والنزق؛ ففي إحدى رسائله يعترف لي بأنه يكتب ببطء شديد، وبمشقة (Princeton C.0641, III, Box 16).

وأخيرًا، نُشر الحوار في البيرو، ولكن عند الناشر ميّيا باتريس، بالاشتراك مع الجامعة الوطنية للهندسة، المكان الذي جرت فيه المناظرة، عام 1968. وبهذا كُوفئ عمل أوبييدو، ولكن جزئيًّا، غير أن ردود الفعل كانت في الحدود الدنيا. وقد روى لنا بنفسه، في يومٍ تناولنا فيه الطعام معًا في مطعم تايلندي، في الحي الصيني بفيلاديلفيا، وكان الطعام لذيذًا: رتَّب

(1) أعتقد أن قوله: «لم نرها فارغة قَطُّ»، يشير إلى أنه منذ تعارفا كانت باتريثيا، زوجة ماريو، حُبلى. وقد وضعت مولودها الثاني (غونثالو) في تلك الأيام، ولم تعد ممتلئة.

خوسيه ميغيل أوبييدو ذلك اللقاء، وكان مهتمًّا كثيرًا بأن يُنشر الحدث على أوسع نطاق ممكن، ولكن لم يحدث ذلك على المدى القصير، ومع مرور الوقت تحوَّل ذلك الحوار إلى نصٍّ معروف جدًّا، بالنظر إلى الطبعات المقرصنة المتعددة التي ظهر فيها. روى أوبييدو أن غابو أكَّد له في مناسبات عديدة، أن هذا الكتاب هو الأكثر انتحالًا، واستنساخًا، وانتشارًا بصورة سِريَّة من جميع أعماله الأخرى. وعمليًّا، لم تكن النسخة التي استخدمناها نحن على وجه الخصوص، من طبعة دار النشر «بيرو أندينو»، الصادرة عام 1988، معروفة لخوسيه ميغيل أو غابو أو ماريو. وعندما أريناها لأوبييدو أثناء تناول البروكلي والباد ثاي (شعرية أرز، وصلصة تمر هندي، وكلها مزينة ببراعم الصويا والليمون)، وطبق البيددانغ العظيم (شواء دجاج مع الزنجبيل)، انفجر خوسيه ميغيل ضاحكًا ومؤكدًا تأكيد غابو غير المبالغ فيه.

نَصُّ اللقاء عظيم، ففيه تُطرح جميع الموضوعات الأدبية والاجتماعية والسياسية الراهنة. بدأه ماريو بسؤال موجَّه إلى الكولومبي: ما فائدة الكاتب؟ وما فائدته هو بالتحديد، ككاتب؟ وكان ردُّ غابو، بنبرة هزلية، أنه بدأ كاتبًا عندما أدرك أنه لا يصلح لأي شيء، لكنه، بتوجُّه أكبر قليلًا إلى جوهر السؤال، أضاف فكرتين أخريين: «أكتب كي يحبني أصدقائي أكثر»، وكعنصر تمرُّد أيضًا، لأنني «لا أعرف أدبًا ينفع لامتداح القيم السائدة» (García Márquez y Vargas Llosa 1988: 21-22). الكاتب على خلاف دائم مع المجتمع، ويكتب «كطريقة لحل نزاع الكاتب مع وسطه» (22)، مرورًا «بتجارب شخصية» (23).

وفي الحال، يبدأ بارغاس يوسا المتحمس لـ**مئة عام من العزلة** في التقصّي عن بعض مظاهر التكوين والخلق، وتطور هذه الرواية ونهايتها، كفكرة العزلة المكوِّنة للكائن البشري، والإحباط، والانفصال عن الواقع، والقصص العائلية، ونزوة رواية مغامرات وضرورتها، وسبب أو جور الحروب، وتهميش الإنسان الأمريكي اللاتيني، والأجداد وعالمهم العجيب، وأهمية الذاكرة والذكريات، والتقاء السحر والواقع، وتأثير روايات الفروسية، وحدود الواقعية في الأدب، واحتمالية حدوث أي شيء في الحياة اليومية الأمريكية اللاتينية، وأسماء الشخصيات التي تتكرَّر حتى الإشباع؛ وعن النقد الاجتماعي والسياسي المغروس في أحشاء القصة، مستعرضًا تاريخ كولومبيا في القرن الأخير؛ وعما هو أكثر أهمية من ذلك كله: كيفية تحويل تلك المادة الإنسانية، والحقيقية، والسياسية، والاجتماعية، واليومية، والعائلية، إلى «واقع متخيَّل»، و«تمريرها من خلال اللغة» (33). ردود غابو بليغة، وتمضي في خط الدفاع عن رؤيته للعالم، وامتلاك تقنية، وإزاحته اللثام عن منهجه في العمل ومصادر قصصه.

انتهى هذا الحوار الأول، بعد ساعات عديدة، بتأمُّل حول ما بدأ يُسمَّى، منذ تلك السنة: «بُوم الأدب الأمريكي اللاتيني». تحدَّث بارغاس يوسا عن واقع لا ريب فيه، وحدَّده في السنوات العشر أو الخمس عشرة الأخيرة. وعلَّق بأن الأمر لا يقتصر على وجود مزيد من الكُتَّاب النوعيين، وإنما كذلك على وجود أعداد أكبر كثيرًا من قُرَّاء أدبنا، سواء هنا أو في أوروبا أو في الولايات المتحدة. ومن جهة أخرى، أعرب غابو عن رأيه بأن الكُتَّاب الآن ليسوا أفضل من الكُتَّاب في السابق، وأن ما تغيَّر هو التقدم الحِرَفي؛ في السابق كانوا يكتبون بين حين وآخر، في أوقات الفراغ، وفي عطلة نهاية الأسبوع، أما الآن فيسعى الكاتب إلى أن يكون كاتبًا وحسب، كاتبًا محترفًا. وينهي غابو:

قررنا أن المهم هو مواصلة ميلنا الطبيعي ككُتَّاب، وقد انتبه القُرَّاء إلى ذلك. ففي اللحظة التي كانت الكتب فيها جيدة، ظهر القُرَّاء. هذا هو الأمر المهول. ولهذا، أعتقد أنه «بُوم» قُرَّاء (37).

في الجزء الثاني من الحوار يعيدان تناول الموضوع، ويضيف غابو أنه إذا كانت القراءة قد ازدادت الآن، فذلك لأن الكُتَّاب «أصابوا الهدف» (39) بالموضوعات التي تهم وتُقلق جزءًا كبيرًا من الناس.

الموضوع التالي هو أحد أكثر الموضوعات إثارة للجدل في تلك الحقبة: تعريف الكاتب الأمريكي اللاتيني. ويرتكز الجدل على أن كثيرين من كُتَّاب السرد في أمريكانا يعيشون في أوروبا (كورتاثر، أو بارغاس يوسا)، أو يعيشون خارج بلدانهم (غارسيا ماركيز)، أضف إلى ذلك أن بعضهم لا يتحدثون عن الوضع في أمكنتهم وبلدانهم، وإنما عن موضوعات واسعة، وبمعالجات ثقافية مغرقة، كما هي حال بورخيس. ويردُّ غابو أن ما هو أمريكي لاتيني لا يتبدَّى في بورخيس، لكنه يتبدَّى بوضوح في كورتاثر، إذ يُرى فيه التأثير الأوروبي الموجود في بوينس آيرس. هناك لدى بورخيس أدب تهرب، أما عند كورتاثر فلا. وهو يقرأ بورخيس كثيرًا، لكنه لا يروق له. يقرأه لقدرته كآلة لفظية، لأنه يُعلِّم الكتابة، «صقل الأداة» (41)، لكنه لا يهتم كثيرًا بأدبه، لأنه لا يستند إلى واقع محدد، على الرغم من أنه يُقدِّره ويقرأه «في كل ليلة» (43).

وانطلاقًا من علاقة العمل الأدبي بالواقع، يحوِّل بارغاس يوسا الحوار في اتجاه الموقف السياسي عند غابو، وهو ما يوحي على الفور بأن «الواجب السياسي الأول للكاتب هو أن يكتب جيدًا» (44)، وهذا لا يعني أن يتمتع بأسلوب جيد وحسب، وإنما كذلك «بما يتفق

مع قناعاته». ويوضح قائلًا: «أرى أنه يجب عدم مطالبة الكاتب تحديدًا بأن يكون مناضلًا سياسيًّا في كتبه، مثلما لا يُطلب من صانع الأحذية أن تحتوي أحذيته مضمونًا سياسيًّا» (44). ولهذا لا يتفق مع ناقد أرجنتيني قال عن روايته الأخيرة إنها رجعية، لأن كتابة رواية جميلة، في لحظة تعيش فيها أمريكا اللاتينية مشكلات خطيرة، هو أمر غير مقبول. ويدافع عن نفسه قائلًا إن في «مئة عام من العزلة» توصيفًا «لمشكلات أساسية من الواقع الاجتماعي والسياسي الأمريكي اللاتيني» (44)، كالعنف، وإضرابات عُمَّال الموز، والحروب، واستغلال الاحتكارات الأجنبية، وغيرها (45).

عند هذه النقطة من النقاش، حيث حميت المعنويات جدًّا، انتهى النشاط، مع جمهور منقاد كان يمكن له أن يستمر لساعات وساعات مع معبوديه الأدبيين. كان على النجمين أن ينصرفا، بلا مزيد من الإضافات. لكن الأكثر كشفًا، وما تبقى من تلك الرحلة، هو الصداقة العميقة جدًّا. خلال أقل قليلًا من شهر، كان هذان العملاقان قد ثوَّرا نصف أمريكا اللاتينية، لكنهما كانا، بصورة خاصة، قد ثوَّرا نفسيهما. وقد يكون ما ظهر بوضوح في تلك اللقاءات هو أن ماريو بارغاس يوسا يعرف رواية ماكوندو معرفة تامة، وصفحة صفحة، وربما أفضل من مؤلفها. وفي الفصول التالية سوف نبين ذلك. وكمقدمة مسبقة: في يوم 2 ديسمبر (كانون الأول) من ذلك العام، أرسل غابو رسالة إلى ماريو، يشكره فيها على المقالة التي كتبها عن روايته لجريدة بوغوتية، وينتهز الفرصة كذلك ليوجه إليه تعليقين حول: **الجراء**؛ رواية ماريو القصيرة التي نُشرت للتوِّ، ورواية **ثلاثة نمور حزينة**؛ وهو نص محوري آخر في ذلك العام وفي تيار **البُوم**. وتُعبِّر نبرة الرسالة بعمق عن درجة التواطؤ بين الصديقين:

أخي:

أنت رهيب! انتهيت للتوِّ من قراءة مقالتك عن **مئة عام من العزلة** التي أعادت نشرها جريدة الاسبيكتادور في بوغوتا، وأشعر بكل بساطة أنني متخم جدًّا؛ ففي عالم الصداقة يكفي القليل من السخاء، ولكن ليس كل هذا القدر الكبير يا صديقي! هذا أفضل ما قرأته عن الرواية، ولم أعد أعرف الآن جيدًا أين أُحشر، فأنا مثقل بالامتنان من جهة، وأشعر بالخجل من جهة، وبأنني من جهة ثالثة متخوزق جدًّا لأني لا أدري ماذا أفعل بهذه البطاطا الساخنة المتأججة التي رميتها إليَّ.

وكانتقام غير إرادي، لكنه مُستحق، تلقيت قصاصة المقال وأنا أنتهي، أخيرًا، من قراءة **الجراء**، التي لم أستطع إكمالها بسبب الأسفار الكثيرة. إنها رائعة، وأرغب في أن أقول

لك [أشياء] أكثر بكثير، لكن ذلك يبدو لي الآن ضاغطًا؛ فبدني يقشعر لمجرد فكرة أنها تشبه انحناءة توقير يابانية [...].

لا. لا يمكنني الذهاب إلى لندن الآن. إنني بحاجة ملحة إلى الجلوس فورًا للكتابة. يدي باردة، ورواية البطريرك آخذة في التعفن بداخلي. لحسن الحظ، حدثت لي معجزة صغيرة: تذكرتُ قصة قصيرة لم تعد تهمني منذ سنوات عديدة، وقد خطرت لي الآن كاملة وناجزة. دخلتها، وأنا مستمتع بها كقزم. كل شيء موجود عمليًا في العنوان: «القصة الحزينة التي لا تُصدق لإيريnديرا البريئة وجدتها القاسية» [...].

قرأتُ **ثلاثة نمور حزينة**. لم أستمتع منذ وقت طويل كاستمتاعي في القسم الأول، لكن بعد ذلك تفكَّك بين يديَّ كل شيء؛ تحوَّل كل شيء إلى سذاجة أكثر مما هو ذكي، وفي النهاية لم أعد أدري ماذا يُراد روايته لي. فكابريرا، بإمكانياته الرائعة ككاتب، يبدو مع ذلك مشتتًا.

قبلاتي إلى باتريثيا وإلى الابنين. وإليك عناقي الفسيح،

غابو

(Princeton C.0641, III, Box 10)

5
عن الصداقة وشياطين أخرى

ظهر موهوبون كثيرون في الآداب والصداقة. فالصداقات الأدبية كانت مثمرة جدًّا تاريخيًّا، ومتنوعة المشارب أيضًا، بدءًا من الرباط الحديدي الذي جمع بين معلمين وتلامذة، مثل: أفلاطون وأرسطو، وحتى الارتباط المتين القائم بين زملاء من القيادات الأدبية، كما هي حال رجلينا: غابو وماريو. استمرت بعض الصداقات مدى الحياة وفيما وراء الموت، وانتهى بعضها بجفاء، وبعضها لم يتجاوز أسوار العلاقة الحميمة، وشاع بعضها علنًا وعلى الملأ. ولدينا إلمام بكثير من تلك الصداقات من خلال المراسلات المتبادلة بين الأصدقاء، ومن خلال الإهداءات المطبوعة في الأعمال أو الشهادات الشخصية. وثمة جيل متكامل من الصداقات الأدبية التي تلفت الأنظار إلى الخاصية الإنسانية عند بعض الكُتَّاب، وتأتي لتزيد، إن أمكن، من الاعتراف بشهرتهم الأدبية.

ويحتل مكانة بارزة من بين جيل هؤلاء المتميزين والمتميزات، ماريو بارغاس يوسا، وغابرييل غارسيا ماركيز. بعد ترسيخ تلك الصداقة منذ الصيف المجيد لعام 1967، أصبح الأفضل هو ما سيأتي. تجسَّد فيهما الجيل الأدبي كصديقين حميمين يتبادلان الاحترام والتقدير: يكتب ماريو أطروحة جامعية، تتحوَّل إلى كتاب عن غابو، ويعطي بعض الدورات الدراسية حول أعماله. ولا يفوِّت غابو، من جهته، فرصة إلا ويعلن، يمينًا ويسارًا، أن مكارتني ولينون هما وجها الأسطوانة نفسها، وأن تأملات البيروفي حول روايته تجعلها أعظم، وحمَّالة أوجه بشكل أكبر.

إذا ما قمنا بجولة في تاريخ الأدب، فسيكون علينا الرجوع إلى الأقدمين لنعثر على أول ثنائي أصدقاء: تاسيتوس، وبلينيوس، لدينا ذكر لهما من خلال رسائل متبادلة بينهما. بعد ذلك، في زمن آخر، هناك المبدعان: القديسة تيريسا دي خيسوس (تريزا ليسوع)، والقديس سان خوان دي لا كروث (يوحنا الصليب)، اللذان عقدا تحالفًا راسخًا. وسرعان ما تعاطف المتدينان الصوفيان فكريًّا وروحيًّا، واتفقا على إصلاح الطائفة التي ينتميان إليها؛ طائفة الكرمليات الحافيات. ولهذا السبب لُوحق القديس سان خوان دي لا كروث،

واتُّهم بالارتداد عن دينه وسُجن في طليطلة، إلى أن تمكَّنت صديقته القديسة تريزا ليسوع من تحريره.

وهناك صداقة من أوسع الصداقات شهرة في العصر الذهبي للأدب الإسباني، وهي صداقة الشاعرين والجنديين المرموقين: غارثيلاسو دي لا بيغا، وخوان بوسكان. فقد بدأ بفضلهما، في النصف الأول من القرن السادس عشر، دخول الأدب الإسباني عصر النهضة. ونحن نعرف أن بوسكان هو مَن عرَّف غارثيلاسو على نظم السونيتات، وأن هذا الأخير، من خلال ممارسته لنظمها، أوصلها إلى ذرى استثنائية. ولكن أشعار غارثيلاسو لم تُنشر في حياته، وقد تولَّى صديقه بوسكان جمع المخطوطات، ومراجعتها، ونشرها في برشلونة إلى جانب أعماله. ومثَّل الكتاب حدثًا مهمًّا لاستخدامه ذلك الوزن الشعري الإيطالي الجديد، ولعظمة غارثيلاسو نفسه، مما أدى إلى تصميم الناشرين على فصل أعمال كلٍّ منهما عن الآخر، مع أنه كان عليهم الاتعاظ من المثل الشائع: «ما تجمعه الصداقة، لا تستطيع متطلبات السوق تفرقته»، وكانت القطيعة نهائية؛ فدروب النشر لا يسبر غورها. ومع ذلك، سيبقى اسم بوسكان مرتبطًا إلى الأبد باسم غارثيلاسو دي لا بيغا، ليس لأنه صديقه الحميم، وأناه الأعلى، وكاتم أسراره، وهدف عدد من قصائده وحسب، وإنما لأنه كذلك أول من نظم على ذلك الوزن الإيطالي. وقد خلَّف لنا غارثيلاسو في رسائله، أحد أجمل أوصاف الصداقة:

إذا كان لك صديق لا تثق به ثقتك بنفسك – هذا ما قاله سينيكا في البدء – فإما أنك تخدع نفسك بعمق، وإما أنك لا تعرف قوة الصداقة الحقيقية. اختبر الأشياء كلها مع صديقك، لكن اختبره هو قبل ذلك. بعد الصداقة، يجب تصديق كل شيء، أما قبلها، فالتداول والتفكير في كل شيء. فكِّر مطولًا إن كنت ستقبل صداقة أحدهم، وحين تقرر مصادقته، تلقَّاه بقلب مفتوح، وتكلَّم إليه بكل ثقة كأنك تُكلِّم نفسك.

ثنائي فريد آخر من ذلك العصر شكَّله كلٌّ من: ثربانتس، ولوبي دي بيغا، وكانا في البدء صديقين، وانتهيا إلى أن أصبحا أقل قليلًا من عدوين؛ فتباغضهما الأدبي وصل إلى الميدان العام في بداية القرن السابع عشر، وكلاهما تبادل بطولة طعنات حراب السونيتات، وسهام الهجاء الجارحة السامة. شاعت النزاعات الأدبية جدًّا في العصر الذهبي، كما هو ذلك النزاع بين لويس دي غونغورا، وكيبيدو، لكن نزاع تينك الريشتين كان مختلفًا؛ لأنهما كانا صديقين من قبل. في عام 1602 وقعت القطيعة، وإن لم تُعرف، بصورة يقينية، أسباب النزاع. يُقال

إن ثربانتس، المسرحي العظيم، أحس بأنه أُهمل بسبب دخول لوبي دي بيغا إلى المشهد، ووجد نفسه مضطرًّا إلى التخلي عن افتتاح مسرحياته. بهذا شُرخ شرخٌ راح يتسع مع مرور الوقت. وعندئذ توالت الهجمات اللاذعة والسخريات، ووصل الأمر إلى حدِّ التعليق بأن حمار سانتشو في رواية الكيخوتي يُلمِّح به إلى سريع التفريخ لوبي دي بيغا، أو أن لوبي استطاع المشاركة في كتابة كيخوتي أبيانيدا منتحل. ومهما يكن الأمر، فإن أبطال العصر الذهبي الإسباني انتهوا مثلما انتهى قداس الفجر[1].

فريدريتش شيلر ويوهان فولفغانغ فون غوته

ارتبط غوته وشيلر في المقابل بصداقة مثالية وثابتة. فشيلر، المسرحي الألماني الأبرز، كان جنبًا إلى جنب مع غوته، الشخصية الأساسية في كلاسيكية فايمر. تعارفا عام 1788 في **رودلشتادت**، لكن شعلة الألفة لم تشتعل يومذاك، وكان لا بد لبدء الصداقة من الانتظار حتى وقت آخر. وجَّه شيلر الدعوة إلى غوته للمشاركة في مجلة دي هورن، وبدأ بينهما تبادل للرسائل. وهكذا زار شيلر غوته لمدة أسبوعين في عام 1794، وشيئًا فشيئًا توالت لقاءاتهما، وترسَّخت صداقتهما وازدادت تماسكًا. ومع ذلك، كانت هناك فوارق بين الاثنين؛ فشيلر كان يرى «عارًا» في كون غوته يتقاسم البيت والفراش مع امرأة ليست زوجته، وغوته بدوره ينتقد شغف صديقه بلعب الورق. لكن هذه الفوارق الصغيرة لم تؤثر على علاقتهما التي استمرت حتى موت شيلر عام 1805، بسبب نزلة صدرية. المثير للفضول أن غوته استطاع سرقة الجمجمة من جثمان صديقه، ليستخدمها في أبحاثه، وربما فعل ذلك أيضًا كي يكون معه أثمن ما في زميله، وليظلا معًا حتى القبر وما بعده. كتب شيلر عن غوته:

> لديه من النبوغ أكثر مني بما لا يُقاس، إضافةً إلى غزارة أوسع في المعارف بصورة لامتناهية، وقابلية أكثر تأكيدًا لبلوغ ما هو حقيقي، من دون الكلام عن توجُّهٍ فني أكثر نقاء وصفاء في الممارسة الدائمة للأعمال الفنية [...]. يُولِّد اللقاء المتأخر لحياتينا في

---

(1) «ينتهي مثلما انتهى قداس الفجر» (acabar como el rosario de la aurora): مثل إسباني شائع، يُقال إن أصله كان شجارًا وقع بين فئتين دينيتين متنافستين عند انتهاء إحداهما من قداس الفجر في الكاتدرائية، بينما كان أتباع الطريقة الأخرى آتين للصلاة. وقد أدى الشجار إلى إصابات في الطرفين. ويُضرب المثل للأمور الجماعية التي تنتهي نهاية سيئة بسبب سوء التصرف.

داخلي أكثر من أمل جميل، ويؤكِّد لي مرَّة أخرى كم أن الاستسلام لما تأتي به الأقدار أمر عاقل وحكيم (Sáenz Hayes 2007: 1).

الثناء والمدائح المتبادلة كانت أيضًا العباءة العامة لصداقات مشهورة أخرى، كصداقة الإسكتلندي ستيفنسون مؤلف **الحالة الغريبة للدكتور جيكل والمستر هايد**، التي عقدها مع الأمريكي هنري جيمس. كان لكليهما علاقة حميمة ومؤرخة بكثرة، وكانت موضع بحث ونقد ثم وصفت بأنها لائقة. وكانت الطريقة التي التف بها جيمس حول عمل ستيفنسون الأعظم لمصلحة نصوصه الصغرى، موضع شبهة، وكذلك المدائح المبالغ فيها، التي يكيلانها في رسائلهما، المثيرة للاشمئزاز وضئيلة الاحتمالية.

ولا بد لنا كذلك من تذكُّر الصداقة المتينة والعميقة بين الشاعرين الأنجلوسكسونيين: شيلي، وبايرون، أو صداقة جيلبرت كيث تشيسترتون، وجوزيف بيلوك، التي كانت قوية إلى حدٍّ تحوُّلها إلى مسألة إيمان: حوَّل بيلوك صديقه تشيسترتون إلى الكاثوليكية، ويعتقد البعض أن ذلك التحوُّل الروحي أثرى شاعرية تشيسترتون، بينما يرى آخرون، مثل بورخيس، أن إيمانه أضر به ككاتب.

ولا يمكن لنا أن ننسى كذلك العلاقة الودية بين الإنجليزيين: جون ر. تولكين، وسي. س لويس؛ الذي ارتد عن إيمانه كذلك، وقد أقنع أولهما الثاني بالعودة إلى المسيحية. وعلى الرغم من انقطاع صداقتهما الخاصة في عدة مناسبات بسبب اختلافات أدبية، ودينية، وعاطفية، فإنها لم تنقطع بصورة نهائية قَطُّ. يُقال إن تولكين كان قاسيًا في انتقاده بعض نصوص لويس؛ الذي انتهى به الأمر مع ذلك إلى أن يكون أكبر داعم ومشجِّع لتولكين، وأكثر مَن رفع معنوياته في مسيرته الأدبية. أنشأ الاثنان صداقة خارقة، لكنها أدبية في الوقت نفسه، مأهولة بعوالم خيالية: **سجلات نارنيا، وسيد الخواتم**. وكانت لهذين العملين في السنوات الأخيرة أصداءٌ واسعة، لا سيما بعد نقلهما إلى الشاشة الكبيرة. وقد أسقطت شهرة هذين العملين السرديين اهتمامًا كبيرًا على حياتيِّ مبدعيهما، وجعلت مُخرجًا كبيرًا، مثل نورمان ستون، يُصوِّر فيلمًا وثائقيًّا عن هذه الصداقة؛ أدب وحياة، موهوبون وعظيمو الموهبة.

من جهة أخرى لدينا كافكا، وماكس برود، وكانا بطلي صداقة أدبية أشد دويًّا. التقيا أول مرَّة عندما حضر كافكا محاضرة يُلقيها شخص يُدعى «ماكس برود» حول شوبينهاور.

وهناك وُلدت أُخوة ستتجاوز حدود الموت؛ فسرعان ما تحوَّل برود إلى مرآة كافكا، إلى محفزه، إلى الرفيق الذي يحثه ويُشجِّعه على النشر. وبعد موت كافكا، وعلى الرغم من أن هذا الأخير توسَّل إلى صديقه أن يحرق مخطوطاته كلها، فإن برود احتفظ بالمخطوطات وأوصلها إلى المطبعة. لقد حدث لبرود ما حدث لبوسكان مع غارثيلاسو؛ حيث بقي في ظل كافكا، لكنه دخل التاريخ بوصفه كاتب سيرة حياته الرسمي، ومنفذ وصيته الأدبي، وصديقه غير المشروط.

ويمكن أن يُضم فلوبير وموباسان أيضًا إلى هذا النوع من «سلسلة النَّسَب الفرعية» للصداقات الكريمة، حيث يذوب أحد الشريكين في الآخر؛ فما كان لموباسان، من دون معلمه فلوبير، أن يخطر على بال أحد. حيث كان مؤلف **مدام بوفاري** صديقًا استثنائيًا بسخائه، كرَّس لموباسان جهدًا كبيرًا، وقدَّم إليه جرعات كبيرة من الثقة والنَّفَس في الكتابة، مطالبًا إياه بالصرامة ليُخرج أفضل ما عنده. وكان فلوبير يدعوه بمودة وممازحة: «تلميذي»، على الرغم من أن الدروب التي اتخذاها كانت مختلفة جدًّا. ففي نهاية المطاف تحوَّل التلميذ إلى مُعلِّم، ودفع دَينه الكبير لفلوبير.

حالة باوند، وت. س. إليوت، مشابهة؛ فعزرا باوند، الشاعر الاستثنائي الموهوب والناقد المستقل، كان الدعامة، والدليل، والموجِّه للشاعر ت. س. إليوت. في عام 1914 تلقَّى باوند زيارة كونراد أيكين الذي جاء إليه ليتحدث معه، ويروِّج لبعض الشعراء الشباب الأمريكيين. لم يُبدِ باوند اهتمامًا كبيرًا حتى اللحظة التي خرج فيها أيكين من الباب، وعندئذ سأله: «هل هناك أحد مختلف، وخاص، في هارفرد مثلًا؟»، فكان ردُّ أيكين: «أوه، حسنًا، هناك إليوت، فتى يُنجز أشياء مرحة، وهو في هذه الأوقات في لندن»، فطلب منه باوند أن يُرتِّب له موعدًا. وفي تلك الأيام تعارفا، وقدَّم إليوت قصيدة اعتبرها باوند «أفضل قصيدة رأيتها من كاتب أمريكي». وبعد مرور سنوات، في عام 1921، وفي باريس هذه المرَّة، قدَّم إليه إليوت دفتر أشعار سيُشكِّل فيما بعد جزءًا من **الأرض اليباب** المشهورة. قرأها باوند باهتمام، وقدَّم إليه مجموعة من التعليقات والاقتراحات، مشددًا عليه بالمراجعة وإعادة النظر. انصاع إليوت لطلبه، وبُعد تقديراته، وأعاد عمليًّا كتابة النَّص بكامله. ووصف باوند هذا النَّص بأنه «عمل فني حقيقي». كان حضور باوند بوصفه وصيًّا، كحضور فلوبير، حاسمًا من أجل توجيه دفعة قوية لزميله. وقد كان كذلك بالنسبة إلى هيمنغواي، ذلك أن باوند كان المحرك لانطلاقته الأدبية؛ صداقة أخرى عفيفة وسخية.

وفي هذا السياق يجب أن تُقرأ الصداقة بين جويس، وبيكيت، على الرغم من أن البعض يتكلمون عن هذه العلاقة بمصطلحات مرشد - متدرِّب (كما يمكن أن تُقرأ علاقة فلوبير وموباسان، أو سيزر بافيس وإيتالو كالفينو)، بسبب تقدير بيكيت المبالغ فيه تجاه جويس. هناك آخرون في المقابل، يدافعون عن وجود شعور متبادل بالرفاقية والمشاركة الجمالية والأيديولوجية. ما لا شك فيه أن تلك العلاقة الشخصية التي أقاماها استمرت حتى موت جويس. ومن جهة أخرى، فالتوازي في حياة كليهما أمر واقع أيضًا: كلاهما نابغة أيرلندي، وكلاهما جرى تجاهله في موطنه، وأُدينا، وانتُقدا لأسباب دينية وأخلاقية دفعت بهما إلى المنفى. «ما يأخذه بيكيت من جويس، بصورة أساسية، هو منهج في الكتابة، يتلخَّص في القراءة من أجل الكتابة؛ ذلك أن جويس كان يُدوِّن عبارات وجملًا لآخرين في دفاتر ملاحظاته، ثم يضمها فيما بعد إلى نصوصه الخاصة. إلا إنه سرعان ما اعترف بضرورة البحث عن سبيله الخاص؛ هذا السبب، وأسباب أخرى، قادته إلى الكتابة بالفرنسية» (Dillon 2006: 1). فرغبة بيكيت في الاختلاف والتميُّز تصل إلى حدِّ جعل الموضوعات التقليدية في كتابة جويس مزدراة من جانبه. فمن انتظر غودو لن يتعب في المقابلات الصحفية من تكرار أن شاعريته تدافع عن «اللاكلمة»، مقابل «تأليه الكلمة» لدى جويس. كان هذا في الأدب، لأنهما في الحياة، خلافًا لذلك، يتقاسمان ويستمتعان، بصورة خاصة، بالصمت في الحوارات.

الآداب الهيسبانية في القرن العشرين ثرية جدًّا بالصداقات الأدبية المجيدة؛ ففي إسبانيا تنفتح مروحة الصداقات الأوسع شعبية في القرن العشرين بأدباء جيل الـ 27، الذي بلغ الأمر حدَّ تسميته «جيل الصداقة». خيراردو دييغو، كان أول من احتفى بالصداقة المثيرة للحسد التي تجمع شمل الشعراء خارج حدود شبه الجزيرة وداخلها، على الرغم من أنه بعد مرور الزمن - ومن خلال المراسلات - عُرف أن تلك العلاقة المثالية الغنائية لم تكن مشتركة بين الجميع، وأن ضغائن وعداوات كانت تنتشر بين الجماعة. لكن ما لا يمكن إنكاره، هو تشكيل جماعة متماسكة ووفية لم تنكسر وتتشتت أمام الضغوط السياسية والفظائع الفرانكوية. ويشرح الشاعر خيراردو دييغو ذلك، فيقول: «كلٌّ منا واصل طريقه الحيوي. جميعنا كنا نعيش ونعاني جور وتعسف الأجواء التي صارت محمومة بصورة مفاجئة منذ عام 1929، وقد فرَّقت الحرب بيننا بالقوة، لكن الصداقة لم تنقطع. وكلما أُتيحت لنا الفرصة نتواصل كتابةً أو شخصيًّا».

وتُقدِّم المراسلات بين بيدرو ساليناس، وخورخي غيين، شهادة على تلك المشاركة أيضًا، وكذلك مراسلات فيدريكو غارسيا لوركا، ورفائيل ألبيرتي. ونشوء العلاقة الحميمة بين الشاعرين: الغرناطي والقادشي، جدير بأن يُستحضر إلى الذاكرة. فمثلما حدث مع غابو وماريو، كانت قراءة ألبيرتي كتاب أشعار للوركا هي التي أحدثت الشرارة. كان ألبيرتي طريح الفراش، يتعافى من مرض أصابه، عندما وقع بين يديه كتاب أشعار للوركا وافتُتن به، فسأل عنه على الفور، وقيل له إنه فتى غرناطي يقضي الشتاء في مقر إقامة الطلاب في مدريد. عرف ألبيرتي أنه سيتعرَّف عليه عاجلًا أو آجلًا. وهذا ما حدث، ولكن بتأخُّر ثلاث سنوات طويلة، وقبل قليل من تقديمه ديوان **بحَّار على اليابسة** إلى المطبعة. بلغ التزامن وحسن التفاهم حدَّ أن ألبيرتي أهدى ثلاث سونيتات من هذا الكتاب إلى «شاعر غرناطة». وكان ألبيرتي ولوركا، بين شعراء جيلهما، أكثر وأفضل مَن تغنيا بقيمة الصداقة، وامتدحاها، وأقاما روابط صداقة قوية مع شعراء كبار آخرين مثل: بيثنتي ألكسندري، وداماسو ألونسو.

على الجانب الآخر من الأطلسي، في أمريكا اللاتينية، تشكَّلت بالطريقة نفسها صداقات مثمرة أخرى، كما هي صداقة الكبيرين: بورخيس، وبيوي كاساريس؛ إذ نشر الصديقان الأرجنتينيان عدة كتب مشتركة تحت الاسم المستعار «بوستوس دوميسك»، وقاما تحت هذا الاسم بإدارة مجموعات، وكتابة مقالات، ووصلا معه إلى حدِّ التحول إلى مثال للتبادل الثقافي والممارسة الأدبية المشتركة. تعارف بورخيس وبيوي في بيت فيكتوريا أوكامبو، وتفاهما فورًا، على الرغم من فارق السن بينهما. أمضى الثنائي علاقته قبل أي شيء آخر في السخرية والنقد اللاذع، وفي الحوار والاغتناء الثقافي. تتهم ألسنة السوء بيوي بأنه استفاد من بريق بورخيس، ومن غيرته الرهيبة وعقدة نقصه (ويتضح هذا في اليوميات الضخمة التي طُبعت مؤخرًا)، على الرغم من أن المحبة المتبادلة بينهما لم تُوضع موضع الشك قَطُّ.

ولدينا من جهة أخرى الصداقة الحميمة بين هوراسيو كيروغا، ومارتينيث إسترادا، والتي تظهر بجلاء في مراسلاتهما. فكلاهما، مثل بيوي وبورخيس، شخصان مختلفان جدًّا: كيروغا منهجي يميل إلى الإسهاب، بينما مارتينيث إسترادا غابي، متجاوز للحدود، خلافي، على حافة الجنون. لكنهما يتقاسمان، كما بقية الأسماء المذكورة أعلاه، الهوى والشغف نفسه: الأدب.

وكانت الصداقة التي جمعت بين عضو جماعة **أوريخينس** الكوبية، المعاصرة لجيل الـ27 في إسبانيا، وجماعة **سور** الأرجنتينية، نموذجية أيضًا. فتحت قيادة شخصيتين بارزتين،

إحداهما شخصية أدبية (خوسيه ليثاما ليما)، والأخرى شخصية روحانية (آنخل غاثتيلو، شاعر وكاهن كاثوليكي)، عاش شعراء **أوريخينس** عقودًا من المثالية الثقافية والإنسانية ما بين نهاية الثلاثينيات وبداية الخمسينيات. وكانوا يجتمعون بكثرة في كنيسة باوتا، في ضواحي هافانا، حيث يعمل الكاهن الأب غاثتيلو، وهناك يخوضون سجالاتهم الأدبية، ومحاضراتهم، واجتماعاتهم العائلية، واحتفالهم بالولادات وأعياد الميلاد، وغيرها... فضلًا عن حفلات الزفاف، وطقوس التعميد، والمشاركات الدينية. ولهذا ليس مستغربًا أن تكون روابطهم الأدبية قائمة على العلاقة الشخصية. فعلى سبيل المثال: نال سينتيو فيتير جائزة خوان رولفو الأدبية، ولا يزال حيًا، وتزوّج من الشاعرة فينا غارسيا ماروث، وتزوّج إليسيو دييغو، أحد كبار مبدعي ذلك الجيل، والحاصل على جائزة خوان رولفو أيضًا، من بييًا، أخت فينا. وعندما جاءت ساعة الثورة، حافظ كثير منهم على روابطهم القوية، على الرغم من تعرُّضهم لمصائر مختلفة جدًّا، ومن عيش بعضهم في بلدان بعيدة للغاية. فالشاعر إيليسيو دييغو، مثلًا، يعترف لغاستون باكيرو، في رسالة بتاريخ 19 ديسمبر (كانون الأول) 1992، أن صداقتهما التي استمرت مع مرور السنوات، منذ أزمنة **أوريخينس** حتى الجمار التي خلفتها تحت الرماد سنوات البعاد بسبب خروج باكيرو إلى المنفى، قد ازدادت ترسخًا، ليس في التاريخ، وإنما في الشعر، «وهو مادة أشد هشاشة، لكنه أكثر استمرارية» (Diego 1996-97: 9).

الصديق هو «أنا» آخر

من الواضح أن الصداقة بين بارغاس يوسا وغارسيا ماركيز، تندرج مباشرة ضمن هذا الجيل الأدبي. ربما يجب أن تُضم إلى جيل فرعي من الكُتّاب الكرام، الفاضلين في الحياة وفي الأدب، ممن صنفناهم. وربما هي العلاقة الأوسع شعبية في أمريكا اللاتينية، جنبًا إلى جنب مع علاقة بورخيس وبيوي. وربما سنعرف ذات يوم بتفصيل أكبر قصة هذه الصداقة المبتورة. تحدثنا حتى الآن بالتفصيل عن نشوء تلك الصداقة: بدأت بتبادل رسائل، حيث كانا يتراسلان قبل أن يتعارفا شخصيًا. وتحدثنا سابقًا عن اللقاء الأول، وعن التواصل المباشر بينهما. يمكن لهذا الثنائي أن يُقارن بعدد من الأصدقاء الأدبيين المؤرَّخ لهم، مثل جويس وبيكيت، لأن توازيًا مثيرًا للفضول أيضًا حدث في حياتيهما، وقد علَّقنا عليه، بل يمكن أن يُقارنا كذلك بصداقة ألبيرتي ولوركا، ليس فقط لأنهما الرأسان الأشد بروزًا ضمن جماعة

أدبية (مثل شيلر وغوته أيضًا)، وإنما لأن تقدير أحدهما (غارسيا ماركيز) يقود إلى التواصل مع الآخر (بارغاس يوسا)، ولأن أُناسَ شبه الجزيرة الإيبيرية نسجوا شبكة استعراضية مع باقي الكُتَّاب الذين شكّلوا جزءًا من قائمة **البُوم**. ولهذا السبب بالتحديد، أدى الاستخدام (الزائد) المزعوم للصداقة إلى انتقاد جيل الـ27[1]، وكان هناك مَن رأى أن لتلك «المافيا» الأدبية أهدافًا دعائية. وقد كان من شكّلوا **البُوم** أصدقاء كذلك، ووُسموا أيضًا بأنهم «مافيا»، واتُّهموا باستخدام هذه الصداقة في الحصول على مزيد من المبيعات. غير أن ماريا بيلار، زوجة دونوسو، تؤكّد جماعية فريق البُوم، وتقول إن العلاقة بينهم جميعًا أشبه بالعائلية، كما لو أنهم أبناء عمومة. والحقيقة أن هذا التضامن، في الحالتين، كان لصالح عرض الأدب على جانبي الأطلسي، مما لا يُشكّل إلزامًا للصداقة الحقيقية التي صاغتها هذه الجماعات. لقد ترك ذلك التقدير الذي يُكنه بعضهم لبعض أثرًا مطبوعًا، وصيغت المودة بينهم على الورق: في المراسلات (وهناك نموذج لا بأس به منها، كما قلنا، في جامعة برِنستون)، وفي إهداءات الكتب. فمن بين جماعة البُوم، يهدي كارلوس فوينتس روايته «تبديل الجلد» إلى خوليو كورتاثر وأورورا بيرنارديث، ويهدي قصته «ما أرادته فورتونا» إلى غابو، ويهدي بينيديتي قصيدته «هافانية» إلى ريتامار، ويهدي دونوسو «المكان غير المحدود» إلى ريتامار وكارلوس فوينتس، وإلى هذا الأخير تحديدًا يهدي بارغاس يوسا كتابه «القصة السرية لرواية». لكنَّ بطلينا لم يتبادلا إهداء أيٍّ من نصوصهما بصورة صريحة وسافرة؛ لقد مضيا إلى ما هو أبعد من ذلك: كرَّس بارغاس يوسا سنتين من حياته (1969-1971) لصديقه الكولومبي الكبير غارسيا ماركيز؛ وهو أمر فريد ومأثرة لا نظير لها، ولم تحدث من قبل بين أصدقاء أدبيين، أو على الأقل، لم تحدث بالقدر نفسه.

أنجز البيروفي، بالفعل، أطروحة دكتوراه حول سرد صديقه الكولومبي (كانت فكرته الأولى أن يُعدَّ الأطروحة عن الشاعر إغورين[2]). كانا قد تعارفا شخصيًا، وأصبح الانسجام فوريًا، إضافةً إلى أن بارغاس يوسا بات مفتونًا بـ«مئة عام من العزلة» التي تحوَّلت خلال زمن

(1) جيل «27»: تسمية تُطلق على كُتّاب وشعراء إسبان من القرن العشرين، ممن عُرفوا في عام 1927 أثناء الاحتفال بالذكرى المئوية الثالثة للشاعر لويس دي غونغورا. ومن أبرز أدباء هذا الجيل: رفائيل ألبيرتي، وفيدريكو غارسيا لوركا، وبيدرو ساليناس.

(2) «خوسيه ماريا إغورين» (José María Eguren) (ليما 1874-1942): شاعر من البيرو، يُعدُّ أبرز شخصية شعرية غنائية في البيرو في القرن العشرين، جنبًا إلى جنب مع الشاعر سيسر باييخو.

قياسي إلى الرواية الأمريكية اللاتينية الأكثر مبيعًا في القرن العشرين. وكان هو نفسه أحد مروجي الرواية الأساسيين، إلى جانب كُتَّاب وناشرين آخرين. وقد اعتاد أن يقول على الدوام إن «مئة عام من العزلة» كتاب مُعتبر ومُدهش، وكان يتمنى أن يكون هو كاتبه، لأنه ينافس الواقع منافسة الند للند، ويعكس العالم مثلما هو: «متعدد وأقيانوسي»، على حدِّ قوله. لكن من خلال ما عرضناه وبيَّناه، كان التقدير متبادلًا. وقد روى لنا خوسيه ميغيل أوبييدو أنه في أحد لقاءاته مع غابو أكَّد له هذا الأخير أنه تأخَّر سنوات طويلة قبل كتابة «مئة عام من العزلة»؛ لأن بقية أعماله السردية السابقة نشرها فقط من أجل تعلُّم كتابة روايته الأوسع شهرة. بينما، على حدِّ قوله، «بدأ ماريو، وهو يعرف الكتابة جيدًا منذ روايته الأولى». ما يلفت الانتباه حقًّا، هو صراحة تعليقات كلٍّ منهما (مثل حالة شيلر وغوته) فيما يتعلَّق بإنتاج الآخر؛ فغابو نفسه يُعبِّر عن ذهوله في إحدى الرسائل الموجَّهة إلى صديقه البيروفي، حيث يؤكِّد أن جميع الأشياء الرائعة التي يقولها عنه بارغاس يوسا تهز مشاعره، «في عالم يعمد فيه مَن يعملون في المهنة نفسها إلى نصب الفخاخ بعضهم لبعض» (Princeton C. 0641, III, Box 10). ويُعرب لنا آرماس مارثيلو، في كتاب السيرة المذكور سابقًا عن الكاتب البيروفي، عن مفاجأته بذلك أيضًا:

> يبدو لي مفاجئًا تمامًا - اللهم إلا إذا كان هناك، بالفعل، مُسوِّغ ما لدى من اتَّهموا البُوم بأنهم جماعة مافياوية - أن روائيًّا من مستوى ماريو بارغاس يوسا يُكرِّس سنوات من حياته ليكتب حول روائي معاصر، وزميل له، وصديق حميم، وقريب أيديولوجي إلى هذا الحد أو ذاك، وشريك - في نهاية المطاف - في أمور كثيرة مثلما هو غارسيا ماركيز. كتاب «غارسيا ماركيز.. قصة قاتل آلهة» لا يترك مجالًا للشك. وقد كان فوق ذلك اعترافًا مدهشًا بإسراف، يمضي إلى ما هو أبعد من السخاء العادي. وإنه، في رأيي، يطرح أرضًا كل اتهام أخرق ومضحك بالمافياوية، والذي يأتي دومًا من عقدة نقص تسبق الحسد (Armas 2002: 69).

ويتفق داسو سالديفار على الاعتراف بعملٍ غير عادي وجبَّار في كتاب «قصة قاتل آلهة»: «على الرغم من أنه كتاب تلغرافي، وقليل الدقة في التعمُّق في القسم البيوغرافي، فإنه ما زال لا يُضاهَى في التقاط وتحليل الأحشاء الأدبية» (1997: 466). الحقيقة أن بارغاس يوسا حقَّق في أطروحته للدكتوراه مراجعة وافية لحياة غابو، مستندًا بصورة أساسية إلى ذكرياته، ومقابلاته، ومعايشاته مع كولومبي. وكانت النتيجة استثنائية، لأن هذا النص،

المتبحِّر بصورة قصوى، تتداخل فيه الأفكار والتأملات والآراء الشخصية التي تفيدنا كذلك في التعرف على القارئ البيروفي أيضًا. ولا بد، من جهة أخرى، أن نؤكد على أن بارغاس يوسا قام بجهد خاص في قضايا مثل: منشأ الميول الكتابية لدى غابو، وأهمية الأفكار الثابتة والصور في الكتاب، وعملهما كدافعين محركين للكتابة. من الواضح أن الأريكيبني[1] فتح بهذا العمل المهول أُفقًا لقراءة شاعرية غارسيا ماركيز التي شذبت حواف إبداع الكولومبي، وحواف إبداعه أيضًا. يكتب غابو شياطينه الخاصة، ويكتب ماريو شياطينه في الأطروحة، فهذه القراءة تقول لنا (بينما يروي ماريو عن غابو، يقوم برواية نفسه) الكثير عن طبيعة عمل بارغاس يوسا. لقد أخبرنا شيشرون بذلك حين قال: «الصديق هو أنا آخر».

في هذا الكتاب البحثي الأول لمؤلف **البيت الأخضر** تُفسَّر في الحقيقة موضوعات ومفاصل سردية يمكن تتبعها في أعماله هو أيضًا. بهذه الطريقة يتوسَّع في التقنيات الأدبية شائعة الاستخدام في رواياته على وجه الخصوص، مثل: المعلومة المخبأة، والعلب الصينية، والأواني المستطرقة، والنقلة أو القفزة النوعية. بالنسبة إلى بارغاس يوسا تتجمَّع على الدوام حقيقة حميمية بلغة التخييل، ومثل مُنقِّبٍ، مثل عالِمٍ بالحشرات يبحث، يتقصى أعمال غابو المنشورة كلها حتى ذلك الحين من أجل العثور عليه. هكذا يُبرز **قصة قاتل آلهة** بصرامته، وموضوعيته، ودقته المتراكبة (كتراكب قرميد الأسطح) بالشغف، والشهادة الشخصية والمحبة اللامتناهية. يكفي إلقاء نظرة على الأوراق المحفوظة في برِنستون (C.0641, I, Box 4)، لنفهم التدقيق المفرط في متابعة التواريخ الذي قام به بارغاس يوسا عند صياغة هذه الأطروحة. العمل واسع المعرفة، وشديد الدقة: التواريخ مرتبة حول الموضوعات (بما في ذلك كثير من الاستشهادات من أعمال غابو كأمثلة)، وبقضايا شكلية: تقنيات مبالغة، وتعداد، وتكرار، وتوضيحاتها اللازمة. وتتضمن كذلك قصاصات صحف في صفحاتها الـ641 المودعة في قاعة الكتب النادرة (Rare Books) بجامعة برِنستون، وجميعها في المطلق مدروسة مع تعليقات، ممحوة، ومُعَلَّمَة، مع تعليقات على هوامشها، وعلى وجهها الخلفي، إلخ، حتى إننا وجدنا دفترًا كبيرًا، بُني اللون، تُقرأ فيه ملاحظة مكتوبة في ديسمبر (كانون الأول) 1987: «هذا الدفتر يتضمن ملاحظات ورؤوس أقلام أفادتني في إعطاء دورة

(1) نسبة إلى مدينة «أريكيبا» (Arequipa) الواقعة جنوب غربي البيرو، وفيها وُلد بارغاس يوسا وعاش المرحلة الأولى من حياته.

دراسية عن غارسيا ماركيز في بويرتو ريكو (1968)، وأفادتني بعد ذلك في كتابة «قصة قاتل آلهة» (1970–1972)». ومما يثير الفضول، أنه ضمن ذلك الدفتر يوجد برنامج زمني يُحدِّد بالضبط نشاطات الحلقة الدراسية في بويرتو ريكو: يتحدث أولًا عن حياة غابرييل غارسيا ماركيز، وعن منشأ ميله (عن الصور باعتبارها الدافع المحرك لقصصه)، ثم يُركِّز بعد ذلك على **عاصفة الأوراق**، و**إيزابيل ترى هطول المطر في ماكوندو**. وقد وجدوا فيما بعد أيضًا، إضبارة ضخمة جُمعت فيها قصاصات ومعطيات عن سيرة حياة غابو منذ 1955 مع ملاحظات مدونة على الهامش تشير إلى معلومات حصل عليها من جد غابو. وهناك من جهة أخرى ملاحظات كثيرة تصف علاقة غابو بالسياسة: أساتذته الماركسيون، واقترابه من إنجلس ولينين والستالينية، وذهابه وإيابه مع ماسيتي. حتى إنه يدوِّن على ركن أحد الملفات: «عدم تقديم غابو كـ«أمير شجاع»». وبالطريقة نفسها يُنظر بالتفصيل إلى المقابلة المطوَّلة التي أجراها بلينيو مع غابو، والرحلة التي قاما بها معًا إلى أوروبا الشرقية، وإقامتهما عام 1957 في فنزويلا، وزيارته لكوبا، ثم إقامته بعد ذلك في المكسيك. وقد لفت انتباهنا كذلك التعليق الموسَّع عن فيلم **زمن الموت**. باختصار، إنه تحليل جدير بالمديح والثناء: يبدو كأن البيروفي شرَّح دماغ الكولومبي من أجل سبر آليات سلوكه الإبداعي، ولم يكن عليه أن ينتظر أن يموت غابو، ولا أن يسرق جمجمته كي يتفحَّصها، مثلما حدث مع غوته وشيلر.

الحياة بلا أصدقاء (وبلا كثير من الأشباح) ليست حياة

معروفة الطرفة التي أشار إليها في عدة مناسبات كلٌّ من أونيتي وبارغاس يوسا: يتصادف لقاء الأُورُوغْوِياني والبيروفي في أحد الاحتفالات، فيقول له، نصف ممازح: «علاقتك بالأدب يا ماريو علاقة زوجية: علاقة واجب اضطراري يومي... أما علاقتي في المقابل، فهي كعلاقة زانٍ مع عشيقته: أراها عندما أشاء، عاطفية على الدوام، ولا تعرفُ شيئًا عن التنبؤات أو المواقيت». ثمة جيلان من الكُتَّاب إذن: مَن يرتبطون بالآداب على أنها عشيقة، مثل أونيتي وكورتاثر، ومَن يقيمون معها علاقة زوجية، مثل بارغاس يوسا وغارسيا ماركيز. ويروي هذا الأخير:

> أكتب كل يوم، بما في ذلك أيام الآحاد، من التاسعة صباحًا وحتى الثالثة بعد الظهر، في حجرة مغلقة وجيدة التدفئة، لأن الشيء الوحيد الذي يشوشني هو الضجيج والبرد. إذا

ما كنت أكتب قصة قصيرة، فإنني أرضى عن نفسي بكتابة سطر واحد في اليوم [...]. ولا أنقطع عن الكتابة أبدًا لأكثر من أسبوع، في أسوأ الحالات، لأنه سيكون عليَّ عندئذ أن أبدأ كل شيء من جديد. وأثناء الزمن الذي يستغرقه العمل - استغرقت **مئة عام من العزلة** ثمانية عشر شهرًا - لا أستهلك أي دقيقة في النهار أو الليل للتفكير في أي أمر آخر. أظل طوال الوقت أتحدث عن الشيء نفسه، مع أصدقائي الحميمين والأكثر تفهُّمًا، لكنني لا أقرأ لهم سطرًا واحدًا، ولا أسمح لهم بأن يقرأوا أو يلمسوا مسوداتي، لأنني أتشاءم بأن العمل سيضيع إلى الأبد.

أثناء ساعات العمل أُدخن أربعين سيجارة تبغ أسود، وأقضي بقية اليوم في محاولة التخلُّص من السموم. يقول لي أولئك الأطباء إنني أنتحر، لكنني لا أظن أن هناك عملًا مُثيرًا ومُشوِّقًا لا يكون انتحارًا بطريقة ما. أكتب وأنا أرتدي أفرول ميكانيكي، لأنه أكثر راحة من جهة، ولأنني من جهة أخرى، عندما لا أتوصل إلى الحلول على الآلة الكاتبة، ويكون عليَّ أن أنهض للتفكير، أستخدم مفكًّا يدويًّا لفك وتركيب المفصلات ومفاتيح الكهرباء في البيت، أو أطلي الأبواب بألوان بهيجة. أكتب مباشرة على الآلة الكاتبة، مستخدمًا السبابتين فقط، وشريط الآلة يجب أن يكون أسود، من الحرير أو النايلون، ويجب أن يكون الورق بوند أبيض (36 ملليغرامًا)، وبحجم ورق الرسائل. وكلما اقترفتُ خطأً، حتى لو كان طباعيًّا، استبدلت الورقة، وأعدت نسخ كل شيء من جديد (Vargas Llosa 2007: 196-197).

تكاد طريقة الكتابة على الآلة الكاتبة تُمثِّل هوسًا عند غارسيا ماركيز. ويبدو له أمرًا أشبه بفنون السحر أن يتمكَّن أحدهم، كما هي حال ماريو، من الكتابة على الآلة الكاتبة بسرعة كبيرة وبأصابعه كلها. تعليقات غابو في هذا الشأن كثيرة، مثل الصورة التي يُقدِّمها فوينتس في مقالته «سحر الآلة الكاتبة المرير»، المنشورة في 7 يوليو (تموز) 1982:

ليس من الشائع وجود كُتَّاب يكتبون على الآلة ويفعلون ذلك ملتزمين بكل أنظمة الطباعة على الآلة الكاتبة، وهو أمر صعب كصعوبة العزف على البيانو. الكاتب الوحيد الذي عرفته، القادر على الكتابة باستخدام أصابعه كلها، ومن دون أن ينظر إلى المفاتيح، هو إدواردو سالاميا بوردا الذي لا يُنسى، في تحرير جريدة الاسبيكتادور في بوغوتا، وكان قادرًا فوق ذلك على الإجابة عن أسئلة من غير أن يتبدَّل إيقاع طباعته البارعة. أما الطرف النقيض لهذا، فهو كارلوس فوينتس، الذي يكتب بسبابة اليد اليمنى فقط. قبل أن يُقلع عن

التدخين، كان يكتب بإحدى يديه، بينما يمسك السيجارة بيده الأخرى، لكن عندما أقلع عن التدخين لم يعد يعرف بصورة يقينية ماذا يفعل بيده الثانية. ويتساءل أحدنا بذهول: كيف لإصبعه السبابة أن تظل على قيد الحياة بعد قرابة ألفي صفحة تُشكِّل روايته **تيرا نوسترا** (García Márquez 1991: 284).

يدافع أيضًا بارغاس يوسا من جهته عن أن الكاتب، في مهنته، يجب أن يكون عنيدًا، فالانضباط أساسي، وكذلك المثابرة والدأب. على الكاتب أن يُلح، ويُصحِّح، ويُراجع، ويُعيد البناء، إلى أن يتوصل إلى نصٍّ فني وذي قيمة. وقد عبَّر ماريو في مناسبات عديدة عن فكرة أن وراء كل عبقري هناك دومًا جهد هائل، لأن الموهبة تُولد من المثابرة والإصرار، والنابغة لا يُولد وإنما يُصنع ويتشكَّل. فالكاتب يتصرَّف، حسب رأي البيروفي، كما لو أن في عقله دودة وحيدة تستثيره وتحثه على الكتابة باستمرار، فكلما كتب أكثر، ازداد رغبة في كتابة المزيد. والحقيقة أن ماريو وغابو لديهما تلك الدودة الوحيدة، ويشتركان في الوقت نفسه في ذلك النوع من الرابط الزوجي بالأدب، على الرغم من أنهما يمارسان التَّهتُّك أيضًا. ذلك أن كلمة مُتهتِّك، كما يشير خوسيه ميغيل أوبييدو، لا تعني «شهواني» وإنما «رجل يتحدى الرب» (Oviedo 2007: 34). يتحدى الروائيان كلاهما الرب، إلى حدِّ الوصول إلى قتله في كل رواية. هناك إذن تماثل وتناظر بين المُتهتِّك والروائي الذي هو على الدوام قاتل آلهة. من جهة أخرى، يؤكِّد بارغاس يوسا أن الكاتب شخص متمرِّد غير واعٍ، يعيش تجربة حيوية مختلفة عن باقي البشر. فالكائنات البشرية، حسب رأي البيروفي، تتلهَّف إلى امتلاك حيوات أخرى، والروائيون وحدهم مَن يستطيعون السماح بامتلاكها، من خلال شخصياتهم. هذه هي مهمة التخيُّل بالنسبة إليه: منح الإنسان ما لا يمتلكه، وتحويل رغباته وأمنياته إلى واقع. إنه هامشي وغير مفهوم، يستغل الواقع ويغتصبه. إنه قاتل آلهة، يقتل الرب ويتحوَّل إلى صانع للعالم.

أتاحت ممارسة الآداب لبارغاس يوسا، كما قلنا، أن يتأمَّل بعمق في دور الكاتب في المجتمع، وفي أساليبه في العمل. تظهر آراؤه في أطروحة الدكتوراه، وتُفسِّر، مثلما قلنا، ليس فقط شاعرية غارسيا ماركيز، وإنما فكرته عن مهنة الكتابة أيضًا، وتساعدنا في كل مرَّة على فهم زوايا معقدة، وثنايا خفية، يتضمنها النتاج الروائي لهذا الكاتب البيروفي. يمكن مقارنة عملية الإبداع الأدبي، في نظر بارغاس يوسا، بعملية **ستريبتيز** معكوسة: فالكاتب، أثناء كتابة

الرواية، يواري ويغطي ذلك العُري الأوَّلي، تحت ملابس متعددة الألوان تصوغها مخيلته. هذه العملية شديدة التعقيد والدقة، والكاتب نفسه في أحيان كثيرة يعجز عن أن يُحدِّد في المُنْتَج النهائي العمليات التي أُجريت والمهارات المذهلة التي استخدمها ليخترع ويختلق أشخاصًا وعوالم متخيَّلة. وما يفعله بارغاس يوسا في «قصة قاتل آلهة»، هو تعرية رواية غارسيا ماركيز، وتقنياته وموضوعاته. لأن الروائي لا يمتلك حرية اختيار تلك الموضوعات والتقنيات، لكن يُختار لها ومن أجلها. هذا يعني أنه يكتب حول بعض القضايا لأن أمورًا معينة جرت له. وبهذه الطريقة فإن بارغاس يوسا، في الباب الأول من الكتاب، «الواقع كحكاية»، المكرَّس لسيرة حياة غابو، يتكلَّم عن الطابع الحكائي الاستحواذي والهاجسي عند هذا الأخير، وكيف أن سرده يتغذَّى على تلك الحكايات، ويرسم لغارسيا ماركيز صورة شخص بارع وذكي، يتمتع بحس استثنائي في فن القص، وهو حس يتغذَّى من طفولته، حيث عاش في بيت رُعب عجيب، تسكنه أشباح وموتى، وكل شيء فيه، بما في ذلك أسرته، هائل وضخم:

> قُرَّاء **مئة عام من العزلة** يُربكهم عادةً واقع أن للشخصيات الأسماء نفسها، ولم تكن مفاجأتي أقل من مفاجأتهم، فمنذ بضع سنوات، اكتشفتُ أن أحد إخوته يُدعى غابرييل أيضًا. وقد فسَّر لي الأمر على النحو التالي: «انظر، ما حدث هو أنني كنتُ الأكبر سنًّا بين اثني عشر أخًا، وأنني غادرت البيت وأنا في الثانية عشرة من عمري، وعُدت إليه حين صرت في الجامعة. وقد وُلد أثناء ذلك أخي، فقالت أمي: «حسنًا، غابرييل الأول فقدناه، لكنني أريد غابرييل في البيت...»» (Vargas Llosa 2007: 125).

تزداد شاعرية غارسيا ماركيز تماسكًا بمأمن من تجارب الطفولة، ومن الهواجس والأفكار المتسلِّطة التي يُعددها بارغاس يوسا بتمهُّل شيئًا فشيئًا: «الكاتب لا يخترع موضوعاته، إنه ينتحلها من الواقع الواقعي بالقدر الذي يودعها فيه هذا الواقع على شكل تجارب حاسمة، وفي روحه كقوى متسلِّطة يريد التحرر منها بكتابتها» (Vargas Llosa 2007: 225). فغابو، على حدِّ قول ماريو «شكَّل تجارب حاسمة، يُردِّد مرَّة بعد أخرى، معتقدًا أنه يمزح، «إنه يكتب فقط من أجل أن يحبه أصدقاؤه أكثر»، ويتبيَّن أن هذا صحيح، فقد قرَّر الكتابة يوم اكتشف الوحدة» (Vargas Llosa 2007: 190). عندما أحس أنه وحيد، راح يسرق، ويسلب الواقع، لأن عملية الإبداع الأدبي لا تتلخَّص في الاختلاق بقدر ما تتلخَّص في التحويل، في اختراق بعض المضامين من الذاتية الصارمة ونقلها إلى مستوى

موضوعي من الواقع. وقد كان الأمر واضحًا لغارسيا ماركيز، كما كان لشيشرون، بأن «الحياة بلا أصدقاء ليست حياة».

يحمل القسم المخصَّص في الأطروحة لدراسة سرد غارسيا ماركيز، عنوان: «الروائي وشياطينه». وهنا يُطوِّر أطروحته عن الروائي كقاتل آلهة وبديل للإله. يستخدم بارغاس يوسا هذه الاستعارة الدينية لقاتل الآلهة لأنه يفهم الكتابة كجدلية بين الإبداع والتدمير. واستخدام هذه الاستعارة عن قتل الآلهة وعن شياطين الكاتب حملت إليه مشكلات مع بعض الكُتَّاب والنقاد؛ فالناقد آنخل راما، كما سنرى في الفصل التالي، كان من أوائل مَن انتقدوا الاستخدام غير الصائب والفاسد والمحافظ لهذه الصورة. والتالي في التحريض كان إرنستو ساباتو الذي اتهم بارغاس يوسا بأنه انتحله؛ حيث أكَّد الكاتب الأرجنتيني على أن شياطين ماريو ما هي إلا «أشباحه هو»، وأنه نفسه طرح هذه النظرية قبل سنوات، ولكن باستخدام صفة أخرى: «أشباح». وقد سارع آنخل راما إلى الإشارة إلى هذه المصادفة منذ عام 1972:

إذا كان إرنستو ساباتو قد وضع لكتابه عنوان «الروائي وأشباحه»، وجاء بارغاس يوسا ليضع عنوان «الروائي وشياطينه»، فإن الفكرة هي نفسها، لكنها تُشكِّل مع ذلك خطوة إلى الوراء، حيث تنقلنا كليًّا إلى الثيولوجية أو اللاهوتية، وبعدم دقة دلالية مماثلة لما لدى الأرجنتيني، واستخدامها كتورية أكثر مما هي مصطلح نقدي راسخ. فبارغاس يوسا يلجأ إلى النظرة الأكثر تقليدية كي يُعرِّف طبيعة الكاتب، ويحدِّد السيرورة الجِينية للإبداع، وتقصِّي النبضات الخاصة التي بفضلها يختار هذا المذهب الثقافي (Rama 1972: 7-8).

فيما بعد، في شهر يناير (كانون الثاني) 1974، يكتب بيرسي إتشينيكه رسالة إلى بارغاس يوسا، يُشير فيها إلى هذا الموضوع، بخفة الظل والطلاقة اللتين عوَّدنا عليهما:

آخر ما فعلتُه هو مقابلة ساباتو وأونيتي. أظن أنهما كانا على ما يُرام، لا سيما خوان كارلوس أونيتي. إنه شخص بالغ اللطف، نوع من «عرَّاب» اخترقه كلٌّ من فوكنر وسيلين، مختلطين بخمود همة. طلبت أن يرسلا إليك الأعداد التي ظهرت فيها المقابلات. يتكلَّم عنك أونيتي بكثير من المحبة. أما ساباتو فوجدته مستاءً بعض الشيء من «البُوم» (وهو ما يبدو، بالطبع، خارج الزمن والصلاحية). إنه يفكر في أن هناك مؤامرة ضده، وهو على كل حال شخص شديد النُّبل بحيث لا يمكن له أن يتورَّط في أوحال الاستياء والضغينة. إنه يعتقد أن كتابك «قصة قاتل آلهة» مدين بالكثير لكتابه الكاتب وأشباحه. وقد قال لي

في النهاية، بأبوية شديدة: «إذا كنت ترى بارغاس أو تكاتبه، فقل له إنه يعجبني، وإذا ما صادف مروره من بوينس آيرس، فإنني أرغب في تناول كأس معه، لأنه يبدو شابًّا عظيمًا، وهو روائي ممتاز».
هنا يعرف أحدنا مع مَن يجلس. في جانب الحزب الشيوعي، اليسار المنجمي. وفي الجانب الآخر، اليساريون الصاخبون، بلا أي احترام للواقع (وبلا احترام من جانب اليمين). وبالنسبة إلى هؤلاء، فالطبل أفضل من البنادق. وفي مكان ما، نحن القناصين، أقليات ساخطة بلا حزب (Princeton C.0641, III, Box 4).

يستعيد آرماس مارثيلو أيضًا هذا الجدل حول بارغاس يوسا؛ ففي عام 1977 يذهب ساباتو إلى لاس بالاماس لتقديم محاضرة بمناسبة 12 أكتوبر (تشرين الأول) (ذكرى وصول كولومبوس إلى العالم الجديد) ويقول له مُعلقًا:

«صديقك بارغاس يوسا، هذا، الذي سرق مني بلا أي أخلاق، كلَّ ما كتبتُه منذ زمن وقبل أن يولد. أجل، بالطبع...». قال وهو ينظر إليَّ عند إبدائي المفاجأة: «لقد استبدل التسمية، يتكلَّم عن شياطين، لكنني تكلَّمت عن هذه الموضوعات وكتبتها قبل زمن طويل منه، وسمَّيتها كما يجب أن تُسمَّى: أشباح».
إنه يشير إلى كتابه **الكاتب وأشباحه**، والحقيقة أنه سابق لكتاب ماريو بارغاس يوسا عن غارسيا ماركيز، الذي يشير إليه الكاتب الأرجنتيني من دون أن يذكره بعنوانه تحديدًا (Armas Marcelo 2002: 127).

لكن القضية انتهت بلا أي نتيجة، والتقى بعدها ساباتو وبارغاس يوسا وجهًا لوجه. نسي الأرجنتيني أشباح شياطين بارغاس يوسا، واستبعد ماريو شياطين أشباح ساباتو، وتحوَّل ذلك كله إلى مجرد حدوتة مثيرة للفضول.

وفي 30 أبريل (نيسان) 1980 كتب ساباتو لبارغاس يوسا:

يُسعدني أيها العزيز بارغاس يوسا أن نتمكَّن، بعد كثير من التقلُّبات والظروف التي كانت فظَّة أحيانًا، من إقامة صداقة كالتي تعرضها عليَّ بكرم، في نبرة رسالتك نفسها. الأزمنة قاسية جدًّا، ونحن الكُتَّاب الأمريكيين اللاتينيين القليلين الذين نقف ضد الشمولية - أيًّا تكن علامتها - علينا أن نكون متحدين بقوة، لأن الآخرين متحدون، وبأي طريقة. لقد اعتبرتك على الدوام واحدًا من أهم كُتَّاب اللغة، وأرى أنه من المهم جدًّا أن توجد

في هذا الجانب في المسألة الأخطر التي تعاني منها، في رأيي، قارتنا في هذه الأوقات (Princeton C.0641, III, Box 19).

في أثناء ذلك كان بارغاس يوسا قد صار معروفًا بموقفه حيال العلاقة الشائكة بين الأدب والسياسة؛ فهو يعلن بوضوح في **قصة قاتل آلهة** أن على الكاتب أن يكون على اتصال دائم بالواقع. فبارغاس يوسا يمقت فكرة الروائي المعزول الذي يقطع علاقته بكل شيء ويعيش في عالم من فلين (مثل بروست في سنواته الأخيرة)، أو في برج عاجي (كما يُقال عن الحداثيين). لأن هذه القطيعة مع الواقع تصب، حسب رأيه، في جنون وفي إنتاج أدب تهرب وتفلت (لا يمكن له أن يكون نقيًّا أبدًا) يرعبه. تحتل العلاقة بين الأدب والسياسة مكانة بارزة، في شاعرية بارغاس يوسا وفي قراءته لعمل غابو؛ فقد أكَّد كاتبنا على الدوام أن الأدب، خلافًا للسياسة، لا يمكن له أن يكون مرتبطًا بالراهن، إذ عليه أن يتجاوزه ويصل إلى مجتمعات مختلفة في أمكنة وفضاءات متغيرة. فالأدب ليس له ذلك الارتباط والاعتماد على ما هو عملي مثلما هي السياسة: إن «الآن وهنا» هو ما له علاقة بالإشكالية التي تحيط بنا وتثقل علينا، وهي التي تدفعنا وتحثنا على التصرف والعمل لتحسين الحياة الإنسانية. وليس هناك في الأدب، في المقابل، أدلة على أنه عمل يسهم في هذا الأمر الأخير، أي أنه لا يمكن التأكيد على أن كتاب **الكيخوتي** يُحسِّن حياة الكائنات البشرية، وإن يكن من المؤكَّد أنه يجعلها أكثر جمالًا. **مئة عام من العزلة** جعلت حياتنا أكثر جمالًا: تأسيس ماكوندو هو تأسيس يوتوبيا. ولهذا فإن هذه الرواية في نظر بارغاس يوسا هي رواية شاملة، نوع من اليوتوبيا الأدبية، لا يختلط فيها السحري والإعجازي والأسطوري (الخرافي) والخيالي وحسب، وإنما ما هو تاريخي وما هو سياسي اجتماعي كذلك. لكن هذا الاختلاف لا يعني، في نظر بارغاس يوسا، أن الأدب والسياسة يجب أن يكونا محددين بالكامل، لأن الكتابة بالنسبة إليه، والفعل من خلال القصص، واجب اجتماعي.

يفهم بارغاس نوعين من الأدب: هناك من جهة ذلك الأدب الذي ينطلق من قاعدة أن الكتابة الأدبية يجب ألَّا تمتلك تضمينات اجتماعية، وألَّا تتغلغل في الميدان السياسي. فماريو يُقدِّر أن هذه الرؤية التي تختزل الأدب إلى مجرد لعبة وتسلية محكوم عليها بالعوز والتلاشي. ومن جهة أخرى، في النصف الأول من القرن [العشرين]، كان هناك إطراء وإشادة بأدب ملتزم (النوع الثاني)، رفع رايته سارتر، وكان يفكر في أن الكلمات أفعال، وأنه من خلال الكتابة يمكن للمرء أن يشارك في الحياة؛ الكتابة ليست شيئًا مجانيًّا، وإنما نشاط عميق

واجتماعي بصورة جوهرية. أحد أفضل الأمثلة هو غارسيا ماركيز الذي توصَّل - حسب رأي البيروفي - إلى توليفة متوازنة تجمع بين الخبرات الشخصية للمؤلف، والجماعية لعالمه وخبرات قرائه. يكتشف ماريو أن في تخييل غابو تتلاقى مجموعة نجوم ثريا استثنائية من الموضوعات والعناصر الشخصية والاجتماعية: بيت الطفولة، والجو العام (مشهد تروبيكالي)، وشخصيات وشياطين تاريخية، وأهمية شركة الموز، والعنف كثابت حيوي وتخيلي، إلخ. ومعها تتعايش شياطينه الثقافية: فوكنر، وهيمنغواي، وسوفوكلس، وفرجينيا وولف، ورابليه، وروايات الفروسية، وبورخيس، وديفو، وكامو، وغيرهم. فهذه الرواية، على حد قول الكاتب البيروفي، تختزل أعمال تخييل غارسيا ماركيز السابقة إلى تمهيد، أو إلى مجموعة قطع (أجزاء) تكتسب شكلها المتكامل في رواية حامل جائزة نوبل: «مئة عام من العزلة». إنها الرواية الكليَّة الشاملة، ضمن خط تلك الإبداعات الطموحة إلى حدِّ الجنون في المنافسة مع الواقع الواقعي بندية، وعلى قدم المساواة، ومواجهته بصورة ذات حيوية واتساع وتعقيد معادل له نوعيًّا (Vargas Llosa 2007: 533).

وفي نهاية المطاف، ما يقوم به بارغاس يوسا في «قصة قاتل آلهة» هو إثبات أن العمل الأدبي يُقدِّم لنا على الدوام واقعًا يمكن لنا الإحاطة به وفهمه، ويطالبنا في الوقت ذاته ببذل جهد ذهني، بالانطلاق من حل رموز الكلام، مما يزيدنا غنى ويبدِّلنا. فقراءة رواية تُبدِّل شيئًا فينا، ليس كقُرَّاء فقط، وإنما ككائنات بشرية، وتجعلنا نفهم العالم الاجتماعي الذي نعيش فيه بصورة أفضل. وهكذا، يفترض بارغاس يوسا أن الأدب يتحول، من خلال القُرَّاء، إلى طريقة وشكل من أشكال الفعل أو الممارسة، وإن لم يكن بالإمكان التحقُّق من ذلك تجريبيًّا. ومن خلال قراءة شاعرية غابو، يعمل البيروفي ويستخرج أمثلة. فالأدب العظيم يُحدث فينا تحوُّلات كثيرة مختلفة، ويفرض علينا صيغًا خبيثة وخِيَاطات ضعيفة في الحياة. الأدب العظيم، مثل «مئة عام من العزلة»، يكشف عوالم جيدة البناء، وجميلة، أو عوالم سيئة التكوين، وخبيثة، ينتهي بها المطاف إلى منحنا رؤية متماسكة وشاملة للوجود. فالأدب، كما يقول بارغاس يوسا، يوقظ فينا وعيًا، وروحًا مرنة ونقدية في النظر إلى مناحي قصور العالم المحيط بنا، فضلًا عن إرضاء طموحاتنا وتطلعاتنا ورغباتنا في تحسين الواقع. وللأدب هاتان الفضيلتان: يجعل واقعنا أفضل وأكثر غنًى، من خلال أمثال: ريميديوس الجميلة[1]،

(1) ريميديوس الجميلة: إحدى الشخصيات الأساسية في رواية «مئة عام من العزلة».

والخالة خوليا[1]، والبيوت الخضراء[2]، وآل بوينديا، وفي محادثات في كاتدرائيات وغراميات في أزمنة الكوليرا، وفي زوايا مع جنات وأمهات كبيرات عظيمات. وأكثر ثراء بالصداقات الأدبية، لأنه لا مجال للشك في أن ماريو وغابو كانا صديقين عظيمين بقدرة الأدب وفضله، وأنهما استوفيا مبدأ شيشرون الأول في الصداقة: «طلب النزاهة فقط من الأصدقاء، وتقديم النزاهة فقط إليهم».

(1) الخالة خوليا: الشخصية الأساسية في رواية بارغاس يوسا التي تحمل الاسم نفسه، وهي عن زوجته الأولى.

(2) البيت الأخضر: عنوان رواية بارغاس يوسا التالية لرواية «المدينة والكلاب».

6
مبارزات ورقية: بُوم المجلات

في سنوات الستينيات والسبعينيات الخصيبة، كان على النتاج الأدبي في أمريكا اللاتينية أن يكتسب شرعيته من المشهد السياسي، ومن أجواء الشارع. وُجد في تلك الفترة جمهور واسع مهتم بقراءة أعمال أمريكية لاتينية، ومهتم بالمناقشات الثقافية، فضلًا عن التنامي المعتبر لدور النشر الوطنية والأنشطة والفعاليات الثقافية. سيُصدر هذا المشهد الثقافي مجموعة من المجلات الأدبية رفيعة المستوى، وستُنظم فيه ندوات ومؤتمرات دولية تتولَّى تسوية حال الآداب في القارة. وهكذا عُقدت مؤتمرات مهمة، مثل مؤتمر كونثيبثيون في تشيلي، في يناير (كانون الثاني) 1962، تحت إشراف غونثالو روخاس، وقد تحدثنا عنه من قبل، وتمخَّض عن تحالفات وصداقات، كصداقة فوينتس ومونيغال التي رُويت قصتها في مجلة **موندو نويفو**. وفي عام 1965 عُقد أيضًا مؤتمر **الكولومبيانوم**. وفيما بعد، في عام 1966، عُقدت الدورة الرابعة والثلاثون من مؤتمر نادي القلم في نيويورك، وشاركتْ فيها مجموعةٌ معتبرة من الأمريكيين اللاتينيين: كارلوس فوينتس، وبارغاس يوسا، وبابلو نيرودا، ونيكانور بارَّا، ورودريغيث مونيغال، وخوان كارلوس أونيتي، وهوميرو أريدخيس، وفيكتوريا أوكامبو، وهارولدو دي كامبوس، وغيمارايس روسا، وغيرهم. وكان حضور نيرودا هو ما نال أكبر قدر من التعليقات والانتقادات، خصوصًا من جانب الكوبيين الذين كتبوا رسالة ضد الشاعر التشيلي، ولكنهم استنكروا كذلك الحضور العام لكُتَّاب ونُقاد أمريكيين لاتينيين، وأطلقوا عليهم تسمية «المباعون»، وأنهم ملتحقون بالولايات المتحدة القلقة جدًّا من خطر ترسُّخ جذور مثقفي أمريكا اللاتينية ومن ضغط الثورة الكوبية. وتُعلِّق خيلمان: «إذا كانت الولايات المتحدة قد منحت تأشيرات ليساريين مُعينين، فإن سبب هذه البادرة يمكن أن ينحصر في أمرين: إما أن الزائرين الممنوحين تخلوا عن كونهم يساريين، أو، كما هي حالة نيرودا، أن البلد المضيف ينتظر تلقِّي منافع من هذا الحضور» (Gilman 2003: 125). وجرى حديث مماثل عن الأهداف الربحية للكُتَّاب، لكن الصحيح هو، مثلما يؤكِّد غوستافو ساينث، أن «نادي القلم عمل على بيع حق ترجمة أعمال خوان كارلوس أونيتي، ومورينا، وبارغاس يوسا، وتقديم منحة زمالة

غوغنهايم للشاعر هوميرو أريدخيس، والأخذ والرد بشأن حقوق نشر أعمال ساباتو ونيرودا» (Gilman 2003: 133). أما غارسيا ماركيز، في المقابل، فقرَّر عدم حضور ذلك المؤتمر. وفي رسالة بتاريخ 20 مارس (آذار) 1967، يوضِّح أسبابه لماريو: عدم الانشغال عن الكتابة، لأنه عندما بقي خمسة عشر يومًا في كولومبيا، تأخَّر عمله في **مئة عام من العزلة** ستة أشهر، «وهذه ليست صفقة مناسبة»، كما يقول. ونحن نعلم على أي حال أن الكاتب الكولومبي ليس محبًّا للمداخلات العلنية، سواء في المؤتمرات أو في المجلات. وهو يرى، كما أشرنا من قبل، أن «وضع الكُتَّاب لا يُحل بعقد مؤتمرات، بل بحمل بندقية في الجبال».

في 1970 عُقد المؤتمر الثالث للكُتّاب الأمريكيين اللاتينيين في بويرتو أثول بفنزويلا، لكن أصداءه كانت أقل من المؤتمرين السابقين؛ فظلال الانقسام، ومسألة قضية باديًّا والثورة الكوبية، كانت تحوم فوق كُتَّاب **البُوم**، بطريقة جعلت نوعية المؤتمرات والمنتديات تتدنى بصورة ملحوظة في السبعينيات. ولكن لم يحدث الشيء نفسه مع المطبوعات الدورية. فمما لا شك فيه أن المجلات تحوَّلت إلى وسيلة متميزة للحصول على الشرعية العامة والسياسية، وإثارة النقاش حول ممارسة الكاتب وسلوكه. وقد «التقت في المجلات استعادة آفاق الحداثة الجمالية من جهة، والمجال المتسع لتكريس بديل للمؤسسات التقليدية والمطالب الرسمية من جهة، وأخيرًا، بناء مكان يمكن للمثقف الملتزم أن يمارس فيه عرض أفكاره ويعبر عنها؛ مكان يوفر له، بطريقة ما، هدفًا ومنبرًا رمزيًّا، وسياقًا أو قَدَرًا. هذا الهدف أو القدر سُمي أمريكا اللاتينية» (Gilman 2003: 78-79). قارة وأدب بتوجُّه عالمي بلا سابقة: في 1968 كُتب في ملحق التايمز الأدبي أن «المساهمة الأبرز في **الأدب العالمي** تأتي الآن من أمريكا اللاتينية» (Gilman 2003: 92). وفي ذلك العام، خرجت إلى النور رواية غارسيا ماركيز المنتظرة والمجيدة «مئة عام من العزلة». وقد ساعدت المجلات تحديدًا في تكريس الرواية، حتى قبل صدورها. فقد راح غابو ينشر مقاطع وفصولًا متفرقة من الرواية في أوسع مجلات ذلك الحين انتشارًا، مولِّدًا بذلك حالة توقُّع وانتظار عظيمة؛ ففي مجلة **آمارو** البيروفية نشر الحدث المفضَّل لديه في الرواية: «صعود ريميديوس بوينديا الجميلة إلى السماء جسدًا وروحًا». وفي مارس (آذار) 1967 يُعلِّق غابو في رسالة موجَّهة إلى ماريو:

> بدت لي **آمارو** مجلة جيدة، لكنني لم أُفاجأ بأنها آخذة في الاحتضار بسبب انعدام التعاون معها لإصدار العدد الثاني. لا وجود لأناس كثيرين يدعمون مشروعًا مثل

هذا. عيبها الأساسي - وهو ما لم أتجرأ على إخبار ويستفالين به - أن أيديولوجيتها لا تبدو واضحة، ليس السياسية وحدها، وإنما الجمالية أيضًا. في المقابل، وخلافًا لزهو وخيلاء أثينا أمريكا الجنوبية[1]، فوجئت بوجود مجموعة مقالات رائعة كتبها بيروفيون: أوبييدو، ولوايثا، وثيسنيروس، وأوكيندو. أظن أنه من الصعب العثور في بلد أمريكي لاتيني واحد على فريق نثرٍ أكثر تألقًا وحِرفية من هذا الفريق، وعلى هؤلاء الأشخاص يعتمد مستقبل المجلة؛ فهم في نهاية المطاف مَن يقفون على حافة الأخدود (Princeton C.0641, III, Box 4).

كان ممكنًا أيضًا قراءة مقاطع من رواية غابو المنتظرة في مجلة **موندو نويفو** («أرق ماكوندو»)، وفي مجلة **مارتشا** («طوفان في ماكوندو»). وفي هذه المجلة الأخيرة، في عام 1964، قُدِّم غارسيا ماركيز إلى القُرَّاء الأمريكيين اللاتينيين من خلال مقال للناقد آنخل راما. كان غابو لا يزال مجهولًا آنذاك، لكن الناقد الأُورُوغْوِياني قدّمه بوصفه واحدًا من أبرز القصاصين، ومُجددًا كبيرًا، و«مخترع التعبير الفني الجديد في القارة»، «بحيث إن الرواية، **وقد عُرِضت للعالم بأسره**، كان نجاح تكريسها شبه مضمون؛ فقد قُرِئت **مئة عام من العزلة** بوصفها النموذج المطلق للرواية الأمريكية اللاتينية [...]. طُرحت الرواية للبيع في النصف الثاني من شهر يونيو (حزيران) 1967، (وفي الأسبوع الثالث كانت تحتل المرتبة الأولى في قائمة أكثر الكتب مبيعًا)» (Gilman 2003: 100). كانت المجلات الأدبية أجزاءً مهمة من مكونات هذا النوع من «آلة غولدبرغ»، الذي كان عليه البُوم الأمريكي اللاتيني.

راما وبارغاس يوسا: مناظرات مجلة مارتشا

كانت مارتشا مجلة أُورُوغْوِيانية، بدأ نشرها عام 1939 وانتهى عام 1974؛ حين أسكتتها الدكتاتورية. وكان كارلوس كيخانو هو مَن دعمها في مرحلة البدايات، وفيما بعد تولّى ذلك آنخل راما. وقد استطاعت أن تكون إحدى المطبوعات الرائدة في القارة، واعتمدت على

(1) في ذلك الزمان من أواخر القرن التاسع عشر كان نحويو بوغوتا وشعراؤها منهمكين في تسمية المدينة «أثينا أمريكا الجنوبية»، استنادًا إلى فرضية ضخامة نتاجها الثقافي. ولم يتعدَّ الأمر آنذاك كونه شهادة ريفية لعاصمة لم تكن سوى أكبر قليلًا من قرية لا يمكن لها أن تنافس بأي حال الألق الثقافي والأدبي لمدن أخرى في أمريكا اللاتينية، مثل: بوينس آيرس، أو مكسيكو، أو كاراكاس. أما في هذه الأيام، ولأسباب مختلفة تمامًا، فيمكن لبوغوتا أن تكون أثينا جنوبي أمريكا حقًّا.

قائمة استثنائية من الكُتّاب المتعاونين، مثل: نوي جيتريك، وماريو بينيديتي، وخوليو كورتاثر، وكارلوس فوينتس، وبارغاس يوسا. وكانت المجلة هي المنصة التي تُقدَّم عليها المناظرات والنزاعات الثقافية الأوسع شعبية وانتشارًا في الستينيات والسبعينيات. وأول ذلك «القصف الورقي»، وقد ظهر في 1969، واستمر حتى 1970، وكان سببه مقالًا أوكل آنخل راما كتابته إلى الروائي الكولومبي الشاب أوسكار كوياثوس، بعنوان: «صليبية اللغة». وكانت الصدمة قاسية إلى حدٍّ أن اثنين من الكُتّاب المؤثرين في ذلك الحين، بارغاس يوسا وكورتاثر، ردًا على تقديرات كوياثوس. جُمع تقاطع المقالات ذاك فيما بعد في مجلد بعنوان: «أدب في الثورة وثورة في الأدب» (1971). وقد بدأت المناظرة عندما شن أوسكار كوياثوس، وهو مثقف يساري ثوري، هجومًا على أدب **البُوم** الفردي والذاتي الذي لا يُولي اهتمامًا كافيًا للواقع الاجتماعي. وانتقد أدب بارغاس يوسا وفوينتس وكورتاثر المنفصل عن الواقع، والأوروبي النزوع، والمبتذل، بالمقارنة، على سبيل المثال، مع أدب غارسيا ماركيز الملتزم اجتماعيًا. ووفقًا لرأي كوياثوس، فإن سرد غابو «يكشف الحقيقة كاملة، وحتى في أشد لحظاته بُعدًا عن المعقول يُحيلنا إلى السياق الكولومبي والأمريكي اللاتيني الذي يجد لأول مرَّة التعبير الكامل عنه».

ويرى كوياثوس ضرورة أن يشعر القارئ برابط واضح ومباشر بين المُنتَج الأدبي وواقعه، وضرورة أن يجد أدبًا هيسبانوأمريكيًا بحتًا، بموضوعات وطنية وملتزمة. ومع ذلك، فقد دافع كورتاثر، في ردِّه، عن فكرة «ثورة الأدب»، وهو أمر غير مقبول عند الداعين إلى أدب اجتماعي ثوري، من أمثال كوياثوس. كان كورتاثر وبارغاس يوسا يراهنان على تثوير الأدب بدءًا من المستوى البنيوي والتجريبي. وفي النصوص التي نشراها في مجلة **مارتشا** قدَّما حججًا حصرت كوياثوس في الزاوية، ووجد نفسه عند تقاطع صعب لم يستطع الإفلات منه؛ فأطروحاته المترعة بمفارقات وتناقضات، تنطلق من فكرة محدودة وضيقة جدًّا «للواقع»، وتكتفي بِحَثِّ الكُتّاب على التوجه بنظرهم نحو كوبا، المجتمع الاشتراكي الوحيد في أمريكا اللاتينية. هذا يعني أن موقفه الثقافي ينطلق من مفهومٍ يعتبر الأدب تابعًا للسياسة. ولهذا فإن بارغاس يوسا وكورتاثر، في مقال منفصل لكلٍّ منهما، شجَّعاه على التركيز على الطليعة السياسية، والتخلِّي عن الأدب، ذلك لأنه سقط في شباك «منطق جدير بكاهن صياد ساحرات من القرون الوسطى». لكن المثير للاهتمام حقًّا في هذه المناظرة، أنها أخرجت إلى الواجهة عدم لياقة وتناقضات ومفارقات عدد كبير من المثقفين الأمريكيين

اللاتينيين، ممن كانوا يدعون في تلك الفترة إلى «أدب ملتزم» يُترجم بتحكُّم فني من جانب الدولة، والدفاع عن أدب مناضل.

في عام 1972، فتحت مجلة **مارتشا** المجال لمناظرة مدوية أخرى، بطلاها هما: ماريو بارغاس يوسا، وآنخل راما. كان الروائي البيروفي قد نشر، في عام 1971، أطروحته للدكتوراه، **قصة قاتل آلهة**، ونشر راما في المجلة الأُورُوغْوِيانية مقالة عن الكتاب المذكور، بعنوان: «تراجع أيها الشيطان». يبدأ النص بتقييم إيجابي للكتاب:

مفاجئ. هكذا هو المجلد الضخم الذي خصَّصه ماريو بارغاس يوسا لزميله غابرييل غارسيا ماركيز. إنه مفاجئ لأسباب عديدة: للمقدرة النقدية، غير المعهودة بأي حال، التي تتكشف لدى روائي، وللاهتمام الذي يبديه بعمل روائي آخر، وترويجه له، وهو أمر قلما يحدث بين كُتَّاب، ولدقة تحليله الفني الشخصي جدًّا، مما يُشكِّل إثباتًا لتعامله مع «المطبخ» الأدبي (Rama 1972: 7).

لكنْ، شيئًا فشيئًا، يكشف راما عن المغالطة التاريخية في أطروحة بارغاس يوسا، ذات الجذر العائد إلى القرن التاسع عشر، الرومانسية، المهتمة بالتكوين النفسي أكثر من اهتمامها بالعمل نفسه. ويُشدِّد فوق ذلك على أن الإدراك والتصور اللاهوتي (الكاتب كنوع من الإله) الذي يعرضه الكاتب البيروفي لم يعد فعَّالًا عند الكاتب الأمريكي اللاتيني المستغرق في مجتمع صناعي مانفوكتوري جديد، يستند إلى العمل المنتج. فالعمل الأدبي في نظر الناقد الأُورُوغْوِياني، وبصورة خاصة عمل غارسيا ماركيز، يجب أن يُفهم على أنه «شيء ذهني» يحيل إلى المطالبة بمجتمع معين، وليس كإبداع هو ثمرة اللاعقلانية الرومانسية: «فالعمل إذن ليس مرآة للكاتب ولا لشياطينه، إنما هو وساطة توافق بين كاتب وجمهوره مع واقع يكشف أعماقه بحُرية، وهو الواقع الذي يمكن أن يحقق تماسكه ومعناه من خلال منظومة لفظية وحسب» (Rama 1972: 10). لكن بارغاس يوسا ينظر إلى اختيار الموضوع على أنه «إلهام شيطاني»، والكتابة باعتبارها «عقلنة إنسانية»، وهي قضايا أقرب بكثير إلى شاعريته. ولهذا، يتوصل راما إلى استنتاج أن هذا العمل كان يجب أن يُسمَّى: «ماريو بارغاس يوسا: قصة قاتل آلهة».

لم يتأخر ردُّ بارغاس يوسا كثيرًا، إذ كتب مقالة بعنوان «عودة إبليس»، أعلن فيها عن إدراكه ووعيه بأنه يكسر «قاعدة سلوكية تستند إلى الاقتناع بأن الكتب عليها أن تدافع عن نفسها، وأنه، فضلًا عن عدم اللياقة، ليس ثمة جدوى من الرد على الانتقادات التي يستحقها

ما يكتبه أحدنا» (Rama 1972: 13)، لكنه يبرر رده بأن راما «ناقد محترم»، وبأنه خشي كثيرًا من أن يكون قد قُرئ بصورة سيِّئة. ثم يوضح بعد ذلك أن شياطين أطروحته ليست ذات طبيعة إنجيلية، وإنما هي تشير إلى «هواجس سلبية - ذات طبيعة فردية واجتماعية وثقافية - تضع إنسانًا في تعارض مع واقع يعيشه، بطريقة وتطرف يولِّدان فيه الطموح لمعارضة ذلك الواقع بإعادة صياغته لفظيًا. أوافق على أن استخدام مصطلح «شيطان» ليس دقيقًا؛ لم أستخدم كلمة «هوس» لأنني قد أُوحي بذلك إلى تبنِّي التفسير «النفساني» المتزمت للميل الطبيعي» (Rama 1972: 14).

يعترف أن فرضيته ليست علمية، وليست قاطعة ولا أصلية، وأنها تتولَّد فقط من تجربته الخاصة ككاتب. فما فعله هو التفكير بغارسيا ماركيز من خلال نفسه بالتحديد (لأن الصديق هو أنا آخر)، مع الأخذ في الاعتبار أن «الشياطين» ليسوا شخصيين وحسب، بل هم اجتماعيون وتاريخيون. ويُلح على أنه لا يعتبر الكاتب قاتل إله وحسب، بل يعتبره مُنتِجًا، وواقع أن الحديث عن غارسيا ماركيز كقاتل أو محطم إله لا يعني إنكار شرطه الآخر كمُنتِج؛ فالمصطلحان لا ينفي أحدهما الآخر أو يُشكِّل نقيضًا له، وإنما يتكاملان. وهذا يعني أن مصطلح «قاتل إله» يُلمِّح إلى «المشكلات الفردية» للأدب (تمرد الكاتب) وإلى «مُنتِج» آخر للمشكلات الاجتماعية. وعلى أي حال، فإن صيغة أن «الكاتب لا يختار شياطينه، لكنه يختار ما يفعله بهم، ولا يقرر ما يتعلق بأصول ومصادر ميله، لكنه يقرر النتائج» (Rama 1972: 20)، مثلما يحدث في الأحلام؛ نحن لسنا مسؤولين عنها، ونُعوِّل على ما نشاء منها. ما يقوم به بارغاس يوسا في نهاية المطاف هو الدفاع عن مفهومه للأدب كحالة شمولية (مقابل سوسيولوجية راما)، ومُبَلعِمَة لكل الخبرات والتجارب الإنسانية، فضلًا عن إعادة إبداع العالم عبر الكتابة. ولهذا يلجأ إلى الاستفادة من أسلحة راما (وهو ماركسي)، مبديًا معرفة كاملة بالجدلية الماركسية و«التفاعل الديناميكي» بين «مادة - شكل». ويكشف هكذا عن انتقادات حادة للأُورُوغْوِياني حول أمور لم يضمنها في أطروحته عن «الأفكار الجمالية عند كارل ماركس» (Rama 1972: 19)، ولأنه لم يتخذ مرجعية له من الطليعة الفكرية اليسارية في أوروبا.

لم يلتزم راما الصمت، واستخدم بتألُّق دوره في الرد بمقالة أخرى، «نهاية الشياطين»، أكَّد فيها على طابع القرن التاسع عشر في «شكل» مقال قتل الآلهة لـ«الصديق ماريو بارغاس يوسا»، ببنيته الجامدة، وعباراته القديمة المهجورة، وبما يدين به للتاريخانية وكُتَّاب السير الرومنطيقيين: «القاعدة التي تُنظِّم الأحداث، هي التذكُّر البيوغرافي، ويحيط به إطار تاريخي،

يُحَلل زمنيًّا الإنتاج كمواجهة بين الفرد والعالم، من أجل تتويج ذلك كله بفصل حول الأسلوب» (Rama 1972: 24). يواصل راما توضيح أن انتقاده للكتاب لم يتولَّد من أخطاء الكتاب الكثيرة، «وإنما لأنه تجاوزها، ومن أجل فهم أن إصلاحها اليوم يلحق الضرر بجهود الثقافة الأمريكية اللاتينية للوصول إلى مستويات أكثر عقلانية بما يتفق مع مشروعات تحويل مجتمعها» (24-25). فالأُورُوغْوِياني ما زال يخشى أن يكون لأطروحة البيروفي تأثير كبير - بسبب منهجيتها التي عفا عليها الزمن، ومفهومها غير العقلاني للإبداع السردي - مما يُفسد الشباب، ويضر بصحة الآداب الأمريكية اللاتينية. ولهذا يستنجد بالقُرَّاء كقضاة على العمل، مُدرجًا عدة تأكيدات توجد في الفصل الثاني من **قصة قاتل آلهة**، كي يثبت أن قراءته ليست خاطئة، ويقول بالضبط:

> إنه عمل فرداني بصرامة، يفتقر إلى إدراك اجتماعي للكاتب وأعماله، ويزيد من الاستثنائية الفردية التي ميَّزت الأصول التاريخية للأطروحة [...]. فبارغاس ينسى أن الكاتب ليس فردًا مغلقًا على ذاته ويعارضه جمع واسع هو العالم، وإنما يدمج مجموعة اجتماعية، طبقة، حركة، حتى إنها ليست الرجل الوحيد الذي تضربه فظاظة العالم، ولا من يضرب بطريقة فريدة لا تجد كائنات تتأثر بشكل مماثل. أضف إلى ذلك أنه، كعضو في الجماعة، يتقلَّب حسب الظروف الثقافية في بلاده، وزمانه، وقطاعه الاجتماعي، ومشاركة من ذلك المستوى الوطني أو التاريخي، الجماعي أو الطبقي في تطور مجتمعه، وبالتالي تعبيره عن قيم ليست فردية حصرًا، بل هي خاصة بإحداثيات لا يمكن تعريفها إلا بأنها «اجتماعية» (Rama 1972: 29).

الأمر واضح: هنا تُناقش مواقف متعارضة: الـ«أنا» في مواجهة الـ«نحن»، الأدب الفردي في مواجهة الاجتماعي، وصراع «الإنسان-العالم». لأن الاستعارات الرومانسية التي اختارها بارغاس يوسا تأتي، في نظر راما، من أفكاره الأدبية غير العقلانية، ومن تعميماته المتطرفة، ومن التقييم السامي لجهود الكاتب على منضدة عمله. ويبدو أن راما يزداد وهنًا وتوترًا عصبيًّا مع تقدمه في المقالة: ينتقد تهميش العامل الأيديولوجي في دراسة بارغاس يوسا، وكذلك وظيفة الكاتب في المجتمع وفي البنية الطبقية، ويواصل الكشف عن أساليبه البالية، ويؤكِّد أن تركيزه على مسألة «الوظيفة الفردية للإبداع تبدو غير مناسبة لتلبية متطلبات قطاعات اجتماعية أمريكية لاتينية طرحت مشروعًا تحويليًّا» (Rama 1972: 36)، وينتهي إلى مناشدة بارغاس

الروائي، ودعوة القارئ إلى إنكار أطروحاته النظرية والاستفادة من النهج الواقعي لرواياته.

> العمل إذن ليس مرآة للكاتب ولا لشياطينه، إنما هو وساطة توافق بين كاتب وجمهوره مع واقع يكشف أعماقه بحُرية، وهو الواقع الذي يمكن أن يحقق تماسكه ومعناه من خلال منظومة لفظية وحسب (Rama 1972: 10).

لكن المناظرة لم تتوقف عند هذا الحدِّ، فقد عاد بارغاس يوسا إلى الردِّ بمقالة عنوانها «انبعاث بعل زبول[1] أو الانشقاق المبدع». في هذه المرَّة بدأ ماريو بامتداح نص راما السابق، باعتباره أكثر أهمية بكثير من ملاحظته الأولى:

> كل هذا يُشكِّل تقدُّمًا، وهناك احتمالات بأن تتوصل مناظرة أدبية، ولو لمرَّة واحدة، إلى «نجاح»، أي إلى أن تضع بوضوح، أمام القُرَّاء، الطبيعة الدقيقة للخلاف بين الخصوم. هذه السطور تريد المساهمة في تحقيق هذا الهدف، بتصويبها الأخطاء الأخيرة التي اقترفها راما (خشيتُ قبلًا من سوء النية، وأنا الآن أخشى من طِيبتها) في قراءته لكتاب «قصة قاتل آلهة» (Rama 1972: 39).

ثم يتحدث بارغاس يوسا، من جديد، عن «أخطاء»، عن قراءة خاطئة واستلال اقتباسات «غير مكتملة بمهارة». ويُعرب عندئذ عن عزمه على إضاءة الظلال التي لا تتيح لراما أن يقرأ مقالته بصورة صحيحة، أو بما يتفق ونواياه. ولكنه يلومه قبل ذلك لاتهامه بأنه يُفسد الشباب بأطروحته. يلوم راما وينتقده، ثم يعود إلى الدفاع عن حرية التعبير:

> الخطر الأكبر على «الكُتَّاب الشباب» ليس في قراءة أطروحات خاطئة، وإنما في حرمانهم من إمكانية الخطأ، وممن، حتى لو كان ذكيًّا مثل راما، يتبنَّى مهمة تحديد «الحقيقة» التي تناسبهم. فأنا، بدلًا من مراقبة وحراسة قراءات «الكُتَّاب الشباب المعجبين»، أسارع إلى تذكيرهم بأن الطريقة الوحيدة التي تتيح لهم أن يكونوا أصيلين هي في كونهم، أكثر فأكثر، أقل «إعجابًا» بكبارهم، وأشد انتقادًا لهم (Rama 1972: 40).

يرفع بارغاس يوسا صوته بكل صخب، مطالبًا بحُرية التعبير، وبحُرية اختيار القراءات بالطبع؛ لأن فرض مجموعة من النصوص هو دكتاتورية إملاءٍ: **تُملي** ما يجب أن يُقرأ وما يجب ألَّا يُقرأ. ذلك أن مؤلف **المدينة والكلاب** يرى أن أكبر خطأ يقترفه راما هو اعتقاده

---

(1) بعل زبول أو بعل زبوب (Belcebú): من أسماء الشيطان، أو إبليس، ويُعدُّ كذلك أمير الشياطين.

بأن «أطروحة» يوسا تشير إلى جميع الفنون وجميع الأنواع الأدبية من دون تمييز. فيوضِّح بارغاس يوسا في كتابه أن عمل الروائي محدَّد، وله ملامحه ومواصفاته الخاصة - المختلفة عن الفنون والأجناس الأدبية الأخرى - التي يسعى في أطروحته إلى كشفها. أحد هذه الملامح المميزة هو الفردانية، ولهذا السبب كانت مادة السيرة الذاتية ضرورية لإظهار وعرض آلية عملٍ تخيلي، تُبث من خلاله بعض التجارب الشخصية والتاريخية والثقافية. ومع ذلك، فإن بارغاس يوضِّح أن أطروحته تنطبق فقط على النوع الروائي، وليس على أنواع أدبية أخرى:

> هذا التمثيل اللفظي النزيه وغير المصلحي للواقع البشري الذي يُعبِّر عن العالم بقدر ما ينفيه وينكره، ويتشكَّل عبر التفكُّك، قاتل الإله الحاذق هذا الذي نفهمه من خلال رواية، ويرتكبه إنسان يعمل في الوقت نفسه كبديل للرب؛ ولد في الغرب، في العصور الوسطى العليا، عندما كان الإيمان يموت، والعقل البشري آخذًا في الحلول محل الرب كوسيلة لفهم الحياة، وكمبدأ موجه لحكم المجتمع. الغرب هو الحضارة الوحيدة التي قتلت آلهتها من دون استبدال آلهة آخرين بها، هذا ما كتبه مالرو: ظهور الرواية، هذا القاتل للإله، والروائي، هذا البديل للإله، إنما هما، بمعنى ما، نتيجة تلك الجريمة. فالرواية هي الأكثر فتوة وغواية، والجنس العلماني الوحيد بين الأجناس الأدبية: لا يمكن لها أن تنبت وتظهر حيث يسود الإيمان، وعندما يكون هذا الإيمان قويًّا بما يكفي لتفسير وتبرير الواقع الإنساني، ولكنها تظهر عندما يتحوَّل الآلهة إلى فتات، ويجد البشرُ، المتحررون فجأة، أنفسهم في مواجهة واقع يشعرون بأنه معادٍ وفوضوي (Rama 1972: 43-44).

لا يمكن إنكار أهمية الدِّين في شاعرية بارغاس يوسا؛ فالرواية في نظره هي جنس أدبي علماني، ولكن على الروائي أن يكون «رجل إيمان» كي يمارس فعل الإبداع، بل أكثر من ذلك:

> فالمجتمعات المأزومة بالتحديد هي التي اتخذت فيها ممارسة الأدب طابع المؤسسة الدينية والمشيحانية، حيث جرى تصور أشد التخيُّلات جرأة و«شمولًا». إن روايات المجتمعات المستقرة، أعمال التخيُّل التي تستلهم واقعًا تاريخيًّا غير مهدد - ذلك الواقع الذي ما زال يستند إلى إيمان الجسد الاجتماعي - تكون مميزة عادة بخاتم السخرية، واللعب الشكلاني، والنزعة الفكرية أو العدمية. هذه الخصائص تكشف عن تراجع في موقف المبدع حيال الواقع؛ فهو لا يجرؤ على أن يكون الإله، ولا يتنافس مع الواقع في مواجهة الند للند، ولا يحاول خلق عوالم فسيحة ومعقدة كالعالم الحقيقي: لا إيمان

لديه بقواه الذاتية، وتبدو له ضخامة المهمة ساذجة وبعيدة المنال (Rama 1972: 45).

تحوَّل الأدبُ في المجتمع الأمريكي اللاتيني إلى ديانة، إلى كتابة شجاعة وشاملة، وضعها موضع الممارسة رجالُ إيمان أقاموا ديانة أخرى، ديانة الأدب، وتحولوا إلى آلهة يخلقون عوالم. لكن بارغاس يوسا يرى أن كون المرء أمريكيًا لاتينيًا والرهان على أمريكا اللاتينية، لا يعني الدفاع دومًا وبأي ثمن عن هذا «الواقع القاصر»، ولكن يمكن عدم التوافق معها والشعور بأنك أمريكي لاتيني. ويمكن الاستنتاج كذلك أن الكاتب لا يكتب وفق «قناعاته» فقط، وإنما وفق «هواجسه» كذلك. إن آنخل راما هو الحصري، وبارغاس يوسا هو المتكامل، ولهذا يندفع ضد دوغمائية اليسار الأمريكي اللاتيني:

> لذا، لا بد أن نُكرِّر، بصوت عالٍ، أن تحرُّر بلداننا الاجتماعي والسياسي والاقتصادي - الذي أتطلَّع إليه بكل قواي - لن يكتمل أبدًا من دون حياة فكرية حُرَّة حقًّا، حيث يمكن لجميع الأفكار من دون استثناء أن تتنافس، وحيث لا يكون الملائكة وحدهم هم المقبولون والمحترمون، وإنما الشياطين كذلك، من أجل توازن صحي لأولئك، لأنه يمكن حتى للملائكة أنفسهم، عندما لا يكون هناك مَن يسيطر عليهم، أن يستسلموا لما سمَّاه أوكتافيو باث: طاعون الاستبداد (Rama 1972: 54).

ولكي يُنهي، يُحدِّد أن عملية إبداع الرواية هي عملية فردية لأن من ينجزها فرد واحد، ولأن الكاتب شخصيًا هو مَن يقوم بأفعال تطهر وتطرد شياطين في رواياته. الآن، تلك الشياطين موجودة لأن الواقع سيِّئ الصُّنع، ولهذا فإن التمرين الذي يقوم به الروائي إنما هو من أجل «منفعة عامة»، لأنه ليس ذاتيًا ولا أنانيًا مغرورًا. ينطلق بارغاس يوسا من الـ«أنا» - مستغرقة في الآخر - من أجل الوصول إلى الـ«نحن».

وأخيرًا، الرد الأخير والكلمة الأخيرة في هذه المناظرة الفاتنة والرائعة، ستكون لآنخل راما في مقالته «ردٌّ ثانٍ على ماريو بارغاس يوسا». هذا الردُّ الثاني والأخير هو، أولًا وقبل كل شيء، أطروحة حول المواصفات التي يجب أن يتمتع بها الكاتب الأمريكي اللاتيني في المجتمع الجيد، والتزامه بهذا المجتمع، وبمشروعات التحوُّل التي تُقدِّمها القطاعات الاجتماعية الجديدة. وراما في مقالته هذه أشد حدَّة وحنكة، ويهاجم بقوة مواقف بارغاس يوسا، و«المُنعَّمين»، و«الأبناء المُدلَّلين» في البيرو. ويقول بصورة مباشرة، بلا حرج وبنبرة نضالية:

إنني أُفضِّل، مع ذلك، أن نتخلَّى عن المجاملات التي يمكن أن تُضجر القُرَّاء، وأن نُركِّز اهتمامنا، بكل صرامة، على نقاط خلافاتنا. فأنا أختلف معك في الرأي، وأؤمن بفائدة المناظرات، ولهذا السبب قبلتُ خوض هذه المناظرة (Rama 1972: 58).

بل إنه يستعين كذلك بكلمات خوسيه ميغيل أوبييدو، ليعارض فردانية تطبيق أطروحة قاتل الإله لدى بارغاس يوسا:

أضف إلى ذلك، لماذا تكون كتابة الروايات وحدها هي فعل قتلٍ للإله؟ وحلولٌ محل الرب؟ ألا يمكن أن يكون كذلك رسَّامو اللوحات، وكُتَّاب الشعر، ومؤلِّفو الموسيقى؟ يمكن لهذه «النظرية» أن تشمل الكثير بعد بدئها بتضمين القليل (Rama 1972: 70).

ويُعلِّق:

أظن أنه إذا كان المؤلف يضفي بالتحديد طابع «السرد» على أطروحته، فإنما ذلك، مرَّة أخرى، من أجل عدم الاعتراف باعتماد التاريخ والمراحل الثقافية التي تُصاغ فيه، حيث تُحدد قيمٌ تحكم المجمل الأدبي، أعلى بكثير من التصنيف النوعي (Rama 1972: 70–71).

يقتبس راما بعد ذلك ويحاجج كل نقطة من انتقادات بارغاس يوسا وتناقضاته المتعلِّقة بمقالته السابقة. وباختصار، فإنه يواصل مهاجمة البيروفي، مُتمترسًا في موقفه الملتزم بالقضية الاجتماعية، وبالدور الجديد للمثقف الأمريكي اللاتيني. أما بارغاس يوسا، في الجانب الآخر، فواصل الدفاع عن حرية الكاتب واستقلاله، وعن عقيدة مثالية سيُعيد تكرارها بعد ذلك في مناسبات عديدة. والحقيقة أن بارغاس يوسا، في أطروحته للدكتوراه، يفهم الكتابة انطلاقًا من استعارات سلبية، عنيفة ومريرة، مرتبطة بعملية الإبداع. فأطروحة بارغاس يوسا ليست عن أي روائي عادي، إنما هي عن **روائي** هو أقل غارسيا ماركيز من غارسيا ماركيز نفسه. لأنه في حالة غارسيا ماركيز، كما سيقول بالنثيا-روث، الأمر ليس له علاقة بالإبداع بقدر ما هو مرتبط بالذاكرة، التي هي مصدره الحقيقي. فقد أدرك الكاتب الكولومبي، في وقت مبكر نسبيًّا، أهمية الذاكرة في مهنته. أما بالنسبة لبارغاس يوسا فإن الدور الحقيقي للذاكرة في التخييل الروائي لا يأتي إلا مع النضج الفني (Palencia-Roth 1990: 353). وهكذا فإن الكتابة بالنسبة إلى غابو أقرب إلى دعوة، إلى تضرُّع، إنها إرادة الحفاظ على فن الذاكرة. ولكن مع مرور الوقت سيُدافع أدب بارغاس يوسا كذلك عن الذاكرة، عن الرغبة في البقاء

والاستمرار وعدم التدمير. وهذه الرغبة نفسها في البقاء وفي التعلُّم والتثقف هي ما تتسبَّب في هذه المناظرة بين آنخل راما وبارغاس يوسا، وهي نموذج متكامل للنقاش الفكري رفيع المستوى الذي انتقل من كونه «الجحيم المرهوب» ليكون الفردوس المقروء بصورة شاسعة.

عالم جديد غير ممكن في كاسا دي لاس أمريكاس

في مارس (آذار) 1959، أُنشئت مؤسسة كاسا دي لاس أمريكاس، لتكون نموذجًا للثورة والثقافة الأمريكية اللاتينية. ومن هذا الجهاز ظهرت، في عام 1960، المجلة التي تحمل الاسم نفسه، والتي تحوَّلت إلى المنصة الرئيسية والأبرز للتواصل الأدبي بين كُتَّاب ال**بُوم**. تولَّت توجيهها في بادئ الأمر هايدي سانتاماريا، ثم تولَّى قيادتها بعد ذلك فيرنانديث ريتامار، وكان المسؤولان عنها: فاوستو ماسو، وأنطون آروفات. بينما كان آنخل راما الأيديولوجي والاستراتيجي الأكبر فيها، وقد تولَّى منح المؤسسة الكوبية واجهة سياسية وديناميكية. والواقع أن المجلة تعاونت مع مجلة **مارتشا**، وعقدت معها أحد أكثر التحالفات قيمة وإنتاجية في القارة، مما سمح بنسج شبكة أدبية ذات تبادلات بالغة الاتساع، من خلال نظام الإعارات المتبادلة، ونشر المقالات التي يجري الحصول عليها من الوسيلة الأجنبية نفسها (Gilman 2003: 83). وبرزت المجلتان كلتاهما، في الواقع، باعتبارهما معقل الأوساط الثقافية الأمريكية اللاتينية الجديدة، ومنبر أكبر ثلاثة مفكرين ومُنظرين للأدب في ذلك الحين: كورتاثر، وفوينتس، وبارغاس يوسا. أما غارسيا ماركيز، فكان يُفضِّل، كما قلنا سابقًا، الابتعاد عن تلك الدوائر الثقافية، كما اعتاد إخفاء سعة اطلاعه وتعدُّد قراءاته في سبيل عدم الوقوع في استعراضية ثقافية يمكن لها أن تُعكِّر القارئ النهم. وتُعلِّق كلاوديا خيلمان على سلوك هاتين المجلتين:

كان عام 1964، عام تكريس السرد الروائي الجديد: نظَّم راما العدد السادس والعشرين من مجلة **كاسا دي لاس أمريكاس**، وحضر فيه كلٌّ من كورتاثر، وفوينتس، وبارغاس يوسا. وكانت أسماؤهم، منذ ذلك الحين، مع اسمي دونوسو وغارسيا ماركيز، قد بدأت تظهر بكثرة إلى جانب مَن كانوا يتمتعون بحضور متين، مثل: روا باستوس، وخوان رولفو، وخوان كارلوس أونيتي، وأليخو كاربينتير. في ذلك العام، انتبهت كلٌّ من: مارتشا، وكاسا دي لاس أمريكاس، إلى الواقع، بالإعلان من خلال آمبروسيو فورنيت، أن الرواية الأمريكية اللاتينية تجاوزت مرحلة المحاكاة والتقليد، وكذلك مرحلة النوايا الطيبة التي كانت تُنتج أدبًا رديئًا (Gilman 2003: 89).

لكن ما هو أكثر إثارة للاهتمام ليس الصلة بين تلك المطبوعات متماثلة التوجُّه والأيديولوجية، وإنما كانت هناك «مبارزة ورقية» كبرى أخرى تولَّت دور البطولة فيها مجلتا: **كاسا دي لاس أمريكاس**، و**موندو نويفو**. وهذه المجلة الأخيرة ظهرت عام 1966 في باريس، بإدارة إمير رودريغيث مونيغال، وبرعاية المعهد الأمريكي اللاتيني للعلاقات الدولية، وكانت مكرَّسة بصورة حصرية للنشاط الإبداعي في أمريكا اللاتينية. وفي عام 1968، انتقلت إلى بوينس آيرس، وظلت تصدر هناك إلى أن توقَّفت في عام 1971. فمن جهة، لدينا آنخل راما على رأس مجلة **مارتشا**، وهو في خصومة معلنة منذ وقت طويل مع رودريغيث مونيغال؛ خصومة تستند إلى اختلافات أيديولوجية، أو تباين في الأذواق الأدبية، أو غَيرة ثقافية. ويضاف إلى ذلك أن كليهما كان رئيس تحريرٍ لمجلة **مارتشا**. ومن جهة أخرى، كان ريتامار، على رأس **كاسا دي لاس أمريكاس**، على خلاف مع مونيغال لقبوله أن تتلقَّى مجلته الباريسية الجديدة تمويلًا من مؤسسات أمريكية، ولعدم إدراكه مقدار التلاعب الذي صار هدفًا له. وبهذه الطريقة، كان راما وريتامار، من منبري **مارتشا** و**كاسا دي لاس أمريكاس**، كلٌّ من مجلته، يتزعمان المناظرة ضد **موندو نويفو** التي قرر الأُورُوغْوِياني مونيغال تسميتها «ضد المناظرات الثقافية».

بدأ كل شيء عندما كتب مونيغال، في 1 نوفمبر 1965، رسالة إلى ريتامار بيَّن له فيها أهداف وغايات المجلة التي سيترأسها، وأوضح له أن المطبوعة مرتبطة بـ«المؤتمر من أجل حرية الثقافة» (Congreso por la Libertad de la Cultura) (CLC)، لكنها ليست تابعة له، وأنهم يضمنون له مطلق الحرية في الاختيار والتوجُّه. بل إنه هو نفسه قد أطلع «CLC» على نيته في التعاون مع المثقفين الكوبيين، لأنه لا يوافق بأي حال على أن كوبا عدو. فيرد عليه ريتامار ويحذِّره من ذلك **المؤتمر من أجل حرية الثقافة**، والذي يمكن له أن يكون أي شيء باستثناء الحرية، وأكَّد له ريتامار أنهم لن يسمحوا له بالإرادة الحرة الكاملة، وأنهم في كل الأحوال سيمنحونه الحرية في الأعداد الأولى من المجلة، بهدف الحصول على الجمهور، وسيحاولون بعد ذلك المُضي ضد كوبا وأمريكا اللاتينية. لماذا؟ لأنه تبيَّن أن «CLC» «مؤسسة تمولها وزارة خارجية الولايات المتحدة، باعتبارها إحدى التنويعات المتعددة التي اتخذتها سياسة الحرب الباردة في ميدان الثقافة. فمنذ 1954 وحتى 1965 موَّلت مجلة كواديرنوس، الأمريكية اللاتينية ذات التوجُّه الرجعي، ومقرها باريس. ومن مؤسسة لها هذه السوابق والأهداف، يأتي العرض المقدَّم إلى مونيغال والمثقفين الأمريكيين اللاتينيين من

أجل تأسيس مجلة ثقافية» (Sierra 2006: 4). عندئذ يرد مونيغال على ريتامار مُعربًا عن أسفه لغياب تعاون **كاسا دي لاس أمريكاس**، ويؤكد على حرية العمل الكاملة للمجلة. ومع عودة البريد، لا يُصدِّقه ريتامار، ويؤنِّبه على تضامنه المكشوف مع «CLC» ودفاعه عنها. وهكذا يتواصل تبادل الرسائل حتى أبريل (نيسان) 1966 (وقد نُشرت الرسائل المتبادلة في عدة مجلات أسبوعية مثل: مارتشا، أو سيمبري)، لأن الجميع في كوبا وفي معظم أنحاء أمريكا اللاتينية كانوا يؤكدون أن موندو نويفو تتستر بطبقة طلاء يسارية زائفة، وأنها تخفي تمويلها من جانب مؤسسات أمريكية مرتبطة بالسي آي إيه (CIA). وقد أيَّد آنخل راما هذا الموقف، وفي عام 1966 نشر في مجلة مارتشا «تعليقًا افتتاحيًّا بعنوان «شكوك خجولة»، يُورد فيه فقرات من تحقيق نُشر في صحيفة نيويورك تايمز، قام به فريق صحفي من الجريدة نفسها، وفيه يماط اللثام عن الروابط القائمة بين وكالة المخابرات المركزية وبعض المؤسسات الثقافية الدولية، سواء التابعة منها أو غير التابعة للولايات المتحدة» (Sierra 2006: 5). في تلك الأثناء، كان مونيغال يتألَّق كناقد ألعوبة، جبان وغير قادر على مواجهة مزاعم ارتباطه بوكالة المخابرات المركزية، وبلغ الأمر حدَّ اتهامه بالعمل في خدمة معارضي النموذج الثوري الكوبي والأمريكي اللاتيني. لكن على الرغم من الرفض الذي قُوبلت به مجلة موندو نويفو، والدعم المكشوف لكوبا، فقد خرج إلى النور العدد الأول من المجلة الناقدة بصرامة في الأول من يوليو (تموز) 1966 في باريس. أَقحم رودريغيث مونيغال في الصفحة الأولى «تقديمًا» صريحًا وجامعًا بكل وضوح:

> الهدف من **موندو نويفو** هو إدراج الثقافة الأمريكية اللاتينية في سياق دولي ومعاصر في آنٍ واحد، [...] وأن تقرَّ حوارًا يتجاوز ظروف المحدودية المعروفة للقومية والأحزاب السياسية (الوطنية أو الدولية)، والكنائس الأدبية والفنية إلى هذا الحد أو ذاك. لن تخضع **موندو نويفو** لقواعد لعبة عفا عليها الزمن حاولت اختزال الثقافة الأمريكية اللاتينية كلها في معارضة فصائل لا يمكن التوفيق بينها، مما حال دون التبادل الخصب للأفكار ووجهات النظر المتعارضة (Sierra 2006: 5).

في هذا العدد الأول راح يتشكَّل ويُصاغ ويتبدَّى ما ستكون عليه السياسة الفكرية للمجلة فيما يتعلَّق بدور الكاتب الأمريكي اللاتيني: معارضة شخصية الكاتب بشخصية المثقف، وهو ما ظهر باكرًا في مجلة **كاسا دي لاس أمريكاس**:

هذا المثقف هو الفئة المثقفة اليسارية الأمريكية اللاتينية المتمثلة في المناظرة بين ريتامار وراما وفورنيت، والتي لا تؤمن في التزامها السياسي وحسب، وإنما تدعم الثورة وتصنعها؛ فئة مثقفة متيقظة للمخططات الإمبريالية لتحييد الثقافة وإبعادها عن السياسة. كما يقول فورنيت في المقال المذكور آنفًا: «من الأفضل عدم النقاش مع المثقفين الغاضبين، ومن الخير اجتذابهم، بينما يجري تشذيب الاختلافات، وتزويدهم بالمُسكِّنات، وتلقيحهم تدريجيًّا ضد داء الكَلَب» (ص 107). ليس هناك ما هو غير معروف، فاليوم تجري في العديد من بلداننا محاولة تلقيح الفئة المثقفة بسائل الراحة، من أجل «رفعها» إلى مرتبة الطبقة الوسطى (Sierra 2006: 9–10).

راهن مونيغال، من باريس، على كونية أمريكا اللاتينية، ودعا إلى توجُّه تأريخي وتنويري وتوافقي أكثر منه انتقادي. وقد جعل من الصرامة والجودة رايتيه، وعرف كيف يحيط نفسه بمجموعة مختارة من الشخصيات الأمريكية اللاتينية: فلديه من جهة، الكُتَّاب المكرسون، مثل: كاربينتير، وليثاما، وبورخيس، وساباتو، ولديه من جهة أخرى أولئك الذين لن يلبثوا أن يتوصلوا إلى الشهرة، مثل: كارلوس فوينتس، وغارسيا ماركيز، وساردوي، وكابريرا إنفانتي، ومانويل بويج. أما بارغاس يوسا وكورتاثر فحافظا على مسافةِ حذرٍ من المجلة، على الرغم من ارتباط كُتَّابٍ من مختلف التوجهات بها: وجوديين، وجيفاريين، وبيرونيين، وماركسيين، وليبراليين، وكُتَّابٍ كانوا إلى جانب الثورة الكوبية ثم ابتعدوا بعد ذلك عن النظام الكاستروي، وغيرهم. وهكذا، «ما بين تعليمية وتنويرية، تتحوَّل مجلة موندو نويفو إلى مكانٍ، ما هو إلا «بديل» في مواجهة التوجُّهات الشاعرية اليسارية الملتزمة، ومن خلال ترميم وعرض (جزئي) لشخصيات وموضوعات مستبعدة من النظرة الثورية - كما هي حال كتابات مانويل بويج، وتجريبية كابريرا إنفانتي المتحمِّسة حول الإيروتيكية في الرواية المتسلسلة، أو الظهور الاستراتيجي الدولي لخوسيه ليثاما ليما» (Morejón 2004: 2).

لكن تصميم مجلة موندو نويفو، وأقسامها، وصورها، كان أكثر تحفُّظًا بكثير مما هي عليه الحال في مجلة كاسا دي لاس أمريكاس، الأكثر تجديدًا في هذا المجال. ومن ناحية أخرى، كان مونيغال يخطئ بإعطائه اهتمامًا زائدًا للنمائم الأدبية، ودسائس المؤتمرات (كدسائس مؤتمر نادي القلم)، وعداوات البعض ضد آخرين، وغير ذلك. وكان يروق له أيضًا أن يُقدِّم سيرة مفصَّلة للكُتَّاب، تافهة إلى حدٍّ كبير، كتلك التي وضعها

عن بارغاس يوسا: «سيد بيروفي رصين لا تجد لديه أبدًا شعرةً واحدة، وهو مكوي ومتأنق على الدوام...»، أو غارسيا ماركيز، الذي يقول عنه: «محشور في بنطلونات البلوجنز التي كانت زرقاء ذات يوم [...]، ويتباهي بوجه قاتل مكسيكي، تملؤه التجاعيد، وشعر مجعد وجامح، وشارب مدبب».

وأخيرًا، في العدد الخامس والعشرين استقال مونيغال، وأعلن عن ضرورة صدور المجلة في أمريكا اللاتينية: اختيرت بوينس آيريس مقرًّا لها، وهوراسيو دانيال رودريغيث مديرًا. أما أدوار البطولة، كما عرضها المدير، فستكون منذ تلك اللحظة للموضوعات الأمريكية اللاتينية، وليس للأشخاص. وقد أعلن بصورة سافرة عن أنه ضد عملية التحوُّل الثورية الكوبية. وفكَّ ارتباطه تمامًا بالمرحلة الفرنسية، وبصورة خاصة الفترة ما بين عامي 1968 و1969، عندما أفسح المجال لمناظرة جديدة، وكانت هذه المرَّة حول الرواية الأمريكية اللاتينية الجديدة. وقد نشأت المشكلة إثر مقالة لإغناسيو إغليسياس بعنوان: «روايات وروائيو اليوم»، يتحدث فيها عن غياب الأصالة في الإبداعات الأمريكية اللاتينية الجديدة، وتبعيتها لنماذج أجنبية، ومبالغتها في التركيز على الشكل بلا مضمون، وابتعادها عن جمهور القُرَّاء. ومن الجلي أن وابلًا من الردود انهمر على إغليسياس، فأضافت المجلة في عددها الثالث والثلاثين بابًا جديدًا باسم «جدل» لتضمينه تلك الردود. كان أكثر الردود قوة وإثارة للاهتمام ردَّ فرناندو آينسا؛ وهو ناقد من أوروغواي، شرح ببراعة كيف أن ثنائية حدَّي «المضمون-الشكل» لم تعد تصلح، لأن التجريب صار من متطلبات الواقع الجديد «المتغيِّر ومتعدد الأشكال». أدت هذه المقالات (وقد شارك فيها أيضًا الناقد غييرمو دي توري) إلى مناقشات حول أهمية رواج المبيعات والجمهور والنقد، ومكانة الرواية في مجتمع الاستهلاك؛ بحيث أضحت أعداد المجلة تتحوَّل شيئًا فشيئًا إلى موضوع وحيد مناهض لكوبا، ولم يعد الأدب فيها إلا مجرد ذريعة، أو مجرد تفصيل على الهامش. إن تاريخ مجلتي **كاسا** و**موندو نويفو** ليس مجرد تاريخ مجلتين، بل هو أيضًا تاريخ تشكُّل جماعات المثقفين التي استقرت في استقطابات أيديولوجية متعارضة، مُشكِّلةً بذلك دينامية ثقافية تُعيد هيكلة ميدان اليسار الثقافي، بالتوازي مع عمليات الانشقاق والانضمام التي تحدث (Morejón Arnaiz 2004: 3).

كانت هواجس ريتامار وراما المسبقة صائبة؛ فمن صفحات **موندو نويفو** جرت أيضًا محاولة شق المثقفين الأمريكيين اللاتينيين. ففي الجدل الرسائلي الذي سبق ولادة المجلة، كانت قد رُسمت خطوط قبول ورفض النماذج الثقافية الفكرية في النقاش؛ وهي اختلافات

راحت تزداد حدةً حتى بلوغ الانشقاق الذي لا مفر منه في قضية باديّا (Sierra 2006: 12). ولكن، لا يمكن إنكار أن مجلة **موندو نويفو** كانت واحدة من أبرز المطبوعات في عقد السبعينيات، جنبًا إلى جنب مع مجلة **ليبري** التي اجتذبت بين عامي 1971 و1972 قائمة استثنائية من المشاركين. وقد بدا موقفها مثيرًا للاهتمام، ففي تلك السنوات، عندما كان يُحكم على الوظيفة السياسية للأدب من خلال المبارزات الورقية، اقترحت مجلة ليبري موقفًا عبر الأطلسي من أجل وحدة المثقفين على جانبي الأطلسي لتعزيز سيادة الأدب الهيسباني على المستوى الوطني. وقد توقَّف صدورها كذلك بسبب قضية باديّا التي وضعت حدًّا نهائيًّا لكل تلك «المبارزات الورقية». ومع وصول الأمور إلى هذا الحد، فَقدَ الجميع بعض أوراقهم. ومن المثير للفضول، على سبيل المثال، كيف كان على الكُتَّاب الأكثر التزامًا في كوبا أن يتأهبوا استعدادًا لمحاولة التوسُّط في المسألة. ففي رسالة بتاريخ 21 فبراير (شباط) 1967، كتب خوليو كورتاثر لماريو عن زيارته الأخيرة إلى كوبا، حيث كان عليه أن يتحدَّث بالضرورة عن مونيغال، وعن وكالة المخابرات المركزية، وعن كل الأشياء الأخرى. وعند العودة إلى باريس كان تحديد موعد مع المتضرر مسألة إجبارية:

> إذا ما جئت إلى باريس، أو توفر لي مزيد من الوقت، فستتمكن من التحدُّث عن كوبا؛ لقد ظللتُ هناك حتى 9 فبراير (شباط)، وراكمتُ من الخبرات أكثر بكثير مما توصلتُ إليه في رحلتي الأولى. عُدت سعيدًا، لأنني أعتقد أن المساوئ أقل بما لا يُقاس من المحاسن، وأن الأمور تمضي مثل سيل مندفع وعلى خير ما يُرام. أظن أيضًا أن حضورنا في المجلس كان مفيدًا للأصدقاء الكوبيين، وأن رجلًا رائعًا، على سبيل المثال، مثل آمبروسيو سيُفكر مرَّتين قبل الكتابة بتهوُّر كما فعل بشأن فوينتس. وهذا الأخير يجب أن أراه قريبًا، وسأُطلعه على هذه المسألة. وسأرى مونيغال أيضًا، مع أنني أتوقَّع أنه ليس لديه رغبة كبيرة في الحديث بعد عملية «رفع الغطاء وكشف المستور» الرهيبة التي جرت في هذه الأيام حول وكالة المخابرات المركزية. أعتقد أن شكوك الكوبيين تحوَّلت إلى حقيقة ساحقة بعد هذا الذي جرى. التفكير في أن الجمعية العالمية للشباب مدعومة من وكالة المخابرات المركزية، وأن أورورا[1] قامت بالترجمة لهم في وقت آخر... الحقيقة أنه يجب توخي المزيد من الحذر في هذا المجال.

(1) المقصودة هي أورورا بيرنارديث، زوجة خوليو كورتاثر آنذاك.

ملاحظة: إنهم يعتبرونك الفائز المؤكَّد بجائزة «رومولو غاييغوس». سيكون ذلك رائعًا؛ إذ يمكنك العيش لفترة طويلة من دون الحاجة إلى العمل، من دون العمل، من دون العمل. سأواصل كتابة هذه العبارة حتى نهاية الصفحة. أتمنى أن يحدث ذلك، يا للعنة! (Princeton C.0641, III, Box 6).

أحبك «حُرًّا»

في عام 1983، في الجزء الثالث أيضًا من ثلاثية **تريبتكو**، للمغني الكوبي سيلفيو رودريغيث، تظهر أغنية «أنا أُحبك حُرًّا». في ذلك الوقت، لم يبقَ هناك مَن يؤمن بالحرية في كوبا، باستثناء سيلفيو بالطبع، الذي كان لا يزال يعيش «في بلد حُر، لا يمكن له إلا أن يكون حُرًّا». لكن في زمن جدل المجلات ومناظراتها، كان لا يزال هناك من يعتقدون أن في كوبا مساحة هائلة للحرية، أكبر من الجزيرة نفسها، وأنها حرية فسيحة جدًّا، بحيث لم يَبدُ لهم جيدًا بأي حال وجود جماعة من المثقفين الذين، على الرغم من اصطفافهم المُطلق مع القضية الكوبية، يؤسسون مجلة تُسمَّى ليبري (حُر)، لأن امتياز هذه الكلمة، كما يبدو، لا يمكن له أن يخرج من الجدران الأربعة للأشداق الكوبية. هكذا تقول أغنية سيلفيو:

أريدك حُرًّا، حُرًّا مع الحب
حُرًّا من الظلال
ولكن ليس من الشمس.
أريدك حُرًّا
مثلما عشتُكَ
حُرًّا من أي أحزان أخرى
وحُرًّا مني.
للحرية روح صافية نقية
ولا تغني إلا وهي تخفق أجنحتها
طِيري وغنِّي أيتها الحرية.
الحرية ولدت بلا سيد يملكها
ومن أكون أنا لأسرق منها كل حلم.

أريدك حُرًّا وبِنِيَّة طيبة
كي تقتاد ظمأك الثمين.
أريدك حُرًّا، حُرًّا حقًّا
حُرًّا كحلم الحرية.
الحرية ولدت بلا سيد مالك
ومن أكون أنا لأسرق منك كل حلم.
أريدك حُرًّا مثلما عشتك
حُرًّا من أحزان أخرى، حُرًّا مني.

أغنية عظيمة، لحنُها أعظم بكثير من كلماتها. ومن المؤسف أننا لا نستطيع هنا سوى كتابة المضمون.

الحقيقة الجلية هي أن يتضرَّر من يضر، فالحرية كما يقول سيلفيو: «وُلدت بلا سيد مالك، ومن أكون أنا لأسرق منك كل حلم». فإذا كان الكوبيون الذين يملكون السُّلطة، يفاخرون بمُغنيهم الرسمي، ويؤمنون بما يقوله، فما كان يجب عليهم أن يضعوا كل تلك العقبات الكثيرة أمام تطور مجلة ليبري، التي لم يكن بوسعهم اتهامها - غير ممكن هذه المرَّة - بأنها مدينة لوكالة الاستخبارات المركزية، وبأنها تُحرِّض على الثورة المضادة. يمكن لمن أسسوا المجلة أن يكونوا قد استخدموا عنوان أغنية سيلفيو، مع فاصلة قبل الكلمة الأخيرة، والتي تبدأ فوق ذلك بحرف كبير ومائل. إذا كانت الحرية قد وُلدت بلا سيد مالك، فلماذا تسعى جماعة **كاسا** ليكونوا المالك الوحيد للحقيقة والروح الثورية؟ ولماذا حاولوا خنق مبادرات لم تكن تتعارض مع ما يؤكدونه وحسب، بل تدعم أيضًا بصورة واضحة وسافرة أفكارهم ومواقفهم الثورية؟ أليس من الممكن أنهم، هم أنفسهم، أو أنهم يعتقدون ذلك على الأقل، مَن يفعلون ذلك من أجل سرقة حلم كل مَن يحلم بحُرية؟ إنها سخرية التاريخ.

الحقيقة أن مجلة ليبري وُلدت، وقدَّمت ما يجب أن يُقال. في أشد لحظات الاندفاع الأدبي لأمريكا اللاتينية في برشلونة، راود بلينيو ميندوسا، الذي كان يعيش في بالما دي مايوركا، شعور بالإحباط، لأنه لا يكسب إلا القليل من المال، فضلًا عن أن الحياة الثقافية في الجزيرة كانت في حدودها الدنيا، بينما صديقاه غابو وماريو صارا روائيين ناجحين في

العاصمة الثقافية، آنذاك، للغة الإسبانية. وفي واحدة من زيارات بلينيو لصديقيه في برشلونة، داخَله إحساس بعدم الارتياح إلى حدٍّ شعرت معه زوجته بذلك فور عودتهما إلى الجزيرة، فقررا محاولة الانتقال إلى المدينة الكونتية. كتب بلينيو إلى صديقه غابو من أجل الحصول على عمل بالقطعة في وكالة إعلان، أو بعض الترجمات، للخروج من المحنة، والاستقرار. حصل له الكولومبي، الذي «لم يخذل قَطُّ» صديقه ميندوسا، «ولم يتجاهل يومًا أي طلب استغاثة» (Mendoza 2000: 180) يُرسله إليه بلينيو بطريقة غير مباشرة، على منصب منسق مجلة **ليبري** التي ستبدأ الصدور في باريس وتتناول موضوعات أمريكا اللاتينية.

في عام 1970، اجتمع عدد كبير من المثقفين الملتزمين في كوبا، القلقين من بعض المظاهر في تطور السياسة الثقافية الكوبية، وقرروا تأسيس تلك المجلة. شجَّعتهم الرغبة في صياغة المطلب الثوري، ولكن بنبرة ناقدة، على تحسين ما كانوا يعتقدون أنه يلتوي نحو الخطأ، وتعزيز موقف المثقفين. كان هناك في هيئة التحرير أشخاص من المرتبطين بصورة رهيبة بكوبا أثناء سنوات الستينيات، ولكنهم في بداية السبعينيات رفعوا صوتًا ناقدًا للتعسف تجاه حرية المثقفين في كوبا: أرييل دورفمان، وماريو بارغاس يوسا، وخوسيه دونوسو، وأوكتافيو باث، وخورخي إدواردز، وسيفيرو ساردوي، وكلاريبيل أليغريا، وتيودورو بيتكوف، وآنخل راما، وخوان خيلمان، وإنريكي ليهن، وغيرهم. كانت المشكلة الأخطر أنه مع بدء انطلاقتها حدثت قضية باديًا، وأصدرت ليبري ملفًّا تضمَّن وثائق وفيرة حول الموضوع، وتضمَّن العدد التالي جدلًا واسعًا حول «الحرية والاشتراكية». كان جميع مُوقعي المقالات تقريبًا من الاشتراكيين والثوريين، وكانوا في الوقت نفسه محبين للحرية، لكن ذلك فُسِّر في كوبا على أنه إهانة. والواقع أن كورتاثر وبارغاس يوسا كانا قد طلبا، في اجتماع لمجلة **كاسا**، دعمًا معنويًّا لمجلتهما الجديدة، ولكن نُظر إليهما منذ البداية بعيون مرتابة.

يتذكَّر بلينيو وصوله إلى باريس. يقع مكتب مجلة **ليبري** في بناء كان فيما مضى متجر خردوات؛ بناء متهالك، في حي يغص بالمهاجرين العرب، رقمه 22 شارع بيفر، حيث عاش ميتران لبعض الوقت قبل أن يُنتخب رئيسًا لفرنسا. وكان يلتقي يوميًّا بخوان غويتيسولو؛ روح المشروع، النشط الذي لا يكل، والذي يحاول أن يُقنع أكبر عدد ممكن من الكُتَّاب المشهورين. وقد حصل خوان على دعم تمويلي من سيدة غامضة، كانت راعيةً لصحيفة لسارتر من قبل، وتمتلك أموالًا طائلة بوصفها وريثة لمناجم قصدير آل

باتينيو، في بوليفيا. حضر الاجتماع المخصَّص لولادة المطبوعة: غارسيا ماركيز، وبارغاس يوسا، وكورتاثر، وكارلوس فوينتس، وبعض الكُتَّاب الآخرين، مثل خوان. وكان غابو أول المتكلمين ليقترح اسم بلينيو منسقًا للمجلة. وافق الجميع باستثناء أوكتافيو باث الذي رأى أن اقتراح غابو ليس جيدًا، وما هو إلا وسيلة لحماية صديق جار عليه الزمن. لكن اسم بلينيو فرض نفسه في نهاية الأمر. وجمع الكولومبي أدواته مرَّة أخرى ووصل إلى باريس. وكان عليه أن يقابل هناك «السيدة» (هكذا كان يدعوها غويتيسولو)، ألبينا دي بويسروفيري، التي بدت مختلفة جدًّا عن الأرستقراطية التي ظنَّ أنه سيواجهها. ويروي اللقاء الأول معها على هذا النحو:

وجدتُ دارة في 102 شارع دو باك، حيث يُسمع في الطابق السفلي ضرب الآلات الكاتبة، ووجدت كذلك سلمًا يؤدي إلى طابق علوي، وما إن فتحتُ الباب الذي أشاروا لي إليه في الأسفل، حتى ظننت أنني ارتكبت خطأ، حيث كانت هناك، مضطجعةً على سرير، مع علبة مناديل ورقية في متناول يدها بسبب إصابتها بالزكام؛ سيدةٌ شابة، جميلة، حنطية، ذات شعر طويل قاتم، وعينين واسعتين لهما لونٌ شمبانيٌّ مُشع. قالت لي بإسبانية فيها لكنة خفيفة ليست فرنسية، وإنما إيطالية، ليست حلقية بأي حال، وإنما مندولينية: «أأنت بلينيو؟».
ألبينا واحدة من سيدات الأعمال النادرات - إذا كان ممكنًا إطلاق هذه الصفة على منتجة سينمائية معروفة - تتمتع بأنوثة هشة ومثيرة للقلق.
قال لي غارسيا ماركيز، ذات مرَّة، بعد أن تناولنا الغداء نحن الثلاثة معًا: «إنها تنضح أنوثة من كل الأنحاء». وقوله هذا صحيح؛ فالأنوثة تسيل منها كما يسيل العسل من وعاء، ولا يدري أحدنا إلى أي شيء يُنسب ذلك، أإلى جانبها الأمريكي اللاتيني، أم إلى طفولتها المحمية؟ وبلا تلك الفظاظة التي تُشكِّل طبع النساء أوروبيات المجتمع الصناعي (Mendoza 2000: 185–186).

بين نشاطات تلك الأيام، كان على ألبينا أن تتصل ببرجيت باردو، وتُحدِّد موعدًا يوم الخميس مع آلان ديلون. ويروي بلينيو أنها تستخدم دفتري شيكات، وأنها تمتعت في ذلك الحين برؤية رومانسية لأمريكا اللاتينية، مثلما هي حال معظم اليسار الأوروبي آنذاك، وكانت قد أنجزت ريبورتاجًا مطوَّلًا حول موت تشي غيفارا لمجلة نوفيل أوبسرفتور، وقد أحسَّت، وهي ترى الرصاصة التي قتلته، بالغضب من «قرار الموت المُتخذ من مراجع عليا في وكالة

الاستخبارات المركزية» (Mendoza 2000: 187). فتحت ألبينا حسابًا مصرفيًا، أودعت فيه أرصدة سخية جدًا، ووقَّعت كل الشيكات التي أرادوا منها توقيعها. واستمر هذا الزواج مدة سنتين، وعندما شهروا الخناجر، في أحد أطراف اليسار الأمريكي اللاتيني، أحست بالحسرة، وقالت لبلينيو معترفةً، ما رواه هو: «كانت تقول لي بعينين ذاهلتين: أخبرني، لماذا يهاجموننا؟ ألسنا جميعًا يساريين؟» (Mendoza 2000: 188).

في فبراير (شباط) 1971، عُقد اجتماع في برشلونة لتحديد توجُّهات المجلة، بين بلينيو، وماريو، وخوليو، وغابو. لكنَّ خوليو بدا مُتحفظًا، لأنه لم يشأ أن تبدو هناك أيُّ «شبهة» في أيِّ شيء، ولو مِن بعيد، أيُّ «**ولكن**» تجاه السياسة الثقافية الكوبية. بدا ذلك صعبًا على هيئة التحرير التي صارت تتأفَّف في كلِّ مرَّة يظهر فيها الأرجنتيني في مكاتب المجلة، مثلما يُنبِّه ميندوسا:

> خلال الشهور التي سبقت ظهور مجلة **ليبري**، كان خوليو صعبًا، وفي بعض الأحيان خلافيًا. لم أفهم آنذاك سبب تحوُّلاته المفاجئة، وتبدُّلات مزاجه. أراه يظهر أحيانًا بقبعة من الجلد وبلحية وحذاءٍ قوقازي، يبدو ضخمًا لا يتسع له مكتبنا الضيق، ويحيينا دائمًا بكثير من المودة، فيراود أحدنا انطباع بأنه يلتقي بمارد فيه شيء من طفل، يشع صداقة ودفئًا. ولكن تحت طبقة من سُكَّر تحياته وكلماته كلها، يجد أحدنا نفسه فجأة أمام حبة اللوز القاسية والمُرَّة لريبة لا تفسير لها، يُعبِّر عنها بمتطلبات جديدة، بشروط احتياطية في آخر لحظة، وبالتهديد النابض دومًا بسحب اسمه من هيئة التحرير (Mendoza 2000: 188-189).

وعلى الرغم من أن هيئة التحرير كانت تستجيب دومًا لهجماته، فإنه لا يلبث أن يأتي بتعديلات جديدة، مُعطيًا الانطباع بأنه نادم على بدئه تلك المغامرة، ومُطالبًا في كل خطوة ببيان سياسي، وواضح، يؤيد الثورة الكوبية. تتملك بلينيو الشكوك بأن ذلك الموقف المتشدِّد، في مرحلة أفول حياته، سببه التأثير الذي تمارسه عليه زوجته الثانية أوجنيه كارافيلس، وآرولدو وول، همزة الوصل الدائمة مع وكالة برنسا لاتينا والجزيرة. وأخيرًا اضطر بلينيو إلى كتابة ذلك التصريح السياسي المؤيد للثورة، ووافق عليه خوليو مع تغيير طارئ لكلمتين اثنتين. ومع ذلك، فإن بعض مَن كانوا يدافعون بضراوة عن سياسة مجلة **كاسا**، مثل دافيد بينياس، عارضوا منذ البدء تعاظم اقتراح «جاء به كورتاثر وبارغاس يوسا من أوروبا» (Viñas 1971: 23).

فضلًا عن هذه الولادة الخلافية، تُشير كلاوديا خيلمان إلى «مناحي ضعف ما»، أدت، حسب رأيها، إلى أن ترى المجلة النور: أولها، واقع أن المجلة رأت النور في باريس، في اللحظة الأشد جليدية من الجدل الذي يواجه ما هو أوروبي وما هو أمريكي لاتيني. ويلي ذلك توافد كُتَّاب من جنسيات مختلفة، وليس أمريكيين لاتينيين فقط. وواقع أن المجلة ستتحوَّل على صوت الدياسبورا الإسبانية، نتيجة القبضة الحديدية الفرانكوية (الإخوة غويتيسولو، وسيمبرون، وباثكيث مونتالبان، وغيرهم) (Gilman 2003: 282). لكن، ربما كان أكثر ما أزعج الكوبيين هو حضور شخصيتين مثل: سيفيرو ساردوي، وكارلوس فرانكي، إضافةً إلى خورخي إدواردز الذي صار «شخصًا غير مرغوب فيه» في كوبا، أو بيتكوف الذي انشق عن الشيوعيين الفنزويليين وانتقد غزو تشيكوسلوفاكيا. كما أن مساهمة كابريرا إنفانتي، في نهاية المطاف، في الكتابة للمجلة، ستكون أسوأ استثارة للثوريين.

حدثٌ آخر لا بد أنه أغضب الكوبيين، وهو، على حدِّ قول كلاوديا خيلمان، معارضتهم «لمناهضة التوجُّهات الثقافية الصارمة التي تفوح من مثقفي الثورة أنفسهم، ولا تتقبَّل صورة المثقف إلا إذا وافق على دور التابع في العلاقة مع مؤسسات الدولة وقيادة الثورة» (Gilman 2003: 285). وعمليًّا، في العدد الأول من المجلة، كانت الافتتاحية واضحة جدًّا، في مناهضة القطاعات التي في «فكرتها عن التزام الكاتب» شيء من الصبغة «العسكرية، إن لم نقل من البيروقراطية»، وتدعو بوضوح إلى حرية الإبداع، وهو ما يمكن أن يُعزى إلى نقص في الالتزام وفردانية برجوازية من أسوأ نوع. لكن جماعة مجلة **ليبري** يدافعون عن المشروعات الاشتراكية الأمريكية، وليس الكوبية وحدها؛ فقد كانوا مناصرين كذلك لحكومة ألليندي في تشيلي، وبيلاسكو ألبارادو في البيرو، وتحليل بيتكوف[1] لحركة «ماس» في فنزويلا، إلخ. مع ذلك، وصل الأمر بريتامار إلى مقارنتهم بجماعة **موندو نويفو** في مجلة **كاليبان**، إذ إنهم، حسب رأيه، من الشاكلة نفسها، كما أنهم يتلقون تمويلًا من وكالة المخابرات المركزية الأمريكية (Fernández Retamar 1980: 264). وتكلَّم كذلك عن تبدُّل في الأجيال: فبعد مونيغال وصلوا إلى فوينتس، وإنفانتي، وساردوي، وغويتيسولو، وأشباههم. غير أن توازيات ريتامار كانت مُحالة وسيِّئة التوليف؛ إذ تصادف التوافق بين فريقي المجلتين؛ توافقهما في الزمن: فعندما

(1) «تيودورو بيتكوف مالك» (Teodoro Petkoff Malek): سياسي واقتصادي وقائد حرب عصابات فنزويلي (1932-2018). انفصل عن الحزب الشيوعي الفنزويلي في مطلع الستينيات، وأسس «الحركة نحو الاشتراكية» (Movimiento al Socialismo) (MAS).

ماتت المجلة الأولى [موندو نويفو] (في أبريل (نيسان) 1971) وُلدت الأخرى (في سبتمبر (أيلول) 1971)، وتوافقهما الباريسي. ولكن في الأولى، على سبيل المثال، لم يكن يكتب أفضل مثقفي أمريكا اللاتينية، بعكس مجلة **ليبري**. وفي المقام الثاني، حضور أسماء شديدة الارتباط بكوبا، مثل كورتاثر وراما. وأخيرًا، نوعية المقالات. ومن جهة أخرى، كان هناك في **ليبري** اتفاق مضمر بأن الكُتّاب يتحدثون في الأدب، والسياسيين في السياسة، وهكذا يجري الحفاظ على استقلالية الكُتَّاب في مواجهة الديماغوجيين الثوريين المندفعين.

حسنًا، ما بدا أنه مشروعٌ جيدُ التخطيط، مُكتظٌّ بشخصياتٍ كلٍّ منها في موقعه، لم يستمر سوى سنتين اثنتين، بينما مجلة **كاسا** ما زالت مستمرة في عام 2008، ويصدر عددها رقم 251، وصفحتها على شبكة الإنترنت تتابعها مطبوعات صحفية كثيرة من العالم الأول. هذا يعني أنها تنعم بصحة جيدة، وقد عاشت، مثل كاسترو، على الرغم من جميع خصومها. والأدهى من ذلك، أن العدد الأخير من مجلة **ليبري**، يحاول التودُّد إلى الكوبيين واسترضاءهم من خلال تحقيق عن مؤتمر صحفي في باريس عقدته سلطات ثقافية كوبية. وهناك كان خوان مارينيو، وخوسيه أنطونيو بورتوندو، وسينيتو بيتيير، وغيرهم. وعنهم يقول التحقيق الصحفي:

> حسب الإجابات التي صِيغت بطريقة واضحة ومباشرة، الثورة لا تمنح تميزًا لأي شكل فني، ولا ترمي إلى فرض وصفات جاهزة. لا وجود لجمالية رسمية تُعتبر عقيدة مفروضة. الثورة لا تدعو إلى أدب مناضل بصورة حصرية، وإنما إلى أساليب تعبير ذات مستوى فني رفيع قبل أي شيء آخر. ولا تقتصر المحاولة على رفع مستوى النتاج الثقافي، بل جعله يتسع ليشمل الشعب بأسره (Yurkievich 1972: 140).

وينتهي كاتب التحقيق، الكاتب والناقد والبروفيسور الأرجنتيني ساؤول يوركيفيتش، المقيم في باريس، إلى أن ما جرى التعبير عنه في هذه المحاضرة يُظهر التزام الثورة تجاه كُتَّابها وفنانيها ومثقفيها. إلى هنا وكل شيء على ما يُرام، غير أن السطور الأخيرة من التحقيق كانت السطور الأخيرة للمجلة نفسها أيضًا، ربما لأن يوركيفيتش لامس موضوعًا يُشكِّل تابو لدى كوبيي ذلك الحين، وما زال كذلك الآن، إذا ما حكمنا من خلال اللعاب الخبيث الذي يبصقه بعض أناس الجزيرة ضد من يوجهون ويشاركون في المجلة الحالية، **ملتقى الثقافة الكوبية**، والتي هي بالطبع، انطلاقًا من ميثاقها ورؤيتها، مموَّلة كذلك من المخابرات المركزية الأمريكية. وينتهي الأرجنتيني إلى القول:

وتظل العلاقة مع الأمريكيين اللاتينيين في المنفى بحاجة إلى توضيح. وأدعو إلى إقرار تامٍّ لحوار يقوم على الاحترام المتبادل، والانتقال من السباب إلى التحليل، ومن النزق إلى النقد البنَّاء المتَّفق مع المبادئ، والمتسامح فيما يتعلَّق بالاختلافات المحتملة في الممارسة (Yurkievich 1972: 142).

انتصرت هافانا على باريس بالضربة القاضية في الجولة الرابعة، إذ لم يكن هناك عدد خامس من مجلة **ليبري**. وأخيرًا تحرَّرت مجلة **كاسا** من مجلة ليبري، مُردِّدةً ما جاء في أغنية سيلفيو، أن «الحرية وُلدت ولها سيد، وأنا **أجل**، أنا مَن يسرق كل حلم من أحلامها».

7

عندما صار البُوم «بُومًا»: قضية باديًا
(الجزء الأول: الجائزة 1968)

هناك مَن يظنون أن البُوم كان تركيبة تجارية محضة. لا شيء أكثر بُعدًا عن الحقيقة من هذا الرأي. فالبُوم هو مصادفة ظهور عدة مؤلفين جيدين جدًّا، وأعمال روائية جيدة جدًّا، في لحظة معينة. ولكنْ هناك، قبل كل شيء، عامل من خارج الأدب شكَّل نقطة التقاء فيما بينهم، وكان سببًا في العثور على أبطال حيث لم يوجد سوى أناس عاديين: إنها الثورة الكوبية، مثلما رأينا حتى الآن. لكن ذلك لا يمكن له أن يكون أبديًا. فالمؤتمرات الأمريكية اللاتينية في سنوات الستينيات، واللقاءات والاجتماعات في كوبا حول الجوائز، ولجان تحرير مجلة **كاسا**، وغيرها، كانت تجمع شمل عدد كبير من الأشخاص حول قضية مشتركة، وتُضفي عليهم مزاجًا من التماسك. وكما أنه لا بد في جميع دروب التجمُّع البشري من وجود بعض القادة، فقد وُجد هؤلاء في هذه الحالة أيضًا. ونحن نعرف مَن كانا بمقام جون لينون وبول مكارتني بينهم[1]، نعرف من كانوا كذلك (مع أن كارلوس فوينتس شارك أيضًا في مكارتنية ولينونية غابو وماريو)، ولكن كان هناك أيضًا شبيه بالمدعو جورج هاريسكو، البوهيمي واسع المخيلة والبريء، إنه خوليو كورتاثر، وآخر يُشبه رينغو ستار، استغل شهرة الآخرين ليحشر نفسه ضمن الفريق، إنه خوسيه دونوسو، وأخرى مثل جورج مارتن (المنتج في فريق البيتلز) قادتهم إلى طريق الشهرة وجعلت منهم ذهبًا، إنها كارمن بالثييس. وكان هناك أيضًا خنافس، أي **بيتلز**، أقرب إلى الدبابير والمزعجين، تشاجروا مع كثيرين منهم، مثل غييرمو كابريرا إنفانتي، أو خنافس لطفاء وأصحاب، مثل خورخي إدواردز.

مع أن هناك من يقول إنها يوكو أونو[2] البُوم، المسؤولة عن تمزيق صداقة فريق البيتلز،

---

(1) محاولة جميلة للربط بين فريق البيتلز الغنائي الذي ظهر بصورة شبه متزامنة مع روائيي جماعة البُوم الأمريكية اللاتينية.

(2) «يوكو أونو» (Yoko Ono): فنانة وموسيقية يابانية، تزوَّجت زعيم فريق البيتلز، وهناك مَن يتهمها بأنها كانت السبب في تشتت شمل ذلك الفريق الغنائي.

وجعل قصة ثقافة البوب تعلو في الأجواء أكثر جمالًا من كل الأزمنة. يمكن لهذه الشخصية في مجال الأدب أن تكون أوجنيه كارافيلس، زوجة خوليو كورتاثر الثانية، التي كانت، حسب ما يرويه بلينيو أبوليو ميندوسا؛ شقيق سوليداد وصديق غابو الحميم، «خلافًا لكل منطق سياسي، ضيفة غير مشروطة لدى الكوبيين، أو تعمل في كل الأحوال بتوافق كامل معهم»، وكانت تمارس «في تلك اللحظات تأثيرًا كبيرًا جدًّا على خوليو»، «باحتدادها القاتم، الذي يزداد حدة في بعض الأحيان بتأثير بضع كؤوس من الويسكي»، «وزارعة شكوك وارتيابات بصبر في تلك الحديقة الجديدة لسذاجات كورتاثر» (Mendoza 2000: 190-191). لكن، يمكن أن تكون هناك أكثر من يوكو أونو أخرى، أقرب منها إلى لُبِّ **البُوم**. وقضية باديًا، بالطبع، هي يوكو حقيقية وبالخط العريض.

لاعب هجوم وسط خارج اللعبة

بدأت محاكمة الشاعر هيبيرتو باديًا منذ 1968، وامتدت ظلالها، المتطاولة جدًّا، حتى عام 1971. وأثناء هذه السنوات الثلاث، بعيدًا عن الحفلات، والاجتماعات، وجلسات السُّكر، وساعات الوحدة أمام الورقة البيضاء، سنكتشف من يكون كل شخص. فجماعة البُوم سينزعون أقنعتهم، ويكشفون عن وجوههم، ولن يبقى أحد منهم كما كان من قبل، بما في ذلك الصداقة الفولاذية بين غابو وماريو. لقد بدأت السلالة في الكشف عن ذيول خنازير[1]. في عام 1968، حصل الكتاب الشعري، **خارج اللعبة**، على جائزة خوليان دل كاسال للشعر، وهي إحدى الجوائز الأدبية المهمة في كوبا. كان في لجنة التحكيم ثلاثةُ شعراء كوبيين واسعي الشهرة (ليثاما، وتاليت، ومانويل دياث مارتينيث)، وكاتبان أجنبيان (سيسر كالبو؛ شاعر بيروفي، عاش فترة من الزمن في كوبا، ومناصر للثورة، وج. م. كوهين؛ مترجم لأعمال غابو وفوينتس وباث وبورخيس وغيرهم إلى الإنجليزية). وكان باديًا يتمتع في ذلك الحين بسُمعة أدبية وسياسية أكثر من إيجابية. وهو ينتمي إلى الجيل الأول من شعراء الثورة، إلى جانب ريتامار، وبابلو أرماندو فيرنانديث، ومانويل دياث مارتينيث، وغيرهم. وكان يتولَّى مناصب سياسية

(1) إشارة إلى النبوءة في رواية «مئة عام من العزلة» عن أن المولود الأخير من سلالة آل بوينديا سيُولد بذيل خنزير.

رفيعة المستوى. ويروي الشاعر والناشر كارلوس بارال بإسهاب، في الجزء الثالث من مذكراته، عن لقائه معه عام 1963، عندما دعاه باديًا، باعتباره ممثلًا لإحدى مؤسسات الدولة الكبرى (حتى إنه يدعوه بلقب «نائب الوزير») المسؤولة عن استيراد الكتب والوسائل الثقافية، واصفًا ليلته الأولى هناك وسط سلسلة من الحفلات، بين رقص وكؤوس، ويصف الشاعر على النحو التالي:

الأديب جدًّا باديًّا، كان في المقابل سياسيًّا أكثر منه أديبًا؛ فمنذ اليوم الأول بدت لي جميع حركاته محسوبة، وبدا لي التفاوض على تفاصيل عمليتنا أشبه بطقوس دبلوماسية دقيقة (Barral 2001: 603).

بين الجلسة والأخرى من جلسات تحليل قائمة المطبوعات، وبعد اجتماعات وتناول وجبات طعام مع وزراء وموظفين، يأخذه باديًّا في جولات على المؤسسات الشعبية الجديدة، ومقرَّات جمعيات الكُتَّاب، ومراكز إقامة الحاصلين على مِنح، وغيرها من منجزات الثورة، وكان فخورًا جدًّا بكل ما يعرضه، لكنه عاجز عن التمييز بين «الحقيقة والاحتيال الانتهازي» (Barral 2001: 604).

وكان بارال هناك أيضًا في يناير (كانون الثاني) 1968، أثناء مؤتمر هافانا الثقافي الشهير، والتقى مرَّة أخرى بباديًّا، قبل وقت قصير من المشكلة التي ظهرت بسبب الجائزة. ويقول الكتالوني [كارلوس بارال]، في تلك اللحظة «كان التوجيه في الشأن الثقافي يدوِّي بوقاحة في جميع الخطابات، بما في ذلك أي محادثة عرضية من أي شخص لديه شيء من المسؤولية السياسية أو النفوذ الحقيقي» (Barral 2001: 614). ويضيف أن ذلك الصيف شكَّل «مأتم الأدب الذي كان لا يزال يجري التسامح معه حتى ذلك الحين»، وأن شعار كاسترو «ضد الثورة، لا شيء» ستكون له منذ تلك اللحظة «قراءة مُطلقة ومطلوبة شعبيًّا، ولن يكون هناك سوى أدب للاستخدام السياسي». وكان باديًّا، حسب قول بارال، يلاحظ ذلك، فالكُتَّاب والمفكرون «سيكونون عرضة للتجسُّس عن قرب، والمراقبة الدائمة» (Barral 2001: 615).

وجاءت الجائزة. انتقد الشاعر بقسوة، قبل قليل من ذلك، رواية **هوى أوربينو** لليساندرو أوتيرو، الذي تطلَّع إلى جائزة بارال لعام 1964، أي جائزة بيبليوتيكا بريفي. لكن من كسب الجائزة في تلك المناسبة هو كابريرا إنفانتي عن روايته: **ثلاثة نمور حزينة**. أما باديًّا الذي صار منزعجًا بصورة جلية من ذلك القيادي، فقد وضع يده على الجرح: كتاب كابريرا رائع،

أما كتاب ليساندرو أوتيرو - الذي شغل في ذلك الحين منصب نائب رئيس المجلس الوطني للثقافة - فوسطي، ولكن لم يعد هناك أي وجود لكابريرا في كوبا، بعد أن كان يُمتدح باعتباره كاتبًا كبيرًا. ويُنهي باديّا: «في كوبا، لا يمكن لكاتب عادي أن ينتقد روائيًا في منصب نائب رئيس من دون أن يتعرَّض لهجمات «القَصَّاص-المدير»، و«الشاعر-المدير»، المتمترسين وراء ذلك الشيء المسمى: **هيئة التحرير**» (Goytisolo 1983: 15).

ونظرًا لما كانت عليه الحال في كوبا، فلم يكن مستغربًا أن يفقد باديّا عمله. هذا ما حدث، لا سيما أن كابريرا غادر البلد منذ وقت لا بأس به، وصار ينتقد السياسة الكاستروية بصورة سافرة. ويُبدي غويتيسولو ذهوله لما كان يحدث:

> في 8 نوفمبر (تشرين الثاني) 1968، وفي الساعة الثانية وبضع دقائق بعد الظهر، نزلتُ كما هي عادتي إلى جادة بون نوفيل، كي أُحرِّك ساقيَّ قليلًا، وأشتري جريدة ليموند. لفت انتباهي بصورة مفاجئة تحقيق لمراسل الجريدة في كوبا: «تُندِّد الجريدة الناطقة باسم القوات المسلحة بمؤامرات الشاعر باديّا المعادية للثورة». المقال مُوقَّع بالحرفين الأولين من اسم سافيريو توتينو (وهو المبعوث الخاص أيضًا لجريدة **باسي سيرا**)، وينسخ بعض المقاطع من مجلة **بيردي أُليفو** ضد الشاعر، لا تقتصر على اتهامه بسلسلة من الاستفزازات «الأدبية-السياسية»، وإنما - وهو الأشد خطورة - اتهامه بأنه «بذَّر الأرصدة العامة بسعادة، أثناء الفترة التي تولَّى فيها إدارة مؤسسة كوبارتيمبيكس». وحسب قول كاتب الافتتاحية، فإن باديّا يترأس جماعة من الكُتَّاب الكوبيين ممن يستسلمون للمؤثرات الغربية، «ويبدعون أعمالًا يختلط تراخيها ببورنوغرافيا، ومناهضة للثورة» (Goytisolo 1983: 15).

تدخَّلت الجهات المسؤولة العليا، كما هو منطقي. وقبل قليل من إعلان لجنة التحكيم اسم الفائز بالجائزة، عمد راؤول كاسترو (وهو اليوم الوريث الجديد لأخيه، كما لو أن الأمر يتعلَّق بسلالة ملكية) إلى ترويج إشاعة أنه إذا ما مُنحت الجائزة إلى باديّا، الكاتب المعادي للثورة، فستكون هناك «مشكلة خطيرة» (Díaz Martínez 1997: 90). كما أن عملًا آخر لكاتب كان يُعدُّ ثوريًّا حتى تاريخه، أنطون آروفات، بعنوان **السبعة ضد طِيبة**، الفائز بالجائزة الوطنية للمسرح التي يمنحها «الاتحاد الوطني لكُتَّاب وفناني كوبا»، اعتُبر معاديًا للثورة. لكن لجنة التحكيم لم تنظر إلى كتاب باديّا على أنه عمل معارض ومزعج، بل على أنه عمل ناقد

وحسب. كانت بعض القصائد بليغة، مثل القصيدة المشهورة «في الأزمنة الصعبة»، حيث يقول الشاعر إنهم في هذه الأزمنة القاسية طلبوا من الإنسان وقته، ويديه، وعينيه، وشفتيه، وساقيه، وصدره، وقلبه، وكتفيه، ولسانه، إلخ، وقالوا له إن هذه تضحية لا بد منها، وبعد هذا كله، طلبوا منه أن ينطلق ماشيًا، لأن هذا هو الدليل الحاسم في الأزمنة الصعبة. لقد جرحت هذه القصيدة حساسية مشاعر الجهاز حقًّا، لا سيما أن كاتبها عُومل معاملة جيدة من قِبل النظام، واحتل مناصب مسؤولية رفيعة جدًّا. لكن الأشد إزعاجًا، بلا شك، هو التلميح إلى فيديل كاسترو في القصيدة التي بعنوان «أحيانًا»، حيث يقول إنه من الضروري أحيانًا أن يموت رجل من أجل شعب، ولكن ما لا يمكن حدوثه أبدًا أن يموت شعب بأسره من أجل رجل. ولم يفده في شيء أن الكتاب نفسه يتضمَّن عبارات إطراء وإشادة بالمنجزات «الكثيرة» للثورة.

على الرغم من الجدل المثار، ومحاولة الدوائر العليا التي جرت لدفع لجنة التحكيم إلى إلغاء القرار، فإن اتحاد الكُتَّاب والفنانين وافق على قرار الشعراء المستقل، ومنح الجائزة لباديًا وآروفات، ولكنه لم يمنح مؤلِّفي الكتابين تصريحًا بالسفر إلى موسكو، ولا مبلغ الألف بيزو، كما يُقر نظام الجائزة. وفي حالة باديًا، أُجبر عند النشر على أن يضيف إلى ديوانه الشعري نصًّا رسميًّا يُتهم فيه بالتواطؤ مع إمبريالية الشمال، وبالنفاق الممرر كوجهات نظر «فنية»:

قناعتنا الأدبية تُتيح لنا أن نشير إلى أن هذا الشعر وهذه المسرحية يخدمان أعداءنا، وما مؤلِّفاهما إلا الفنانان اللذان يحتاج إليهما العدو من أجل تغذية حصان طروادته، في الوقت الذي تنهمك فيه الإمبريالية لتضع سياستها في العدوان العسكري السافر على كوبا موضع التنفيذ (Casal 1971: 62).

لا يُعرف كيف يمكن لقناعة أدبية أن تدخل في ذلك النوع من الجدل الأيديولوجي؛ لكن الواضح أن الانزعاج لم يكن «أدبيًّا» أو «جماليًّا»، وإنما سياسيًّا بكل صرامة: «لقد وجدت القيادة أن الجائزتين مُنحتا لعملين بُنيا على عناصر أيديولوجية معارضة بصورة صريحة لفكر الثورة» (Casal 1971: 58)، ولهذا فإن المسؤولين الماركسيين في اتحاد الكُتَّاب والفنانين الكوبيين شجبوا «المضمون الأيديولوجي لديوان الشعر والعمل المسرحي الفائزين بالجائزة» (Casal 1971: 63).

كانت الاتهامات ضد باديًا تتجه نحو «الاشمئزاز الثوري»، و«النقدية الكانطية»، و«اللاتاريخانية»، و«الدفاع عن الفردانية في مواجهة الضرورات الاجتماعية» (Vázquez Montalbán 1998: 344)، و«انعدام الوعي فيما يتعلَّق بالواجبات الأخلاقية في البناء الثوري» (Ette 1995: 233). المثير للفضول أن العملين محل الجدال طُبعا (وهذا أحد متطلبات الجائزة)، لكنهما لم يُوزَّعا، ولم يُباعا في المكتبات، وانتشرا بصورة سِريَّة فقط. والحصول اليوم على نسخة من الطبعة الأولى من ديوان **خارج اللعبة**، أشبه بالحصول على كنز حقيقي، وذلك بسبب الظروف المؤلمة التي أحاطت بنشره أكثر مما هو بسبب نوعيته الأدبية، وهي نوعية بارزة أيضًا. لقد زُرنا البيت الذي سكن فيه باديًا في برِنستون، فور خروجه من كوبا، بعد سنوات طويلة، والتقينا به كذلك في ألاباما، المكان الأخير الذي ألقى فيه دروسًا، وحيث تُوفِّي عام 2000. وهناك بالتحديد أهدى إلينا نسخة من الطبعة الأولى من كتابه الشعري، ونحن نحتفظ بها باعتبارها كنزًا ثمينًا.

نحن الفريق أحد عشر شخصًا

على الدوام تقريبًا، حين تُجرى مقابلة صحفية مع لاعب هجوم كان بطلًا متميزًا في مباراة كرة قدم، وسجَّل هدف النصر لأنه لم يكن «خارج اللعبة»، فإنه يُبدي الحذر عادةً، أو التواضع الزائف، حين يشير إلى أن ذلك الفوز لم يحقق هدفه وحده، وإنما تحقَّق بعمل الجماعة كلها. وفي سنوات الثمانينيات أحرزت عبارةٌ لإيميليو بوتراغينيو (النسر) شهرةً واسعةً، وهو لاعب هجوم ريال مدريد الذي كانت أهدافه موضع مديح دائم، فكان يقول: «نحن الفريق أحد عشر شخصًا»، وفي غياب الدفاع الجيد، لا تفيد في شيء أهداف لاعب الهجوم المتقدِّم.

كان باديًا خارج اللعبة، وفي المؤخرة كانت تجول قطع مثيرة جدًّا للفضول، ومتعطشة للحرية، ما لبثت أن أسمعت صوتها. انتقل الخبر من فم إلى فم، واستثار سخط جميع المثقفين ممن لديهم أدنى قدر من الحس العام. كان غويتيسولو من أوائل المتحركين، وحاول تنظيم خط دفاع من ذوي الوزن الثقيل في **البُوم**، أصدقاء المكتب السياسي الكوبي:

بنصيحة من فرانكي، اتصلتُ بكلٍّ من كورتاثر، وفوينتس، وبارغاس يوسا، وسيمبران، وغارسيا ماركيز؛ وبدءًا من أوجنيه كارافيلس في غاليمار، حاولت الاتصال هاتفيًّا بهيبيرتو

باديًّا. وحيال عدم جدوى اتصالاتي - لم يرد رقمه مُطلقًا - قررنا إرسال برقية موقَّعة منا جميعًا إلى هايدي سانتاماريا، أعربنا فيها عن ذهولنا للاتهامات الافترائية ضد الشاعر، وأعلنا عن دعمنا لأي عمل تبادر إليه **كاسا دي لاس أمريكاس** دفاعًا عن حرية الفكر. ردُّ هايدي البرقي الذي تلقَّيناه بعد يومين ملأنا بالذهول.

وبعد ذلك، ينسخ غويتيسولو جزءًا من برقية مديرة مجلة **كاسا دي لاس أمريكاس**:

لا أجد تفسيرًا لمعرفتكم، وأنتم بعيدون جدًّا، إذا ما كان افتراءً وليس اتهامًا ضد باديًّا. الخط الثقافي لكاسا دي لاس أمريكاس هو الخط الذي أراده التشي [غيفارا] على الدوام: بالبنادق الجاهزة، وبطلقات المدفعية على الدائرة المحيطة (Goytisolo 1983: 17).

في الثاني من ديسمبر (كانون الأول) 1968، يكتب خوسيه ميغيل أوبييدو إلى ماريو بارغاس يوسا:

يبدو لي سيِّئًا ما يحدث لباديًّا في كوبا، إنهم يمضون على طريق الستالينية. ما الذي يقوله ربيرتو [ريتامار]؟ يُخيَّل إليَّ أنه لا يشارك فيما يجري، أرغب في قراءة تصريح ما له. إذا ما قمتَ أنت ومحور «كورتاثر، فوينتس، غابو» بصياغة نَصٍّ ما تلفتون فيه الانتباه إلى هذا الأمر، فإنني أرغب في رؤيته، ومعرفة ما إذا كان بوسعي التوقيع عليه أيضًا (Princeton C.0641, III, Box 16).

تحرَّك محور «كورتاثر، فوينتس، ماريو، غابو» قبل ذلك؛ ففي 14 أكتوبر (تشرين الأول) 1968، كتب كورتاثر رسالة إلى ماريو تحدَّث إليه فيها أولًا عن مشروع البيروفي في الذهاب للعيش في برشلونة، وهو أمر علم به من غابو الذي ذهب للعيش هناك، وفي أحاديثه معه كان ماريو على الدوام موضوعًا مركزيًّا ومُلحًّا. وفي نهاية الرسالة ثمة ملاحظة إضافية طويلة:

فرانكي، وفوينتس، وغويتيسولو، وأنا، لدينا مشروع رسالة خاصة إلى فيديل حول مشكلة المثقفين في كوبا، وأنت ممن سيوقِّعون عليها بالطبع (وكذلك سيمبران، وغويتيسولو الآخر، وحسب، كي يكون للأمر وقع الصدمة؛ آه، وغابو أيضًا، بالطبع. عندما تجهز مسودة الرسالة سأُرسلها إليك كي تخبرنا إذا كان مُوافقًا وسيوقِّع عليها. **ليكن هذا الأمر**

سريًّا تمامًا، فالمسألة تكمن في تسليم الرسالة يدويًّا إلى فيديل. وتجنَّب النشر، لأنه غير مُجدٍ ومخالف لتوجُّهنا. سأكتب إليك عما قريب حول هذا الموضوع) (Princeton C.0641, III, Box 6).

تصل سذاجة الأرجنتيني إلى هذه الحدود: يظن أن تأثيره على الدوائر العليا يمكن أن يتيح له، ليس التواصل مع فيديل تواصل الند للند، بل التمكُّن كذلك من التأثير على قرارات الدكتاتور. كُتبت تلك الرسالة، وتلقَّاها ماريو مع إبداء موافقته عليها، في الشهر التالي. ويقول كورتاثر في رسالة أخرى يوم 3 نوفمبر (تشرين الثاني) إلى ماريو:

الموضوع الآن هو الرسالة المرفقة، وقد أعددناها، فوينتس وغويتيسولو وأنا، مستندين إلى معلومات موثوقة وصلت إلينا أخيرًا [...]. فكَّرنا في أنه يجب ألا تكون الرسالة مفتوحة بأي حال، وإنما طلب معلومات توضيحية، وأنه يجب أن يُوقِّع عليها عدد قليل من الكُتَّاب أصدقاء كوبا، والمعروفين جيدًا في كل مكان.
أظن أن الأمور خطيرة إلى حدٍّ لا يمكن لنا معه البقاء صامتين. في شهر يناير (كانون الثاني) سألتقي بكَ في هافانا، من أجل اجتماع المجلة، وربما سنحصل آنذاك على ردٍّ على هذه الرسالة؛ هذا ما أنتظره على أي حال.
بما أنه لا مجال لإضاعة الوقت، فإنني أرجوك أن توقِّع عليها، إذا كنت مُوافقًا، وقِّع على الرسالة والنسخ الأخرى منها [...]. تكمن الفكرة في إرسال النسخة الأصلية إلى فيديل بطريقة رسمية، أي عبر السفارة في باريس مُوجَّهة إلى راؤول روا، أما النسخ فتُرسل إلى هايدي، ودورتيكوس، وسيليا سانتشيث، ويانوسا؛ والهدف من هذه النسخ هو جعل هذه الشخصيات «المفصلية» تعرف مخاوفنا بصورة كافية، والحصول بذلك على ردٍّ، أو تغيير للموقف، حسب مقتضى الحال.
أرجو أن تُوقِّع على الرسائل فورًا، وترسلها إلى غارسيا ماركيز، وهو بدوره سيعيدها إلينا في باريس، ومنها ستخرج إلى هافانا. كنت أرغب، ومعي فوينتس، في أن نرسل إليك نسخة من المسودة كي توافق عليها بصورة مسبقة، لكن الأمر مُلح، ونُقدِّر أنك ستكون موافقًا على صياغة الرسالة، وإذا لم يكن الأمر كذلك، فأخبرنا بالطبع [...].
ولا بد أن تُرسل كل شيء إلى غابو، من أجل كسب الوقت، وهو على علم بالأمر من خلال فوينتس، وسيُعيد إرسال الرسائل إلينا في باريس فورًا (Princeton C.0641, III, Box 6).

الجو يزداد سخونة، ودرجة الحرارة ترتفع، ويُشكِّل المثقفون خط دفاعهم بصورة حاسمة، ويسعون إلى تحديدٍ جيد لكل لاعب في الفريق الذي يرتدي الأخضر الزيتوني: سيليا سانتشيث، إحدى مقاتلات حرب العصابات في السييرا، عشيقة فيديل حتى موتها في 1980، وهايدي، بالطبع، مقاتلة أخرى في حرب العصابات، ومديرة كاسا، ودورتيكوس الذي تولَّى رئاسة كوبا حتى 1976، وغيرهم. وكما يبدو، فإنهم يعتمدون على غابو، الذي لم يذهب إلى كوبا حتى ذلك الحين، ولم يعلن بطريقة حماسية عن التزامه كالآخرين.

بعد عشرة أيام من ذلك، في 13 نوفمبر، يكتب كارلوس فوينتس إلى ماريو من برشلونة، حيث كان مع غابو، وقرأ له رسالة من البيروفي، يتحدث فيها عن كل المشكلات التي تعصف بالواقع الأمريكي اللاتيني، بما في ذلك حرية التعبير للمثقفين في كوبا، وبصورة أكثر تحديدًا، مسألة باديًا. ويراجع فوينتس هذه الموضوعات كلها:

أكتب إليك مدفوعًا بضرورة التواصل - ما تقوله يتفق كثيرًا مع انطباعي عن أن العالم الذي نعيش فيه يصبح في كل يوم أكثر رهبة. إنني آتٍ من مدريد، من رؤية أبي. لا يمكن أن تُقارَن حملة الوشايات في المكسيك إلا بالفترة السوداء في إيطاليا موسوليني. إيلينا غراو، زوجة أوكتافيو باث السابقة، وشت بـ500 مثقف على أنهم «متآمرون ضد النظام»، وبصورة خاصة أنا وفيثنتي روخو، ناشر كتبي في باريس، وعلى أننا «محرضان على العنف». أطلقت استقالة أوكتافيو باث المثالية من منصبه كسفير، بعد مجزرة 2 أكتوبر (تشرين الأول) في ميدان الثقافات الثلاث، ضده الغضب الرهيب للحزب الثوري المؤسساتي (PRI). كان هذا متوقعًا، ولكن ليس أن تقوم ابنة باث تحديدًا بالوشاية والشكوى ضد أوكتافيو في رسالة مفتوحة تتهمه فيها بأنه «سمَّم» جيلًا كاملًا بوعظه وحضه على «كراهية الرب وحب المادة»! [...]. انتقادي للحزب الثوري المؤسساتي (PRI) جرَّ عليَّ حملة تشنيع يقودها سلفادور نوفو (وقد تحوَّل إلى شرطي أدبي للنظام) [...]. وتكتشف مارتا ترابا، وهي في سن اليأس، ميلًا متأخرًا إلى النزعة «القومية»، والمسكين أرغويداس (يا بني: لن تكون كاتبًا جيدًا إلا إذا التهمتك البراغيث، أو رومانسية البؤس) يُبعث إلى الحياة، في هذه المرحلة، وبعد أن بلغت الأمور هذا الحدّ: الخصام بين «النزعة الهندية» و«الكوزموبوليتية». لكن هذا كله كان مُتوقَّعًا، عاجلًا أو آجلًا. ما هو مؤلم، ومؤلم حقًّا، ما يحدث في كوبا. هذا أمر يجعلني بالفعل أشعر باليأس من قناعاتي العميقة، وأقع في أسوأ الابتذالات الرجعية: التاريخ يعيد نفسه، وما التقدم

إلا وهم، والأمم عاجزة عن مغادرة الأرضية الإسفنجية لخرافاتها الأصلية [...]. لقد وشى وندَّد بهيبيرتو بادييًا كلٌّ من: أوتيرو، وغرانما، والأخضر الزيتوني؛ باعتباره معاديًا للثورة، ومُبدِدًا عالميًّا للأرصدة، ولأنه عاش في الولايات المتحدة قبل الثورة (كم من الرؤوس سيسقط إذا كان هذا هو معيار ارتكاب جريمة ضد الثورة). المرعب أنه في أصل ذلك كله جرح غرور أوتيرو: جريمة بادييًا هي أن رواية «هوى أوربينو» لم تُعجبه. أرسلنا برقية إلى كاسا دي لاس أمريكاس مُعربين عن قلقنا. فردَّت هايدي على خوليو: «لا تتجرأوا على الحكم من بعيد. نحن نعرف ما الثورة، وما الثورة المضادة. فأنا، كما قال تشي غيفارا، سأموت من أجل الثورة والمسدس الرشاش في يدي». إنه الهذيان، بلا أي سبب عقلاني. من خلال قضية بادييًا، بالطبع، حددت تلك الصحف الفن الثوري بأنه فن موجه، تمليه السُلطة (Princeton C.0641, III, Box 9).

يبعث الوضع في أمريكا اللاتينية، في نظر فوينتس، على القشعريرة. اليسار منقسم، والمثقفون يقعون في الديماغوجية أو في مواقف غير نزيهة، والنقد وشاية أو اتهامات زائفة، إلخ، تنزلق مثل البارود، إلخ. المشهد قاتم في بلدان كثيرة، لكن الأسوأ من نصيب كوبا. بات من الملاحظ يأس جماعة البُوم فيما يتعلَّق بالضوء الذي رآه كثيرون مع قدوم الثورة. أضف إلى ذلك، وهو الأدهى، تلك الاتهامات التي تنهال على ماريو من كل نوع، لأنه وافق على إعطاء حلقة دراسية في جامعة أمريكية شمالية، وتلقَّى دولارات، سلاح الرأسمالية ضد «الأمريكيين اللاتينيين المُستغَلين». بل إن هناك مشكلة داخلية أخرى: بعض أعضاء جيل البُوم لا يثقون في البعض الآخر. فآنخل راما، على سبيل المثال، يكتب في هذا السياق إلى ماريو، في 4 سبتمبر (أيلول) 1968:

حول موضوع كوبا، لا أدري إذا كان فوينتس وغابو أفضل ضامنين لقلق دقيق مؤيد للثورة الكوبية: كنت سأُفضل أن تُوقِّع عليه أنت وخوليو، وتُفكرا في الجهة التي سيُسلَّم إليها الطلب. ويبدو لي بالطبع أنه من المبالغة إلقاء اللوم على كوبا بسبب تصريحات غييرمو كابريرا المشينة، وهي معهودة من سيدة بدينة وليس من كاتبة. أما بالنسبة إلى هيبيرتو، فأخباري تقول إنه لا مشكلة لديه، وإنها نتائج غير مباشرة لمواقف كابريرا (Princeton C.0641, III, Box 18).

كم هو سهل إلقاء اللوم على كابريرا إنفانتي في الإساءة إلى بادييًا! كان آنخل راما ناقدًا

أدبيًا كبيرًا، وواحدًا من أفضل النقاد الأدبيين في عصره، لكنه يُظهر بوضوح ميله الأيديولوجي على بُعد فراسخ كثيرة. ومن جهة أخرى، فهو يدرك أن غابو وفوينتس لم يكن لهما لدى الكوبيين التقدير الذي لخوليو وماريو، الأكثر التزامًا حتى تلك اللحظة. الواضح أنه لم يكن هناك بين راما وكابريرا إنفانتي أي كيمياء أو فيزياء. فرسالة من ذلك الزمن، أرسلها كالفيرت كايسي إلى كابريرا، تعامل الناقد الأُورُوغْوِياني بازدراء كبير، وهو يعرف أن متلقِّي الرسالة سيكون متفقًا مع التشخيص. وخلال واحدة من رحلات خوليو إلى كوبا، حيث تبيَّن أن التزام الأرجنتيني (كورتاثر) كان كليًا، إلى حدٍّ أنه لم يتوقف عند كثير من لاعقلانيات السياسة الكوبية:

كتب إليَّ خوليو وهو محموم ومنهوك من رحلته إلى كوبا وعودته عن طريق موسكو، مع تكليفه بمهمات التهيئة لمؤتمرات كُتَّاب من العالم الثالث «يريدها كلٌّ من كاسا وفيديل في نهاية العام»، يريد مني أن أذهب إلى باريس لقضاء عطلة نهاية الأسبوع معهم لتبادل الحديث. لن أذهب بالطبع، وإنني أُقدِّر خوليو واحترامه كثيرًا بشأن الذهاب، كيف يمكن له ألَّا يدرك أن رجلًا تحدَّث «طوال تسع ساعات متواصلة» إنما هو مريض بعمق وبصورة لا علاج لها؟ ولكن، كيف تأخرتُ أنا كل تلك السنوات لأُدرك الأمر؟ يمكن فهم ألا يلحظ القميءُ آنخل راما ذلك، أما خوليو... [...].
هناك شيء كان يجعلني أشك في أنه بعد رحلة خوليو تلك إلى الجزيرة، لن يعود بإمكاننا اللقاء، هذا إذا أردنا الحفاظ على الصداقة، وهو ما يحزنني. لا يا ويلي، يجب ألَّا نكون ساذجين، لم يقع في يدي مارثيا والكومبارس: كنت راغبًا جدًّا في ذلك. يا لغرابة النفس الإنسانية، بعض الإذلال القديم، من يدري، لكنه يأتي بدماء وحماسة جديدين من هناك، من تلك الجزيرة المشحونة بالكراهية والعجز (Princeton C.0272, II, A, Box 1).

ومع ذلك، كان هناك شيء يتغيَّر في تلك السنة، وكان ماريو آخذًا في الابتعاد. أولًا، مسألة أموال جائزة رومولو غاييغوس، وبعد ذلك غزو تشيكوسلوفاكيا، الذي سندخل فيه الآن، ثم النقد الذي تلقَّاه لأنه وافق على عقود عمل في الولايات المتحدة، وأخيرًا قضية باديًا، كل ذلك وضع حدًّا لصبر الكاتب البيروفي، الذي يعتبر حرية التعبير هي أهم شيء في الإنسان، والأولوية المتقدمة على «ضرورة» إقامة الاشتراكية. لهذا بدأ، منذ عام 1969، في الابتعاد عن الجزيرة، وابتدأ ذلك بالاستقالة من هيئة تحرير مجلة **كاسا**، وسيُنهي بعد ذلك التزامه مع مجلة ليبري، منجزًا الطلاق مع الكوبيين. تحاول رسالة طويلة جدًّا من خوليو،

في 31 يناير (كانون الثاني) 1969، أن تشرح له كيف يُفسِّرون وجهات نظره في الجزيرة، وكيف يهاجمونه، وكيف حاول أصدقاؤه الدفاع عنه. والآن، يوضِّح له أن سلوكه «وضعنا نحن أصدقاءك في وضع أكثر من مزعج وغير مريح في هافانا». العقبة الأولى:

عندما وصلتُ إلى هناك توقعتُ أن أجدك، وكانت مفاجأتي كبيرة، ليس لأني أدركت غيابك فقط، وإنما كذلك لصمتك العنيد حيال البرقيات المتتالية التي أرسلتها أو كانت ترسلها إليك مجلة كاسا. تتذكَّر أنني نقلت طلبك إلى ربيرتو للحصول على تعليمات حول أفضل طريقة للسفر إلى كوبا. كيف يمكن لي أن أتخيَّل إذن أنك ستتخلَّى في اللحظة الأخيرة عن الذهاب إلى الاجتماع؟ (Princeton C.0641, III, Box 6).

العقبة الثانية، وهي الأكثر أهمية، لأنها تدخل في الموضوعات الساخنة:

لم يكن الاجتماع بلاهة، وأنت تعرف ذلك جيدًا. فحيال أمور مثل: جوائز اتحاد الكُتَّاب والفنانين الكوبيين، والهجمات على باديًا وآروفات، ومقالات مجلة **الأخضر الزيتوني**، وغيرها، من دون احتساب نص الرسالة الموجَّه إلى فيديل، الذي وقَّعتَ عليه معنا، بدا لي، وما زال يبدو، أنه من المُلح أن تترك كل شيء جانبًا لقضاء ثلاثة أيام على الأقل في هافانا. يضاف إلى ذلك ما لم أعرفه إلا عند وصولي: الدهشة والذهول ورد الفعل الذي أثارته مقالتك في مجلة **كاريتاس**. أسارع للقول لك، لا يمكن لأحد أن يناقش حقك في معارضة موقف الاتحاد السوفيتي في تشيكوسلوفاكيا، ولا أحد يجهل أيضًا أنني وقَّعتُ برقيات ورسائل احتجاج، وأنني أمضيت للتوِّ ثمانية أيام في براغ بدعوة من اتحاد الكُتَّاب. ولكن في هافانا، وأظن أنك لم ترَ هذا بشكل جلي، يُفهم أن عباراتك حول موقف فيديل لم تكن مقبولة من شخص - في وجود مشكلات حرجة للثورة (مؤتمر هافانا أولًا، واجتماع المجلة الآن) - ظل غائبًا لأسباب تتعلَّق بالعمل في الحالة الأولى، ومن دون تقديم أي مسوغ في الحالة الثانية (Princeton C.0641, III, Box 6).

حدَّثه بعد ذلك عن فظاعة المناقشات، والبيان الختامي، ومدى انزعاجهم لأنهم أرسلوا إليه تذكرة الطائرة ولم يذهب، وكيف دار همس بأنهم سيطردونه من لجنة المجلة، ولكن بفضل معارضة خوليو الراسخة، ومعارضة آنخل راما الأقل رسوخًا (لكنها معارضة أيضًا)، ومعارضة روكي دالتون، ودافيد بيناس، وآمبروسيو فورنيت، لم يصل الدم إلى النهر، ولم يُحاكم في غيابه. وعلى أي حال، التأنيب الذي أتى تاليًا كان منطقيًا:

من الجلي أنك أهملت نفسك، وإذا كانت لديك أسباب لعدم الذهاب، فقد كان من الضروري جدًّا أن تذكرها بوضوح. يحدث الآن ما هو معهود، فـ«الأمزجة» تضيف غيابك عن المؤتمر الثقافي، ويضيفون إلى هذا الغيابَ الثاني، ومقالتك في ليما، والاستنتاج أمر لا مفر منه. لقد كانت حالتي مشابهة لحالتك، بعد البرقيات التي أرسلناها إلى هايدي، ورسالتي الشخصية إلى باديًا التي كان لها وقع قنبلة في أجواء القرية الصغيرة هذه [...]. لم يكن لـ«غياب»ـك أسباب وجيهة، واحتفظتَ في المقابل بصمت تام عن رسائل متتالية. يجب الأخذ في الاعتبار أجواء التضييق المتواصلة التي يعيشها الكوبيون، وحساسيتهم المفرطة؛ لذا أقول لك إنك أخطأت تكتيكيًّا. كان عليك، إذا كنت لا تريد الذهاب، أن تشرح ذلك بوضوح. كنت ستترك بذلك انطباعًا سيِّئًا، ولكن ما كان يمكن لأحد أن يتخيَّل أنك ستتركهم يسقطون إلى الأبد (Princeton C.0641, III, Box 6).

أخيرًا، يقول له مجيبًا على سؤاله، إنه من المناسب أن يذهب إلى هافانا ويوضِّح موقفه، ويمكن ترتيب كل شيء معهم:

أظن أن الأجواء تحسَّنت، وأن أحداث المدعو باديًا أو آروفات لن تتكرر في الوقت الراهن - يغامر كورتاثر - وبصورة خاصة أن مهمتنا [...] ما زالت ضرورية وذات أهمية. لن أندم أبدًا على الذهاب هذه المرَّة إلى هافانا، على الرغم من أن كبدي تحوَّلت إلى غربال. وسأعاود الذهاب إذا كانت هناك أحداث جديدة، لأن هذه هي، في الوقت الحالي، طريقتي الوحيدة في التعامل مع هذه الثورة التي لا تزال تبدو لي، على الرغم من كل تقلُّباتها، الشيء الوحيد المهم خلال هذه السنوات في أمريكا اللاتينية (Princeton C.0641, III, Box 6).

كان خوليو مخطئًا؛ فموضوع باديًا بدأ وحسب، وسيصل في عام 1971 إلى نقطة شبه كافكاوية، وستكون السنوات الخمس التالية لقضية باديًا أشد السنوات قمعًا ورمادية وبشاعة في تاريخ المثقفين الكوبيين كله، منذ أيام خوسيه ماريا هيريديا وخوسيه مارتي. المثير للفضول أننا في شهري يناير (كانون الثاني) وفبراير (شباط) عام 2007، حين كنا نحضر معرض الكتاب في هافانا، استطعنا أن نعيش مجددًا، على أرض الواقع، الجو الكئيب، وشديد الكثافة إلى حدٍّ يمكن قطعه بسكين، وقد أثار ذلك الجو برنامجٌ تلفزيوني يستذكر تلك السنوات الرمادية الخمس، من 1971 وحتى 1976. بدأ كل شيء في ليلة ملوك المجوس

(ليلة 5-6 يناير (كانون الثاني)، وفيها تُقدَّم الهدايا للأطفال، وهي المناسبة التي تحوَّلت إلى بابا نويل). وبسبب عدم وجود هدايا (لأن ملوك المجوس في كوبا يتقاضون أيضًا أقل من عشرة دولارات شهريًّا، مثل أي ابن جيران ثوري آخر)، أهدت قناة تلفزيون كوبا فيسيون إلى الكوبيين برنامجًا مؤثرًا، مُكرَّسًا لمن تركوا بصمة في الثقافة الكوبية. فأجروا مقابلة مع لويس بافون تامايو، الذي ترأس أيضًا المجلس الوطني للثقافة المرهوب حتى عام 1976 (كتغطية لحملة «مطاردة الساحرات»، أو بتعبير أدق: مطاردة ذوي التفكير الحُر، والمثليين، والكُتَّاب المستقلين، والنقاد، وغيرهم)، وهو المدبر المباشر لعمليات التطهير «الكاستروي-الستاليني»، والسجن، والمنفى القسري. وفي اليوم التالي كانت هناك احتجاجات عامة وخاصة على البرنامج التلفزيوني، من جانب أولئك الذين نجوا من القمع (كثيرون منهم ما عادوا أحياء ليروه). وخلال أيام امتلأ نظام البريد الإلكتروني الكوبي برسائل متبادلة بين كُتَّاب وسياسيين. وأخيرًا، في الأيام الأولى من شهر فبراير (شباط)، كان هناك اجتماع للكُتَّاب والفنانين مع آبيل بريتو، وزير الثقافة الحالي، من أجل معالجة الحَوَل. وهناك أدركنا أن ما عاشه أولئك الكُتَّاب في السبعينيات كان تجربة مؤلمة، كما روى لنا، على سبيل المثال، أنطون آروفات (أحد أكثر من تعرَّضوا للمهانة بسبب خلفياته المثلية، وواقعة نيله الجائزة مع باديّا)، أو خوليو ترافييسو، أو رينالدو غونزاليس.

قام ماريو بردِّ فعل؛ ربما بفضل كلمات خوليو كورتاثر، وقد كانت حانية على الدوام، حتى وهي شديدة الوضوح، وبفضل عدة محادثات مع آنخل راما الذي كان في بويرتو ريكو آنذاك. أرسل ماريو رسالة في الأول من مارس (آذار) 1969، إلى ربيرتو فيرنانديث ريتامار. وبغض النظر عن عدم ارتياحه الذي لا بد أنه صار أكبر، فقد أراد التهدئة، واستعادة الوضع السابق؛ أي الدعم المعلن للمشروع الكوبي. أرسل الرسالة من ريو بيدراس، حيث كان يعطي دروس الفصل الدراسي الشهير عن غارسيا ماركيز. بدأ رسالته بالتعبير عن أسفه لعدم حضوره اجتماع مجلة كاسا، والذي جرى تفسيره بصورة خاطئة على أنه انشقاق. ولكنه لا يقول ذلك بمسكنة الابن الضال العائد إلى الحظيرة، وإنما بالحسم الذي تباهى به على الدوام، وجهًا لوجه وبكل صرامة:

وإن كان صحيحًا أنه لا وجود فيَّ لشيء بطولي، إلا إنه لا مكان لسخرياتك حول عدم قدرتي على «المجازفة والتضحية»، ورفضي «فقدان بضعة أيام من فصلي الدراسي الثاني

كمقيم». أنت تعلم أنني ذهبت إلى هافانا أربع مرّات، اثنتان منها في ظروف أشد مجازفة وتورُّطًا من هذه الحالية - ذهبتُ إلى مؤتمر القارات الثلاث أثناء أزمة الصواريخ - ولم أتوقف قَطُّ عن الإعلان بأقصى قدر من الوضوح عن تضامني مع الثورة الكوبية. فعلتُ ذلك في بلدي، وفي البلدان التي عشت فيها أو مررت بها مرورًا عابرًا. وبينما أنتم تجتمعون، كنت أفعل ذلك في الولايات المتحدة، في اجتماع حاشد، على الرغم من أجواء الترهيب التي أشاعها حضور الكوبيين المعادين للثورة. وفعلت ذلك هنا، في بويرتو ريكو، في الصحافة وفي الجامعة. ولكي أقول ما أفكر فيه عن كوبا تعرضتُ للشتم في أماكن مختلفة، وهأنا أتعرَّض الآن للهجوم هنا، كما يمكنك أن تلاحظ من خلال قصاصات الصحف المرفقة، وقد نُشرت، كسخرية جميلة، في الوقت نفسه تقريبًا الذي كنت أقرأ فيه رسالتك (Princeton C.0641, III, Box 9).

ثم يقول إن ما يحزنه هو أن يُشكِّك هو نفسه [أي ريتامار] في ولائه، وهو ولاء يفخر به، وإذا كان لم يذهب إلى الاجتماع فلأن عليه القيام بأعمال تعاقد عليها، وعندما اتصل بكوبا كي يخبره، كان الاتصال محالًا، بسبب صعوبات التواصل مع الجزيرة من الولايات المتحدة. وقد فاجأه كذلك أنه كان موضوع نقاش في ذلك الاجتماع بسبب مقالته في مجلة كاريتاس، ورحلته إلى الولايات المتحدة الأمريكية. فمقالته في المجلة البيروفية تشير إلى موضوع تشيكوسلوفاكيا. أما بشأن الرحلة إلى الولايات المتحدة الأمريكية، فيؤكد أنه ليس في حالة رفاهية مادية، وأنه يقبل العمل بسبب الحاجة وليس للمتعة، وأن السفر إلى الولايات المتحدة الأمريكية وتلقِّي دولارات أمر مشروع ومباح ما دام لا يتضمن تنازلات أيديولوجية، (وهناك من ناحية أخرى، وهذا أمر لم يقله ماريو، وإنما نقوله نحن لأننا رأيناه: كيف يتصرف ريتامار وآخرون كثيرون من المثقفين السياسيين الكوبيين بلا أي وازع في مناسبات كثيرة؟ وكيف يملأون جيوبهم بالدولار؟). وأخيرًا، يُنهي مُستخلصًا أنه لا ينظر بسوء إلى الكوبيين الذين يفعلون ما يفعله، لأن هناك في الولايات المتحدة أناسًا كثيرين مهتمين بمعرفة المشروع الكوبي من أفواه رجال الثورة بالتحديد، ففي جامعات كثيرة «تُشن معارك حقيقية ضد العدو المشترك»، و«سيكون حافزًا هائلًا لهؤلاء الشباب الذين يخرجون لمواجهة الشرطة مسلحين بصور تشي غيفارا وفيديل» (Princeton C.0641, III, Box 9). ومن أجل التحدث عن ذلك كله يقترح ماريو أن يذهب إلى الجزيرة في شهر يوليو (تموز)، عندما ينهي التزاماته الأكاديمية.

تلقَّى خوليو كورتاثر أيضًا هذه الرسالة، وسارع في الرد عليه، يوم 11 مارس (آذار)، مُقدِّمًا مرَّة أخرى نصائحه. كرر القول له، في البدء، بأنه أساء التصرف بعدم ذهابه إلى كوبا، وعدم إرسال ما يشير إلى أنه على قيد الحياة. بعد ذلك، يرغب في أن تجري دعوته في يوليو (تموز)، على الرغم من أن ماريو متشائم من هذه الناحية. ويكتب خوليو:

> آمل أن تكون مخطئًا، وألَّا يتأكَّد انطباعك بأنهم لن يُوجِّهوا إليك الدعوة للذهاب؛ إذا حدث ذلك - وسوف أُبين الأمر بوضوح لربيرتو - فسيرتكبون خطأ فادحًا؛ ليس لأنك ستُغير موقفك تجاه كوبا لسبب من هذا النوع، وإنما لأن هذه الأساليب لن تؤدي إلا إلى عزلهم أكثر فأكثر. غدًا سيحدث لي ذلك معهم، ولسوف ترى، وعلى الرغم من أنني، أنا أيضًا، لن أتغيَّر في العمق، فإنني سأشعر بتعاسة شديدة حيال مثل هذا الوضع (Princeton C.0641, III, Box 6).

في هذه المرَّة كان كورتاثر نبيًّا في موطنه ولم يخطئ. لكن ما لم يتخيَّله هو أن الضراوة ضد توقيعه على الرسالة الأولى عام 1971 ستكون مزعجة أكثر بكثير مما هي لآخرين غيره من الموقِّعين عليها، إذا ما أُخذ في الاعتبار تواطؤه السابق مع النظام. وأخيرًا كون كورتاثر يختلف بعمق مع ماريو حول موضوع القبول بعقد اتفاق عمل في الولايات المتحدة، فموقفه أشد «كوبية» في هذا المجال.

> بدا لي على الدوام أن توقيع بيان مجلة كاسا السابق، في 66 أو 67، يفرض علينا أخلاقيًّا ألَّا ننخرط في هجرة الأدمغة. أظن لو أنك جئت إلى المؤتمر الثقافي، حيث كان هذا الموضوع أساسيًّا، لما وافقتَ على الذهاب إلى جامعة بولمان. وقبل أيام قليلة أتيحت لي الفرصة لأقول الكلام نفسه لأوكتافيو باث، الذي يذهب إلى بيتسبرغ لمدة ثلاثة أشهر. من جهتي، سأرفض الدعوة إلى جامعة كولومبيا بأدب، ولكن بصورة حازمة، على الرغم من أنني أعرف الكثير عن الظروف الممتازة التي تتوفر هناك لأحدنا كي يقول ما يفكر فيه (مثلما تقوله أنت في جامعتك). ما يجدي اليوم في أمريكا اللاتينية هو القرار المادي بعدم الذهاب؛ ذلك أن قلة في بلداننا يستطيعون معرفة ما إذا كنا نعمل بحُرية في الولايات المتحدة الأمريكية أم لا، لكنهم في المقابل يعرفون المنافع على مختلف الأصعدة التي يمنحها اليانكي لضيوفه الثقافيين، ويستنتجون، كما هو منطقي، أننا نرضخ بطريقة أو بأخرى للضغوط والتملق (Princeton C.0641, III, Box 6).

تحرُّك الدبابات، والمتكلِّمون من بطونهم

في العشرين من أغسطس (آب) 1968، قامت 2300 دبابة و700 طائرة سوفيتية، بغزو براغ، مع 600 ألف جندي، واضعةً بذلك حدًّا لفترة انفتاح ما سُمِّي «ربيع براغ» الذي لم يستمر طويلًا. تظاهر الشعب ضد عودة الستالينية، وسقط عشرات القتلى. ونُقل السلوفاكي دوبتشيك، الذي كان البطل السياسي لذلك «الربيع»، إلى الكرملين، حيث أُجبر على توقيع تعهُّد بالخضوع للنظام الجديد. عند عودته، بين بكائيات عجز وعار، بثَّت الإذاعة خطابًا له يوصي فيه بالاستسلام لتجنُّب حمَّام دم. حيال ذلك الخزي، تعالت أصوات من العالم بأسره ضد السوفييت: الحزبان الشيوعيان الفرنسي والإيطالي، وحزب سانتياغو كاريلو، والباسيوناريا في المنفى، وفي عالم الفكر الأمريكي اللاتيني، تصرف معظم أبطاله بطريقة عقلانية مؤيدة لحرية التشيكيين.

لكن فيديل كاسترو الذي، كما نعلم، ضيَّق الخناق بشكل أكبر في يناير (كانون الثاني) على رقاب الكوبيين في المؤتمر الثقافي، ثم عاقب بعد ذلك باديًّا وآروفات، أيَّد الغزو علنًا، باعتباره حاجة خاصة لبلد يعتمد سياسيًّا واقتصاديًّا على الاتحاد السوفيتي. ولسوء الحظ أن تشي غيفارا لم يعد موجودًا آنذاك لمعارضته. لكن الكتلة الغربية لم تكن كلها ضد الغزو. ففي رسالة من كابريرا إنفانتي إلى نيستور ألميندروس، في 2 أكتوبر (تشرين الأول) 1968، يُثبت كيف أن بعض الصحافة اليسارية، **الليموند**، تعاملت بطيش مع أمرٍ ما كان لها أن تتقبَّله في بلادها:

المثير للفضول أنها تكرر الذرائع السوفيتية نقطة فنقطة حسب ورودها في نشرة الأخبار الروسية التي رأيناها على شاشة التلفزيون في الليلة الماضية، في محاولة شرح مانوية مثيرة للضحك، إن لم تكن مأساوية؛ أن ردَّ الشعب التشيكي على وجود الدبابات والقوات الروسية هو من اختلاق المجرمين البرجوازيين، ولإثبات ذلك يحاولون أن يصوروا في أماكن استراتيجية اثنين أو ثلاثة بؤساء هيبيين رعاع، بشعور طويلة وسراويل ضيقة. إنها الوساوس الناتجة عن الاحتلامات الليلية لبريجنيف وفيديل اللذين يجب عليهما أن يحلما كل ليلة بأنهما محاصران من قِبل غوغاء هيبيين، في استنساخ لآلان جينسبيرغ، ويريدان النوم في سرير الحد الأقصى. يا للفرنسيين المساكين، العالقين على الدوام بين أكاذيب اليمين الديغولي وتطهير الليموند اليساري وسارتر وآخرين (Princeton C.0272, II, Box 1).

وتروي لنا سوليداد ميندوسا أنها في يوم الغزو بالتحديد كانت في براغ، في اجتماع للشبيبة الشيوعية، وقد جرى إخلاؤهم جميعًا على الفور. ذهبت هي إلى باريس لتلتقي بكارلوس فوينتس، وكان يعيش آنذاك لبضعة أشهر في شقة كاتب أمريكي، وسط جزيرة سان لويس، وأراها الترف الذي يمكن له، بمحض الصدفة، أن يعيش فيه أثناء تلك الشهور، مع حمَّام، على سبيل المثال، صنابير الماء فيه من الذهب. وسيكون فوينتس ناقدًا كذلك للغزو السوفيتي، أما غابو وماريو ففعلا ذلك بطريقة أشد حزمًا. فالكاتب المكسيكي في كتابه حول الرواية الهيسبانوأمريكية الجديدة، يتحدث عن رحلة مميزة جدًّا:

> عندما قمنا، في ديسمبر (كانون الأول) 1968، بزيارة تشيكوسلوفاكيا (خوليو كورتاثر، وغابرييل غارسيا ماركيز وأنا)، استطعنا أن نلحظ الحاجة العميقة للديمقراطية الكاملة في تشيكوسلوفاكيا، والوظيفة الدقيقة والحُرة للكلمة في نظام كان، لأول مرَّة، على وشك أن يُحقِّق حلم الماركسية الكبير. وباسم الشيوعية، حاولت البيروقراطية والجيش الروسي اغتيال ذلك الحلم، إنها جريمة، ومأساة (Fuentes 1972: 92).

لكن أفضل من يروي عن تلك الرحلة هو غابو، عبر تكريمه لخوليو كورتاثر في مقالته «الأرجنتيني الذي جعل نفسه محبوبًا من الجميع». لقد ذهبوا في القطار من باريس، إذ إن الثلاثة كانوا «متضامنين» في خوفهم من السفر بالطائرة. وعند حلول موعد النوم، خطر لكارلوس فوينتس أن يسأل متى وكيف ومن خلال مَنْ أُدخل البيانو في موسيقى الجاز. ويُسجِّل غابو:

> كان السؤال عارضًا، ولا يهدف إلى ما هو أكثر من معرفة تاريخ محدَّد واسم شخص، لكن الردَّ جاء محاضرة أستاذية مبهرة امتدت حتى الفجر، مع كؤوس بيرة هائلة الحجم، ومقانق مع بطاطا مجمدة. فكورتاثر الذي يعرف كيف يقيس كلماته جيدًا، قدَّم لنا عرضًا تاريخيًّا وجماليًّا ضليعًا، وبتبسُّط يكاد يكون غير معقول، بلغ منتهاه مع أول الأنوار في دفاع هوميري عن ثالونيوس مونك، فخوليو لا يتكلم فقط بصوت عميق كأنه صوت أرغن براءات متجرجرة، وإنما يتكلم كذلك بيديه كبيرتي العِظام، لا أتذكر يدين أخريين تعبيريتين مثلهما. لا كارلوس فوينتس ولا أنا يمكن لنا نسيان ذهول تلك الليلة التي لا يمكن أن تتكرر (García Márquez 1991: 517).

وبالعودة إلى موضوعنا، فإن رأيه حول ما يحدث في براغ كان ناقدًا جدًّا:

في سبتمبر (أيلول) 1968، فتحتُ وأنا نصف نائم جهاز المذياع الموجود فوق المنضدة الصغيرة المجاورة للسرير، كما لو أنني أفعل ذلك استجابةً لنبوءة، وسمعتُ الخبر: قوات حلف فرصوفيا تدخل إلى تشيكوسلوفاكيا. ردُّ فعلي، مثلما أفكر الآن، كان الردَّ الصحيح: كتبتُ مقالة رفض وتنديد بذلك القطع الفظ لمحاولة تحرر تستحق مصيرًا أفضل (García Márquez 1991: 206).

في يونيو (حزيران) 2008، حالفنا الحظ بإجراء مقابلة مع تيودورو بيتكوف، زعيم حركة ماس الفنزويلية، وصديق غابو منذ بداية السبعينيات، وهو يدير اليوم جريدة تنتقد حكومة تشافيس. صدرت مطبوعة **تال-كوال** ليوم 5 يونيو (حزيران) 2008 وعلى غلافها صورة مكبرة من فيلم **حياة الآخرين**، الحاصل على أوسكار أفضل فيلم أجنبي لعام 2006، حيث يظهر أولريش موه وهو يضع على أذنيه جهاز التنصت للاستماع إلى ما يُقال في بيت الكاتب المتهم بالتجسُّس. والتعليق مرتبط بـ«قانون التخابر» الجديد الذي أقره تشافيس، وهو لا يسمح فقط بالتنصت والوشاية مع الحفاظ على سرية المصدر، وإنما سيتوج كذلك بالتعاقد مع عدد وفير من الموظفين المكلَّفين بالسهر على «نقاء الفكر والتعبير» لدى الفنزويليين في كل ما يتعلَّق بالحكومة وبـ«تلميذ كاسترو المتدرب». الواقع أن تعليق الغلاف يسخر من عرض افتتاح الفيلم في كوبا، حيث كان كثيرون يعلقون، وهم خارجون من صالة عرض الفيلم، بأن العنوان يجب ألَّا يكون «حياة الآخرين»، وإنما «حياتنا نحن». وفضلًا عن أن بيتكوف شخص ناقد لتشافيس، وشيوعي راسخ المعتقد، فهو رجل نزيه، فبعد أن دخل السجن في الستينيات بسبب نشاطات ثورية عُنفية، توصَّل إلى أن الطريق يجب أن يكون غير ذلك، فانشق عن الحزب الشيوعي ليؤسس حركة «ماس» (الحركة نحو الاشتراكية)، وعرف أن الطريقة الوحيدة للتوصل إلى انتصار الشيوعية هي من خلال لعبة الديمقراطية النظيفة.

وقد روى لنا الصحفي السياسي الفنزويلي أنه في بداية صداقته لغابو حدثت قضية تشيكوسلوفاكيا. وكان هو نفسه قد نشر كتابًا بعد الأحداث المشؤومة بعنوان «تشيكوسلوفاكيا، الاشتراكية كمشكلة»، فقوبل باللعن والحرمان من قِبل زملائه السابقين في الحزب الشيوعي ومن السوفييت أنفسهم؛ حيث انتقد في الكتاب الخيار الروسي، وأعلن مناصرته لاشتراكية ديمقراطية وحرة. وبينما الأمور على هذه الحال، تلقَّى في عام 1970 رسالة أوصلتها إليه سوليداد ميندوسا، من كاتب كولومبي، سبق أن قرأ بيتكوف أعماله في السجن، يقول له إنه التهم كتابه التهامًا، وإنه يتفق معه بصورة مطلقة، وإنهما سيلتقيان قريبًا في كاراكاس. تلقَّى

بيتكوف بلا سابق إشعار زيارة الكاتب الفنزويلي ميغيل أوتيرو سيلفا، وكان يرافقه رجل بشارب عريض قال إنه يُدعى غابرييل غارسيا ماركيز، وقد تحولا منذ تلك اللحظة إلى صديقين حميمين. أبدى غارسيا ماركيز اهتمامًا كبيرًا بحركة «ماس» ومؤسسها، وقال إنها الحزب الوحيد الذي يمكنه النضال في صفوفه، ووصل به الأمر إلى حدٍّ أن قدَّم إلى بيتكوف النقود التي تلقَّاها من جائزة رومولو غاييغوس، عام 1972، كي يؤسس جريدة الحزب: **بونتو**. وفي محادثة بينهما في مارس (آذار) 2008، قال غابو لبيتكوف إن كارلوس آندريس بيريث، رئيس فنزويلا السابق، يعكف على كتابة مذكراته، وإنه طلب من غابو أن يساعده في استعادة وترميم بعض اللحظات من سنوات السبعينيات. عندئذ ذكَّر بيتكوف غابو بأنه نال جائزة رومولو غاييغوس في 1972.

مازحه غابو:

- آه، أنا نلتها؟ لا أتذكَّر ذلك.

- نعم، وقدَّمتَ لنا النقود، بدلًا من أن تشتري يختًا.

يواصل غابو، مُستفزًّا:

- حقًّا؟ ومَن نال الجائزة أيضًا؟

يجاريه تيودورو:

- نالها صديقك ماريو.

- آي، يا للعجب...

كانت تصريحات غابو حول الغزو حاسمة، فيُصرِّح لبلينيو آ. ميندوسا:

> بالنسبة إليَّ شعرت بالعالم ينهار فوقي، ولكنني أفكر الآن في أننا جميعًا في هذه الحال: التأكد، من دون أي ظلال، أننا بين إمبرياليتين متماثلتين في القسوة والنهم، ويمكن لهذا، بطريقة ما، أن يكون تحريرًا للوعي (Mendoza 1984: 112).

ويتحدث غابو كذلك عن اختلافه في الرأي مع فيديل كاسترو، وأنه يحاول أن يفهمه من دون أن يشاركه في آرائه:

> [موقفي] كان مُعلنًا ومُعارضًا، وسيعود ليكون نفسه إذا ما تكررت الأمور نفسها. الفرق الوحيد بين موقفي وموقف فيديل كاسترو (يجب ألَّا يتفق الرأيان دومًا على كل شيء)،

هو المصطلح المستخدم لتبرير التدخل السوفيتي، وأنا لن أفعل ذلك أبدًا. ولكن التحليل الذي قدَّمه فيديل في خطابه حول الوضع الداخلي للديمقراطيات الشعبية بدا أكثر نقدية ودرامية مما فعلته أنا في المقالات عن رحلتي التي تحدثنا عنها قبل لحظات. فمصير أمريكا اللاتينية، على أي حال، لم يتقرَّر، ولن يتقرَّر في هنغاريا أو بولونيا أو تشيكوسلوفاكيا، وإنما في أمريكا اللاتينية. وما سوى ذلك ليس إلا تهويمات أوروبية، لا تفلت منها بعض أسئلتك السياسية (Mendoza 1984: 127).

مما لا شك فيه أن ماريو بارغاس يوسا هو مَن استنكر بحزم تلك النهاية التي آل إليها ربيع براغ بواسطة الدبابات السوفيتية. ففي مقال بمجلة كاريتاس البيروفية، العدد رقم 381، بتاريخ 26 سبتمبر (أيلول) 1968، بعنوان «الاشتراكية ودباباتها»، يهاجم عملية الغزو قائلًا إنها «تُشكِّل إهانة لوطن لينين، وحماقة سياسية ذات أبعاد كبيرة، وضررًا لا سبيل إلى إصلاحه لقضية الاشتراكية في العالم». ومثلما رأينا، قام ريتامار بانتقاده علنًا وبصورة خاصة، لا سيما في الرسالة الموجَّهة إليه في 18 يناير (كانون الثاني) 1969، حيث تظهر جميع الموضوعات، التي سيدافع ماريو عنها فيما بعد في رسالته بتاريخ الأول من مارس (آذار) من السنة المذكورة نفسها. ألقى ريتامار في وجه ماريو مباشرة «إدانة السياسة الخارجية للثورة في مجلة كاريتاس عدد 26 سبتمبر (أيلول) 1968» (Princeton C.0641 III, Box 9). وكان رد ماريو حول هذا الأمر، في رسالة الأول من مارس (آذار) أكثر بلاغة:

لا يعني الاختلاف مع الموقف الذي اتخذه فيديل في مسألة تشيكوسلوفاكيا، بأي حال، الانتقال إلى فريق أعداء كوبا، كما أنه ليس أيضًا إرسال برقية تعبير عن رأي في قضية ثقافية للثورة. ارتباطي بكوبا عميق جدًّا، لكنه لم يكن، ولن يكون، ارتباطًا غير مشروط يتبنى بطريقة آلية جميع المواقف التي تتخذها السُلطة الثورية في كل القضايا. هذا النوع من الارتباط، حتى من موظف، يبدو لي مؤسفًا، ولا يمكن فهمه من كاتب، لأن الكاتب الذي يتخلَّى عن التفكير بنفسه ولحسابه، كما تعرف، ويختلف في الرأي، ويُعبِّر عن رأيه بصوت عالٍ، يتخلَّى عن كونه كاتبًا، ويكون مُتكلِّمًا من بطنه. فمع الاحترام الهائل الذي أكنه لفيديل ولما يمثله، ما زلت أشعر بالأسف لدعمه التدخل السوفيتي في تشيكوسلوفاكيا، لأنني أعتقد أن هذا التدخل لم يقضِ على ثورة مضادة، وإنما على حركة دمقرطةٍ لاشتراكية بلد يتطلَّع إلى أن يفعل من نفسه شيئًا مشابهًا، بالضبط، لما فعلته كوبا بنفسها. إنني أتقبَّل حقك في تسمية احتجاجي بـ«المضحك»

و«اللعبة اللفظية»، ولكنني لا أفهم في المقابل لماذا تستنتج من واقع أنني عبَّرت عن هذا الرأي، أنني أُلقي ورقة «حراسة ثورات الكوكب» و«محاكمة الثورات». لا شيء من هذا، فأنا لستُ سياسيًّا، وإنما كاتب لديه وعي كامل بالتأثير الضئيل الذي يمكن أن يكون لآرائه السياسية الشخصية، ولكنه يطالب بحقه في التعبير بحُرية (Princeton C.0641, III, Box 9).

يا للطريقة غير المباشرة، وشديدة الوضوح، التي أطلق بها ماريو تسمية موظف بلا رأي خاص ومتكلِّم من بطنه على ريتامار! لم يكن الأمر قليلًا، فتحرُّك الدبابات لم يكن له أي مغزى، إلا تحت فكرة الإمبريالية التي أوصلها غابو إلى الثنائية في مقابلته الذكية مع بلينيو. كان الاستياء شاملًا، ولكن بارغاس يوسا وحده كان الهدف الذي انصب عليه غضب الجميع تقريبًا، وعلى كورتاثر في إحدى اللحظات أيضًا. أما فوينتس فلم يكن ضرسه قد تورَّم بعد. ففي رسالة من خوسيه ميغيل أوبييدو إلى ماريو، في 5 أبريل (نيسان) 1970، يبدو الوضع شبه دراماتيكي:

هذا هو الجزء الحاد من رسالتك. علمتُ أنك تكلَّمت في الهاتف إلى لوتشو لتطلب منه بعض المقالات التي تلفت الانتباه إلى ما كان يحدث بينك وبين الكوبيين: تشيكوسلوفاكيا والنفي. بينما كنت أقرأ في مجلة مارتشا سهام كوياثوس المسمومة (وهذا كُويتب يُتقن دوره باسم متبدِّل) ضد خوليو، حيث قام، بمشقة وبكثير من الإسهاب، بالردِّ في عددين متتاليين من المجلة الأسبوعية. وفي ردِّه الجديد على كورتاثر، يضعك كوياثوس في وضع سيِّئ جدًّا. لا أدري إذا ما كان المسار تواصل بعد ذلك (هنا لا يعلم أحدنا أي شيء)، وإذا ما كنت نلت جدارة الشرف بصفحة منفصلة. وقد قرأت كذلك مقالة دالتون المفقودة والستالينية حول المقالة في مجلة بيسيون، والتي نُشرت في **كاسا**، حيث تسقط هديته على الجميع. ما الذي يحدث؟ لماذا كل هذه الحدَّة مع الروائيين، وبصورة خاصة معكما، أنت وكورتاثر؟ (لأنهم، على ما أظن، تركوا فوينتس يستريح، وشنوا الهجوم الآن على أصدقائه المباشرين). لا أفهم شيئًا مما يحدث. أيزعجهم النجاح، أم المنفى؟ [...]. يبدو لي من العدل تمامًا أن تدافع عن نفسك، وأنتظر أن أرى ردَّك في مجلة **مارتشا**. ما لا أُوصيك به هو إرسال رسالة استقالة إلى هايدي، على الأقل قبل حصولك على «إشعار الاستلام» الأخير من الكوبيين. انظر، من الصعب أن أشرح لك أسبابي، لكنني أظن أن إقدامك على ذلك

سيكون أشبه بإثبات أنهم على حق، وجعلهم يفكرون (ويقولون): «ما كان يسعى إليه هذا الشخص هو الاستقالة، وقطع علاقته بكوبا، وهو ما أعلنَّاه عبر مقالات الرفيق كوياثوس». لا تمنحهم هذه المتعة. ما ينتظرونه هو استقالتك. خَوزِق حياتهم إذن. ابق ضمن السياق إلى أن يطردوك، إذا كانوا يستطيعون ذلك ويتجرأون عليه (Princeton C0641, III, Box 16).

بدأت جماعة **البُوم** وكوبا برمي الشرر من كل الجهات. لا يمكن أن يكون المصطلح سوى: الحرب. **بُوم البُوم**، ومع ذلك، لن يصل الأمر حتى عام 1971، مع الجولة الأخيرة لقضية باديّا (أو كابوس باديّا). في أثناء ذلك، في تلك السنة بالتحديد، تبادل مَن صاروا أصدقاءً أفكارًا لمبادرة طموحة جدًّا، كيف لا وهي مبادرة كارلوس فوينتس، المتحمّس، والدبلوماسي، ورجل العلاقات العامة، والمُفَاوِض، وصاحب الأنف المتخصص في النجاح.

لعبة أن يكونوا آلهة مع الآلهة

مَن ذا الذي لا يروق له أن يتزاحم مع مَن هم في الأعلى، والتشبه بمَن يملكون السُّلطة، وتفحُّصهم عن كثب، وفهمهم، وحتى تقليدهم ومحاكاتهم؟ لقد فعل غابو ذلك منذ صار، في عام 1975، صديقًا لأوسعهم سُلطة على الإطلاق: فيديل كاسترو. ولكن قبل عشر سنوات من ذلك تقريبًا، عندما لم تكن رائحة باديّا تزكم الأنوف في القارة، أما دخان الدبابات الروسية فنعم، كان يزكم الأنوف؛ أرادت جماعة البُوم أيضًا أن تلعب لعبة المعارك، ولكن باستخدام ريشة الكتابة بدلًا من الأسلحة القاتلة. لا يمكن أن تُقارَن تقاليد الدكتاتوريين الأمريكيين اللاتينيين إلا بالتقاليد الموسيقية، وعبادة المقدس والماوراء أو اللغة الإسبانية نفسها. الفرق الوحيد أن المعارك الأخرى ممتعة ولطيفة، بينما عادة الدكتاتوريات وبيلة، وقد ألحقت ضررًا كبيرًا بملايين الأشخاص خلال قرنين من الاستقلال. ولإيراد مثال على ذلك، تبدو حالة كوبا هي الأكثر حزنًا، بعد أربعمئة عام تحت النير الإسباني (على حدِّ قول مارتي)، ومئة وثلاثة عشر عامًا من الجمهورية التي حكمها ثلاثة دكتاتوريين بلا انقطاع تقريبًا، منذ عشرينيات القرن العشرين: ماتشادو (1925–1933)، وباتيستا (1952–1958)، والأخوان كاسترو (1959– نهاية الأزمنة)، وقد أكملا بزهو شديد 56 عامًا في السُّلطة.

ولكن لم يكن الكوبيون وحدهم هم الزعماء البارزون الذين عرفتهم أمريكا اللاتينية خلال مئتي عام من الاستقلال؛ إذ يبدأ الأمر بشخصيات مثل: موكتيزوما[1]، وخوان مانويل روساس، ولا بد من الإشارة إلى حدس خوان بيثنتي غوميث الذي كان نافذ البصيرة أكثر بكثير من القدرات التنبؤية لكلٍّ من - كما يقول غارسيا ماركيز - «الدكتور دوفاليه، في هايتي، الذي أباد الكلاب السوداء في البلاد، لأن واحدًا من خصومه، في محاولته الهروب من ملاحقة الطاغية له، خرج من حالته البشرية وتحوَّل إلى كلب أسود. والدكتور فرانثيا الذي كانت سُمعته كفيلسوف واسعة جدًّا إلى حدٍّ استحق معه دراسة كتبها عنه توماس كارليل، والذي أغلق جمهورية الباراغواي كما لو أنها بيت، ولم يترك سوى نافذة واحدة مفتوحة كي يدخل منها البريد. والدكتاتور أنطونيو لوبيث دي سانتانا الذي دفن ساقه في مأتم مهيب. ويد لوبي دي أغيري التي أبحرت نزولًا مع مجرى النهر طوال عدة أيام، ومن رأوا مرورها كانوا يرتجفون خوفًا، معتقدين أن تلك اليد القاتلة، حتى وهي في تلك الحال، يمكن لها أن تشهر خنجرًا. وأنستاسيو سوموزا في نيكاراغوا، الذي جعل في فناء بيته حديقة حيوان أقفاصها مُقسَّمة إلى قسمين: في أحدهما يحبس الضواري، وفي الآخر المفصول بشبكة حديدية، يحبس خصومه السياسيين. ومارتينيس، دكتاتور السلفادور، الحكيم الإلهي الذي أمر بأن تغلَّف جميع مصابيح الإنارة العامة في البلاد بورق أحمر، من أجل مكافحة جائحة حصبة، واخترع بندولًا يضعه فوق المأكولات قبل أن يتناولها، كي يتأكَّد من أنها غير مسمومة» (García Márquez 1991: 121).

وأخيرًا، يمكن لنا أن نضيف إلى هذه القائمة: ميلاغريخو في بوليفيا، أو تروخييو في جمهورية الدومينيكان، أو بورفيريو دياث في المكسيك، أو إسترادا كابريرا في غواتيمالا، أو أوسكار بينابيديس في البيرو، أو ماكسيميليانو هيرنانديث في السلفادور، هذا يعني بطاركة الفصول الأربعة. وبمثل هذه المادة، ليس مستغربًا أن يتمكَّن غابو من كتابة عمل عظيم مثل **خريف البطريرك**، الذي يحاول أن يكون صورة تحاكيهم جميعًا. ومن يدري إذا ما كانت فكرة كارلوس فوينتس، في عام 1967، قد أثَّرت في الكولومبي ليكتب عمله البارع. ففي 22 فبراير (شباط) 1967، يرسل فوينتس رسالة إلى بارغاس يوسا يعترف له فيها:

---

(1) «موكتيزوما شوكويوتسن» (Moctezuma Xocoyotzin): حاكم تينوتشتيتلان (المكسيك الحالية وأجزاء من أمريكا الوسطى). كان الحاكم المطلق لشعب الآزتيك عند وصول الفاتح الإسباني هيرنان كورتيس إلى تلك الأراضي عام 1520.

ظللت أُقلِّب الفكرة منذ تحدَّثنا في تلك الأمسية، في «لو سيرف فولانت» عن إدموند ويلسون و«البطريرك غور». وحول كتاب جماعي عن هذا الأمر، تحدثتُ في الليلة الماضية مع خورخي إدواردز، واقترحت عليه ما يلي: مجلد يمكن أن يكون بعنوان: «البطريركات»، أو «آباء الأوطان»، أو «الفادون»، أو «المُنْعِمون»، أو شيء من هذا القبيل. وتتمثَّل الفكرة في كتابة قصة سوداء عن قارتنا الأمريكية الجنوبية: تدنيس للمدنِّسين، يكتب فيها، على سبيل المثال، خورخي إدواردز عن بالماسيدا، وكورتاثر عن روساس، وآمادو عن المدعو بارغاس، وروا باستوس عن الجنرال فرانثيا، وغارسيا ماركيز عن غوميث، وكاربينتير عن باتيستا، وأنا عن سانتا آنا، وأنت عن أغوسطو ليغيا... أو غيره من رجالات البيرو. ما رأيك؟ المشروع يحتاج إلى صقل بالطبع، ولكن يمكن أن نبدأ أنا وأنت وخورخي في تبادل الرسائل. خورخي متحمس جدًّا للفكرة، ونقترحها على أليخو [كاربينتير]، وخوليو [كورتاثر]، وأغوستو [روا باستوس]، وجورج آمادو [...]. كُن واثقًا من أن الكتاب الذي سيتشكَّل سيكون أحد أكبر النجاحات في التاريخ الأدبي لأمريكا اللاتينية [...]. لن أتحدث عن القيم الأدبية، كما أن زاوية الرؤية الشخصية لكلٍّ منا ستكون عنصر افتتان [...]. سترى كم أنا مفتون بالفكرة، ولأكثر من سبب. فجماعة غاليمار، عند عودتهم من تونس، حدثوني عن الحماسة التي يتحدث بها النقاد من مناطق لغوية مختلفة عن الجماعة الأمريكية اللاتينية. ويبدو لي إبراز هذا الجانب الجماعي، ومهمة الجماعة، مهمًّا جدًّا للمستقبل (Princeton C.0641, III, Box 9).

يعود فوينتس في شهر مايو (أيار) للحديث مع خورخي إدواردز حول الموضوع. يبدو لي أن الأمر واضح جدًّا لديه، وهو يفكر في أنه سيكون كتاب **البُوم** فعلًا. ما لم يكن يعرفه المكسيكي فوينتس أن كتاب **البُوم** الحقيقي كان على وشك الصدور مطبوعًا في الأرجنتين، والمؤسف بالنسبة إليه أن الفكرة والتنفيذ لم يكونا من بنات أفكاره. ومع ذلك، فإن المثير للذهول هو عناد فوينتس وإلحاحه على الجماعة كلها لتحقيق ذلك العمل الفسيح. يكتب إدواردز إلى ماريو:

حدَّثني كارلوس فوينتس هنا عن رسالة أرسلها إليَّ في تشيلي بشأن الكتاب حول الدكتاتوريين. لم أتلقَّ تلك الرسالة قَطُّ. ربما أجدها هناك عند عودتي إلى تشيلي. وقد لفتُّ انتباه فوينتس إلى أن حالة الرئيس بالماسيدا مختلفة جدًّا عن حالة ميلغاريخو أو سانتانا؛ لأن بالماسيدا كان الرئيس الأكثر تقدمية في القرن التاسع عشر التشيلي [...].

رأيت الآن كتابًا عن «دكتاتوريين أمريكيين لاتينيين»، يتحدث في فصول حول ماتشادو، وسوموزا، وغوميث، وغيرهم، وإلى جانب هؤلاء الأشرار، يذكر بالماسيدا على أنه واحد منهم (Princeton C.0641, III, Box 8).

لكن كارلوس فوينتس يعود للهجوم في يوليو (تموز)، ويكتب إلى ماريو بتأثُّر شديد حول احتمالات الموضوع والاتصالات والإجراءات المتخذة، إلى جانب تعليقات الأشخاص المشاركين. الرسالة إلى ماريو مؤرخة في 5 يوليو (تموز) 1967، وهي مُرسلة من فينيسيا:

العزيز جدًّا ماريو:

عُدت في هذا الصباح من باريس، مُثقلًا بعض الشيء من العمل (سيُعجبك الفيلم الذي أنجزته مع رايشنباخ جدًّا: إنه الدليل على المعاصرة المطلقة «للبدائيين» الأمريكيين اللاتينيين؛ صححت ترجمة كتاب الروايات القصيرة الذي ستنشره غاليمار في يناير (كانون الثاني)، إلخ)، لكنني لا أريد أن يمر يوم من دون أن أُبقيك على اطلاع على مشروعنا. سينضم خوليو بحماسة كبيرة: نصٌّ من عشرين صفحة يتحدث تلميحًا إلى جثة إيفا بيرون. أما من انتشى فرحًا وحماسة للفكرة فهو كاربينتير؛ وقد اختار الكتابة عن ماتشادو، مع مقطع نهائي يُدخل فيه الرقيب باتيستا إلى المشهد؛ يقولون لي في غاليمار إنه يتصل كل يوم للحديث عن الفكرة ودفعها قُدمًا، وهو يتصل بي كل يومين أو ثلاثة أيام كي يُعبِّر لي مُجددًا عن افتتانه. لم أره قَطُّ بمثل هذه الحال. وهو يرى أن العمل سيكون أحد الكتب الرئيسية في أدبنا، وقد منحته موافقتي له في هذا الرأي. سيكتب ميغيل أوتيرو سيلفا عن خوان بيثنتي غوميث (وجدت ميغيل في غرفة نيرودا، ووجَّه لي دعوة إلى كاراكاس؛ لكن فوبيا الطيران تمنعني من الذهاب). وقد انضم إلى المشروع أيضًا الروائي روا باستوس، وسيتناول الدكتاتور فرانثيا وبحماسة مشابهة. أي أن مشروعنا، عمليًّا، يمضي قُدمًا. سيتناول غارسيا ماركيز دكتاتورًا كولومبيًّا. وخوليو وأليخو موافقان على أن تكون الطباعة في مكسيكو، فإسبانيا أو الأرجنتين ستكونان مكانين خطيرين لكتاب من هذا النوع [...]. هناك فجوات حساسة. إسترادا، ميلغاريخو، روساس، بورفيريو دياث، وهناك بصورة خاصة بعض الدكتاتوريين المعاصرين والمحدثين مثل تروخييو.

لسوء الحظ أن هذه المبادرة لم تُنجز قَطُّ. لقد تتبعنا أثر مراسلات أبطالها التالية، ولكن الأثر يضيع في عام 1968. لم يصدر الكتاب قَطُّ بالطبع، لأنه لو صدر لعرفنا بالتأكيد، مع

كثرة البطريركات الذين يجولون، وكثرة مكونات البُوم التي تطل من حسابات التحقيق، والماكيت، والتسويق، والسيناريو، والإخراج. وهذا لا يعني أن الكُتَّاب لم يجربوا، بصورة فردية، تقديم مساهمة حول الموضوع؛ فميغيل آنخل أستورياس كان قد نشر، في منتصف القرن، رواية **السيد الرئيس**، كما أن روا باستوس وأليخو كاربينتير وغارسيا ماركيز، ربما بدافعٍ من الفكرة التي أطلقها المكسيكي، نشروا: **أنا الأعلى** (1974)، و**ملاذ المنهج** (1974)، و**خريف البطريرك** (1975)، في تواريخ متقاربة. ونعرف كذلك أن **حفلة التيس** لماريو بارغاس يوسا، التي نُشرت في مطلع القرن الحادي والعشرين، كانت أصولها في رحلة قام بها في مطلع السبعينيات إلى جمهورية الدومينيكان، وتوالت منذ ذلك الحين رحلات عديدة إلى الجزيرة للبحث والتحري، وإجراء مقابلات، ومعرفة شخصيات لعبت أدوار بطولة، وأمكنة، وزيارة صحف، ووثائق أرشيف، ومكتبات، كي يضيف حبة رمله الخاصة. الموضوع جدير بذلك كله، والقصة أيضًا. والمثير للفضول أن الوحيد الذي لم يُكرِّس عملًا روائيًّا عن الدكتاتورية هو كارلوس فوينتس، مع أن قصة قصيرة مثل «بيت محتل» لكورتاثر فُسرت على أنها انتقاد للرقابة المفرطة من جانب حكومة بيرون المتسلِّطة.

8

عندما صار البُوم «بُومًا»: قضية باديًا[1]

(الجزء الثاني: السجن، الرسالة الأولى، ردود أفعال 1971)

بدا أن الدخان انخفض، وأن رائحة الرقابة الكريهة على باديًا وآروفات صارت أمرًا من التاريخ، وأن ما جرى في تشيكوسلوفاكيا بقي في قرن سابق، وأن البيت عاد ينعم بشيء من السلام، بعد تشنجات مؤتمر 68 وانحسار مدِّ الـ69، على الرغم من أن المشكلات مع مجلتي ليبري وموندو نويفو سوف تفرض، من جديد، غمامة على مشهد السبعينيات. لقد أُعيد تأهيل باديًا، وبعد سنة من البطالة وعدم العمل، كتب رسالة شخصية إلى فيديل كاسترو، كُلِّي القدرة. وفي اليوم التالي تلقَّى ردًّا، وتُرك له أن يختار العمل الذي يرغب فيه في جامعة هافانا (Gilman 2003: 235). واصلت صورته الصعود: في 1969 كان عضوًا في لجنة تحكيم جائزة دافيد، ونشر بعض القصائد في مجلة **أونيون**، وقرأ كذلك، في مقر اتحاد الكُتَّاب والفنانين الكوبيين، كتابه **استفزازات**، مُحققًا نجاحًا كبيرًا لدى الجمهور والنقاد.

لكن سرعان ما جاء الجزء الثاني من كابوس باديًا؛ ففي العشرين من مارس (آذار) 1971، اعتُقل الشاعر وزوجته بلقيس كروث ماليه، بوصفه شاعرًا احتجاجيًّا يُمارِس «نشاطات هدَّامة». لم تمكث زوجته سوى يومين في السجن، أما هو فأمضى ثمانية وثلاثين يومًا وراء القضبان. اشتعلت في تلك الأثناء احتجاجات دولية كثيرة (أما المحلية فكان يمكن لها أن تُوصل عظام أي مُحتجٍّ إلى السجن). وعلى الفور بدأ الحديث عن «ستالينية» النظام الكوبي. وسحب الكثيرون من كُتَّاب **البُوم** والمثقفين من كل البلدان والأمكنة، بصورة فورية وصاعقة، دعمهم للدكتاتورية بسبب ذلك الحدث، مثل: كارلوس فوينتس، وماريو بارغاس يوسا، وخوان غويتيسولو، وبلينيو أبوليو ميندوسا، وأوكتافيو باث، وجان بول سارتر، وكارلوس فرانكي (وهذا الأخير أحد أبطال سييرا مايسترا)، وغيرهم.

---

(1) يستخدم في العنوان لعبة لفظية، فيُدخل بين حروف اسم «باديًا» حرفين بين قوسين: «el caso P(es)adilla»، فتتحول العبارة من «قضية باديًا» إلى «قضية كابوس باديًا».

وفور حدوث الاعتقال، تضامن أعضاء «الفريق» الآخرون مُجدَّدًا مع لاعب قلب الهجوم المقبوض عليه «خارج اللعبة». ويكتب غويتيسولو:

> حَدَّد لي مؤلف «لعبة الحجلة» موعدًا في مسكنه بساحة الجنرال بيرويه، وحررنا معًا ما سيُعرف فيما بعد بـ«الرسالة الأولى إلى فيديل كاسترو»، وهي رسالة نالت موافقة فرانكي الذي كنا على تواصل معه أثناء تحريرها. وكنا قد قررنا بالتوافق آنذاك، وجوب أن تكون الرسالة خاصة، بهدف أن يهتم المتلقِّي بمسوغاتنا، وتجنُّب التأثير المعاكس في حالة النشر الصاخب. وفي حالة وحيدة فقط، إذا ما انقضت فترة محدَّدة، ولم نتلقَّ أي ردٍّ، فإننا نحتفظ بحق إرسال نسخة من الرسالة إلى الصحف (Goytisolo 1983: 18).

أما بلينيو ميندوسا الذي كان يعيش ويعمل آنذاك في باريس، فيروي الحدث بالتفصيل، فجريدة ليموند نشرت خبرًا مقتضبًا عن عملية الاعتقال. مثَّل باديًا في تلك اللحظة «رمزًا لنوع من الاستقلالية»، ولـ«نوع من إساءة احترام الثقافي»، أو لنوع من «الطرح النقدي في مواجهة التصلُّب المتكلِّس في شرايين أساسية في جسد السُّلطة، وبصورة خاصة في جهاز **أمن الدولة** الذي صار كُليَّ الحضور والتواجد، ومرهوبًا جدًّا». وكان لدى باديًا فوق ذلك «ميل واضح للاستعراضية المسرحية، الذكية والاستفزازية»، فكان «يتكلم عن وقائع حكومية بطلاقة خبيثة من دون أن يتوخَّى الحذر من الآذان أو ميكروفونات التنصت». فعلى سبيل المثال، كان يقول للمسؤول الأمني: «اسمع، يا ذا اللحية الحمراء، يا آكل الخراء...» (Mendoza 2000: 192). عندما حدث ما كان مُتوقَّعًا، تصرَّف خوليو كورتاثر بسرعة. يقول بلينيو: «أراه يدخل في تلك المرَّة إلى مكتبنا الضيق، ويجلس على كرسي خشبي مزعزع يتململ ويئن تحت ثقله كمارد، ويضع نظارته بحركة أستاذ مُتمهِّلة، ويتفحَّص مشروع البرقية لفيديل كاسترو التي حرَّرها في صباح ذلك اليوم المندفع خوان غويتيسولو» (Mendoza 2000: 193).

ترك خوليو الورقة فوق المنضدة، ونزع النظارة التي ظلت في يده، وعلَّق بحركة تنم عن خيبة أمل، قائلًا إنه لا بد من التصرُّف بحذرٍ تام. وكان يتكلم براءاته الحلقية، الشبيهة براءات كاربينتير، واستنتجَ أنه من المحتمل جدًّا أن يكون فيديل غير مُطَّلع على أي شيء من أمر ذلك الاعتقال، وقد حدثت حالات مماثلة، وكان على البيان أن يكون حذرًا، بلا توجيه اتهامات، وأن يكون أكثر تعبيرًا عن القلق، وليس من المناسب أيضًا إشهار البيان

للعلن، ومن الأفضل إرساله مباشرة إلى **القائد**، وأن تتوفر له عدة أيام للتفكير والتأمل والرد بهدوء (Mendoza 2000: 193).

لكن غويتيسولو، الأكثر اندفاعًا بكثير، وسيِّئ الظن، والمتضامن مع مَن هم بالأسفل، سارع إلى الكتابة، وطلب التوقيع من عشرات المثقفين. وانتهى الأمر بخوليو إلى تشذيب جميع نتوءات بيان الكتالوني؛ «راح يزن كل كلمة بحرص ودقة صانع ساعات» (Mendoza 2000: 194)، ثم وقَّع عليه بعد ذلك. ويضيف بلينيو: «مما لا شك فيه، أن كورتاثر سيندم على ذلك التصرُّف طوال ما تبقَّى من حياته، لأنه لم يتصوَّر قَطُّ ما سيكون عليه ردُّ فعل كاسترو» (Mendoza 2000: 194).

في هذا النص، يطالب الموقعون بمزيد من المعلومات حول اعتقال باديًا، بهذه المفردات:

> الموقعون المتضامنون مع مبادئ وأهداف الثورة الكوبية، يتوجَّهون إلى حضرتك للتعبير عن قلقهم بسبب اعتقال الشاعر والكاتب المعروف هيبيرتو باديًا، وطلب تفحُّصكم المتمعِّن فيما يطرحه الاعتقال المذكور (Esteban 2004: 53).

أما غويتيسولو، السريع كأرنب، فسارع إلى الاتصال هاتفيًا بالأصدقاء، وبدأ بسارتر وسيمون دي بوفوار. بينما انكبَّ بلينيو على جس نبض «أكلة لحوم البشر»، مثلما يُسمِّيهم هو، «البيروقراطيون المستقبليون لمجتمع شيوعي»، «المؤتمنون على جميع المعتقدات الدوغمائية الماركسية»، «سادة معجم مغرق بالألفاظ النمطية»، ممن تُمثِّل لهم الولايات المتحدة جوهر الإمبريالية، ولكنهم «يتدبرون أمورهم على أحسن وجه كي يعيشوا بأكثر الطرق المريحة الممكنة في المجتمع الرأسمالي الذي يستحق التنديد»؛ إنهم أساتذة جامعيون، وموظفون في اليونسكو، ومسؤولون عن سلاسل الطباعة والنشر، ويكتبون مقالات وأبحاثًا، وقصائد موجعة، عن أطفال يتضورون جوعًا، وعمَّال مناجم مُستغَلين (من دون أن يمروا بمنجم مُطلقًا)، على طريقة نيرودا (من دون أن يصلوا على كعبي نيرودا)، و«يكسبون جوائز في كاسا دي لاس أمريكاس» و«يقضون حياتهم في تنظيم مختلف أشكال الحوارات والندوات حول موضوعات مثل التزام الكاتب الأمريكي اللاتيني»، «ويُستشار نُواحهم وتشهيرهم الغاضب دومًا مع لذائذ الموائد العامرة: الحلزونات، وصدور البط، ونبيذ اللوار وبوردو» (Mendoza 2000: 195).

كان بلينيو يستمتع وهو يتصل بهم ليطلب منهم التوقيع، ذلك أنهم يؤكِّدون أن الشعراء، مثلهم مِثل العمال قاطعي قصب السكر وأعضاء الميليشيا، عليهم إنجاز واجب الانضباط الثوري. ولكن عندما يقول لهم الخبيث ميندوسا بابتسامته الساخرة إن خوليو وقَّع على البيان، يظهرون في مكتب **ليبري**، الذي يُشرف عليه بلينيو كمنسق، ويُوقِّعون. وكانوا جميعًا، ما بين أكلة لحوم البشر والعاديين، أربعة وخمسين شخصًا، ولم تنقص سوى **بصمة** غابو.

رائحة الجوافة العفنة

«من هو ذلك المامبرو، وإلى أي حرب ذهب؟»[1]. هذا هو السؤال الذي وجَّهه كثيرًا غابو الصغير إلى جديه، عندما كان طفلًا، مُثقلًا بسماع تلك الأغنية الشعبية. أصدقاء غابو، الذين يعرفون جيدًا مَن هو، كانوا يتساءلون، بلا شك، في أي حرب كان هو في تلك اللحظة؟ ولماذا اختفى من دون أن يقول شيئًا، ومن دون الإخبار عن مكان وجوده؟ كان يعيش في برشلونة منذ أواخر عام 1968، ويحاول المُضي قُدمًا في روايته عن الدكتاتور، ويكتب قصصًا كيلا «تبرد يده وتفقد مهارة الكتابة». لكنه في تلك اللحظة كان موجودًا (وهذا عُرف فيما بعد) في منطقة بارانكيَّا، في مكان غير مُحدَّد من منطقة الكاريبي، بلا عنوان بريدي أو هاتف، يبحث عن «رائحة الجوافة العفنة». يقول بلينيو إنها مشكلة ظرفية، لأنه لم يكن قادرًا على الاتصال به في ذلك الوقت، لأنه «في إجازة» في كولومبيا. ترك له إشعارات مع الأصدقاء المشتركين في بارانكيَّا، يطلب منه الاتصال به بصورة عاجلة في باريس، ولكن ذلك الاتصال لم يحدث قَطُّ. وأرسل إليه برقية أيضًا، ولم يأتِ ردٌّ عليها. عندئذ فكر، بما أن آراء كليهما حول كوبا وباديًّا متوافقة ومتطابقة، فلن يحدث أي شيء بوضعه توقيع غابو تحت مسؤوليته. هذا ما يؤكِّده في كتابه «اللهب والثلج»:

> أمضينا وقتًا طويلًا نتحدث حول الموضوع بتوافق كامل في وجهات النظر، بحيث لم يكن بمقدوري أن أجد مجالًا للشك حول ردِّ فعله المحتمل بشأن اعتقال باديًّا. هذا ما كنت أتصوَّره بكل نزاهة. وهكذا بعد أن تبيَّن أنه من المحال تحديد مكانه هاتفيًّا، وكانت البرقية على وشك أن تُرسل، قلت لخوان غويتيسولو، بكل طمأنينة، وبلا أدنى تردد: «ضع توقيع غابو على مسؤوليتي».

---

(1) إشارة إلى أغنية شعبية إسبانية «مامبرو ذهب إلى الحرب».

كنت أفكر أن إغفال توقيعه، بسبب مشكلة ظرفية، سيؤدي إلى تفسيرات خاطئة، في الوقت الذي وقَّع فيه جميع أصدقائه في البُوم على البرقية (Mendoza 1984: 136).

ويوضِّح بلينيو أنه، في غياب معلومات دقيقة، كان يبدو أن الحزب الشيوعي الكوبي تصرَّف بمبادرة ذاتية، من دون الحصول على موافقة فيديل، وأن الزعيم، بطريقة مشابهة لما يحدث في خريف البطريرك، هو آخر من يعلم بما يحدث، هذا إذا ما توصَّل إلى أن يعلم ذات مرَّة. ولكن في كوبا، وفي كوبا بالتحديد، كان القائد الأعلى يعرف دومًا كل شيء. وهناك تكهُّن آخر مفاده أن فيديل لا يتمتع بما يكفي من حرية المناورة بسبب التبعية الاقتصادية للاتحاد السوفيتي (Mendoza 2000: 198).

ويحكي بلينيو أيضًا عن وجود لعبة خبيثة من البريد. حيث أرسل غابو إليه رسالة من بارانكيًّا، كما يبدو، يشرح له فيها أنه لن يُوقِّع «ما لم يحصل على معلومات كاملة حول القضية» (Mendoza 2000: 199). وعندما نُشرت الرسالة في كل الأنحاء، وعليها توقيع غابو، فبدلًا من أن يسارع إلى التصويب بالاتصال بوكالات الأنباء، كتب رسالة إلى بلينيو، يُوضِّح له فيها أسباب امتناعه عن عمل ذلك، وأن الرسالة تبدو له، على أقل تقدير، متعجِّلة. ولهذا السبب سارع بلينيو على الفور إلى الاتصال بمراسل برنسا لاتينا في باريس، كي ينفي المعلومة السابقة:

قلت له:

- لديَّ هدية لك ستشكرني عليها مدى الحياة. إنه خبر للصفحة الأولى يا آرولدو. وسيُسعد رؤساءك. غابو لم يُوقِّع على الرسالة إلى فيديل.

وكان صوت آرولدو يرتعش، وبدا سعيدًا مثل رقصة سامبا:

- هذا بالفعل خبرٌ عظيم يا أخي!

- أنا مَن وضعتُ التوقيع. لا تفترِ على بارغاس يوسا، أو خوان [غويتيسولو]. أنا مَن وضعتُ التوقيع. وهكذا يكون لديك مصدر جيد للتصحيح.

- أنت عظيم يا أخي. شكرًا جزيلًا.

(Mendoza 2000: 199–200).

يؤكِّد بعض مَن قابلناهم، ويُفضِّلون البقاء مجهولين، أن ماربيل مورينو، زوجة بلينيو ميندوسا، علَّقت في أحد الأيام قائلة إن الكاتب الكولومبي وقَّع على الرسالة، لكنه ندم بعد

ذلك، وتحمَّل بلينيو متطوعًا نتائج تبدُّل موقف صديقه. من المستغرب جدًّا، في وضع مثير للقلق الشديد، ألّا يتصل غابو هاتفيًا، ويكتفي بكتابة رسالة شخصية إلى بلينيو يقول فيها رأيه في الموضوع. ومن المستغرب أيضًا ألّا يعرف أحد أي شيء عنه، وبصورة خاصة بلينيو، الصديق الذي لم يكن يبتعد عنه منذ سن المراهقة، ورفيق تجوال لا حصر له في كولومبيا وفنزويلا وأوروبا الشرقية وكوبا (في مناسبتين) وباريس وغيرها.

ويظن غويتيسولو أن غابو «بمهارته الكبيرة في التخفِّي، يُسجِّل بصورة متكتمة ابتعاده عن موقف أصدقائه الانتقادي من دون أن يصطدم بهم مع ذلك: فغارسيا ماركيز الجديد الاستراتيجي الموهوب البارع، والمدلل بالشهرة، والدؤوب في العلاقة مع الكبار في هذا العالم، والمُحرك على مستوى الكوكب لقضايا «متقدمة» فعليًّا أو افتراضيًّا، كان على وشك أن يُولد» (Goytisolo 1983: 18). الحقيقة أنه لن يُعرف أبدًا سبب إصرار غابو على تأكيد أنه لم يُوقِّع، وأن يغطي ميندوسا ظهره، بينما أشخاص آخرون مقرَّبون يؤكدون أنه قد فعل، لكنه أراد إخفاء قراره السابق نظرًا لعلاقته مع فيديل. ويُخبرنا باثكيث مونتالبان[1] في مقابلة أجريناها معه قبل قليل من وفاته في ذلك اليوم المشؤوم في المطار الشرقي، أن هذا الموضوع سيظل إلى الأبد غامضًا إلى أقصى درجة، مهما كثرت محاولات تفسيره. ومع ذلك، فإن ماريو بارغاس يوسا، وهو ليس محل ريبة بأي حال في التغطية على بؤس صاحب جائزة نوبل الكولومبي، أكَّد لنا في مقابلة في شهر أغسطس (آب) 2006، أن غابو لم يُوقِّع قَطُّ على تلك الرسالة، وأن المسؤولية النهائية تقع على بلينيو، وأنه هو نفسه كان شاهدًا على الجملة التي أعلن بها عن الرأي المفضَّل المزعوم لغابو.

في أوائل شهر أبريل (نيسان)، بدأ تداول رسالة اعتراف بالذنب كتبها الشاعر باديّا، لكنَّ شكوكًا كثيرة تحوم حول النِّية الحقيقية لكاتبها. سرَّبت الحكومة الكوبية إلى الرأي العام، من خلال وكالة برنسا لاتينا، نسخةً مطبوعةً على الآلة الكاتبة من تلك الرسالة. اقتنع معظم المثقفين بأن الرسالة لم يكتبها باديّا. ويؤكِّد أحدهم، هو مانويل دياث مارتينيث، أن «شاعرنا هو كاتب هذه الرسالة بقدر ما هو نفسه كاتب **الكوميديا الإلهية**» (Díaz Martínez 1997: 95). من المحتمل أن يكون باديّا قد كتب أجزاءً منها، ولكن تحت التهديد، لا سيما

(1) الكاتب الكتالوني «مانويل باثكيث مونتالبان» (Manuel Vázquez Montalbán): تُوفِّي يوم 18 أكتوبر (تشرين الأول) 2003، في قاعة الترانزيت في مطار بانكوك وهو في طريق عودته إلى إسبانيا.

أن أسلوب التخويف كان عاديًا في نظام القمع السياسي للثورة الكوبية. واستنادًا إلى شهادات أصدقائه المقرَّبين، نعرف أن باديًا يعترف في ذلك النص بالكثير من الأخطاء السياسية، مما يجعل من المحال التعرف على مؤلفها الحقيقي. في عام 1992، وفي محادثة مع كارلوس بيرديثيا، يؤكِّد بنفسه: «ذلك النقد الذاتي كتبته الشرطة جزئيًا، وكتبه أشخاص آخرون جزئيًا كذلك. ثمة فقرات يمكن لي أن أُحدِّد هوية مَن كتبها. بعضها، بسبب درجة تفاصيلها، من المؤكَّد أنها مكتوبة بيد فيديل كاسترو. ليت النص هنا في متناول اليد كي ترى بنفسك» (Verdecia 1992: 78).

خمس ساعات من يوم الخامس من أبريل (نيسان) مع ماريو

لكن هذه الرسائل ليست الأقزام الوحيدة التي بدأت تنمو وتكبر في الثورة؛ ففي الوقت نفسه، دخلت لجنة مجلة **كاسا** في أزمة. فالمثقفون المؤيدون للنظام لم يعودوا قادرين على تحمُّل المزيد. ماريو بارغاس يوسا كان على الحبل المتهدِّل منذ اتهامات ريتامار له، وتغيُّبه عن أحد الاجتماعات الحاسمة، ولكن الحرب تندلع الآن، والشروخ تظهر في جبهات مختلفة. رسالة الخامس من أبريل (نيسان)، إلى هايدي سانتاماريا، ستُدوِّي أيضًا في الجدران الأربعة، وستصنع موسيقى مع قضبان زنزانة باديًا. وهكذا كان الكاتب البيروفي حاسمًا من جديد:

> الرفيقة المحترمة:
> أُقدِّم لكِ استقالتي من لجنة مجلة كاسا دي لاس أمريكاس التي أنتمي إليها منذ 1965، وأُخبركِ بأنني لن أذهب إلى كوبا لتقديم حلقة دراسية، في شهر يناير (كانون الثاني)، مثلما وعدتكِ أثناء رحلتي الأخيرة إلى هافانا. ستتفهَّمين أن هذا هو الشيء الوحيد الذي يمكنني عمله بعد خطاب فيديل الذي ينتقد فيه «الكُتَّاب الأمريكيين اللاتينيين الذين يعيشون في أوروبا»، ويحظر علينا الدخول إلى كوبا «لفترة غير محددة ولانهائية». هل أزعجته إلى هذا الحدِّ رسالتنا التي تطلب منه توضيح وضع هيبيرتو باديًا؟ كم تغيَّرت الأزمنة: إنني أتذكَّر جيدًا تلك الليلة التي أمضيناها معه، قبل أربع سنوات، وفيها تقبَّل بطيب خاطر الملاحظات والانتقادات التي وجَّهناها إليه نحن وجماعة من هؤلاء «الكُتَّاب الأجانب» الذين يُسميهم الآن «أنذالًا». وفي كل الأحوال، كنت قد قررت الاستقالة من اللجنة، وكذلك من تقديم الحلقة الدراسية، منذ قرأت اعتراف هيبيرتو باديًا، وأخبار برنسا لاتينا، حول المسرحية في اتحاد الكُتَّاب والفنانين، حيث قام الرفاق، بلقيس كروث

ماليه، وبيدرو آرماندو فيرنانديث، ومانويل دياث مارتينيث، وسيسر لوبيث، بتقديم نقدهم الذاتي. إنني أعرفهم جميعهم بما يكفي لأن أعرف أن ذلك الاستعراض المثير للأسف لم يكن عفويًّا، وإنما هو مُجهَّز مُسبقًا مثل المحاكم الستالينية في سنوات الثلاثينيات. إجبار بعض الرفاق، بأساليب تُثير اشمئزاز الكرامة الإنسانية، لاتهام أنفسهم بخيانات متخيَّلة، والتوقيع على رسائل تبدو بوليسية حتى في صياغة مفرداتها، هو إنكار لما جعلني أحتضن منذ اليوم الأول قضية الثورة الكوبية: قرارها بالنضال من أجل العدالة من دون تبديد احترام الأفراد. ليس هذا هو نموذج الاشتراكية الذي أريده لبلادي.

أعرف أنه يمكن لهذه الرسالة أن تُسبب لي سبابًا وشتائم، لكنها لن تكون أسوأ من تلك التي استحققتها من الرجعية بسبب دفاعي عن كوبا.

بكل احترام،

ماريو بارغاس يوسا

(Vargas Llosa 1983: 164–165)

حدث هذا عندما «كتب» باديًا نقده الذاتي، ولكنه لم يقرأه علنًا أمام الملأ. وفي مقابلة ريكاردو آ. سيتي لماريو بارغاس يوسا، يؤكِّد الكاتب البيروفي أنه كان يعرف باديًا جيدًا قبل القضية، ويعرف أنه وجَّه بعض النقد للنظام، في موضوع السياسة الثقافية، ولكن لا شيء أكثر [من ذلك]. وفي نقده الذاتي اتَّهم نفسه بأسوأ الجرائم الأيديولوجية، واتَّهم أصدقاءه بأنهم عملاء للسي آي إيه (CIA). ولكنه يؤكِّد: «نحن مَن نعرف باديًا، نعرف أن ذلك كله مهزلة كبرى؛ فباديًا لم يكن في الواقع يقول الحقيقة، ولا ما يشعر به، ولا ما يؤمن به» (Setti 1989: 142).

منذ تلك اللحظة، ازدادت حدَّة التطرُّف: فكان هناك مَن دافعوا بحماسة عن القمع في كوبا، مُتهمين المنتقدين بأنهم إمبرياليون وعملاء للسي آي إيه (CIA). ومَن ابتعدوا نهائيًّا عن كوبا، مُتهمين مَن يدعمون أجهزتها بالستالينية. وأعلن غويتيسولو منذ ذلك الحين، أن «المجموعة الثقافية الهيسبانية ستتحول إلى عالم من الصالحين والطالحين» (Goytisolo 1983: 12). وأكَّد خورخي إدواردز أن «مجتمع المثقفين الأمريكيين اللاتينيين، انقسم بطريقة لا سبيل إلى إصلاحها بين كاسترويين ومعادين للكاسترويّة» (Edwards 1989: 35). الأسوأ لم يكن قد وصل بعد. فالإدانة الذاتية قُرئت علنًا، والنار، أي الأدب، انتشرت مع الريح المتبقية من تلك التي اكتسحت ماكوندو عندما وُلد آخر سلالة بويندا بذيل خنزير.

9

ضربات ذيل باديًا (P(esc)adilla) الذي يهز ذيله (النقد الذاتي، الرسالة الثانية، البُوم)

في 27 أبريل (نيسان) 1971، في قاعات اتحاد الكُتَّاب والفنانين الكوبيين، جرى الحدث المنتظر الذي قرأ فيه باديًا نقده الذاتي، مُعترفًا بأخطائه وأخطاء زملائه. قدَّم المشهد خوسيه أنطونيو بورتوندو، الذي بدافع من حسِّه **العميق** بالمسؤولية الثورية حلَّ محل نيكولاس غيِّين، رئيس المؤسسة، المريض، على حدِّ قوله، في تلك الأيام. هيَّأ فيديل الحدث بصورة ذكية؛ حيث قام بعد ثلاثة أيام، في 30 أبريل (نيسان)، بعقد المؤتمر الوطني الأول للتربية والثقافة، وألقى خطابًا أشار فيه إلى كتاب باديًا الملعون بالعبارات التالية: «كقضية مبدأ، هناك بعض الكتب التي يجب عدم نشر نسخة واحدة منها، ولا فصل واحد، ولا حتى صفحة واحدة»، مُظهرًا مرَّة أخرى اتساع رؤيته، وطبيعته الديمقراطية، وحبه للحرية والتقدُّم.

أُمليت في ذلك المؤتمر أيضًا أنظمة وقواعد بالغة العقلانية والذكاء، كالطريقة التي يجب أن تكون عليها ملابس الشباب الكوبيين، مع التشديد على استخدام سترة الغوايابيرا باعتبارها «قطعة ملابس تحمل الهوية الوطنية»، والموسيقى التي عليهم سماعها من المذياع، والمنع الرسمي والجازم لأي موسيقى تنطوي على تحريفية أيديولوجية، أي: موسيقى الروك وغيرها من الأساليب الأخرى. ونُدِّد بالشذوذ الجنسي على أنه سلوك إجرامي، وذهب فيديل إلى ما هو أبعد من ذلك عندما قال في إحدى فقرات مرافعته: «يجب اقتياد الشاذ جنسيًّا للمثول أمام السُلطات ومحاكمته قانونيًّا لمجرد تباهيه علنًا بوضعه». وهكذا وُلد «المقياس» لتقييم القدرات الثورية. وهذا يعني أن المؤتمر يرمي إلى أن «إنسان المستقبل» سيتكيَّف مع مواصفات «وحدة شعبنا المتجانسة».

خلال ما يقرب من الساعتين، كان لدى باديًا الوقت للحديث عن كل شيء: عن نفسه، وعن فنانين آخرين ممن تصرَّفوا أيضًا «بصورة مناهضة للثورة» في مؤلَّفاتهم. ذكر اسم زوجته بلقيس، ونوربيرتو فوينتس، وبابلو أرماندو فيرنانديث، وسيسر لوبيث، ومانويل دياث مارتينيث، وخوسيه يانيس، وخوسيه ليثاما ليما، وفيرخيليو بينييرا، وغيرهم. وتحدَّث تباعًا

كثيرون ممن ورد ذكرهم أثناء النقد الذاتي، للتعبير عن أنفسهم أمام الميكروفونات. كلمات دياث مارتينيث الباعثة على القشعريرة حول تلك الدقائق لا تحتاج إلى مزيد من التعليق:

> نُشر انتقاد باديًّا الذاتي، لكنّ قراءته شيءٌ، وسماعه وهو يتكلَّم هناك في تلك الليلة شيءٌ آخر مختلفٌ جدًّا. لقد سَجلتُ تلك اللحظة بأنها واحدة من أسوأ اللحظات في حياتي. لستُ أنسى - بينما يتكلَّم باديًّا - ملامح الذهول التي بدت على مَن كانوا يجلسون قريبًا مني، ناهيك عن ظلال الرُّعب التي ظهرت على وجوه أولئك المثقفين الكوبيين، الشباب والمتقدِّمين في السِّن، عندما بدأ باديًّا في ذكر أسماء أصدقائه - كان العديد منا أشبه بأجساد الموتى - وتقديمهم كأعداء افتراضيين للثورة. كنت أجلس وراء ربيرتو برانلي بالضبط، وعندما ذكر هيبيرتو باديًّا اسمي، التفت برانلي، صديقي الطيِّب برانلي، بوجهٍ مُتشنجٍ نحوي، ونظر إليَّ بفزع، كما لو أنهم سيقتادونني إلى المشنقة (Díaz Martínez 1997: 96).

تحدَّث العديد من الكُتَّاب والمثقفين الإسبان، مثل فيليكس غراندي، وكان في تلك الأثناء على علاقة وثيقة بجماعة **البُوم** البرشلونية، مُصدرين أحكامًا ترصد عبثية القمع ضد باديًّا، وكذلك التأثير العبثي المضاعف الذي تسبَّبت فيه القضية لكُتَّاب كوبيين آخرين في ذلك الحين، مثلما حدث لنوربيرتو فوينتس، الذي كان واحدًا من بين قلةٍ من المثقفين الحاضرين في جلسة نقد باديًّا الذاتي، ودافع عن نفسه في ذلك الحين، رافضًا وصفه بـ«المناهض للثورة»؛ الكلمة السحرية التي كانت تُبرِّر آنذاك، وحتى الآن، أيَّ نوعٍ من القمع السياسي. كان فوينتس، في تلك الأوقات، كاتبًا شابًّا، له توجُّه ضمن النطاق الثقافي للثورة. وقد كتب فيما بعد كتاب «هيمنغواي في كوبا»، الذي خلَّف أصداءً كبيرة في الجزيرة، ولقي تقييمًا إيجابيًّا جدًّا من الأخوين كاسترو. وشارك فيما بعد في عدة أعمال نضالية مع كوبيين أُمميين، وتلقَّى في عام 1989، بوصفه مندوبًا لفيديل، «وسام سان لويس»، و«ميدالية الثقافة الوطنية».

في نقده الذاتي، اتَّهم باديًّا نفسه تحديدًا، بإدخال الثورة المضادة في الأدب، وشكَرَ أصدقاءه «المسؤولين في الدولة على حُسن سير وعمل الثورة»، وعلى ما أبدوه من أريحية تبدَّت في إتاحة الفرصة له لتصويب مساره. ويعترف باديًّا الجديد:

> اقترفتُ أخطاءً كثيرة جدًّا، أخطاءً لا تُغتفر حقًّا، معيبة حقًّا، لا تُوصف حقًّا، وأشعر فعلًا بالتخفُّف، وبأنني سعيد حقًّا بعد كل هذه التجربة التي مررت بها، وبأنني قادر على بدء

حياتي من جديد، بالروح التي أرغب في العودة للبدء بها. أنا من طلبت عقد هذا الاجتماع [...]. لقد شهَّرتُ بالثورة وأهنتُها دومًا، مع كوبيين ومع أجانب. ومضيتُ بعيدًا جدًّا في أخطائي، وفي أنشطتي المضادة للثورة [...]. وهذا يعني أن المناهض للثورة هو أي إنسان يقوم بعمل ضد الثورة، ويؤدي إلى الإضرار بها. لقد تصرَّفت وألحقتُ الضرر بالثورة (VVAA 1971: 97–98).

ووصل التمثيل المسرحي ذروته، في استعراض تبجُّح هستيري، عندما أُجبر المتهم على الاعتراف بعدم وفائه لصاحب الجزيرة، والإعراب عن أسفه علنًا أمام الملأ، ودعوة جميع المُعادين للثورة للحفاظ على التوحُّد مع المشروع **المُنقذ** للشعب الكوبي، وتصويب المسارات الملتوية. وكالنعجة الضالة التي تعود إلى الحظيرة، يُبيِّن: «لن أقول كم من المرَّات كنتُ غير عادلٍ وناكرًا للجميل تجاه فيديل، وهو ما لن أملَّ أبدًا من الشعور بالندم عليه» (VVAA 1971: 102).

أضف إلى ذلك أن الأوتوقراطية لم تصل فقط إلى الأشعار التي كسبت تلك الجائزة المشؤومة، والضرر الذي لحق بالقائد الأعلى للثورة، بل امتدت إلى تفسير بعض مقالاته ودراساته الأدبية، وإلى الطريقة الصحيحة سياسيًّا للتعامل مع شخصيات راسخة في الثورة في مواجهة مَن انشقوا عنها. ولهذا كان عليه أن يتراجع عن النقد الذي تفوَّه به ضد ليساندرو أوتيرو، وأن يستنكر جذريًّا دفاعه ذات يوم عن كابريرا إنفانتي، بعد أن صار هذا الأخير منفيًّا في لندن، وبهيمةً سوداء في نظر السياسة الثقافية الكوبية:

أول ما فعلتُه عند رجوعي إلى كوبا بعد بضعة أشهر، هو استغلال الفرصة التي أتاحها لي الملحق الأدبي، **التمساح الملتحي**، بمناسبة نشر رواية ليساندرو أوتيرو، **هوى أوربينو**، كي أندفع بلا رحمة، وبصورة جائرة، ضد صديق سنوات، ضد صديقٍ حقيقي، مثل ليساندرو أوتيرو [...]، أول ما فعلتُه كان مهاجمة ليساندرو. قلت أشياء فظيعة عن ليساندرو أوتيرو. وعمَّن دافعتُ أنا؟ لقد دافعتُ عن غييرمو كابريرا إنفانتي. ومَن كان غييرمو كابريرا إنفانتي الذي نعرفه جميعًا؟ لقد كان غييرمو كابريرا إنفانتي على الدوام شخصًا حاقدًا، ليس على الثورة، بل هو حاقد اجتماعيًّا بامتياز، رجل من منشأ شديد الوضاعة، رجل فقير، رجل لا أدري أي أسباب جعلته يشعر بالمرارة منذ مراهقته، رجل كان منذ البدء عدوًّا للثورة لا يمكن التصالح معه (VVAA 1971: 98).

وأخيرًا، اعترف بشعوره بأنه «خفيف حقًا، سعيد حقًا» بعد كل تلك التجربة.

المناظرة التي نجمت عن القضية، بين باديًا وكابريرا، معروفة. فقبل القيام بمسرحية الاتهام الذاتي الإيمائية، وَقعَ الشاعر (باديًا)، والكاتب القصصي (كابريرا إنفانتي)، في خلافٍ، ودار بينهما جدلٌ حادٌّ جدًّا. فكابريرا الذي أمضى عدة سنوات من الإقامة في لندن، كان ينفث نارًا من قلمه كلما أُتيحت له الفرصة، ويشعر دومًا، أحيانًا بحق، ولكن غالبًا تقريبًا من دون حق، بأنه مُطارد من الأمن الكوبي، مثلما تُثبت ذلك رسالةٌ إلى إمير رودريغيث مونيغال، في 15 يوليو (تموز) 1972، يروي له فيها عن رحلة قام بها إلى برشلونة قبل وقت قصير:

> جلسنا في المطعم بين بعض السينمائيين الإسبان وجماعة من الناس الذين كانت ميريام (زوجته) تسمعهم، بصورة متقطعة، يقولون بلهجة هافانية: «انظروا إليه، إنه هناك يأكل مثل باشا، وفي كوبا أناس كثيرون يعانون الجوع بسببه». وهذا بالطبع لم يكن تهيؤات مني، وإنما هو الواقع، وينتمي إلى عالم الواقع نفسه الذي ينتمي إليه مذياع في متجر دخلت إليه ميريام لتشتري عبوة شامبو إسباني، وكان المذياع يقول: «الكاتب يبدو قلقًا جدًّا وصامتًا، والسيدة زوجته مذعورة جدًّا بسبب صمته. في فندقه، سرقوا من حقيبتها علبة مكياج، سرقة اقترفها (وهنا يُذكر اسم وعنوان)، إذا كنتِ تهتمين باستعادة ما سُرق...». بعد ذلك دخلنا إلى متجر صغير آخر، واشترينا أنبوب معجون أسنان، وعندما أردنا استخدامه في الفندق وجدناه صلبًا كحجر. هذه الإحباطات، والأخطاء والمؤشرات الخفيفة على وجود مراقبة كانت تتكرَّر ببراعة أقل مما هي في إنجلترا أو فرنسا، ولكن بتقنية خفية مماثلة؛ تُصر ميريام على أن تلك الأمور لم تُوجد قَطُّ، أما أنا فسأظل مُوقنًا طوال حياتي بأن حالات الجنون هي طريقة أخرى لفهم الواقع، وبأننا كنا في الواقع تحت المراقبة، مما أدَّى فقط إلى أن البراءة التي عشتُ بها تسعة أشهر في إسبانيا، اختفت بفعل حالة حذرٍ تزداد حدة بسبب الأرق (Princeton C.0272, II, Box 1).

بارانويا الكاتب واضحة جدًّا، ولها علاقة كبيرة بالحالة الانفعالية التي كان عليه أن يعيشها منذ خروجه إلى المنفى، خصوصًا بسبب أعمال القمع الثقافي التي حملها ذلك الوضع معه، وبالتحديد خلال سنة وصل فيها إلى قمة نجاحه الروائي بروايته **ثلاثة نمور حزينة**. وسط مناظرة كابريرا مع باديًا المنبعث إلى الحياة، عاد أعضاء الفريق إلى دعم قلب الهجوم الذي صار خارج اللعبة، برسالة جديدة، أشد قسوة، وهي بالنسبة إلى كثيرين، التواصل الأخير الذي كان شبه متدفقٍ مع الدكتاتورية الكاسترويّة.

الرابع من مايو (أيار) (وماريو قد استعد للنزال)

كانت مبادرة الاحتجاج الجديدة على شكل رسالة حاشدة (وقَّعها اثنان وستون كاتبًا) وُلدت في برشلونة. اجتمع خوان ولويس غويتيسولو، وخوسيه ماريا كاستيليت، وهانز ماغنوس إنزنسبيرغ، وكارلوس بارال (لم يُوقِّع فيما بعد)، وماريو بارغاس يوسا، في بيت الكاتب البيروفي، وصاغ كلٌّ منهم نسخة أوليَّة، ثم قارنوها بعد ذلك واختاروا نسخة ماريو. قام الشاعر خيمي خيل دي بيدما بتحسين النص؛ بتصحيحٍ نحويٍّ لعبارة ظرفية. وفضلًا عن تمثيلية باديًّا الإيمائية، كان الموقِّعون أدناه متألمين أيضًا من الخطاب الذي ألقاه فيديل كاسترو في الأول من مايو (أيار)، في اختتام المؤتمر. وقد أشار الكومندان في خطابه إلى «هذا»، أي «هذه القمامة»، إلى هؤلاء «المثقفين الأمريكيين اللاتينيين»، السفهاء الذين بدلًا من أن يكونوا في خنادق المعركة، أصبحوا «يعيشون في الصالونات البرجوازية، منتفعين من الشهرة التي اكتسبوها عندما كانوا، في مرحلة أولى، قادرين على التعبير عن شيء من المشكلات الأمريكية اللاتينية»، وكانوا «وكلاء للاستعمار الثقافي»، ولن يكونوا أبدًا في لجان تحكيم «المسابقات»، لأنه «من أجل القيام بدور الحُكام هنا، فلا بد لهم أن يكونوا ثوريين حقًّا، ومثقفين حقًّا، ومناضلين حقًّا» (Gilman 2003: 242). هذا يعني أنهم يجب أن يكونوا مُتكلِّمين من بطونهم. النص الكامل الذي أرسله هؤلاء الـ«هذا»، إلى الكومندان، هو كما يلي:

القائد فيديل كاسترو

الوزير الأول في حكومة كوبا الثورية:

نعتقد أنه من واجبنا أن نُبلغكم بخجلنا وغضبنا؛ فنصُّ الاعتراف المثير للأسى الذي وقَّع عليه هيبيرتو باديًّا لا يمكن الوصول إليه إلا من خلال أساليب تُعدُّ مناقضة للشرعية والعدالة الثورية؛ فمضمون الاعتراف المذكور وشكله، ومعه الاتهامات السخيفة والتأكيدات الهذيانية، وكذلك الجلسة المنعقدة في اتحاد الكُتَّاب والفنانين الكوبيين، حيث أُخضع باديًّا نفسه مع الرفاق: بلقيس كروث، ودياث مارتينيث، وسيسر لوبيث، وبابلو أرماندو فيرنانديث، لمهزلة انتقاد ذاتي مُحزنة، تُذكِّر بأشد اللحظات عبثية من الحقبة الستالينية، ومحاكماتها المُصنَّعة سلفًا، وحملات اصطيادها للساحرات.

بالحدَّةِ نفسها التي دافعنا بها، منذ اليوم الأول، عن الثورة الكوبية التي بدت لنا مثالية في احترامها للكائن البشري، وفي نضالها من أجل تحرُّره، نحضُّ على تجنيب كوبا الظلامية الدوغمائية، والزينوفوبيا الثقافية، والنظام القمعي الذي فرضته الستالينية في

البلدان الاشتراكية، وما جرى كان مظاهر واضحة لأحداث مشابهة لما يحدث الآن في كوبا.

إن ازدراء الكرامة البشرية، بإجبار إنسان على إدانة نفسه بصورة مُضحكة، بأسوأ الخيانات والنذالات، لا يستثير حفيظتنا لأن الأمر يتعلّق بكاتب وحسب، وإنما لأن أي رفيق كوبي - فلاح، أو عامل، أو تِقني، أو مثقف - يمكن له أن يكون ضحية أيضًا لعنف وإذلال مشابهين. نريد للثورة الكوبية أن تعود إلى ما جعلنا نعتبرها، في إحدى اللحظات، نموذجًا يُحتذى ضمن الحركة الاشتراكية (Vargas Llosa 1983: 166-167).

بين ما يزيد على ستين مُوقِّعًا على الرسالة، كانت هناك أسماء مثل: لاريبيل أليغريا، وسيمون دي بوفوار، وإيتالو كالفينو، ومارغريت دوراس، وكارلوس فرانكي، وكارلوس فوينتس، وخيمي خيل دي بيدما، وآنخل غونسالس، وأدريانو غونسالس ليون، والإخوة غويتيسولو الثلاثة، ورودولفو هينوستروثا، وخوان مارسيه، وبلينيو ميندوسا، وكارلوس مونسيفايس، وألبيرتو مورافيا، وخوسيه إميليو باتشيكو، وبيير باولو بازوليني، وخوسيه ريبويلتاس، وخوان رولفو، وجان بول سارتر، وخورخي سيمبرون، وسوزان سونتاج، وماريو بارغاس يوسا بالطبع. أما أبرز توقيعين غائبين فكانا توقيع كارلوس بارال، وهو مَن رعى الاجتماع، وتوقيع خوليو كورتاثر، لكننا صرنا نعرف السبب الآن. والتوقيع الذي لم يظهر، منطقيًا، هو توقيع غابو. كما لم يظهر توقيع كابريرا إنفانتي - على الرغم من أنه كان يستنكر ويُندِّد أكثر من الجميع بأي قمع حكومي كوبي - بسبب مناظرته مع باديًا. لم تتأخر ردود الفعل طويلًا، فقد كانت الأجواء أكثر سخونةً من أي وقت آخر، كما يتبدّى من الرسالتين اللتين بعث بهما خوانتشو آرماس إلى ماريو يومي 17 و24 مايو (أيار)، على التوالي:

17 مايو (أيار) 71:

أُدرك في أي خطأ هائل وقع الكاريبيان، باديًا وفيديل، المسألة ليست مزاحًا. أظن أنه يمكن التوصُّل إلى حلٍّ، ولكن ما حدث يبدو أشبه بالكذب. ولهذا السبب فكَّرنا أنك بوجودك في باريس، تجتمع مع بعض مَن هُوجموا، لكننا لسنا متأكدين من ذلك.

24 مايو (أيار) 71:

نشعر بقلق مزدوج بسبب ما يحدث. تصلنا الأخبار هنا متأخرة جدًا، وقد قرأنا الآن في جريدة لابنغوارديا الإسبانية عن مسألة رسالة هـ. سانتاماريا، لسوء حظها هي بالتحديد.

لقد علمنا بخبر استقالتك من كاسا دي لاس أمريكاس من خلال أولان الذي أرسل إلينا الخبر من باريس.

نثق أن هذه الحالة المعنوية، التي لا بد أنها الآن منخفضة لديك، سترتفع فورًا، وسيجري العمل على تجاوز هذه الأزمة التي لا تصبُّ، لسوء الحظ، إلا في مصلحة أعداء العالم التقدُّمي.

(Princeton C.0641, III, Box 2).

بعد أيام من ذلك، كتبت هايدي سانتاماريا، مثلما هو مُتوقَّع، رسالة إلى ماريو بارغاس يوسا، في برشلونة. والرسالة تحمل بالضبط تاريخ 14 مايو (أيار) 1971، وتشمل ثلاث صفحات مزدحمة، وهي لا تشتعل لأن درجة الحرارة التي تُحفظ فيها بعناية تامة في قاعة الكتب النادرة (Rare Books) بجامعة برِنستون تحول دون ذلك. الواقع أننا كلما ذهبنا إلى هناك، مهما كان ذلك يروق لنا، وجب علينا ارتداء سترات، لأن هواء التكييف يكتسح كل شيء، ما عدا الكتب والوثائق التي تنعم، كما يبدو، بحالة صحية جيدة. لا يسمحون لنا بلمسها، ولا نسخها بالفوتوكوبي، يمكننا فقط أن نتوجَّه إلى جهاز كمبيوتر وننسخ النص منه. هناك على الدوام موظف في القاعة حريص على تطبيق هذه الأنظمة وكثيرٍ غيرها، وعندما تخرج من القاعة يفتشونك كما لو أنك ستدخل إلى سجن جزيرة ألكاتراز. ولكن لا بأس، ففي النهاية ستشعر بالسعادة، لأنك ستجد هناك كل ما تحتاج إليه، وفي أفضل ظروف مثالية لاستخدامه والانتفاع به. لا بد أن يكون هناك شيء جيد (وأشياء كثيرة أخرى) لدى هؤلاء الغرينغو.

لا تتضمَّن الرسالة كلمات جوفاء. تبدأ بالتعليق على استقالة ماريو من اللجنة، ويظل التعامل على الدوام بصيغة «حضرتك»، وببرود يتناقض مع حرارة المضمون المرتفعة. تقول له إنهم كانوا يفكرون في طرده، بسبب «نزوعه المتزايد إلى مواقف التزام مع الإمبريالية» (Princeton C.0641, Box III, 6). بعد ذلك تصفه بالمُعادي للثورة، وتُفكِّر في أنه يمكن لماريو أن يُعيد النظر في مواقفه، لأنه شاب، وقد كتب أعمالًا عالية النوعية، ولكنه فضَّل التخلِّي عن الشعوب الهيسبانوأمريكية والانتقال إلى العدو الإمبريالي الذي خلَّف كوبا محاصرة وفي ظروف شديدة الصعوبة. وتضيف أن الكاتب المناهض للثورة الذي يدعمه ماريو (وتعني باديًا، ولكن من دون أن تذكر اسمه)، «اعترف بنشاطاته المُعادية للثورة، وهو ينعم بالحرية على الرغم من ذلك، ويباشر عمله بصورة عادية. وقد اعترف كُتّاب آخرون كذلك

بأخطائهم، وهذا لا يحول كذلك دون أن يكونوا أحرارًا ويباشروا أعمالهم. أما حضرتك فلا ترى في هذا كله سوى استعراض مثير للشفقة، ليس عفويًا وإنما هو مُلفق بصورة مسبقة، وحصيلة أعمال تعذيب وضغوط مفترضة. يبدو واضحًا أن حضرتك لم تواجِه الرُعب قَطُّ» (Princeton C.0641, III, Box 6).

من المؤسف أن التاريخ يُكتب على هذا النحو، أو جزءًا من التاريخ. ولهذا، من الجيد أن يحفظ أحدٌ هذه النصوص، إذ يمكن، مع الطمأنينة والموضوعية اللتين يوفرهما مرور الزمن، الوصول إلى معرفة الحقيقة، والنفاق كذلك، وصفاقة وسوء نوايا بعض الشخصيات ممن تسبَّبوا في أضرار مجانية لآلاف الأشخاص، باسم مثلٍ أعلى غائمٍ، كلمةٍ سحريةٍ، تُسمَّى زيفًا: «ثورة»، طوال ما يقرب من ستين عامًا.

وتواصل هايدي في خطبة مديح لهذه «الثورة»، فتعود إلى بعث أشباح من الماضي:

> عندما أردت حضرتك في عام 1967 أن تعرف رأينا حول قبول حضرتك لجائزة رومولو غاييغوس الفنزويلية، التي تمنحها حكومة ليوني، وهذا يعني حكومة اغتيالات، وقمعٍ، وخيانةٍ لشعوبنا؛ اقترحنا عليكَ تصرُّفًا جريئًا، تصرُّفًا صعبًا وبلا سوابق في التاريخ الثقافي لقارتنا، اقترحنا عليك أن تقبل تلك الجائزة، وأن تُقدِّم قيمتها المالية إلى تشي غيفارا، إلى نضال الشعوب. ولم توافق حضرتك على هذا الاقتراح: احتفظتَ حضرتك بالنقود لنفسك، ورفضتَ حضرتك نيل الشرف الاستثنائي في المساهمة، ولو بصورة رمزية، في مساعدة تشي غيفارا (Princeton C.0641, III, Box 6).

ثم تُهدِّده بعد ذلك فورًا بألّا يعود إلى التلفُّظ باسم التشي الذي يدين له بالكثير، لأنه خانه، على الرغم من أنهم (هم، الثوريون «الأخيار») لم ينتقدوا البيروفي عندما كتب أشياء سلبية عن التشي أو النظام. وتواصل بعث الأشباح:

> ولم تتلقَّ حضرتك السِّباب كذلك، في سبتمبر (أيلول) 1968، في مجلة كاريتاس، وحول أحداث تشيكوسلوفاكيا، عندما أرسلت حضرتك آراءً مضحكةً حول خطاب فيدل (Princeton C.0641, III, Box 6).

ما كان يمكن للوداع أن يكون أشد برودةً، وسوف يكون الأخير، لأنه منذ ذلك الحين لم يعد ماريو يتلقّى أيَّ نوعٍ من الاتصالات من القبة «السياسية-الأدبية-الثقافية» الكوبية، وحتى يومنا هذا. إننا نتصوَّر ما كانت عليه معنويات الروائي الذي كان لا يزال شابًا. ولحُسن

الحظ، أنه كان لا يزال يتلقَّى رسائل دعمٍ، مثلما هي رسالة كارلوس فوينتس، بتاريخ 20 مايو (أيار) من المكسيك:

إننا مذهولون، وأُريد أن أُعلن عن دعمي لك ضد هجمات قذرة وُجِّهتْ إليك. إنه أمر يدعو إلى البكاء؛ فالثورة الكوبية ضحَّت، بصورة مُشينة، بدعم أقدم أصدقائها وأكثرهم وفاءً، للسعي إلى الانحدار الأدبي في القارة: إلى الوشاة، والحاقدين، والحمقى [...]. يجب الحفاظ عاليًا على التطلُّع إلى الاشتراكية الحقيقية، وحق الانتقاد الذي لا يمكن من دونه أن توجد أي اشتراكية حقيقية. ولا بد من القيام بالانتقاد الشامل للأنظمة المُفلسة، في كلا الجانبين (Princeton C.0641, III, Box 6).

ولكن، لم تكن كل الرسائل المحترمة والودودة متساهلة مع تصرُّف البيروفي؛ فرسالة الناقد الأُورُوغْوِياني خورخي روفينيلي، على سبيل المثال، في 28 يوليو (تموز) 1971، كانت مُتفهِّمة، ولكن برؤى مختلفة. فقد قال له بوضوح شديد، إنه لا يتفق مع جميع نقاط وجهة نظره، إلا إنه يحترمها، ولم يشارك في الحملة الشرسة التي شنها كُتَّاب الأُورُوغواي **ضده** في موقفه **ضد** الوضع الكوبي الخارج عن السيطرة:

أقول لك إنني لا أتفق مع موقفك المُتَّخَذ في رسالتك إلى هايدي (كما أنني لا أتفق مع رسالتها، ولا مع خطاب فيديل، ولا مع رد الـ61 كاتبًا الغاضب)، هذا يعني مع اللوم الصارم للثورة الكوبية استنادًا إلى حادثة سجن باديّا وما تلا ذلك من انتقاده الذاتي. ومع ذلك، أحترم تصرُّفك، ولا يخطر ببالي أبدًا أن ألوم مواقفك «المتأوربة»، والمسبقة، وغير ذلك من البلاهات التي تشبَّث بها زملاؤنا اليساريون المتزمتون ممن فتحوا حسابًا، لا أدري إذا كان مصلحيًّا أم غبيًّا، حول محاكمة ثقافية خاطئة بصورة جلية لا لبس فيها. لهذا السبب لن تجد اسمي بين كُتَّاب الأُورُوغواي الذين وقَّعوا البيان، ولهذا يمكنك الاعتماد على تقديري الثقافي لأمورك، مهما كان الاختلاف النزيه معك فيما عبَّرت لك عنه (Princeton C.0641, III, Box 15).

في تلك الأثناء أيضًا أجرى الصحفي البيروفي سيسر هيلديبرندت مقابلة مشهورة مع يوسا، حيث استعرض الأحداث الأخيرة كلها. وحيال السؤال غير البريء بأيِّ حالٍ، حول ما إذا كان موقف ماريو العادل ثقافيًّا «قد ألحق الضرر بطريقة ما بصورة الثورة الكوبية»، ردَّ عليه بارغاس يوسا بذكاء وتعقُّل، مُعيدًا الكرة إليه:

أظن أن سؤالك يخلط بين رد الفعل والسبب. ما ألحق الضرر بطريقةٍ ما بصورة الثورة الكوبية هو ممارسات النقد الذاتي للرفاق [...]، وإجبارهم على اتهام أنفسهم بخيانات مُتخيَّلة، وتصريحات فيديل المثيرة للذعر حول الثقافة بشكل عام والأدب بصورة خاصة (Vargas Llosa 1983: 170).

وأكَّد بعد ذلك أنه لن يرد على رسالة هايدي، لأنها لا تتضمَّن سوى شتائم. وإنه يحترم هايدي لأنها كانت بطلة في الثورة ضد باتيستا، و«لهذا السبب فقط». ويواصل الكلام عن كم هو مُحزنٌ ذلك الاستعراض الذي دبَّروه في كوبا، لأنهم يُقدِّمون به فرصة استثنائية لليمين وللإمبريالية من أجل مهاجمة الحل الاشتراكي لمشكلات أمريكا اللاتينية. ويذكر التصريح الذي أعلنه هو نفسه في 29 مايو (أيار):

هناك صحافة معينة تستخدم استقالتي من مجلة **كاسا دي لاس أمريكاس** كي تهاجم الثورة الكوبية من وجهة نظر إمبريالية ورجعية. أريد الخروج لمواجهة هذه المناورة القذرة، وأستنكر بقوة استخدام اسمي في هذه الحملة ضد الاشتراكية الكوبية والثورة الأمريكية اللاتينية [...]. وحق النقد والاختلاف [في الرأي] ليس امتيازًا برجوازيًّا، بل على العكس، ففي الاشتراكية وحدها يمكن إقرار قواعد عدالة اجتماعية حقيقية [...]. وباستخدام هذا الحق الاشتراكي والثوري اختلفتُ مع خطاب فيديل حول المسألة الثقافية، وانتقدت ما حدث لهيبيرتو باديًّا وكُتَّاب آخرين (Vargas Llosa 1983: 171-172).

المثير للفضول أنه، على الرغم من كل ما تحمَّله من فيديل وهايدي وأتباعهما، يُنهي ذلك التصريح بكلمات مفاجئة تدعم الثورة:

لا يخدعنَّ أحد نفسه؛ فالثورة الكوبية، مع كل أخطائها، هي اليوم بالتحديد، مجتمعٌ أكثر عدالة من أيِّ مجتمعٍ آخر في أمريكا اللاتينية، والدفاع عنها في مواجهة أعدائها هو بالنسبة إليَّ واجب مُلحٌّ ومُشرِّف (Vargas llosa 1983: 172).

تأكيد يستحق التقدير، ويُثبت أن بارغاس يوسا لم يكن انتهازيًّا، وإنما رجلٌ يتصرَّف وفق قناعاته الشخصية، ولا يهمه كثيرًا أن تسوء علاقته مع الجميع، ولهذا ظلت علاقته جيدة مع كثيرين. بينما لم يحدث ذلك لكورتاثر...

كاتب طفولي جدًّا بيدين هائلتين

هذا ما يقولونه عن خوليو: كان طفلًا جدًّا، شبه أمرد على الرغم من لحيته، له يدان هائلتان، بهما تُحلِّق مخيلته. يبدو كما لو أنه يكتب بإيماءات يديه وحركاتهما، وليس بالكتابة، وهي يدوية لديه أيضًا. إنه شخصية شبيهة بقصة غابو القصيرة عن الرجل العجوز جدًّا ذي الجناحين الهائلين. وهو بريء، بوهيمي، ملتزم، قلق، بلا خبث، فنان، ارتجالي، إنه جورج هاريسون[1] الأدب. كان قدره قد حُسم، لكنه قدرٌ سيِّئٌ. عرف ماريو على ماذا يستند عندما قطع علاقته به جذريًّا، وقد منحه مرور الزمن الحق في هذا. ذلك أن كورتاثر كان يشعر أنه على خير ما يُرام في الفردوس الكوبي؛ يشعر أنه مندمج في المشروع، ولكنه لم يكن يعرف أنهم هناك ليسوا معه، وأنهم «هم» ليسوا مثله، وأنهم يكرهون، وأنهم لا يغفرون، وأنه سيان لديهم زيادة واحد أو نقصان واحد، وأن المشروع فوق الأشخاص، وأن الأمر لديهم يتلخَّص، مثلما قال باديًّا شارحًا لسلفادور إسبريو، في أنه على الجميع أن يموتوا في سبيل رجل واحد. يمكن لنا أن نتصوَّر ثِقل المرارة الأسود الذي تخفيه تلك الكلمات التي يُوجِّهها بتحبُّب كعادته، إلى ماريو في 29 أبريل (نيسان) 1972:

> المسألة بسيطة بصورة مُحزنة، بعد واقعة باديًّا ورسالة فيديل الثانية. اتخذ موقفك وموقفي مساريهما الخاصين، حتى لو كانت هناك، رسميًّا، بين الكوبيين وبيني قطيعة وصمت كبير، لديَّ أدلة تعني الكثير بالنسبة إليَّ عن العلاقة بين مَن هم الأفضل هناك تجاه قراري بعدم التوقيع على الرسالة الثانية، وشرحي للأمر في نَصٍّ لا بد أنك تعرفه (Princeton C.0641, III, Box 6).

وفي النهاية يقول لماريو إنه لم يقطع معهم، وإنما لا يزال أشد ثباتًا من أي وقت آخر مع المشروع الكوبي. وهنا بالتحديد كانت المشكلة؛ فكورتاثر، بقلة خبرته الطبيعية، ظن أن موقفه الإيجابي والتزامه يكفيان لأن يكون قد «أُعيد تأهيله». يظن أن طلبه العفو لكونه وقَّع الرسالة الأولى، ورفضه توقيع الرسالة الثانية، هو دليل كافٍ على نزاهته الثورية. ولكن الأمر لم يكن كذلك. فالوجه غير الخفي لهايدي وريتامار وفيديل، كان دمويًّا وبلا تورُّع أو حرج. كما في الحرب؛ إذا ما تراجع شخصٌ خطوةً إلى الوراء، يُعدَم رميًا بالرصاص. وقد فعل ذلك تشي غيفارا في جبال سييرا مايسترا في أكثر من مناسبة، ولكن ليس باستعارة بلاغية، وإنما بمسدس، لأنه أشد حسمًا ورسوخًا.

---

(1) «جورج هاريسون» (George Harrison): أحد أعضاء فرقة البيتلز الشهيرة، وكان طبَّال الفرقة.

كانوا قد اقترحوا على خوليو أن يُوقِّع على الرسالة، وهو في أحد الاجتماعات، لكنه بعد أن قرأ السطور الأولى، قال: «أنا لا أستطيع التوقيع على هذا!» (Mendoza 1984: 139). ربما كان خوليو المدافع الأشد حماسة، ضمن جماعة البُوم، عن مشروع الجزيرة السياسي والثقافي؛ فقد شارك على الدوام في كل احتفالات واجتماعات الدعم للثورة، وسافر بكثرة إلى كوبا. بعد الرسالة الأولى [إلى فيديل]، حاول أن يتصالح مع الكوبيين. وفي إحدى المناسبات، عندما طلبوا منه كتابة شيءٍ ما لمجلة ليبري، في عددٍ أشرف ماريو على تنسيقه، تملَّص من الدعوة بطريقة مهذَّبة، مُجيبًا بلهجته الأرجنتينية البارزة: «أنتم تعرفون كل الجهود التي قمت بها لترتيب وضعي مع الكوبيين، جهود دؤوبة، لكنها مع الأسف لم تُكافأ إلا قليلًا» (Mendoza 2000: 204). فماريو، حسب قوله، هو البهيمة السوداء لدى الكوبيين، وإذا ما ظهر اسمه هو، أي كورتاثر، في مطبوعة يديرها الكاتب البيروفي، فستذهب هباءً كل جهوده لعدم السقوط عن الحبل المُتهدِّل. وهكذا عاش بلينيو ذلك الوضع:

يقول خوليو، وهو جالس في المقهى، بينما ضوء الشمس يدخل من النافذة ويضيء لحيته، وأنا أراه، بعينيه الزرقاوين الصافيتين، الجدِّيتين، الممتلئتين بذلك الذهول وتلك البراءة التي تُميِّزه:

- لا بد من توضيح الأمر لماريو.

كنت أتصوَّر غضب ماريو المتأجِّج إذا ما سمع مثل ذلك التبرير. ولولا البراءة اللامتناهية التي تلف خوليو، لكانت الرسالة التي حمَّلني إياها مُشينة بكل بساطة. قلت له:

- أخشى أنني لن أستطيع أن أشرح مبرراتك بصورة مناسبة لماريو. من الأفضل أن تكتب رسالة وترسلها إليه في برشلونة.

- بالطبع يا صاحبي، بالطبع.

كان يمكن لأيِّ شخصٍ أقل فطنة من خوليو أن يلحظ استحالة كتابة تلك الرسالة، ولكنه كتبها.

أما ماريو، مثلما هو منطقي، فقد نظر إليها باستياء شديد (Mendoza 2000: 204).

لكن العمل الأكثر وعيًا لمحاولة المصالحة تلك، تمثَّل في رسالة الثماني صفحات التي أرسلها الأرجنتيني من باريس إلى هايدي سانتاماريا، في 14 فبراير (شباط) 1972، ردًّا على

رسالة كتبتها هي إليه، مُنزعجةً لورود توقيعه على الرسالة الأولى إلى كاسترو، ومُهددةً إياه، بين أمور أخرى، بأن عليه أن يحسم أموره بصورة نهائية في أن يكون «مع الرب» وليس «مع الشيطان» (Cortázar 1994: III, 51).

بدا مؤلف «لعبة الحجلة» مُتألمًا بسبب الشكوك التي استثارها في كوبا توقيعه على النَّص الجماعي، وقد تعلَّل بأنه لم يكن في الإمكان اتخاذ قرارٍ آخر، لأن الأخبار التي كانت تصل إلى باريس حول ما جرى، تحدَّثت عن عمليات تعذيب، ومعسكرات اعتقال، وضغوط، وأساليب ستالينية، وهيمنة سوفيتية، إلخ. وهو الذي أزعج نفسه بالإلحاح على أعضاء السفارة الكوبية في باريس كي يُقدِّموا رؤية رسمية للأحداث، والتوسُّط كيلا تخرج الرسالة من بين يدي غويتيسولو في اتجاه الشواطئ الكاريبية قبل أن تظهر الحقيقة، لم يتلقَّ من دبلوماسيي هافانا سوى الصمت، وكانت رصانة وجوههم تشي بهم، مما اضطره إلى الانضمام إلى الموقِّعين على النَّص الشهير المثير للجدل. ويكتب خوليو:

> بعد أسابيع من الانتظار غير المُجدي، وهو انتظارٌ يُقابَل من جانب كوبا بتجاهلٍ، أو بازدراءٍ، محبةِ وقلقِ داعميها في فرنسا، صار من المُحال بالنسبة إليَّ عدم الانضمام إلى طلب معلومات ترى جماعة من الكُتَّاب أن لها الحق في أن تطلبها من فيديل شخصيًّا. من المُحال أن يكون هناك ما هو أكثر وضوحًا من هذا: لقد كانت طريقة ودية، من رفيق لرفيق، كان يمكن للرسالة أن تنتظر لوقت معين، لكن تأخُّرها أكثر يعني الحق في طلب تفسير ما، لأن عكس ذلك يعني ازدراءً أو اتهامًا. مرَّت ثمانية أو عشرة أيام بعد ذلك، من دون أن يكون أحد من السفارة قادرًا على الفهم، على الرغم من التحذيرات بأن هذه الرسالة ستتحول إلى حق [...]. بدت صورة كوبا في الخارج زائفة ومهددة بسبب ذلك السلوك المؤسف المُصر على عدم الظهور (Cortázar 1994: 49-50).

هكذا يؤكِّد على أنه سلك الطريق الأصعب: التوقيع على الرسالة الأولى، واستنكار الثانية. مُوضِّحًا في نَصٍّ آخر، بعنوان «نقد سياسي»، أسلوبه المخلص والصريح في مواصلة تأييده للثورة، وعرضه المساعدة في كل ما تدعو الحاجة إليه. وينهي رسالته:

> ما أريد قوله فقط، فيما يتعلَّق بسلوكي تجاه الثورة الكوبية، أن موقفي في أن أكون مع ربٍّ (يا للمقارنة أيتها الرفيقة!) سيكون موقفي نفسه على الدوام، مُستندًا إلى أنه يجب عليَّ عدم الصمت. لا أطلب من أحد أن يتقبَّلني، أنا أعرف جيدًا أن الثوريين الحقيقيين

ينتهي بهم المطاف إلى تفهُّم بعض أوجه السلوك التي يعتبرها آخرون مشاغبات (Cortázar 1994: 52).

إنه مرَّة أخرى، من جديد، طفل بريء، في مواجهة قطيع ذئاب. والأسوأ من ذلك أنه كان عليه أن يتدبَّر أموره أيضًا مع عددٍ كبيرٍ من بنات آوى من جميع الأشكال والظروف والمنشأ. لم تصل الخناجر من سييرا مايسترا فقط: فقد تناظر أيضًا مع آرغويداس[1]، ومع أوسكار كوياثوس، واختلف مع كابريرا إنفانتي في مجلة **ليبري**، وهو مَن سمَّاه «جاسوس كاسترو»، واعتبره غويتيسولو «هشًّا ومُضحكًا» (Goytisolo 1983: 22)، في مقالته «نقد سياسي بتوقيت بنات آوى»، وأنه حاول أن يكون ورقة جوكر؛ ورقةً «كبرى» في الكُمِّ كي يظل على ما يُرام مع الجميع؛ أن يكون البطاطس المُعدَّة حسب ذوق المستهلك. وكما تقول خيلمان: «صيغة التزام تُوائم بين ما كان ينوي قوله، وما يمكن له قوله، وما لا يمكن قوله، والأسلوب الكتابي الذي يمكن من خلاله قول ذلك كله» (Gilman 2003: 259). وهذا مقطع من قصيدة كورتاثر:

ما نفعُ كتابة النثر الجيد،
ما فائدة عرض الأسباب والحجج،
إذا كانت بنات آوى تسهر متيقظة، وقطيع الذئاب يندفع ضد الشعر،
يبتره، يستخرج منه ما يشاء، ويُلقي البقية جانبًا،
تعود المصارف السوداء، وإشارة زائد تُستبدل بإشارة ناقص [...].
ما نفع الكتابة بقياس وتقدير كلِّ جملة
ما نفع تقدير ووزن كل تصرُّف، كل إيماءة تُفسِّر السلوك
إذا ما كان الصحفيون، في اليوم التالي، والمستشارون والوكالات،
والشُّرطيون المتنكرون،
ومستشارو الغوريلا، ومحامو التروستات،

(1) «خوسيه ماريا آرغويداس» (José María Arguedas) (1911-1969): كاتب وشاعر ومترجم وأنثروبولوجي بيروفي. الموضوع الأهم في أعماله الأدبية هو: مسألة بلاده المنقسمة بين ثقافتين: الثقافة الإنديزية التي تعود في أصولها إلى تقاليد الإنكا ولغة الكيتشوا، وتقابلها الثقافة الغربية التي حملها الإسبان. أبرز أعماله الأدبية: رواية «الأنهار العميقة».

يتكفَّلون بالنسخة الأكثر مناسبةً لاستهلاك أبرياء أو ماجنين،
يُصَنِّعون مرَّة أخرى الأكذوبة التي تشيع، الشك الذي يستقر.
وكثير من الناس الطيبين في كثير من القرى وكثير من أرياف أرضنا
يفتحون صحيفتهم ويبحثون عن حقيقتهم فيجدون أنفسهم
أمام الكذب المُنمق، ولُقيمات متقنة، ولتأخذ في الابتلاع
لُعاب مُسبق الصُّنع، خِراء في أعمدة مُنضد بدقة، وهناك مَن يُصدِّق
وهناك من ينسى البقية، سنوات طويلة من الحب والنضال،
لأن الأمور هكذا، يا صاحبي، بنات آوى يعرفن ذلك: الذاكرة مُعرَّضة للخطأ
وكما في العقود، كما في الوصايا، جريدة اليوم بأخبارها العاجزة
كل ما سبق، يُغرق الماضي في قمامة حاضر مُهَرَّب وكذوب.
عندئذ لا، من الأفضل أن يكون ما هو كائن،
قول ذلك الذي يحرق اللسان والمعدة، ودائمًا هناك مَن يفهم
هذه اللغة التي تأتي من العمق
مثلما من العمق ينبثق المنيُّ، الحليب، السنابل.
ومن ينتظر شيئًا آخر، الدفاع أو الشرح المهذَّب،
البدء من جديد أو الهروب، لا شيء أسهل من شراء جريدة «صنع في الولايات المتحدة الأمريكية»،
وقراءة التعليقات على هذا النَّص، نسخ رويتر أو اليونايتد برس إنترناشيونال
حيث بنات آوى واسعة الاطلاع تُقدِّم الرواية المُرضية،
حيث كتبة افتتاحيات مكسيكيون أو برازيليون أو أرجنتينيون
يترجمون له بكثير من الكرم،
تعليمات ابن آوى الذي مقرُّه واشنطن،
يصوغونها بلغة قشتالية صحيحة، مخلوطة بلُعاب وطني
مع خِراء سكان أصليين، سهل البلع [...].
إذا ما كنتُ أتكلَّم عن نفسي فلعلك، يا رفيق،
هناك حيث تجدك هذه السطور،
تساعدني، أساعدك على قتل بنات آوى،

سنرى الأفق أكثر دقة، والبحر أشد خضرة، والإنسان أكثر أمنًا.
أتكلم إلى جميع إخوتي، لكنني أنظر إلى كوبا،
لا أعرف طريقة أخرى لأُحيط بنظري أمريكا اللاتينية كلها.
أفهم كوبا مثلما يُفهم الكائن الحبيب فقط،
الإيماءات، البُعد، الاختلافات الكثيرة،
الغضبات، الصرخات: ما فوق هذه الشمس، الحرية.

وكل شيء يبدأ من النقيض، من شاعر مسجون،
من ضرورة فهم لماذا، السؤال والانتظار،
ماذا نعرف هنا عما يحدث، نحن الكثيرون كوبا،
كثيرون نقاوم يوميًا طمِيًا وقيئًا
النوايا الطيبة [...].
معك حق يا فيديل: ففي النضال فقط يوجد الحق في الاستياء،
من الأعماق فقط يخرج النقد، البحث عن أشكال أفضل،
أجل، ولكن أعماق الداخل تكون هي الخارج جدًّا أحيانًا،
وإذا ما ابتعدت اليوم إلى الأبد عن الليبرالي إلى البنفسجي، ممن
يوقعون على النصوص البارعة
لما-ذا-كو-با-ليست-هذا-الذي-تطالب-به-مناهج-هم-المكت-بية،
لا أظن أنني استثناء، إنني مثلهم، فما الذي فعلته لكوبا
ما عدا الحب،
وما الذي كنت سأُقدِّمه إلى كوبا أبعد من الرغبة، من أملٍ ما.
ولكنني أبتعد الآن عن عالمها المثالي، عن مخططاتها
الآن بالتحديد، بينما
تُوضع لي عند باب ما أحبه، ويحظر عليَّ الدفاع عنه،
الآن أمارس حقي في الاختيار، أن أكون مرَّة أخرى
وأكثر من أي وقت آخر
مع ثورتك، يا كوباي، على طريقتي. وطريقتي خرقاء،

بالأيدي،
إنها هكذا، إنها تكرار لما يروق لي أو لا يروق لي،
تقبل تأنيب التكلُّم من بعيد جدًّا
والإلحاح في الوقت نفسه (كم من المرَّات أعدت فعل ذلك مع الريح)
على أنني من أنا، ولستُ شيئًا يُذكر، وهذا اللاشيء هو ترابي الأمريكي،
وكيفما أستطيع، وأينما كنت، سأظل ترابًا، ومن أجل أناسها
أكتب كل حرف من كُتبي وأعيش كل يوم من حياتي[1].

القصيدة طويلة جدًّا، وهذه فقط بعض الأبيات من جزئها الأول، وبين الجزء الأول والثاني يوجد فاصل طويل، وفيه يفترض كورتاثر ويتوقَّع أيَّ نوعٍ من النقد ستمارسه بنات آوى على نقده السياسي، الذي هو، في الوقت نفسه، ردٌّ على نقد باديًا الذاتي وما يتولَّد عنه. وهنا يجرجر خوليو مشكلة أخرى كانت تؤرِّقه منذ الخمسينيات: إذ إن كثيرين مَن يشككون في هويته «الأمريكية اللاتينية» وفي التزامه ببلاده، لأنه يعيش في فرنسا:

تعليق من بنات آوى (عن طريق مكسيكو، مستنسخ بصخب ابتهاج في ريو دي جانيرو وبوينس آيرس): «مَن هو الآن الفرنسي خوليو كورتاثر، إلخ». **إنها** وطنية شريطة الشارة المميزة من جديد، الوطنية المريحة والمُربحة، إنها من جديد لُعاب المستائين، لُعاب كثيرين ممن يظلون في آبارهم من دون أن يفعلوا شيئًا، من دون أن يُسْمَعوا إلا في بيوتهم عند موعد تناول شريحة اللحم؛ كما لو أنني أتخلَّى في شيء عن كوني أمريكيًّا لاتينيًّا، كما لو كان تبدُّلًا على مستوى جواز السفر (وهو مع ذلك ليس هكذا، لكننا لن نخوض في الشرح، فابن آوى وُطئ وانتهى أمره). قلبي خارج الاستبدال، سلوكي خارج الاستبدال، طريقي خارج الاستبدال. مُقرفة جدًّا المواصلة على هذا النحو؛ وطني شيء آخر، أيها الوطني التعيس؛ أَزِل المخاط برايتك الرخيصة، هناك حيث أنت. الثورة أيضًا شيء آخر؛ وفي منتهاها، بعيدًا جدًّا، ربما بعيدًا بصورة لامتناهية، ثمة محرقة عظيمة للرايات، موقد خِرق قماشية مُلطخة بكل أكاذيب ودماء تاريخ بنات آوى والمستائين والوسطيين والبيروقراطيين والغوريلات والعملاء.

---

(1) نُشرت هذه المطوَّلة الشعرية في العدد 67 من مجلة كاسا دي لاس أمريكاس، عدد يوليو (تموز) - أغسطس (آب) 1971، وأرفقت بها رسالة خاصة من هايدي سانتاماريا.

وتتابع القصيدة، في مرحلتها الأخيرة، فتتوجَّه إلى الرفاق الكوبيين، تتحدث عن ماركس ولينين، وعن مُثلهم العليا، وعن العمل، وعن موسم قطع محصول قصب السكر، وعن الوعي والسعادة، وعن الحب والالتزام، وعن مارتي، وعن كاميلو، وعن تشي وفيديل اللذين قامرا بحياتيهما من أجل شعب ومن أجل مُثل عليا، ويُسمِّي كوبا «بيتي»، «تمساحي الصغير الجريح»[1]، وتُحيِّي القصيدة هايدي أيضًا، وتنتهي بكلمات «النهار يولد». هذا هو كورتاثر، سيدٌ طفلٌ جدًّا بيدين هائلتين، ولا يعرف إلى أين يمكن لِلُعاب الشيطان أن يصل.

ويروي بلينيو ميندوسا أن خوليو، في هذه الفترة، حمل إلى سفارة كوبا في باريس كومةً من الملابس المستعملة، وهي في حالة جيدة، وآلة كاتبة، كمساهمة متواضعة «للتخفيف من العَوَز الذي تسبَّب فيه الحصار الأمريكي، ولكن الكوبيين لم يقابلوه» (Mendoza 2000: 203). رَبِّ غربانًا، لن تحميك من بنات آوى[2]. فبنات آوى وحيوانات أخرى، حتى لو كانت صديقةً لك، فإنها تضحك منك كذلك. وبالفعل، قصيدة خوليو لم تلقَ ازدراء الكوبيين وحدهم، مع أنهم نشروها، ولكنهم لم يسامحوا، وإنما اعتُبرت كذلك مزاحًا وسخرية ممن كانوا في الجانب الآخر. وطرفة بلينيو التالية مع آرولدو، مراسل وكالة برنسا لاتينا في باريس الذي أكَّد له أن غابو لم يُوقِّع على الرسالة الأولى، أكثر من بليغة:

> في سياق ذلك الوضع الزاخر بالمصاعب، الملاصق تمامًا للاكتئاب، أرسل [خوليو كورتاثر] من عزلة بيته في سينيون، جنوبي فرنسا، إلى الماكر آرولدو قصيدته الشهيرة في النقد الذاتي. فأهداها آرولدو إليَّ لنشرها في المجلة.
>
> دوَّى صوته مغتبطًا في هاتف بيتي ذات صباح:
>
> - أخي، لديَّ هدية لك أُسدِّد بها هديتك لي. ستسمعها.
>
> وبنبرة صوته المرحة والمترنمة التي لها وقع السامبا، قرأ لي بعض الأبيات:
>
> - «صباح الخير يا فيديل، صباح الخير يا هايدي، يا بيتي، يا تمساحي الصغير الجريح...».

---

(1) التمساح هنا (وفي أماكن أخرى) يُشار به إلى كوبا، لأن الجزيرة الكوبية لها شكل التمساح تقريبًا.

(2) إشارة إلى مثل شعبي يقول: «ربِّ غربانًا، فتقتلع لك عينيك». وفيه إشارة إلى الجحود ونكران الجميل، ودعوة إلى الحذر من تقديم العون والجميل لمن لا يستحقه. و«رَبِّ غربانًا» (Cría cuervos) هو عنوان فيلم مشهور للسينمائي الإسباني كارلوس ساورا.

سألته:

- أيُّ خِراء هذا؟

قال آرولدو مختنقًا بالضحك:

- من خوليو.

- من كورتاثر؟ غير ممكن!

فكرتُ، لقد أُصيب بالجنون.

في مساء ذلك اليوم، عندما أطلعتُ ماربيل، زوجتي، على القصيدة الطويلة المترعة بالضيق والذم والتشهير اللاذع، هزَّت رأسها بحزن وذهول، غير مُصدِّقة، وقالت:

- إنها أغنية تانغو.

ثم أضافت بعد ذلك، مُتذكرةً الضباع وبنات آوى التي تتقافز في كل سطر من القصيدة:

- مع كلمات لفيتشينسكي.

(Mendoza 2000: 203).

عام تشظي البُوم

برؤية ما رؤي، صِرنا نعرف أن جماعة البُوم لم تعد جماعة البُوم. كتب نيرودا في قصيدته «العشرون» الشهيرة، وهي القصيدة السابقة على الأغنية اليائسة[1]: «نحن، مجموعة ذلك الحين، لم نعد نحن». كما لو أن ذلك كان تصوُّرًا مُسبقًا لما سيحدث لجيل البُوم بدءًا من ربيع عام 1971. ويبدو أيضًا «النقد السياسي» الذي كتبه كورتاثر، أغنيةً يائسة أخرى، ويبدو الانقسام أكثر اتساعًا وعمقًا في كل مرَّة.

يقول بلينيو إن النقد الذاتي وخطاب فيديل شقَّا لجنة المجلة التي كان يديرها في باريس إلى قسمين: فهناك من جهة سارتر، وسيمون دي بوفوار، وأغلبية الكُتَّاب والفنانين الأوروبيين الأكثر تساهلًا مع كوبا، وفي الجهة الأخرى ماريو، وغويتيسولو، وفوينتس، وسيمبرون، وخورخي إدواردز، وبلينيو نفسه، الأكثر تشددًا تجاه الموقف من الكوبيين (Mendoza 2000: 200). ولكن في العدد نفسه من مجلة **كاسا** الذي نُشرت فيه قصيدة خوليو، العدد 67، كان الكوبيون يُقسِّمون العالم بأسره من ألاسكا حتى باتاغونيا، ومن الأطلسي حتى المحيط الهندي، ومن الجزيرة الخضراء (في إسبانيا) حتى إسطنبول، ويضعون مَن هم مع الربِّ في

(1) إشارة إلى القصيدتين الأخيرتين من ديوان نيرودا الشبابي: «عشرون قصيدة حب وأغنية يائسة».

جانب، ومَن هم مع الشيطان في الجانب الآخر. يبدأون بعرض للمشكلة: «أطلقت الصحافة الرأسمالية حملة افتراء ضد كوبا، وفيها يشارك بضع عشرات من المثقفين الاستعماريين مع معيتهم وأتباعهم من المستعمَرين، بأيديولوجيتهم المتهالكة» (Gilman 2003: 245). وكما في «القلب الشجاع»، يضعون ميل جيبسون في جانب، والأشرار في الجانب الآخر، وجميعهم يُصوِّبون رماحهم. ولكنهم وضعوا جماعة ميل جيبسون في بؤرة الكاميرا، التي التقطتهم جميعًا (ونشروا تصريحاتهم)، أما الآخرون فأبعدوهم بالطريقة التالية: «بالنسبة إلى النصوص المعادية، نصرف النظر عنها؛ إذ إن العدو سيتولَّى نشرها بكثافة» (Gilman 2003: 245). المصطفون مع **كاسا** هم: ماريو بينيديتي، وأوسكار كوياثوس، ورودولفو والتش، وغونثالو روخاس («تلامس قاع الخطيئة الأصلية للمثقف والطابع المريب للرسائل المرسلة إلى فيديل»)، وكارلوس دروغوت («لا يمكن أن تكون كاتبًا حرًّا حقًّا بمحاكمتك لثورة من بعيد، من مكانك المُريح في باريس أو لندن أو برشلونة»)، وسلفادور غارمينديا، وغيرهم. أما عصبة العُصاة، فيظهر من ذُكروا سابقًا، وكان معهم كذلك، بدرجات متفاوتة، ومن دون أن يتخلَّوا في حالات كثيرة عن أيديولوجيتهم اليسارية الجذرية: مارتا ترابا، وخوسيه ريبويلتاس، وآنخل راما، وأدريانو غونسالس ليون، وأوكتافيو باث، وإدواردو ليثالدي، وإنريكي ليهن، وخوان غارسيا بونثي. وكان هناك مَن لم يدعموا هذا الفريق أو ذاك، وانتقدوا الموقفين المتطرفين، أو قاموا بتعديل طفيف للستالينية الكوبية، مثل هارولد كونتي، ودافيد بينياس، وغيرهما.

يبدو جيدًا أن ما حدث منذ ذلك الحين هو تفكُّكُ أبطال البُوم، وفشلُ وحدة جرى التوصُّل إليها في إطار المشروع الكوبي. ويُعبِّر خوسيه دونوسو عن ذلك بطريقة جيدة جدًّا: «أعتقد أنه إذا كانت هناك وحدة شبه كاملة بين جماعة البُوم، فإنها الإيمان الأول بقضية الثورة الكوبية؛ وأظن أن خيبة الأمل الناجمة عن قضية باديًا قد قوَّضتها، وقوَّضت وحدة البُوم» (Donoso 59-60). البُوم مفتتًا. إنه عام البُوم الأسود. عام الحطام.

خرجت أسماء كثيرة، ولكن ينقصنا أهمها: غابو. رأينا ما حدث في الرسالة الأولى، حيث كان موقفه مثيرًا للجدل، وبالتحديد لأنه لم يكن موقفًا ولا أي شيء آخر، وإنما لعبة غُميضة. في تلك اللحظات الأولى، عندما كان انفجار القضية مُدويًا، والجميع ثائرين، في ربيع 1971، كان لا يزال يضعنا في المجهول. حتى إن بلينيو نفسه، صديق روحه الكبير، يعترف بأنه طوال الوقت الذي لم يُظهر فيه ما يدل على أن غابو على قيد الحياة، كان موقفه «أحجية غامضة» (Mendoza 2000: 205). ففي الوقت الذي كان فيه غابو، مثلما هو ميندوسا،

يراقب الأمر عن كثب شديد - وكانا يُعلِّقان على الوضع بكثرة - تطوَّرت الأحوال في كوبا، وبصورة خاصة «الطريقة التي كانت بها روح الحزب الضيقة والدوغمائية - والتي كانت، افتراضيًّا، قد طردتهما من العمل في برنسا لاتينا قبل عشر سنوات من ذلك - تغزو جسد الدولة كله كسرطانٍ[1]، بدلًا من أن تختفي أو تتضاءل» (Mendoza 2000: 205). يضيف بلينيو إلى ذلك أنه لا يجب التفكير في أن هناك عدمَ معرفةٍ بحالةِ أو بأسلوبِ عملِ أجهزة الأمن الكوبية، لأن كارلوس فرانكي كان يُبقي كليهما على اطلاع دائم بشأن تلك النشاطات، والتي كانت تتم دومًا بمساعدة السوفييت، «وهم فعَّالون في إدارة عمليات الاستجواب والتحكُّم السيكولوجي في المعتقلين»، التي «توضحها تمامًا الأساليب المستخدمة مع باديًّا» (Mendoza 2000: 205).

كان جليًّا أنه سيكون على غابو، عاجلًا أو آجلًا، التعبير عن رأيه؛ فقد فعل الجميع ذلك، وأعلنوا مواقفهم، سواء مَن يستمع إليهم الجميع، أو مَن لم يسمع بهم أو يقرأ لهم أحد، مَن لآرائهم سُمعة وشُهرة وأُستاذية، ومَن لا يعلم أحدٌ أين ومتى قالوا شيئًا. الجميع كانوا يتكلمون، ويُبدون الآراء، وينتقدون، أو يُقدِّمون انتقادات ذاتية أو سياسية. وهكذا إلى أن ظهر غابو. منذ هذه اللحظة، اختفت أصوات أخرى، لأنه من أجل سماع شيءٍ أو نشره لا بد من فضاءٍ ومكانةٍ خاصين. وقد كان غابو يتمتع بمكانة، ووزن، وزخم، وعمق، بما يكفي لملء أي فراغ، في ثلاثة أبعاد، وحتى في أربعة أبعاد، إذا ما كانت أبعادًا صغيرة.

المحامي الأجمل في العالم

إستيبان، ذلك الميت الجميل، الضخم والرجولي الذي وصل جثمانه إلى سواحل الكاريبي في قصة غارسيا ماركيز التي تحمل عنوان «أجمل غريق في العالم»، راح يحول عالم سكان القرية الصغيرة على الرغم من كونه جثة هامدة. والظهور المفاجئ لغابو حيًّا بكامل حيويته في

(1) كان الحديث يدور آنذاك عن وجود قوتين سياسيتين كبريين في كوبا: الأولى هي حركة 26 يوليو (تموز) التي خاضت حرب عصابات ضد دكتاتورية باتيستا، وأسقطت حكومته، وكانت مؤلَّفة في معظمها من فلاحين وأنصاف متعلمين وثوريين طوباويين بقيادة فيديل كاسترو، أما القوة السياسية الثانية فتتمثَّل في الحزب الشيوعي الكوبي الذي كان أحد أقوى الأحزاب في كوبا، وأحد أقوى الأحزاب الشيوعية في أمريكا اللاتينية، ولديه تنظيمه الواسع وكوادره المدرَّبة، مما أتاح له، بعد فترة قصيرة من سقوط باتيستا، السيطرة على مواقع أساسية في إدارة الدولة، وتحويلها إلى أداة بيروقراطية على النمط السوفيتي.

أواخر عام 1971، في عالم الرأي العام، ثوَّر كذلك الجو الثقافي الأمريكي اللاتيني بشأن قضية باديًّا. ففي مقابلة هيلديبرندت لماريو بارغاس يوسا قبل ظهور الكولومبي، يسأله الصحفي عن رأيه في موقف صديقه، الذي أعلن بصورة سافرة تأييده لفيديل، فكان ردُّ ماريو عليه:

لا أعرف تصريحات غارسيا ماركيز كلها، وبالتالي لن أُعلِّق على عبارة مقتضبة جدًّا. لكنني أعرفه بما يكفي لأن أكون واثقًا من أن انتماءه إلى الاشتراكية مثل انتمائي أنا شخصيًّا؛ انتماء كاتب مسؤول عن موقفه وأمام قرائه؛ موقف غير مُتزمِّت وليس غير مشروط (Vargas Llosa 1983: 172).

يمكن افتراض أن ماريو، بعد سماعه تصريحات غابو التالية، شعر بعدم الراحة معه، ليس لأنه أخطأ في توقُّعاته المسبقة، وإنما لأنه اختبر لأول مرَّة اختلافًا سياسيًّا وأيديولوجيًّا خطيرًا إلى هذا الحد أو ذاك، مع صديقه المُفضَّل. لأن غابو، في ظهوره النجومي، تحوَّل إلى أفضل محامٍ - الأجمل في العالم - يدافع عن فيديل وثورته.

عاش بلينيو مباشرةً ذلك الظهور المفاجئ لغابو، لأنه بعد فترة من تلقِّيه رسالة يقول له فيها باقتضاب، لماذا لا يريد التوقيع على الرسالة الأولى إلى كاسترو، ظهر فجأة وبلا إعلان مُسبق. كانت مكالمة هاتفية من برشلونة، وكان قد رجع للتوِّ بعد قضاء فترة طويلة في الكاريبي (من الجانب الآخر لسماعة الهاتف كانت تُشم رائحة الجوافة العفنة)، يخبره بأنه سيسافر إلى باريس بعد قليل، فقط لكي يتكلم طويلًا وبإسهاب معه. وهذه هي الرواية الأولى المتوفِّرة عن اللقاء:

ما إن دخل إلى الشقة التي نشغلها في شارع روما، ورأى زوجتي، حتى رفع ذراعيه بمزاح، وقال لها:

- لن تعنفيني بسبب مسألة باديًّا.

أما هي، الكاريبية مثله، فقالت بلا احترام، ومن دون أن تتمكَّن من إخفاء أي شيء لنفسها:

- سأُعنِّفك بالطبع يا غابيتو. ما فعلتَه هو الذروة التي لا تُحتمل.

فانفجر هو ضاحكًا.

فقلتُ لها عندئذ:

- ماربيل، اتركي لغابو الوقت ليرتاح، وسنتكلَّم طويلًا معه.

(Mendoza 2000: 206).

ما تلا ذلك هو ثلاث ليالٍ كاملة تقريبًا للتحدُّث طوال الوقت، وبصورة مهووسة وتسلُّطية، عن كوبا وعن قضية باديّا، من دون أن يتمكَّن كلاهما من الوصول إلى توافق للمرَّة الأولى في حياتيهما. يقول بلينيو إنه تفهَّم أسبابه، وإن كان لا يشاطره أيَّ فكرة منها. فقد كان غابو ينظر إلى الرصيد العام للثورة ويرى أنه لا يزال، حتى ذلك الحين، إيجابيًّا جدًّا، ووضع كوبا يبدو له أفضل بكثير من معظم البلدان الأمريكية اللاتينية، التي تخضع بعبودية للإمبريالية، أو تقع تحت هيمنة الأوليغارشيات التي تمسك بزمام السُلطة إلى آجالٍ غير محددة، وبطريقة فاسدة، منذ قرون. وكان مقتنعًا بأن المنجزات الكوبية في مجالي التعليم والصحة أمورٌ بطولية تفوق كلَّ التقديرات المنطقية، ولا يمكن مقارنتها بما هي عليه في جميع البلدان المحيطة. من الممكن أن تكون هناك أخطاء، ولكن معارضة ذلك كله بصورة إجمالية أمرٌ غير عادل (Mendoza 2000: 207).

في كتابه «رائحة الجوافة»، وبعد إحدى عشرة سنة من ذلك، يقابل ميندوسا، غابو، ويشير هذا الأخير إلى الأسباب التي دفعته إلى التقرُّب أكثر فأكثر من الثورة. وبحذرٍ، وبقليلٍ من المودة، تجاه المعلومات المحدَّدة المعارضة، يشير إلى أن لديه «معلومات مباشرة، وأفضل بكثير، ونضوجًا سياسيًّا»، يتيح له «فهمًا أكثر جدية، وأكثر صبرًا وإنسانية، للواقع» (Mendoza 1994: 128). وكما في مناسبات أخرى، ينتهي بلينيو ولا يصل إلى الإجابات التي يسعى إليها. أضف إلى ذلك أنه يمكن لغابو أن يُقدِّم هذا التأكيد في عام 1985، حينما بات يعرف الوضع الكوبي وقادته جيدًا، وبعد أن صار صديقًا شخصيًّا لكاسترو منذ 1975، ولكنه ليس بالجواب المناسب لعام 1971، لأن الكولومبي في ذلك الحين لم تكن لديه سوى معلومات غير مباشرة عن كوبا. في **قضية باديّا** يلفتُ النظر إلى جهوده غير المثمرة، إذ إن الكثير من مناقشاته وأحاديثه حول هذا الموضوع وصلت إلى طريق مسدود. ينسخ ميندوسا أحد الأحاديث:

يتنهَّد غابو أحيانًا:

- لو أنني أستطيع رواية بعض الأمور. لو أنك تدري.

أجل، إنه بكل تأكيد مستودع أسرار سُلطة لا يمكنه الكشف عنها، إنها مسوغات انتمائه إليها (Mendoza 1984: 144).

وعلى الرغم من أن ميندوسا يتحدَّث ضد الأساليب الستالينية، فإنه يبذل جهدًا من أجل تفهُّم الموقف الراديكالي لصديقه، عندما يعرض:

من أجل قول ذلك بلغته نفسها: لم يكن هناك سوى نوعين من الحساء في قائمة الطعام: حساء من المحتمل أن يتضمَّن نوعًا ما من الحرية؛ إمكانية كتابة مقالات افتتاحية في الصحف، وإلقاء خطابات من فوق الشرفات، والتظاهر باختيار سيناتور أو عضو مجلس بلدي، لكنَّ الأطفال يموتون جوعًا، أو يظلون أُميين، أو يحتضر المرضى في أي مكان وهم لا يستطيعون الوصول إلى مستشفى. وحساء آخر في قائمة الطعام؛ يتضمَّن الحرية بالطريقة التي تقبَّلناها بها حتى ذلك الحين، لكنَّ البؤس غير موجود، والأطفال يأكلون، ويتلقَّون تعليمًا، ولديهم سقف، وهناك مستشفيات للمرضى، ولا تُوجد مُطلقًا تَفرقةٌ بناءً على العِرق والأصل. يجب الاختيار بين هذين الحساءين، بين هذين الواقعين، وهما الواقعان الوحيدان المتوفران على مائدة العالم. وقد اختار هو. ولم أتفق معه في الرأي بالطبع (Mendoza 1984: 142–143).

هذا كلُّه مجردُ أحاديث بين أصدقاء، وبعضها بعيد عن السياق التاريخي الذي نعيشه. لكنَّ حدث اللحظة المركزي والحاسم، حيث أنهى المحامي الأجمل في العالم نفسه بمتعة؛ ما كان ريبورتاجًا طويلًا قُدِّم إلى جريدة **دياريو دِل كاريبي**، التي تصدر في مدينة بارانكييًا، ثم نُشر بعد ذلك في ملحق مجلة **ليبري** مع كل المعلومات عن قضية باديًا، من خلال المقابلة مع خوليو روكا، في أواخر عام 1971، وتحديدًا في الوقت الذي كان فيه غابو على وشك السفر إلى نيويورك لتلقِّي دكتوراه الشرف من جامعة كولومبيا. كان ممنوعًا في ذلك الحين من الدخول إلى الولايات المتحدة لكونه «شيوعيًا»، ولكن الاستثناء حدث. وبطريقة مماثلة، في مناسبة أخرى، تمكَّنت توني موريسون، وهي حاملة جائزة نوبل أيضًا، من إيصال الكولومبي إلى برِنستون، بما يُشبه الأحجية، متجاوزةً كلَّ أنواع المصاعب، بسبب أيديولوجية المؤلف المُعلنة والعامة.

في الجزء الأول من المقابلة، يتوجَّه خوليو روكا بالسؤال إلى غارسيا ماركيز: ماذا سيكون موقفه ضمن جماعة المثقفين الأمريكيين اللاتينيين الآخذين في الانفصال بوضوح عن مشروع كاسترو. وبعيدًا عن ردِّ الكولومبي مباشرة على السؤال، ينكر وجود انقسام أو قطيعة، ويزعم أن «خلاف جماعة من الكُتَّاب الأمريكيين اللاتينيين مع فيديل كاسترو هو ظاهرة عابرة لوكالات الأنباء» (VVAA 1971: 135). وحسب رأي غارسيا ماركيز، لا وجود لخلاف. إنه نظام الوسطية مَن يحرف قطبي المشكلة **المزعومة**، ويُجذِّر المواقف مُتلاعبًا بالخطاب الذي ألقاه فيديل كاسترو أثناء المؤتمر. ومع ذلك، يوافق على قسوة

بعض التصريحات، ويعترف بأن «هناك بالفعل بعض الفقرات شديدة القسوة» (VVAA 1971: 135).

وهكذا، فإن المذنب في الوضع الحالي، من وجهة نظره، هي الصحافة حصرًا. يُلح: «تَصيَّد المراسلون الأجانب بالملقاط بعض العبارات المتفرقة، ورتَّبوا صياغتها كما يشتهون، كي يبدو أن فيديل يقول **ما لم يقله في الواقع**» (VVAA 1971: 135). إنه دفاع مُفرط عن الدكتاتور، يحاول أن يُلطِّف السياق العام الذي حدثت فيه المواجهة مع المثقفين. لا بأس الآن، فقد صرنا نعرف الآن أن كلماته كانت فجَّة وقاسية، وأن نواياه كانت واضحة. فحسب سيسر ليانتي، عند إشارته إلى تلك المناسبة تحديدًا: «ألقى فيديل أثناء حفل الختام أحد أشد الخطابات حدَّة ضد المثقفين، بصورة لم يسبق لها مثيل» (VVAA 1971: 135).

ويؤكد غارسيا ماركيز في المقابلة أنه لم يتدخَّل في أيٍّ من الرسالتين (يُسمِّيهما أحيانًا البرقيتين) الموجَّهتين إلى فيديل كاسترو: «لم أُوقِّع على الرسالة لأنني لم أكن مؤيدًا لإرسالها» (VVAA 1971: 135). وفي الجزء الأخير من جوابه، يضيف الكاتب الكولومبي: «لا يمكن لي أن أُشكِّك لحظة واحدة في النزاهة الثقافية والميول الثورية لمن وقَّعوا على الرسالة» (VVAA 1971: 135). إيماءة غارسيا ماركيز، متضامنة مع كاسترو، لكنها متضامنة في الوقت نفسه مع الموقِّعين، مما يجعله كمَن يُبحر بين ولاءين: الخدمة غير المشروطة للثورة، وحصيلة انتمائه وزعامته في جماعة البُوم. كان غابو واعيًا للأذى الذي يمكن أن يُلحقه أيُّ استقطاب مُطلق في المواقف المتعاكسة، بالثورة نفسها، وبمستقبل الاشتراكية في أمريكا. كان يثق في الموقِّعين، ولا يزال يُعدهم ثوريين، ربما ليُخفِّف من ازدراء فيديل كاسترو لمن دعَّموا إعادة الكرَّة بعريضة الاحتجاج. كانت النصوص بالغة الوضوح، ولم ترمِ في أي لحظة إلى زعزعة مبادئ الثورة؛ ففي أُولى الرسالتين، على سبيل المثال، يتبدَّى بكل وضوح في مطلعها أن الموقِّعين «متضامنون مع مبادئ الثورة الكوبية وأهدافها» (VVAA 1971: 95)، وفي الرسالة الثانية، يُعارض الموقِّعون كاسترو ومواقفه، لكنهم يعتبرون أنفسهم ثوريين بالكامل، وينتهون إلى التعبير عن أُمنية، مخلصة بكل وضوح: «نريد للثورة الكوبية أن تعود إلى ما جعلنا نعتبرها، في إحدى اللحظات، نموذجًا يُحتذى ضمن الحركة الاشتراكية» (VVAA 1971: 95).

وبالمُضي إلى المسألة الأساسية، يسأله خوليو روكا بلا مداورة: «هل أنت مع، أم ضد، كاسترو، فيما يتعلَّق بقضية الشاعر باديّا؟» (VVAA 1971: 136). ويظهر غارسيا ماركيز غير

قادرٍ مع ذلك على اتخاذ قرارٍ نهائيٍ في القضية، أو موقفٍ متماسكٍ وموحَّدٍ. ولا ندري، هل السبب هو عدم المعرفة الفعلية لبعض التفاصيل، أم أنه العجز عن معارضة كاسترو مباشرةً في أمرٍ بدا واضحًا وجليًا أنه خطأ سياسي واستغلالٌ مُتعسِّف للسُّلطة. وتستنتج كلاوديا خيلمان أن «موقفه يكشف عن استخدام بارعٍ لتكتيكات تقديم الوقائع وعرضها، والتضمين، أو الحذف والاستبعاد، وفق ما يتيح لاستخدام الضمائر أن يُعدِّل من المسؤولية في الخطاب ذاته» (Gilman 2003: 257)، بجوابه: «أنا شخصيًّا، لا أستطيع إقناع نفسي بتلقائية وصدق النقد الذاتي الذي قدَّمه هيبيرتو باديًّا» (VVAA 1971: 136)، أو عندما يقول: «نبرة انتقاده الذاتي مبالغٌ فيها، وشديدة الدناءة، يبدو أنه جرى الحصول عليها بأساليب مُشينة» (VVAA 1971: 136)، أو عندما يعترف بأنه لا يمكن تسمية باديًّا بالكاتب المناهض للثورة، فموقفه يبدو واضحًا، وعدم توافقه مع كاسترو يبدو جليًّا. حسنًا، لن تكون هناك أبدًا أيُّ إشارة مباشرة إلى مَن كان، في نهاية المطاف، المسؤول عن المحاكمة، أو حتى تلميح إلى خطأ في النظام الأيديولوجي الذي تستند إليه الثورة. بل على العكس، كان يتجرَّأ فقط على الإشارة إلى التأثير السلبي الذي يمكن لوضع الشاعر المُوبَّخ أن يتسبَّب به في مستقبل البلاد، يقول غابو: «لا أدري إذا كان هيبيرتو باديًّا يُلحق الأذى حقًّا بالثورة في موقفه، لكن نقده الذاتي يُلحق الأذى بها بصورة خطيرة» (VVAA 1971: 136). هذا يعني أن باديًّا، من وجهة نظر ماركيز، دون أن يكون عدوًّا للثورة، فإنه ربما يكون السبب، بطريقةٍ غير واعية، في إلحاق أنواع من الأضرار التي لا يُعرف إلى أي حدٍّ يمكن لها أن تُلحق الضرر بجهود كاسترو في بناء مجتمع أفضل. وهذا شيء مشابه، من جهة أخرى، لما ردَّ به بارغاس يوسا على هيلديبرندت.

تلا ذلك على الفور، وكنتيجة شبه مباشرة لما جرى الحديث عنه بصورة مُوسَّعة، أن سأله الصحفي عما إذا كان ممكنًا الحديث عن شيء من الستالينية في سياسة كوبا الداخلية، فكان ردُّ غارسيا ماركيز بأنه سيعرف هذا خلال وقت قصير، لأنه إذا كان الأمر كذلك «فسيقول ذلك لفيديل نفسه» (VVAA 1971: 136). تظل ثقته بالقائد الأعلى واضحةً، لكن ما هو أكثر كشفًا أنه لا ينفي إمكانية وجود الستالينية في كوبا؛ حيث كان يمكن له أن يعطي رأيه الخاص، وينفي بحزمٍ، أو يتجنَّب الحديث في المسألة. ومع ذلك، يُوضِّح ردُّ غابو أنه يُدرك أن لديه معرفةً عميقة بما يكفي باستراتيجية كاسترو لمحاولة الخروج بنجاح من المشكلة الخطيرة المتعاظمة مع مرور الوقت. ولهذا، عندما سأله الصحفي الكولومبي عما إذا كان سيقطع علاقته عندئذ بالثورة، كان جوابه جازمًا: «بالطبع لا» (VVAA 1971: 136). ويعود

إلى الإلحاح على أنه لم تحدث أيُّ قطيعة بين المثقفين الأمريكيين اللاتينيين والحكومة الكوبية، ويؤكِّد: «لم يقطع أيٌّ من الكُتَّاب الذين احتجوا بسبب قضية باديًّا، علاقته بالثورة الكوبية، حسبما وصلت إليه معرفتي» (VVAA 1971: 136).

كان غابو مدركًا للنتائج التي يمكن أن يؤدي إليها قراره، وعلى الرغم من أن موقفه تسبَّب له في بعض الملاحظات النقدية، فإن المقابلة انتهت بتأكيد ثقته في الثورة وتضامنه معها، لأنه «لا يمكن أن نتأثر لتعثُّر في السياسة الثقافية، حتى لو كان هذا التعثُّر كبيرًا وخطيرًا مثلما هو نقد هيبيرتو باديًّا الذاتي» (VVAA 1971: 135). لقد أراد المحامي الأجمل في العالم أن يدافع عن كاسترو، وعن كوبا، من دون أن يقطع العلاقة بصداقاته الأدبية، وهو ما بات صعبًا جدًّا بعد أن بلغت الأمور الحدَّ الذي وصلت إليه. ومع ذلك، سنرى كيف أن التغزُّل، بمظاهر متعددة، مع بارغاس يوسا، استمر في برشلونة حتى عام 1974، واللقاءات مع الأعضاء الآخرين تواصلت. وقد استمر ذلك كله حتى يوم اللكمة، على العين اليسرى بالضبط. فالعين الأقل جمالًا في العالم ستُصبح مشهورة أيضًا، ولكن بعد وقت طويل جدًّا، في 1976.

10
عودة السفن الشراعية:
مد الجسور بين إسبانيا والبُوم

الجسور والأدب، كانا مترابطين على الدوام. فالجسر، تاريخيًّا، هو رمز للوحدة، للتواصل بين أراضٍ غير متصلة. إنه من بين المنشآت البشرية الأولى التي شيَّدتها جميع الثقافات بهدف جمع شمل ما هو منفصل. وفي الأدب أيضًا تُبنى جسور من خلال الكتابة، للربط بين مستويات غير متساوية: مستوى الواقع ومستوى التخيل، مستوى الأرق ومستوى الحلم. فالاستمرار لم يعد للحدائق[1]، وإنما للجسور. الكاتب هو المكلَّف بمد جسر للقارئ كي يعبر إلى الجانب الآخر، إلى العالم المسكون بشخوص مثل هوراسيو أوليفيرا (بطل لعبة الحجلة) الذي ينتظر الساحرة لاماغا بمكر شديد، على جسر الفنون. **لعبة الحجلة**، هي إحدى الأيقونات الروائية الأساسية في حركة البُوم، وليس مصادفة أن أحداثها تدور ما بين بوينس آيرس وباريس. يؤكِّد ماريو بارغاس يوسا في مقالة له بعنوان «باريس، ما بين وحيدي القرن والخيمرات[2]»، أن هاتين المدينتين هما أكثر مدينتين أدبيتين في العالم، وأن في كلتيهما، فوق المدينة الحقيقية، تفرض نفسها مدينة أدبية «مُشَكَّلة من خرافات، وأساطير، وشخصيات استثنائية، وأعمال بطولية أو تراجيدية أو كوميدية، كما لو أنها تطغى على المدينة الحقيقية وتحل محلها في بعض الأحيان» (Vargas Llosa 2008: 1). ولم يبدُ لنا مصادفةً كذلك أن تكون باريس هي مدينة الألف جسر، وأنه لا وجود فيها عمليًّا لشوارع أو حدائق، أو حي أو نُصب، «إلا وترتبط بقصيدة، أو بمؤلِّف، أو بكتاب، أو بتيار فكري ما، أو بحدث فارق في الحياة الأدبية والفنية الفرنسية». ويمد لنا الروائي البيروفي جسرًا ويكتب:

ربما يكون مشهد جسور باريس هو أجمل ما في أجمل مدينة في العالم، وهي باريس بلا شك. رؤية الشروق أو الغروب من فوق الجسور، أو تأمُّل شفق في الخريف، هي تجربة جمالية لا تُستنفد ولا تنضب، وأحد أعظم أحلامي كلما مررت بباريس.

---

(1) الإشارة هنا تُلمح إلى «استمرار الحدائق»، وهي واحدة من أجمل وأشهر قصص خوليو كورتاثر القصيرة.

(2) «خَيمر» (quimera): حيوان خرافي برأس أسد، وجسم عنزة، وذيل تنين.

جسور السين، الجزيرتان: جزيرة دو لا سيت، وجزيرة سان لويس، هما مركز تاريخ فرنسا بالضبط، لأنه يبدأ من هناك؛ ولا يمكن المرور من تلك الأمكنة، من دون أن تتردَّد في ذاكرة العابر وحساسيته أصداء كل تلك التقاليد التاريخية، شديدة الثراء، أثناء القرون التي كانت فيها فرنسا عاصمة العالم (Vargas Llosa 2008: 1).

لا مجال للشك في أن السنوات التي أمضاها بارغاس يوسا (وكذلك غارسيا ماركيز) في باريس قد تردَّدت في «ذاكرته» وفي «حساسيته». لقد ناقشنا التحوُّلات الأدبية التي عاشها بطلانا، كلٌّ على حِدة، في مدينة النور، ولا بد أنهما، بكل **الأنوار**، قد انبهرا بتلك المدينة **ذات الجسور**. كانت باريس بالنسبة إليهما علامة بارزة في أدبهما: هناك تعلَّما بناء جسور مهيبة ومعتبرة من عجينة أدبية. لقد تحدث غابو في مناسبات عديدة عن تلك الحياة «الصعبة، والمغامِرة، والرائعة، لأمريكيين جنوبيين كثيرين عالقين في باريس». كانت تجربته الشخصية قاسية، لكن على الرغم من البؤس الذي عاناه، فإنه تمكَّن من المُضي قُدمًا، وكتابة **ليس لدى الكولونيل من يكاتبه**. ويُعلِّق غابو: «لو لم أعش تلك السنوات الثلاث، فربما ما صِرتُ كاتبًا. هناك تعلَّمت أنه لا أحد يموت من الجوع، وأنه يمكن لأحدنا أن ينام تحت الجسور». الكاتب هو الذي يسكن تحت جسر هندسي، وفوق جسر آخر أدبي، مثل بارغاس يوسا الذي كتب هناك أيضًا **المدينة والكلاب** ما بين تلك الجسور، وفوقها، وتحتها. وهكذا، تتطابق الهندسة المعمارية مع الأدب، ويُغني كلٌّ منهما الآخر، إنهما وجهان للعملة نفسها كثيرة التداول في المدينة الباريسية. لأن الجسور الهندسية والأدباء يتقاسمون الهدف نفسه: إتاحة التواصل. وهكذا برز كلٌّ من المهندس المعماري، والشاعر، كمُوصِّلَين كبيرين لحركة البُوم، وصانعَين للجسور، ورابطَين بين ضفتي الأطلسي. لكن بارغاس يوسا وغارسيا ماركيز لم يمدَّا جسورًا وحسب، بل اجتازاها كذلك. والجسر الأهم، والأعظم شأنًا في حياتيهما، هو ذاك الذي أقامه كارلوس بارال في الستينيات، مُعيدًا إقرار الحوار والتواصل بين إسبانيا وأمريكا اللاتينية. وكان الناشر، صاحب دار سيس بارال، مستقرًّا في مدينة مهمة أخرى، مدينة حسابات وتلاقٍ، أكثر منها مدينة جسور، وقد مدَّتها لهما، إنها برشلونة. وهذا ما جعل الأمريكيين اللاتينيين يستقرون لفترة من الزمن في إسبانيا، في هذه المدينة التي ضمَّت جاليةً من كُتَّاب أمريكا اللاتينية البرشلونيين بالفطرة، وأثارت اهتمامًا كبيرًا في كل أنحاء البلد، وخصَّصت دراسات، ومحاضرات، وملتقيات، لتحليل ودراسة الأدب الهيسبانوأمريكي.

إسبانيا والبُوم الأمريكي اللاتيني: جسر من الألمنيوم

نعرف أن هذه الظاهرة الأدبية المسماة «بُوم»، هي ثمرة مجتمع الاستهلاك وتنامي جمهور القُرّاء، وقد ظهرت في الأصل في مكسيكو وبوينس آيرس. فدعم تقنيات الإعلان والتسوُّق (زادت دور النشر من أعداد النُسخ المطبوعة بسبب الطلب الواسع المتزايد على الأعمال الأدبية)، والتقبُّل النقدي الإيجابي، أدَّيا إلى هذه الأعجوبة السيكولوجية. ومصطلح «البُوم»، مثلما أوضح آنخل راما أيضًا، آتٍ من الحياة العسكرية، «كمحاكاة لصوت الانفجار، وتكمن أصوله في مصطلحات «التسويق» الأمريكية الشمالية الحديثة لتحديد ارتفاع كبير مفاجئ في مبيعات سلعة ما في مجتمعات الاستهلاك» (Rama 1984: 56). وكانت المفاجأة الكبرى في تطبيقه على المجال الثقافي، على الكتب التي كان يسود الاعتقاد بأنها خارج هذه الصراعات. وقد جاءت التسمية من الميدان الصحافي (أخرجته مجلة بريميرا بلانا إلى ميدان التباري) كي تُحدد اللحظة الذهبية للآداب الهيسبانوأمريكية، بظهور أعمال متميزة: «عصر الأنوار» (1963) لأليخو كاربينتير، و«موت أرتيميو كروث» (1962) لكارلوس فوينتس، و«لعبة الحجلة» (1973) لخوليو كورتاثر، و«المدينة والكلاب» (1963) لبارغاس يوسا. وهي ليست حركة لها علاقة بالأجيال، ولا بالجماليات (مع أن كثيرين قارنوها بالواقعية السحرية)، ولا بمحض حيلة تجارية، على الرغم من أن التسمية تنطوي على ذلك المنشأ الإعلاني الدعائي. إذ لا بد من توضيح أن الناشرين الذين ساعدوا في ظهور هذا السرد الروائي الجديد الأمريكي اللاتيني كانوا يديرون «دور نشر رسمية أو مؤسسات خاصة صغيرة»، يُحدِّدها الناقد آنخل راما بأنها «ثقافية»، مثل «دار سيس بارال»، من أجل تمييزها عن المؤسسات التجارية المحضة. لقد كانت صفة **البُوم** نافعةً لشد اهتمام القارئ، وبصورة خاصة القارئ الإسباني، إلى مؤلفين ذوي جمهور ضئيل وأعمال رفيعة المستوى الأدبي: مثلما فعل بورخيس بأعمال ماثيدونيو فيرنانديث، أو بارغاس يوسا بأعمال آرغويداس، أو خوليو كورتاثر بأعمال ليما وفيليسبيرتو إرنانديث، وكانوا قبل ذلك مجهولين في بلادنا. فحركة **البُوم**، كما هو واضح، لم يصنعها الناشرون وحدهم، وإنما القُرّاء على جانبي الأطلسي أيضًا.

لقد شحذ مؤرِّخو تيار البُوم أذهانهم في محاولة لتفسير الأسباب. اقترح خوسيه ميغيل أوبييدو «مجموعة بارزة من الروايات الكبرى ظهرت في منتصف عقد الستينيات»، و«إعادة تقييم لروايات أخرى لا تقل أهمية، استُبعدت أو قُرئت في سياق آخر مختلف» (Oviedo 2007: 55). ويتحدث دونوسو عن عولمة للرواية الهيسبانوأمريكية، وإبراز الأهمية الرئيسية

لماريو بارغاس يوسا في **البُوم**، بسبب النشر الاحتفالي لرواية **المدينة والكلاب** في إسبانيا. ويؤكد كذلك أن كارلوس فوينتس كان «المحرك الفكري» لذلك كله، والوكيل الأول الفاعل والواعي لعالمية الرواية الهيسبانوأمريكية في سنوات الستينيات، ذلك أنه شدَّد في كتابه **الرواية الهيسبانوأمريكية الجديدة** (1969)، على الطابع التجديدي لنثر بورخيس، وأبرز بارغاس يوسا، وكاربينتير، وغارسيا ماركيز، وكورتاثر. ووضع كلُّ ناقد منهم قائمة **البُوم** الخاصة به، ولكن الثابتَين في القوائم كلها كانا: غارسيا ماركيز، وبارغاس يوسا، على الدوام. أما خوسيه دونوسو في كتابه **تاريخ شخصي للبُوم**، فيُقر تراتبية أخرى، حيث نجد «عروشًا» و«ملائكة ساروفيم» و«رؤساء ملائكة»، ويضع أربعة أسماء فقط على يمين الرب كُليِّ القدرة:

> إذا ما تُقبِّلت المراتب، فإن أربعة أسماء تُشكِّل، بالنسبة إلى الجمهور، صدارة تيار البُوم الشهير، اللبَّ، وبالطبع كزعماء للمافيا، وكانوا وما زالوا أكثر مَن يتلقون المديح، وأكثر من يتلقون النقد: خوليو كورتاثر، وكارلوس فوينتس، وغابرييل غارسيا ماركيز، وماريو بارغاس يوسا (Donoso 1999: 119–120).

أما كارلوس بارال، وإن يكن بمسوغات أقل من مسوغات دونوسو، فيضم الروائي التشيلي دونوسو إلى الفئة الأساسية؛ فعندما سألوه عن الأسماء الرئيسية في البُوم، أجاب:

> حسنًا، أُفكِّر بالطبع في كورتاثر، أُفكِّر في بارغاس يوسا، أُفكِّر في غارسيا ماركيز، أُفكِّر في فوينتس، أُفكِّر في دونوسو. أما البقية فيُشكِّلون الصف الثاني، أليس كذلك؟ (Centeno 2007: 41).

ليس كلُّ مَن عاشوا تلك المرحلة يفكرون في أن تيار البُوم وُجد حقًّا؛ فأليخو كاربينتير، على سبيل المثال، يؤكِّد:

> أنا لم أؤمن قطُّ بوجود البُوم [...]، فالبُوم هو الشيء العابر، الصخب، إنه الذي يُصدر صوتًا... بعد ذلك، مَن أطلقوا تسمية البُوم على النجاح المتزامن والمفاجئ نسبيًّا لعدد مُعين من الكُتَّاب الأمريكيين اللاتينيين، قدَّموا جميلًا ضئيلًا جدًّا، لأن البُوم هو ما لا يدوم طويلًا (Centeno 2007: 41).

وهناك آخرون يسخرون جدًّا من العملية، مثل غييرمو كابريرا إنفانتي، الذي استفاد من اندفاعة الأدب الأمريكي اللاتيني في عام 1967:

لم أُشكّل جزءًا من البُوم! فهم كانوا مجرد **بُوم** مُدوٍّ، مجرد أثرٍ على الماء. ولكن إذا جرى الضغط عليَّ، فأعتقد أن لي دينًا عند كارلوس فوينتس. ففي أحد الأيام دخل إلى مجالي البصري ومعه آلة حلاقة كهربائية. لم أرَ من قبل واحدة منها بلا سلكٍ كهربائي، ولم أستطع الانتظار لشرائها. عندما فعلتُ ذلك، صرتُ كلما استخدمتها أُفكِّر: «لو أن كارلوس يراني الآن». هذا هو دَيني مع فوينتس (Centeno 2007: 33).

ويؤكِّد دونوسو أنه إذا كانت رواية الستينيات توصَّلت إلى أن تُسمَّى **بُومًا**، وأن تصير معروفة جدًّا، فإن السبب في المقام الأول يعود إلى مَن تحاملوا عليها، أو مَن انهمكوا في إنكارها، والقول إنها «توليد للهستيريا، والحسد، والبارانويا». لأن المتحاملين «مرتعبون من خطر رؤية أنفسهم مستبعدين، أو لتأكُّدهم من أنه لا وجود في بلدانهم لأسماء جديرة بأن ترِد في قائمة الشرف، مَن ألقوا ملاءة فوق شبح الخوف، وبتغطيتهم إيَّاه حدَّدوا شكله المتقلب والمُرعب» (Donoso 1999: 13-16). ويختار دونوسو أصنافًا مختلفة من المتحاملين، فهناك على سبيل المثال: جماعة الرصيف الأدبي الذين ينكبُّون على كسب شهرتهم عن طريق مقالات ومحاضرات معادية؛ و«المتحذلقون» الذين يُنكرون أصالة الأعمال الأكثر دويًّا في البُوم؛ و«الأعداء الشخصيون الخطرون»، ممن يمتد حقدهم على الجماعة كلها؛ و«البلهاء» الذين ما إن يكسبوا جائزة محلية مبتذلة، حتى يضموا أنفسهم بأنفسهم إلى **البُوم**، ويتكلَّموا باسم جماعة لا وجود لها؛ و«الحاسدون والفاشلون»، مثل «أستاذ جامعي أراد أن يصير روائيًّا» فغرق، و«بيروقراطي متعفِّن» في وظيفته الوضيعة؛ وهناك «الساذجون» الذين يُصدِّقون كل شيء، وامتدحوه عندما بدأ، وأنكروه عندما ظهرت أصوات منتقدة؛ و«المنبهرون» بنوع من الجاذبية التي تضفيها الشيكات، والدعوات، ووسائل الاتصال، والفنادق الفاخرة، إلخ (Donoso 1999: 17). ولكن أسوأ جزء يتحمَّله، حسب رأي دونوسو، صاحب اسمٍ في مرتبة سامية من البلاهة الحقودة: ميغيل آنخل أستورياس، «حين شَعَرَ أن طحالب الزمن بدأت في دفن تفاهة بلاغته عن الدم والعرق والعظام، حاول الدفاع عن نفسه بالتلميح إلى انتحالات، والإفتاء بأن الروائيين الحاليين مجرد نتاج محض للدعاية» (Donoso 1999: 18).

جيل البُوم

حقيقةً، وبترك الجدال جانبًا، كان ماريو بارغاس يوسا، الروائي الشاب ذو الأربعة والعشرين عامًا، هو «نقطة انطلاق» تلك الظاهرة، ودار نشر سيس بارال هي منجنيقها، وإسبانيا هي منصة إطلاقها. فرواية «المدينة والكلاب» نالت جائزة بيبليوتيكا بريفي

(حدثٌ فريدٌ، لأن الجائزة مُخصَّصة للإسبان)، وتحوَّلت الرواية على الفور إلى **الأكثر مبيعًا** في شبه الجزيرة الإيبيرية وفي أمريكا اللاتينية كلها. وقد أصدر خوسيه ماريا كاستيليت حكمه:

> كان ماريو بارغاس يوسا بالفعل، شخصًا تحدَّث إلينا، وجعلنا ندرك أشياء كثيرة عن الأدب الأمريكي اللاتيني [...]. وواقعة مجيئه لأخذ الجائزة أتاحت لمجموعة كاملة منا نحن الكُتَّاب إقامةَ صداقةٍ معه، وبدأ هو نفسه، أو أنه ساعد، في فتح الآفاق التي كانت مغلقة أمامنا آنذاك (VVAA 1971: b).

وهذا يعني أن جسورًا للطباعة والنشر بدأت تمتد بين إسبانيا وأمريكا اللاتينية. ففي إسبانيا، حتى ذلك الحين، كان الأدب الهيسبانوأمريكي مجهولًا تمامًا، ليس للجمهور العام وحسب، وإنما للقارئ النوعي كذلك. وقد أظهرت تلك الظروف أن قائمة الأعمال المتوقَّعة التي يمكن نشرها، كبيرة جدًّا، مما يستدعي وضع «فهرس يتناول مسار النثر الروائي الهيسبانوأمريكي، وأن يكون ذلك انطلاقًا من المجددين في هذا الجنس الأدبي، أو التركيز فقط على الشخصيات الجديدة» (Prats 1995: 140). وقد كانت الروايات الأمريكية اللاتينية في تلك الفترة متنوعة جدًّا، لكنها في معظمها «تبني تجارب جذرية في الشكل والبناء واللغة، وتفتح آفاقًا فيما وراء الواقعية التي كانت، تاريخيًّا - أي الواقعية - الشكل الأكثر نمطية في سردنا الروائي» (Oviedo 2007: 54). وبهذه الطريقة، تشرَّبت سلسلة «السرد الهيسباني الجديد» لدى دار نشر سيس بارال بالوجوه الجديدة، وخرجت إلى النور في طبعات أولى بالمطلق. أما طبعات الأعمال الأخرى التي صدرت عن دور نشر أخرى، فكانت تظهر عادة تحت عنوان سلسلة «بالتعاون» أو «مكتبة الجيب. كتب ارتباط».

ومن جهة أخرى، توصَّل فيكتور سيس إلى مشاركات مع دور نشر هيسبانوأمريكية مشهورة، كدار خواكين مورتيث في المكسيك، التي تحوَّلت إلى «دار نشر مُكلَّفة بنشر الأعمال التي لا تتمكَّن دار سيس بارال من طباعتها بسبب منع الرقابة الإسبانية لها. وربما كانت الحالة الأعمق مغزى لتصرُّف الرقابة في عملٍ لمؤلف هيسبانوأمريكي، هي رواية **تبديل الجلد** لكارلوس فوينتس، التي نالت جائزة بيبليوتيكا بريفي عام 1967، وكان لا بد من طباعتها في تلك الدار المكسيكية، لعدم إمكانية طباعتها في إسبانيا، حيث ظل نشرها محظورًا حتى عام 1974» (Prats 1995: 141). وكانت حركة البُوم آنذاك أشبه بمغناطيس

جذب إليه إسبانيا، ومدَّ جسرًا من الألمنيوم (جسرًا مُفيدًا، ومُقاومًا، ومَرنًا، ومُوصلًا جيدًا)، على الرغم من الدكتاتورية الفرانكوية، فوق خريطة جديدة للقراءة. وأدى ذلك واقعيًا إلى أن تُوضع موضع التطبيق سياسة تصدير واستعادة سوق الكتاب الأمريكية اللاتينية. كانت إسبانيا تعاني اضطهاد الدكتاتورية، وترى في الثورة الكوبية نموذجًا، وطريقةً لتغذية الآمال بالحرية لدى اليسار المثقف في شبه الجزيرة الإيبيرية. وهو ما لم يكن يخلو من تناقض، حيث إن جميع الدكتاتوريات، سواء أكانت يمينية أم يسارية، يجمع بينها تشابه مزعج. وما حدث هو أنه في تلك السنوات الأولى من عقد الستينيات، لم تكن الفئات المثقفة قد بدأت بعدُ في اعتبار النظام الكاستروي دكتاتوريًا، وهو ما عاناه في نفوسهم بالتحديد آلاف المنفيين الذين أُعدموا أو سُجنوا في الجزيرة لأسباب سياسية منذ السنوات الأولى.

وقد حدث، مع ذلك، نوعٌ من التناقض الظاهري، مثلما تشير نوريا براتس فونس: «تحوّلت إسبانيا إلى إحدى القوى العظمى المنتجة للكتب، على الرغم من أنها بلادٌ مؤشر القُرّاء فيها منخفض جدًا [...]. ويُعزى السبب إلى تجارة تصدير الكتب» (91 :1995)، وبفضل كارلوس بارال، دينامو الثقافة الأدبية الإسبانية في الستينيات، الذي راح يضم إسبانيا إلى تيار «الرواية الجديدة»، فترجم مواد جديدة من التيارات الطليعية العالمية، وأدخل مستجدات وأعمالًا جيدة النوعية إلى السوق الأدبية الإسبانية، وكانت وجهته الأساسية نحو القطاع الجامعي، وبتوسُّع يتزايد أكثر فأكثر، وهو القطاع الذي شعر بالانجذاب إلى هذا الأدب الجديد، وإلى الثورة الكوبية، وإلى المثقفين الأمريكيين اللاتينيين من أمثال: رودريغيث مونيغال، وآنخل راما.

كانت دور النشر الأدبية حصرًا، مثلما هي دار سيس بارال، تسعى إلى إطلاع القارئ المتخصص على التيارات الأدبية، بل إنها فعلت ذلك على حساب الجانب التِّجاري للمؤسسة. ويؤكِّد آنخل راما أن هذه النوعية من دور النشر «تُدار، أو تستفيد، من استشارات فِرق مثقفين أبدوا مسؤولية ثقافية، وليس هناك ما يُقدِّم دليلًا على ذلك أكثر من مجموعاتها الشعرية. كما أنها رعت نشر أعمال جديدة وصعبة، مستجيبة بلا شك للمتطلبات الأولية لجمهور جديد مثلها أيضًا، أفضل تهيئة وأكثر تطلُّبًا، ولكنها فعلت ذلك وهي تُفكِّر في الأدب أكثر من تفكيرها في الحسابات المالية التجارية» (67 :1984). أما فيما يتعلَّق بموجة بُوم الرواية الأمريكية اللاتينية في إسبانيا، فلا بد من التحديد، بصرامة، أن هذا التوجُّه لم يبدأ حتى أواخر عقد الستينيات، عندما تحوّلت، في عام 1968، رواية «مئة عام من العزلة»، إلى الأكثر

مبيعًا، بكل ما في المصطلح من معنى (أكثر بكثير من رواية **المدينة والكلاب**، التي نُظر إليها بوصفها حالة فريدة)، وكانت ضمن الكتب العشرة الأكثر مبيعًا في إسبانيا في تلك السنة. سرعان ما اتجهت دور نشرٍ أخرى إلى المغامرة التي راهنت عليها سيس بارال. وكان أن بدأت تنتشر عندئذ، حول هؤلاء المؤلفين، جميع التقنيات الدعائية، وبدأت أعمالهم في التحوُّل إلى تقليعة أدبية، عندما صارت صفة «أمريكي لاتيني» تعني «علامة تجارية» أو بطاقة تمنح أهميةً بارزة لمن يحملها (Prats 1995: 115).

تحوَّل الكتاب إلى مَركبة ثقافية لمُنتَج استهلاكي. لم ينتقص ذلك بالضرورة من القيمة الأدبية، فعلى الرغم من أن بعض المؤلفين سقطوا سريعًا في هوة النسيان، فإن آخرين ممن لا شك في قيمتهم الأدبية ظلوا في الميدان. والواقع أن اهتمام إسبانيا بالسرد الهيسبانوأمريكي في النصف الثاني من السبعينيات قد هدأ، لكن الأسماء الكبيرة للكُتَّاب الأمريكيين اللاتينيين البارزين ما زالت تجتذب اهتمام جمهور القُرَّاء ودور النشر.

من جهة أخرى، يجب إضافة أن ذلك التواصل المثمر بين مختلف البلدان الناطقة بالإسبانية، استند أيضًا إلى مهنية الكُتَّاب، مما سهَّل تحرُّك الأمريكيين اللاتينيين إلى بلدان أخرى من القارة، أو إلى أوروبا (باريس وبرشلونة بصورة رئيسية)، أو الولايات المتحدة، بهدف الحصول على انتشار وتأثير أكبر. فغارسيا ماركيز يكتب رسالة إلى بارغاس يوسا في الأول من أكتوبر (تشرين الأول) 1967، يوضِّح فيها بدقة: التنقُّل، والذهاب، والمجيء، المتواصل للكاتب الأمريكي اللاتيني في تلك السنوات:

عزيزي ماريو:

يسعدني جدًّا أن أعرف أنك مُستقرٌّ أخيرًا في عنوان معلوم. إنني مراسل سيِّئ، ولكن تطمئنني معرفةُ أين هم أصدقائي في كل لحظة. ربما السبب في ذلك هو الميول الانتجاعية لدى الكُتَّاب الأمريكيين اللاتينيين، وهذا أمر لستُ أنا نفسي بمنجى منه، وهو يسبب لي إحساسًا غريبًا بالهجران (Princeton C.0641, III, Box 4).

ولا بد أن نضيف إلى ذلك، ظهور الحكَّاء المثقف، ذلك المبدع الذي، فضلًا عن الأعمال الأدبية، يُطوِّر خطابًا ثقافيًّا فنيًّا دقيقًا حول المجتمع في عصره، مثلما رأينا عند الحديث عن المجلات الأدبية. وهذه القدرات الثقافية، كما يشير راما، تتيح امتلاكَ مزيدٍ من الجرأة لكُتَّاب مثل: خوليو كورتاثر، وبارغاس يوسا. ولكن ليست هذه هي حال غارسيا ماركيز،

لأن «حِرفيته ليست فخمة، ولأنه لا يمارس الخطاب المثقف، كما أن أعماله كذلك، على الرغم من التجديد التقني الذي يتبدَّى فيها، تمضي على نمط البحث نفسه. وهو يُشكِّل، عمليًّا، دليلًا على التعسف الذي صِيغت به رؤية جماعة **البُوم**، التي ينتمي إليها فقط بسبب نجاحه الشعبي» (Rama 1984: 105).

تكثَّفت بالفعل روابط كُتَّاب البُوم مع «وسائل الاتصال»، وتكاثرت المقابلات، والحوارات، والظهور على التلفزيونات، ولهذا أبدى البعض ارتيابهم من الظاهرة المسماة «**بُوم**» التي تشملهم، ومن تبعات هذه الظاهرة؛ فغارسيا ماركيز أرسل رسالة في 12 نوفمبر (تشرين الثاني) 1967، إلى «زعيم الإنكا العظيم» يشكو فيها من الشُّهرة ومن شخير **البُوم** المذكور:

> يبدو لي عدم وضوح ملامح البُوم صحيًّا. فأنت تعرف أن هذه هي وجهة نظري، مع أنني أُدرك أن مارتا ترابا لم تُطلق التسمية بنوايا صحية، وإنما بكل بساطة لأنها في حاجة لأن تأكل، ووسيلتها الأخيرة لذلك هي الرصيف الأدبي. مأساة مَن لا يحبوننا، أشد خطورة بكثير من مأساتنا؛ إذ عليهم أن يجلسوا لكتابة روايات أفضل من رواياتنا، وهنا يتخوزق لديهم كل شيء. أنا، من جانبي، ضجرتُ حتى التُّخمة من غابرييل غارسيا ماركيز، ضجرتُ من قُرَّاء الروايات، ومن المعجبين البلهاء، ومن الصحفيين الأغبياء، ومن أصدقاء مرتَجَلين، وتعبتُ من كوني لطيفًا، وقد بدأت أتعلم جيدًا الفن النبيل بأن أرسل الناس إلى الخراء (Princeton C. 0641, III, Box 10).

أما بارغاس يوسا في المقابل، فهو أكثر رزانة في أحكامه على **البُوم**، ويُبدي آراءً بعيدة النظر حول قائمة مكونيها، وتأثيرهم، وبصورة عامة حول إشكالية السرد الأمريكي اللاتيني في هذه المرحلة. ففي عام 1972، وأثناء مناظرة، ذكرناها سابقًا مع آنخل راما في مجلة مارتشا، يعرض ما يلي:

> ما يُسمى **بُوم**، والذي لا يعرف أحد بالضبط ما هو - أنا بصورة خاصة لا أعرف ذلك - إنما هو مجموعة كُتَّاب، لا يُعرف كذلك بالضبط مَن هم، إذ لكلٍّ شخص قائمته الخاصة، اقتنوها بصورة متزامنة إلى هذا الحد أو ذاك، بنوع من الانتشار، بنوع من الاعتراف من جانب الجمهور والنقد. هذا ما يمكن تسميته، ربما، حدثًا تاريخيًّا. حسنًا، والآن هذه الظاهرة انقضت، وصار يُلاحظُ البُعد عن أولئك الكُتَّاب، وكذلك شيء من استمرارية أعمالهم، ولكنْ هناك واقع، على سبيل المثال، في أن كورتاثر أو فوينتس، لا تجمع

بينهما سوى أمور قليلة مع وجود اختلافات أكثر بكثير. لقد استغل الناشرون هذا الوضع كثيرًا، لكنَّ ذلك أسهم أيضًا في انتشار الأدب الأمريكي اللاتيني، مما أدى إلى نتيجة هي في نهاية المطاف إيجابية بما يكفي؛ فما حدث على مستوى انتشار تلك الأعمال كان مفيدًا في تشجيع كثيرين من الكُتَّاب الشباب (Rama 1972: 59-60).

في مناسبات أخرى، أجاب ماريو مُشدِّدًا على وجود **البوم**، بل إنه أكَّد أيضًا على الصداقة بين أعضاء الجماعة. ففي مقابلة تعود لعام 1969 يقول:

ثمة صداقة كبيرة، وهذا أحد الأمور المهمة في **البُوم**. لم تحدث بين مَن يُعتبرون ضمن هذه الحركة، تلك الصفات المُميِّزة لحركات أدبية أمريكية لاتينية أخرى، كحركة الحداثة، والطليعية، والسوريالية، أعني: تلك العداوات الشخصية، وتلك الانقسامات، وتلك الحروب... من البديع جدًّا أن الغالبية العظمى من أعضاء **البُوم** يحافظون على علاقة شخصية قائمة على صداقة كبيرة، ورفقة حقيقية. أشعر بأنني صديق جدًّا للجميع تقريبًا. آراؤهم الأدبية مفيدة جدًّا لي. كثيرون منهم قرأوا كتبي قبل أن تُنشر، وكانت نصائحهم لي ثمينة جدًّا. الآن لا وجود لتسمية مشتركة لما يتعلَّق بجمالية ما، أو رؤية معينة. كلٌّ منا له جوانب فضوله الخاصة، وموضوعاته الخاصة، وتقنياته الخاصة. التجانس موجود في الموقف حيال الأدب، حيال الميل ذاته (Coaguila 2004: 49).

أبدى بعض مَن يُشكِّلون البُوم، في بعض الأحيان، آراءً مؤيدة لآخرين منهم، أو استشهدوا بصداقاتهم، بل إنهم اعترفوا بعبادة حقيقية لهم، فغابو على سبيل المثال، يُكنُّ تقديرًا كبيرًا لخوليو كورتاثر منذ شبابه المبكر وإلى أن تعرَّف عليه، وكان تقديره يزداد أكثر فأكثر، مثلما يقول في مقالته «من باريس، مع الحب». ففي 29 ديسمبر (كانون الأول) 1982، كان قد تلقَّى جائزة نوبل قبل أيام، وكان في كوبا يحتفل بالمناسبة مع فيديل، تحدَّث عن أهمية باريس للقاء الكُتَّاب الذين يعبدهم أحدنا:

بعضهم لا يَصِلون، مثلما حدث لي مع خوليو كورتاثر - الذي أُكنُّ له التقدير منذ ذلك الحين لقصصه البديعة في «**كتاب الحيوان**» - ومَن انتظرته لمدة سنة تقريبًا في الأولد نافي، حيث أخبرني أحدهم بأنه يذهب إليه، بعد نحو خمسة عشر عامًا من ذلك وجدته، أخيرًا، في باريس أيضًا، كان لا يزال مثلما أتخيَّله منذ زمن سابق طويل: الرجل الأطول

قامة في العالم، الذي قرّر ألا يهرم أبدًا، النسخة الوفية من ذلك الأمريكي اللاتيني الذي لا يُنسى، الذي يروق له - في إحدى قصصه عن السماء الأخرى - الذهاب في الفجر الضبابي لمشاهدة تنفيذ عمليات الإعدام على المقصلة (García Márquez 1991: 354).

وفي مقالة أخرى من تلك الحقبة، «الأرجنتيني الذي جعل الجميع يحبونه»، في 22 فبراير (شباط) 1984، قدَّم تكريمًا ساميًّا لشخصية خوليو، ولقدرته الكبيرة على غواية الجمهور ببلاغته، والافتتان الذي يُولِّده في مستمعيه، والأسابيع التي أمضاها، يومًا فيومًا، كحاجٍّ في «أولد نافي» إلى أن رآه يصل. كان خوليو قد مات للتوّ، وآخر الكلمات في مقالته عالية التأثر:

في مكانٍ ما من كتابه **حول اليوم في ثمانين عالَمًا**، لا تتمكَّن جماعة من الأصدقاء من كبح ضحكها تجاه الحقيقة الجلية بأن صديقًا مشتركًا اقترف حماقة الموت السخيفة. ولهذا، ولأنني عرفته وأحببته كثيرًا، فإنني أقاوم المشاركة في التحسُّر على خوليو كورتاثر ورثائه. أُفضِّل التفكير فيه مثلما كان يرغب هو نفسه من دون شك، بالبهجة الفسيحة بأنه وُجد، وبالسعادة الحميمة بأنني تعرَّفت عليه، وبالامتنان لأنه ترك للعالم أعمالًا ربما تكون غير مكتملة ولكنها جميلة وغير قابلة، مثل ذكراه، للدمار والتبدُّد (García Márquez 1991: 519).

يكتب ألبارو موتيس، الكاتب الكولومبي والصديق الكبير لغابو وماريو في تلك الأزمنة، رسالةً نافذة البصيرة ومتألقة، إلى بارغاس يوسا، في 8 ديسمبر (كانون الأول) 1970، جديرة بأن تُذكر لتقديره ورؤيته لظاهرة البُوم، ولأنه يعلن مع ذلك عن الصداقة بينهما، بين الرأسين: المعماري، والشاعر.

أيها العجوز، ما زلتُ تحت انبهار الصدمة بروايتك **محادثة في الكاتدرائية**. أنهيتُ قراءتها منذ خمسة أيام ولم أعد قادرًا على قراءة أي شيء آخر، ولا حتى مجرد ذكرياتي عن الإمبراطورية أو المخطوطات البيزنطية. لا أدري كيف أشرح لك بهذا الأسلوب الرسائلي الكارثي الذي يميزني مع أصدقائي المعهودين، ما عناه بالنسبة إليَّ «اكتشاف» هذه الرواية، ومن خلالها اكتشاف أعمالك [...]. كانت رواية **محادثة في الكاتدرائية** بالنسبة إليَّ الرواية الأولى لأوطاننا الهيسبانوأمريكية، روايةً بالمعنى الذي أنظر به إلى «التربية العاطفية»، أو «آنا كارنينا»، أو «البيت الأسود»، أو «الأوهام الضائعة». هناك في روايتك فعالية شاملة

للوسيلة «اللفظية والتخيلية»، لا وجود للحظة فراغ واحدة، ولا حالة بطالة واحدة، إنها متينة التماسك، وشاملة... وهذا يا عجوزي غير معهود تمامًا في تقاليدنا الأدبية [...]. قراءتي هذه لروايتك أكّدت لي قناعةً قديمةً، ترجع إلى عدة سنوات، حول عدم وجود ما يُدعى «بُوم» يجري للصعود إليه - كما إلى حافلات ترام الأحياء البروليتارية - ركابٌ كثيرون. توجد ظاهرة فريدة لروائيٍّ سيد أدواته، لديه رؤية واثقة لم يتوصَّل إلى امتلاكها أحدٌ من قبل في هذه الأراضي، ولخالقِ كونٍ ماديٍّ خطيرٍ شيَّد فجأةً، بمادةِ وجوهرِ كلِّ أساطيرنا ومخاوفنا وبؤسنا، القصيدةَ العظمى لأقدارنا: أنت وغابو. ومن هناك إلى «تبديل الجلد» أو «بارادايسو» أو «لعبة الحجلة»[1]، توجد هوة سحيقة، وهي ليست أقل وضوحًا لأنه من غير المناسب رؤيتها أو من الصعب التآلف معها، وهكذا سيراها أو يراها الشبان الذين يطلون الآن على العشرين من أعمارهم (Princeton C.0641, III, Box 15).

رأينا من قبل آراء كُتَّاب آخرين، وهي آراء تُشكِّك أيضًا في وجود الظاهرة. بل جرى التفكير، في بعض المناسبات، أن وراء وضع البطاقة، كان لا بد من بذل جهود لضم أسماء إلى المجموعة. ويؤكد آنخل راما أن كل بلد أراد إدخال مؤلفين من مواطنيه إلى القوائم، وأن الجهود المبذولة من أجل ذلك تجاوزت ذات مرَّة حدود التهريج المضحك، عند الحديث عن دونوسو. وإحدى الحالات الأكثر تفرُّدًا هي حالة أدريانو غونسالس ليون، كما يشير دانييل ثينتينو:

يروي العارفون وراء الكواليس أن دار نشر سيس بارال، في انهماكها التِّجاري غير المسبوق، سألت عمَّن هو الكاتب الفنزويلي الواعد. وقد أعطى البحث المحموم ثمرته باقتراح الكاتب الشاب أدريانو. ولم يكن يُعرف عن الرجل سوى أن له بعض القصص القصيرة المبعثرة، ومشاركة ما في منتدى أدبي في كاراكاس، وانكبابه على كتابة التكليف إلى أن وضع نقطة النهاية لرواية **بلد نقال**. الرواية جعلته مشهورًا، فقد نال جائزة بيبليوتيكا بريفي، ومُنح اللقب سريع الزوال **رواية البُوم الفنزويلية**. بعد ذلك جاء الصمت، والرماد، والكحول. عانى المؤلف من تجمُّد توراتي لم يستطع الخروج منه إلا في مناسبات معدودة، وبطبعات قليلة لا يمكن مقارنتها بسوابقه المتفجرة (Centeno 2007: 35).

---

(1) «تبديل الجلد»، و«بارادايسو»، و«لعبة الحجلة»: أهم ثلاث روايات أمريكية لاتينية قبل ظهور موجة البُوم. ومؤلفوها على التوالي هم: المكسيكي كارلوس فوينتس، والكوبي خوسيه ليثاما ليما، والأرجنتيني خوليو كورتاثر.

لكن هوس فنزويلا بأن يكون لديها فتى بُوم لم يتوقف هناك. ويكتب راما:

بإلحاحهم على تجعيد ما هو مُجعَّد، اختلقوا لقبًا من الدرجة الثانية: «قنصل لدى البُوم». وبهذا اللقب ميَّزوا سلفادور غارميناديا على غلاف روايته الأخيرة، **أقدام الطين**، وطبعتها دار بارال (Rama 1986: 264).

في بعض المناسبات، كان بعض أعضاء البُوم يخضعون لممازحات على حساب آخرين، ولكن في إطار مَوَدَّة مدروسة على الدوام، باستثناء حالات المواجهة المفتوحة، مثل المواجهة بين أستورياس ودونوسو. ولم تكن التعليقات المضحكة تتجاوز الطرائف المشهودة عادةً، مثل تلك التي يرويها ألفريدو بيرسي على أنها حدثت مع تيتو مونتيروسو وخوليو كورتاثر. فهو يروي في كتابه **مذكرات مضادة**، أن تيتو مونتيروسو، وهو ضئيل الحجم جدًّا، حتى إنه يُقال عنه في مكسيكو: «ليس فيه متسع لأدنى شك»، التقى به ذات يوم، وتبادلا الحديث في مكسيكو، العاصمة، وأخبره ألفريدو بيرسي بمدى سعادته لأنه صافح في باريس «الكاتب الكبير الأطول قامة الذي أُتيح له التعرُّف إليه: خوليو كورتاثر»، وواصل القول له واصفًا طِيبة وبساطة ذلك الأرجنتيني، وطريقته التي لا تُصدَّق في عدم إعطاء أي اعتبار جدِّي لنفسه، وكيف أنه ينتظر ساعي البريد كل يوم كي يرد فورًا على رسائل المعجبين به. وخلال لحظة أبدى تيتو واحدًا من تلك الوجوه الماكرة الذكية، وسأل بيرسي:

- لكن، هل كورتاثر موجود يا ألفريدو؟

أجابه:

- أظن أنه موجود يا تيتو.

- هذا يعني أن كورتاثر موجود...

- هذا ما أظنه يا تيتو.

- يا للعجب، إن كان موجودًا... لأن الشيء الوحيد الذي قمتُ به طوال حياتي هو انتحال شخصية خوليو كورتاثر!

وفي العام التالي، كان بيرسي يتناول الطعام مع خوليو في بيته في باريس، وأخبره خوليو أنه على وشك السفر إلى مكسيكو.

فقال له البيروفي ألفريدو بيرسي:

- عليك أن تتعرَّف هناك على أغوسطو مونتيروسو.
- مونتيروسو؟ ولكن، هل هناك وجود لمونتيروسو؟
- هذا ما أظنه يا خوليو. اسمح لي أن أبحث لك عن عنوانه في مكسيكو.
وبصورة لا تُصدَّق، هتف خوليو:
- لكن الشيء الوحيد الذي فعلته في حياتي كلها هو انتحال شخصية مونتيروسو!
(Bryce 1993: 126-127).

لن يُعرف أبدًا ما إذا كانت الطُّرفة، وهي مرتبطة بقصة لألفريدو، واقعية أم لا، لكنها تلفت النظر إلى طيب مزاج جماعة البُوم، واحترامهم للكُتَّاب الذين كانوا أدلاء لهم. وفي مناسبات أخرى، لم يكن رأي بعضهم في آخرين منهم مؤيدًا جدًّا. ففي أحد الأيام، بينما نتبادل الحديث مع ألفريدو بيرسي، روى لنا أنه في مناسبة أخرى، وبينما يتحدث مع تيتو مونتيروسو، ورد ذكر كارلوس فوينتس. عندئذ، بدَّل تيتو ملامح وجهه، كمن يُجهز المدفعية، وقال همسًا لبيرسي: «انظر يا ألفريدو، إذا رأيت قطارًا... فارررركبه! وإذا رأيت كرسيًّا... فاجلس! وإذا وُضع أمامك طبق شهي... فكُلْه! وإذا رأيت كارلوس فوينتس... فاهرررررررررررب!». ويا لها من مصادفة في سبتمبر (أيلول) عام 2008، حيث كنا نتناول العشاء في مطعم دومينيكاني وسط حي كوينز النيويوركي، بينما نحتفل بمعرض الكتاب الهيسباني في تلك المدينة الهذيانية الضخمة، روى لنا الشاعر البيروفي ساندرو تشيري الطُّرفة نفسها، لكنها منقولة عن تيتو مونتيروسو إلى المتأسبن والمتخصص في ثقافة البيرو الإيطالي أنطونيو ميليس، حيث كان بيرسي هو هدف السخرية... القصص عن جماعة البُوم لا تنتهي، أفضلها بلا شك هي تلك التي يكتبها بيرسي نفسه بخط يده، ففي واحدة من الرسائل المودعة في قاعة الكتب النادرة (Rare Books) بجامعة برِنستون، وتحمل تاريخ 10 يوليو (تموز) 1975، وهي موجَّهة إلى ماريو بارغاس يوسا، لا تجد فيها أي تبذير أو إسراف:

عزيزي ماريو:
كنت أنا وخوسيه ميغيل في مؤتمر مُرعب في بوغوتا، يغص بمكتبيات عجائز وبلهاوات، وكوبيين مضحكين ومنفيين، وبوليفيين بلهاء أيضًا وريفيين بلا ريب، وثلاثة أو أربعة سادة مهولين بالصدفة مثل: كوبو، وساينث (أفضل من كتبهم، باستثناء غاثابو الذي يبدو جيدًا، أليس كذلك؟) وبصورة خاصة موتيس، السيد الرجعي، الفريد والعظيم.
وقد حدث لي مع كوبو أمر مفاجئ: تكلَّم هو أولًا في الجلسة المخصصة «للكُتَّاب

الجُدد»، وكان عليَّ أن أتكلَّم بعده، وكنت قد أعددت نصًّا موجزًا. أمر لا يُصدَّق: اللغة نفسها، والأفكار نفسها، والاستشهاد نفسه من أوكتافيو باث الذي كنت سأستشهد به (كيف لا؟) قدَّمه هو. وعندما انتهى أعطيته نص كلمتي (كان عليَّ أن أواصل بشيء آخر)، أما هو فكان متفاجئًا مثلي.

(Princeton, C0641, III, Box 4).

وبعد ذلك مباشرة يروي ألفريدو بيرسي لماريو أنه هو وخوسيه ميغيل أوبييدو، عند العودة من ذلك الملتقى، قررا إصدار مجلة، وأنه يفكر في الأعضاء المحتملين لهيئة التحرير:

لجنة دولية للتعاون كُتب عنها إلى خورخي إدواردز، وأوكتافيو باث، وألبارو موتيس، وكوبو، ودارسي ريبيرو، وإيليتش، وساباتو، وساينث، وخوان غويتيسولو، وبيتكوف، وكارلوس فوينتس، وكورتاثر (وأفترض أنه لن يوافق، أليس كذلك؟)، أما غابو فسيزعجه الوجود هنا، فضلًا عن أنه يصبح أكثر فأكثر ديماغوجية. هل رأيت عصا أوكتافيو باث؟ لقد بدا لي ذلك جيدًا (Princeton, C0641, III, Box 4).

لا بد من الإشارة إلى أن عام 1975 هو العام الذي تعرَّف فيه غابو على فيديل كاسترو، وتحوَّل إلى مدافع مندفع عن الثورة، وهو ما شرحناه بالتفصيل في كتابنا «غابو وفيديل». ولهذا لا يثق بعض الأصدقاء في الاعتماد عليه في مسألة يشارك فيها كثيرون ممن قطعوا علاقتهم بصورة جذرية مع الجزيرة الكوبية منذ 1971. ولكن ليس هذا أهم ما في الرسالة، وإنما شبح هاجس الشعور المسبق المعكوس. بالطريقة نفسها لمسألة زرق العصافير وسنتياغو نصار[1] التي كانت تحذيرًا مُسبقًا معكوسًا لحسن الطالع في ذلك اليوم، ويمكن القول إن القدر عاقب ألفريدو بيرسي بالداء نفسه الذي سيكرره بلا كلل، لثلاثين مرَّة تقريبًا، في السنوات الأخيرة: الانتحال. ويُفترض بالطبع أن التوافق في النَّص بينه وبين كوبو كان مصادفةً. أيكون أن ألفريدو بدأ يرى، منذ ذلك الحين، توافقات بين مقالاته والمقالات المنشورة، دائمًا قبله، ولأشخاص آخرين؟

ولكن، فلنرجع إلى تفاصيل البُوم، وإلى مَن حطوا من قدره، وإلى أعضائه، ومحدِّدي أبعاده، ووجوده، بواقعية، ومَن سعى أكثر من سواه في وضع قائمة موضوعية، بكل أبعاده،

---

(1) في رواية غارسيا ماركيز «قصة موت معلن»، يستيقظ سنتياغو نصار في يوم مقتله وهو يشعر كما لو أنه ملوث بالكامل بزرق العصافير.

وهو خوسيه دونوسو. فإلى جانب لبِّ البُوم الذي حدَّده هو بدقة، ولا يفتقر في ذلك إلى الحق، يُصيب كثيرًا في اقتراح أسماء أخرى ساهمت بطريقة أو بأخرى في أن يتواصل الحديث، بعد أكثر من أربعين عامًا، عن البُوم باعتباره العصر الذهبي للأدب الأمريكي اللاتيني. ويجري الحديث عن «جيل» (هو جيل **البُوم**)، وعن كتب أمريكية لاتينية بعمق: جيل مَن «يتولون بوعي مهمة النبش تحت السطح الظاهر لمدننا وأممنا لاستخراج جوهرها... روحها. ما أهمية أن تكون مكسيكيًّا، ليميًّا، أرجنتينيًّا؟ قلة هم كُتَّاب هذه الأيام الذين يهتمون بالتساؤل عمن هو إنجليزي، أو فرنسي، أو إيطالي، وإذا ما فعلوا ذلك، فإن أقلية محدودة من الأشخاص غير المتخصصين يعطون أهمية لهذه الكتب» (Donoso 1999: 50). وبالفعل، فالتقاليد الثقافية الألفية لإسبانيا وفرنسا وإنجلترا وغيرها، أجابت على الأسئلة المفصلية. لكن الثقافات الجديدة، مثلما هي الثقافات الأمريكية، تحتاج إلى «مجموعة كتب تتطلَّع إلى أن تكون وسيلة للوصول بأسرع ما يمكن إلى وعي لما هو وطني، في مختلف هذه البلدان» (Donoso 1999: 50).

وبمواصلة هذا الطرح، يرى دونوسو أن للبُوم بعض الإرهاصات المسبقة، في جماعة من الكُتَّاب المرتبطين بطريقة ما بـ«وجه قالب الحلوى»، بورخيس نموذجًا، على الرغم من أنه «لا يكتب روايات، ومواقفه السياسية رجعية متعارضة معهم وغير مقبولة» (Donoso 1999: 120)، مثل: رولفو وكاربينتير، وأونيتي وليثاما ليما. كما أنه يرى آخرين يمكن لهم أن يكونوا جزءًا من وجه قالب الحلوى، مثل: ساباتو وكابريرا إنفانتي، ولكنهم يهمشون أنفسهم بأنفسهم لسببٍ أو لآخر. ويتحدث بعد ذلك عن نوعٍ آخر من الكُتَّاب ذوي السُّمعة الراسخة، مثل: أغوسطو روا باستوس، ومانويل بويج، وسلفادور غارميندبا، ودافيد بينياس، وكارلوس مارتينيث مورينو، وماريو بينيديتي، وبيثينتي لينيرو، وروساريو كاستييانو، وخورخي إدواردز، وإنريكي لافوركادي، وأغوسطو مونتيروسو، وخورخي إيبارغوينغويتيا، وأدريانو غونسالس ليون. وبعد ذلك يأتي **بُوم الشباب**، وفيه: سيفيرو ساردوي، وخوسيه إميليو باتشيكو، وغوستافو ساينث، ونيستور سانتشيث، وألفريدو بيرسي، وسيرخيو بيتول، وأنطونيو سكارميتا. ثم يتحدث دونوسو بعد ذلك عن **البُوم الصغير** الأرجنتيني، وفيه: موخيكا لاينيث، وبيوي كاساريس، وغيرهما. وعن ما دون البُوم، ويضم أسماءً أُطلقت بفعل الجوائز إلا إنها ضئيلة القيمة، ولكنه لا يُقدِّم أسماء منها. حتى هنا، هذه هي القائمة الأكثر اكتمالًا. والجلي الآن أن تاريخ البُوم لا يمكن أن يُكتب إلا بأسماء وجه قالب الحلوى، حيث غابو وماريو هما، من

دون أي مجال للشك، رأس الحربة: أحدهما بشاعريته والآخر ببنائه؛ الشاعر والمهندس. بفضلهما أصبح يمكن في عام 1982 قول ما كتبه دونوسو، بعد عقد من السنوات على نشر كتابه، حول الأثر الذي خلَّفه تيار البُوم ليس في الأدب وحده، وإنما في زخم الهواء الثقافي والاجتماعي الهيسباني في الجانب الآخر من الأطلسي:

هناك محلات بوتيك صارت تُسمى ماكوندو. كما أن كرونوبيو وفاما[1] صارتا من الكلمات التي وصلت إلى الشارع. وبالنسبة إلى أجنبي قليل الاطلاع على تاريخ الأرجنتين، يظل لافيل مجرد اسم شارع وشخصية في رواية لساباتو. والعالم بأسره بات يعرف ما الذي تعنيه زائرة (Donoso 1999: 192).

منذ عام 1982 وحتى أيامنا هذه، هطلت أمطار كثيرة، مما يتيح لنا الآن أن نواصل قول مئات ومئات المصطلحات والحالات التي تَمثلها المجتمع كخلايا في تكوينه بالذات المغرقة بالقِدم، مثل: إطلاق لقب «التيس» على دكتاتور، لم يكن يعلم بوجوده إلى ما قبل سنوات سوى قلة من الناس، وأنه يُدعى «تروخييو». وكذلك اسم «سنتياغو نصار»، وواقع أن هناك عاهرات حزينات. وكذلك معرفة أنه يمكن الدوران حول اليوم في ثمانين عالمًا، وأن كل بطريرك سيصله خريفه (بمَن في ذلك فيديل)، وأنه لا وجود لعزلة تستمر أكثر من مئة عام...

---

[1] «كرونوبيو وفاما» (Cronopios y famas): تسمية كائنات مختلقة، فالكرونوبيو هو مفهوم اختلقه الكاتب الأرجنتيني خوليو كورتاثر. ويتخيَّل كورتاثر الكرونوبيو كائنًا أخضر ورطبًا، من دون أن يُقدِّم ما هو أكثر دقة من ذلك حول التكوين الجسدي لذلك الكائن.

11

برشلونة جيدة إذا كانت المافيا ترن[1]:

جسر من ملح

قبل أن يستقر بارغاس يوسا في برشلونة، مارَس التدريس في عدة جامعات أوروبية وفي الولايات المتحدة: مرَّ أولًا بلندن، وبعد ذلك، في منتصف عام 1968، بواشنطن ستيت يونفيرستي بوصفه أستاذًا زائرًا. وهناك بالتحديد قدَّم سمينارًا حول رواية غارسيا ماركيز (وسلسلة محاضرات حول الرواية الهيسبانوأمريكية)، وقد أفاده كتمهيد لكتابه دراسة «قصة قاتل آلهة». درَّس أيضًا، أثناء عام 1969، وفي 1970، في جامعة بويرتو ريكو، ثم مرَّة أخرى في كلية لندن الملكية. وخلال عام 1969 أنهى رواية «محادثة في الكاتدرائية»، وبدأ في كتابة أطروحته للدكتوراه. وفي هذه الفترة بالتحديد يتوصَّل ماريو إلى القناعة الراسخة بتكريس نفسه للحياة الأكاديمية، للتمكُّن من تأمين معيشته ماديًّا، وإيجاد وقت كافٍ للكتابة. غير أن كارمن بالثييس، وكيلته الأدبية، تقنعه بالتخلِّي عن التدريس وتكريس نفسه كليًّا لمهنة الأدب، وتعرض عليه في رسالة تحمل تاريخ 16 أبريل (نيسان) 1969، مرسلةً إليه في بويرتو ريكو، أن تتكفَّل هي أو كارلوس بارال، بأمور معيشته، وأن يعيش على ما يكتبه:

العزيز ماريو:

اعذرني لأني لم أرد في وقت سابق على رسالتيك في 5 و25 مارس (آذار). ترعبني السرعة التي يمضي بها الوقت، ولا أجد على الدوام ما يكفي لكل الأمور التي أرغب في أن يتوفر لها الوقت. فرسالتك الأولى كنت سأرد عليها بصورة قاطعة، وأنصحك بأن تترك كل شيء، وتأتي لتستقر في برشلونة أو حيثما يروق لك و**تعيش على ما تكتبه**. كل ما عليَّ أن أقوله لك، ولا أدري ما إذا كان كثيرًا أو قليلًا، يتلخَّص فيما يلي: أخبرني

(1) هذا العنوان مستوحى من مثل كتالوني شائع يقول: «برشلونة جيدة إذا كان جراب نقودك يرن». أما بشأن المافيا، فقد شاع كذلك في برشلونة في نهاية الستينيات وبداية السبعينيات أن ثورة الرواية الأمريكية اللاتينية ليست سوى عملية تجارية ضخمة تحرك خيوطها مافيا مستترة.

كم هي النقود التي تحتاج إليها شهريًّا من أجل أن تستقر هنا. لقد قمت للتوّ بالتحدُّث مع كارلوس بارال من دون أن يكون أيٌّ منا قد اجتمع مع الآخر للتكلُّم عنك، وحللتُ المسألة بأكثر الطرق بساطة، وبلا أيِّ إكراهٍ مُطلقًا، حتى إن كارلوس نفسه تعهَّد بأن يُسلمك مبلغًا شهريًّا يتيح لك العيش.

أرى أنك في بويرتو ريكو حتى 14 يوليو (تموز)، وبعد ذلك ستقضي شهرًا في البيرو. أرى أنه عليك أن تتخذ قرار العودة إلى برشلونة في سبتمبر (أيلول) المقبل وليس خلال سنة. وعند وصولكم يمكنكم الاستقرار لوقت قصير في شقة مؤثثة، وبعد ذلك تستقرون بناءً على راحتكم في بيت تستأجرونه بالطريقة التي تناسبكم.

(Princeton C.0641, III, Box 1).

اختار الزوجان دونوسو برشلونة كمركز عمليات لهما، ومن هناك، كتبت ماريا بيلار (زوجة خوسيه دونوسو) إلى باتريثيا يوسا (زوجة ماريو بارغاس يوسا) في الأول من فبراير (شباط) 1969:

عزيزتي باتريثيا:

أسعدني تلقِّي أخبارك، لكنني لم أشأ الرد على رسالتك قبل ذهابي إلى برشلونة للبحث عن بيت والتمكُّن من إعطائك معلومات أكثر دقة وتحديدًا. ومن جهة أخرى أخبرتنا كارمن بالثييس أنكم تفكرون في المجيء للعيش في برشلونة مما جعل قلبي يطفر فرحًا، لكنه ما لبث أن عاد سريعًا إلى مكانه عندما أخبرنا الزوجان غابو بأن ماريو وافق من جديد على عقد لمدة سنتين في لندن... هل هذا صحيح؟ [...] ماذا عنكم؟ لن أرضى بعدم مجيئكم إلى برشلونة. يقول آل غابو إن الولايات المتحدة الأمريكية استحوذت عليكم. لا بد أنه كان من نصيبكم جامعة مثل هذه الأخيرة التي عمل فيها بيبي («بيبي» هو زوجها خوسيه دونوسو)، وهي جامعة مختلفة جدًّا عن جامعة آيوا التي أحببناها كثيرًا ونفكر في العودة إليها.

(Princeton C.0641, III, Box 7).

رسالة أخرى من ماريا لويسا إلى باتريثيا في 7 يوليو (تموز) من السنة نفسها، يظهر فيها كيف أن مجيء بارغاس يوسا إلى العاصمة الكتالونية كان وشيكًا، وتُطلع صديقتها البيروفية على آخر أخبار الصيف، وتخبرها بما يفعله آخرون من «مافياويي» **البُوم**:

العزيزة باتريشيا:

آل غارسيا ماركيز (الذين سافروا أول أمس في إجازة إلى إيطاليا «للاستمتاع بالبرودة»، مع مترجم غابو في صقلية)، ونحن، «مستثارون» جدًّا لخبر أنكم ستأتون للعيش هنا، لبعض الوقت على الأقل... هل هذا صحيح؟ ليته هكذا... لا تعرفين مقدار البهجة التي نشعر بها، أنا وبيبي وهم أيضًا.

أخبَرَنا كارلوس بارال، وأعطتني كارمن بالثيس الآن عنوانكم مع توصية: إنها ستخرج اليوم في إجازة (ليس للراحة، فهي لا تعرف معنى هذا، بل في رحلة عربدة في احتفالات سان فيرمين في بمبلونا)، ولكنها فور عودتها ستكتب لكم رسالة من سبع صفحات.

أترك لكِ الآن هذه السطور، فاليوم هو 7 يوليو (تموز)، ونحن نفكر في الخروج بضعة أيام إلى البيرينيه، لأن بيبي بعد أن عمل بجنون في روايته، حتى عشر ساعات يوميًّا في بعض الأحيان، استعصى فجأة ويريد أن يستريح.

أريد أن أقول لكِ فقط أن تعتمدي عليَّ في كل ما تريدينه هنا في مسألة المعلومات وما شابهها. نحن نعيش في قرية صغيرة مثالية فوق جبل في برشلونة، وفيه يتوفر الاتصال المباشر هاتفيًّا، هذا يعني أنها ضمن محيط برشلونة، قطار مُعلَّق وتحت الأرض، إضافةً إلى طريق مُعبَّدٍ جيدٍ، وليس رائعًا، للصعود والنزول [...].

وقد وصل للتوِّ سيرخيو بيتول، وهو يروي أمورًا رهيبة عما يحدث في المكسيك... يبدو بكل بساطة أنه لم يعد من الممكن العيش هناك، وأن كارلوس [فوينتس] المسكين مر بوقت عصيب، ولكنه سيأتي، لحسن الحظ. وأخيرًا، سوف نتحدث مطولًا إذا كنتم ستأتون حقًّا (Princeton C.0641, III, Box 7).

وكان غارسيا ماركيز أيضًا قد حطَّ في برشلونة، في يونيو (حزيران) 1967، بعد تجربته في العاصمة المكسيكية، حيث عمل في عددٍ لا حصر له من الأعمال الصحفية، وكتب عدة سيناريوهات سينمائية. وهكذا يكون قد مضت عليه ثلاث سنوات وهو يعيش في برشلونة عندما وصل ماريو إليها. ومثلما أشرنا من قبل، كانت الصداقة بينهما في ذلك الحين أكثر من متينة، ولكنها في برشلونة تحوَّلت إلى أسطورية. وكان غابو، منذ استقراره في المدينة الكونتية (تُسمَّى برشلونة «المدينة الكونتية»، لأن كونتًا حكمها في أزمان غابرة)، يُلح على صديقه البيروفي بأن يُثبت قامته هناك. ففي 12 نوفمبر (تشرين الثاني) 1967 يروي لماريو:

بعد أن بحثنا كمجانين، اتفقنا على أن نؤثث شقة جديدة، فسيحة جدًّا، ومعها حديقة، في أكثر أحياء المدينة هدوءًا، ولا تبعد عن مدرسة الطفلين إلا بشارع واحد، وفيها، فوق ذلك، وسط الفخامة الكتالونية، حجرة ملكية، حيث أدخل لزيادة تضخُّم هذا الدكتاتور الهرم الذي يصبح أكثر فأكثر شبيهًا بلويس بونويل، والذي تلقَّى منذ سنوات طويلة زيارة كريستوف كولومبوس، وأقام له مأدبة عظيمة، ووفَّر له هنودًا بريش، وعقودًا ذهبية، وثمارًا إكزوتيكية، من أجل أن يُصدِّق الملكان الكاثوليكيان أنه اكتشف بالفعل عالمًا جديدًا. الطفلان يكبران، ومِرثيديس تشتري أشياء، وفي جميع مشترياتنا نتذكَّر المفتري ألبارو الصغير، والجنتلمان البريطاني الكبير الذي أحسن التصرف تمامًا في بيتنا، مع أن أحدًا لا يُصدِّق ذلك. كبح أوبيبدو نفسه في لندن، وهو يعدنا بزيارة في شهر ديسمبر (كانون الأول). برشلونة، بمسارها المطمئن كمقاطعة أوروبية، ما زالت الحرارة فيها اليوم 22 درجة. شمس بديعة، وأسماك حنكليس لا تُصدَّق.

عناق حميم،

غابو

(Princeton C.0641, III, Box 10)

في رسالة أخرى تحمل تاريخًا مشابهًا، يذكر له فيها حتى عنوان شقته الأولى، والتي لم تكن الشقة نفسها الموجودة في شارع كابوناتا:

أخيرًا، وبعد الرحلة اللامتناهية، أجد نفسي محشورًا في كهف المجانين هذا. لقد استطعنا الحصول على شقة مريحة، آمل أن أبدأ فيها الكتابة بأسرع ما يمكن. فيرنانديث ريتامار سيقتلني، لكنني، وبصورة حاسمة، لا أستطيع الذهاب إلى كوبا. لقد تأخَّر الوقت! لا أعرف أين هو فوينتس. إذا كان موجودًا في لندن، أتريد أن تطلب منه أن يرسل إليَّ عنوانه لنعيد تواصلنا؟ كيف حال ابني بالعماد[1]؟ متى ستأتون إلى برشلونة؟ يا للعنة! أشعر بقليل من الضيق من لقائي في أوروبا، بعد انقضاء اثني عشر عامًا، إنه غزو المواد البلاستيكية. قبلاتي إلى باتريثيا، ولك عناق كبير من الأخ التائه،

غابو

شارع جمهورية الأرجنتين 168، شقة 2-4، برشلونة 6

(1) غارسيا ماركيز هو عرَّاب ابني بارغاس يوسا: ألبارو وغونثالو.

(Princeton C.0641, III, Box 10)

تتمثَّل أسباب الاستقرار في برشلونة بدلًا من لندن في أربعة: غابو، ودونوسو، وبارال، وبالثييس. وسينضم إليهم فيما بعد خورخي إدواردز. وهكذا بقي آل بارغاس يوسا في المدينة ما بين عامي 1970 و1974، وهي فترة انتقالية حرَّر فيها أطروحته «غارسيا ماركيز: قصة قاتل آلهة»، وأنهى رواية «بنتاليون والزائرات»، وولدت ابنته خيميدا واندا مورغانا. ولكن علاقته ببرشلونة تعود إلى ما قبل ذلك بسنوات كثيرة؛ بدايةً بسبب علاقته بكارلوس بارال وكارمن بالثييس اللذين قدَّما للكاتب البيروفي دفعةً قويةً في ميدان النشر، وجعلا من المدينة وجهة إجبارية لكُتَّاب البُوم، مثلما يؤكد آرماس مارثيلو:

كانت برشلونة المدينة الصناعية التي جذبته إليها، المدينة التي منحته قبل أي مدينة أخرى الاسم الذي يحمله اليوم؛ وهي في نهاية المطاف، المدينة التي احتضنته كواحد من نخبة المثقفين والناشرين، والمناهضين سياسيًّا للفرانكوية العسكرية. وقد فعلت برشلونة الشيء نفسه بغارسيا ماركيز، وبكُتَّاب بارزين آخرين من جماعة البُوم، ممن وصلوا إلى عاصمة كتالونيا، لأن هناك، حسب كل المؤشرات، تكمن سلطةُ ومجدُ عالم النشر الإسباني. هناك، في برشلونة، حقَّق الفوزَ ما سُمي بـ«اليسار الإلهي»؛ وهو تجمُّع ثقافي فهم قبل الجميع في إسبانيا أن الثقافة لا تنشأ بالضرورة من خلال مجازفات مفرطة، وإنما عبر دروب صناعية كذلك (Armas 2002: 67).

في عام 1968، بينما يسافر ماريو عبر أمريكا، ويُقدِّم حلقات دراسية، ويُقرِّر أين سيستقر بصورة نهائية (إذا كان ذلك سيعني التخلِّي ولو لبضع سنوات عن حياة الترحال)، كان غابو يواصل إخباره بالإمكانيات التي توفرها له أوروبا للعيش، وإقامة صداقات، وعلاقات، والسفر بكثرة إلى أمكنة ليست بعيدة جدًّا، وغير ذلك. ففي رسالة بتاريخ 1 يونيو (حزيران) 1968، يشير:

أخي ماريو:
سنذهب يوم 18 من هذا الشهر إلى بيت تملكه سيكوغنا في سُوري، بجنوة. سنبقى هناك نحو عشرة أيام، نتشمَّس، بينما ديغول انتهى لتوِّه من إثبات أنه الشخص الوحيد القوي في فرنسا، ويمكن لنا أن نذهب إلى باريس. أُقدِّر أننا سنكون هناك في الأيام الأولى من يوليو (تموز). أرسل إليَّ مخططاتك الآن فورًا، كيلا يكون هناك عدم تلاقٍ خلال الصيف. لم أستطع الذهاب إلى باريس الآن، مثلما كانت رغبتي. رأيي المطمئن

هو أن الطلاب والعمال يقومون بعمل ما، كان سيُعدُّ الحدث السياسي الأهم في القرن العشرين. ألا ترى ذلك؟ آمل ألا ترى ذلك، كي أجد عزاءً من الإحباط الذي أشعر به. تلقيتُ دعوة لزيارة موسكو في 18 يونيو (حزيران)، لمدة أسبوعين، بمناسبة مئوية غوركي، ولكن يبدو لي أن البرنامج مملٌّ جدًّا. لن أذهب. أنهيتُ خمس قصص قصيرة للأطفال ولكنها لا تعجبني. لن تُنشر. أظن أنني بعد انتهاء الصيف سأبدأ في كتابة الرواية، لرفع معنوياتي أو أنتهي بخوزقة نفسي.

عناق كبير،

من غابو

(Princeton C.0641, III, Box 10)

عندما صار سفر ماريو محسومًا، عرض غابو مساعدته في العثور له على مكان يعيش فيه. ويروي كذلك في رسالة 15 مايو (أيار) 1970، آخر مصاعب حياته في برشلونة، وحالته الصحية ومشروعاته:

عزيزي العجوز:

بدت رسالتك أشبه بانبعاث. كنا نشعر أنك ضائع، على الرغم من أن كارمن تُطلعنا على همومك بشأن النشر، وعلى تعكُّر مزاجك اللندني، ومجيئك الوشيك. وبقراءة رسالتك انتبهنا إلى أنه لا تكفينا أخبارك عبر وسيط.

سقاني طبيب جنازتي كأس إسمنت مُذاب في سائل، كي يراني من الداخل، ووجد أن كبدي أكبر من القلب، ومنعني، بلا أيِّ أثرٍ من الرحمة، من تناول المشروبات الدراماتيكية طوال ما تبقَّى من حياتي المديدة. بعد ذلك، علمتُ، من خلال معارفي السِّكِّيرين في كولومبيا، أن الجميع في المنطقة المدارية تكون أكبادهم أكبر من الآخرين - وهو أمر يجهله الديكارتيون الأوروبيون - ولكنني بدأت أشعر بأنني على ما يُرام من دون تناول نصف قارورة الويسكي اليومية، وقد فضَّلتُ التخلِّي عنها إلى الأبد. لم يعد ينقصني سوى ترومبون لأعزف عليه عند بوابة سيرز وأجمع صدقات لجيش الخلاص.

لا أدري مَن الذي أخبرني بأمر الحدث الدامي في المدينة الجامعية. هذا يحدث لخوليو ولك لأنكما وطنيان. أما أنا فبِمَنجى من هذه المجازر غير المجدية. وبصورة خاصة الآن، بينما أُهيِّئ أموري من أجل شيخوخة إقطاعية، ببلاهتي وإفلاسي الأخير؛ فقد

اشتريت بيتًا عمره 200 عام، يضم اثنتي عشرة غرفة وأربعة آلاف متر من الأراضي حوله، على بُعد أربعين كيلومترًا من برشلونة باتجاه كوستا برافا، وترميم البيت فقط يمكن أن يكلفني، بكل سهولة، حقوقي عن نصف مليون نسخة من الكتاب. إنني سعيد، لأنني سأظل في حالة إفلاس لسنوات طويلة، ولكن هذا يحول دون انطلاقي في أعمال جنونية أقل استقرارًا. وهكذا يمكنك المجيء بلا خوف؛ يوجد مُتَّسعٌ في البيت وفي الحقول بما يكفي لإنهاك أشد الغزاة قسوة.

أرسل ما تشاء من الأوامر لجعل نزولك في برشلونة أكثر سهولة. إنني أتقبَّل بكل ابتهاج أي ذريعة تتيح لي عدم الكتابة، ويمكن لمجيئك الوشيك أن يكون أفضل الذرائع. وقبل كل شيء، عليك مغادرة لندن قبل أن يصلها فوينتس، لأن الأمر سيكون عندئذ مدمرًا.

عناق عظيم،

غابو

(Princeton C.0641, III, Box 10)

وفي رسالة أخرى، وبتاريخ مشابه، يروي له بعض مخاوفه في تلك اللحظات، وبصورة خاصة الصعوبة التي يجدها في الكتابة، عندما كان منهمكًا في كتابة **خريف البطريرك**، ويُجرِّب كتابة قصص قصيرة كيلا «يفقد سخونة يده»:

ماريو:

غرقتُ هذا الصباح بلا آمال كثيرة في جنس كتابة المراسلات الفظيع، ولا أستطيع الخروج من الضفة الأخرى. لدينا أخبار عنكم، ليست فقط أخبار باتريثيا المباشرة والطازجة، وإنما كذلك أخبار من خلال جميع الأصدقاء هناك، الذين يبدو أنهم تواطأوا لإجبارنا على الرجوع قبل الموعد المُحدَّد.

هذا الرجوع سيبدأ، بطريقة ما، في الشهر المُقبل. في الأسبوع الأول سنذهب، مِرثيديس وأنا، لنُنجز أخيرًا رحلتنا إلى جزر الأنتيل، لمدة عشرين يومًا على الأقل، وعند العودة، ربما أذهب أنا إلى البرازيل لمدة أسبوع، وربما نذهب في بداية يوليو (تموز) إلى نيويورك، وبعد شهر من ذلك نذهب إلى مكسيكو، في طريق عودتنا إلى أوروبا. أي أن فترة وجودنا في المنطقة المدارية البديعة آخذة في الانتهاء، مما يحزنني ويُسعد مِرثيديس بصورة لامتناهية. من المهم إذن أن تحددوا لنا تاريخًا دقيقًا لمجيئكم، لتنسيق ذلك في برنامجنا. شهر مايو (أيار) سيكون بالنسبة إلينا الأكثر راحة.

223

لا بد أن كارمن أخبرتك بأنهم يعرضون عليَّ درجة دكتوراه شرف من جامعة كولومبيا في نيويورك. لقد خلقوا لي مشكلة: ليست لديَّ أي رغبة في الموافقة، لا سيما مع الالتزام الذي لا مفر منه بوضع الرِّداء والقُبَّعة، ولكنني أجريت استفتاءً بين الأصدقاء، وليس مِن بينهم مَن يشاطرني وجهة نظري. أنتظر رأيك، وأثق في أنك ستُقدِّم إليَّ ما يكفي من الحجج والذرائع التي توفر الطمأنينة لضميري. موعد الجريمة سيكون في يونيو (حزيران) في نيويورك، ويبدو لي الآن أنني لن أتعرَّض إلى التقييد بسبب عدم منحي التأشيرة.

لم أعد إلى توجيه ضربة واحدة. فما إن صرت هنا حتى بدأت أرتاب في أن هناك شيئًا يفتقده ما أكتبه من الذاكرة في برشلونة. ليست المسألة الآن في إعادة كتابة كل شيء، ولكنها في رؤية أشياء كثيرة بطريقة أخرى. أظن أنني سأعود إلى أوروبا بأوراق لم تُمس، وعندئذ فقط سأتخذ القرارات. أما الآن، فسأكتفي بنوم القيلولة في أرجوحة النوم، وتنفُّس هواء رائحة ثمار الجوافة. ما يبدو لي مفاجئًا، أنني لا أشعر بالحاجة إلى أيِّ شيء من أوروبا، وكل ما هو هنا لا يهمني مقدار لعنة.

الطفلان سعيدان، يصطادان زواحف الإغوانا ليأكلا بيضاتها. أما أنا، فلا أفعل شيئًا، ومِرثيديس تَعدُّ، مثل السجناء، الدقائق المتبقية لذهابنا.

عناق حميم،

غابو

(Princeton C.0641, III, Box 10)

انتقل ماريو إلى حي ساريَّا، في شارع أوسيا، بجانب الجبل، وقريبًا جدًّا من بيت صديقه الحميم غابو، بعد الناصية، بشارع كابوناتا، في برشلونة مفتوحة، توَّاقة إلى الثقافة وتشرُّب أعسال انتصار **البُوم**. كانت الدكتاتورية تنحدر، وهذه المدينة البحرية الجميلة تُتيح له العمل بهدوء، وهي مسألة مهمة لوحش الكتابة الذي كانه بارغاس يوسا. كما انتهى الأمر إلى ترسُّخ صداقته مع غابو هناك، حيث، كما يروي آرماس مارثيلو، «وصلتْ إلى أن تكون صداقة أسطورية في نظر جماعة الأدب؛ هذه «الفئة المخزية» (هكذا سُميت أحيانًا من عناصر منضمين إليها) التي تنظر إلى زملائها مثلما تنظر الربة أثينا إلى أعدائها: بنظرة جليدية» (Armas 2002: 100). كانا يلتقيان يوميًّا، على الرغم من علاقتهما الزوجية مع الأدب، وهذا يعني انضباط كلا الكاتبين في العمل بصرامة، وفي العلاقات الزوجية كذلك مع زوجتيهما.

وتروي ماريا بيلار سيرانو عن حال بارغاس يوسا:

يكتب من الساعة الثامنة صباحًا وحتى الواحدة، وبعد ذلك يتناول الغداء، ثم استراحة قصيرة، وما بين الساعة الثالثة والرابعة مساءً يراجع وينهي المراسلات البريدية، وبعد ذلك يُعلِّق على أخبار الليموند مع غابو في أحد المقاهي، ثم يخرج مع أصدقاء، ولا يعود متأخرًا كي يتمكَّن من تكرار الروتين نفسه في اليوم التالي، وقبل ذلك يقضي فترة قصيرة مع طفليه. ويستمر على هذا النظام أو ما يشابهه (Donoso 1999: 173).

وعن تلك السنوات في برشلونة، يضيف آرماس مارثيلو معلومات أخرى أيضًا: فبارغاس يوسا «يرتدي السواد دومًا، مع جاكيت رسمي، وبلوفر أسود بقَبة عالية، وحذاء أسود بكعب أعلى قليلًا مما هو معهود. وكان معروفًا في برشلونة بأنه ماريو بارغاس يوسا، الكاتب البيروفي. ويُعطي دروسًا في جامعة بيِّاتيرا. ولا يتيح له نشاطه الأدبي المحموم سوى القليل من التجوال الذي يُترجم في رحلات لأيام قليلة من أجل إلقاء محاضرة في أيِّ جامعة أوروبية والعودة بسرعة إلى مكتبه» (Armas 2002: 71-72). أما غارسيا ماركيز في المقابل، فيُرسم كشخصٍ باسم، مُحبٍّ للمزاح، ثرثار، يرتدي أفرولًا أزرق. ويُعلِّق داسو سالديفار: وكشخص خجول، و«بطلاقة لسان أقل جاذبية»، وهو ليس خطيبًا جيدًا مثل بارغاس يوسا.

كانت تلك المرحلة الكتالونية حاسمة، سواء لماريو أو غابو، فقد حصل كلاهما على شهرة عالمية لا جدال فيها. والواقع أن غابو بدأ يشكو من الشُّهرة في برشلونة، فهي خانقة ولا تُطاق؛ عندما انتقل إلى هذه المدينة ظن أنه سيتمتع بالسلام والسكينة كي يعمل ويعيش من دون أن يلفت الاهتمام. استياءُ غابو في هذا الشأن، يُروى بالتفصيل، في مقابلة أجراها معه دانييل سامبير (في ديسمبر (كانون الأول) 1968، لمجلة **إلتيمبو** الصادرة في بوغوتا)، ويستشهد بها بارغاس يوسا في أطروحته للدكتوراه حول الكولومبي:

لا يمر يوم إلا ويتصل بي ناشران أو ثلاثة ناشرين، ومثلهم من الصحفيين. عندما ترد زوجتي على الهاتف، عليها أن تقول دومًا إنني غير موجود. إذا كان هذا هو المجد، فإن كل ما عدا ذلك يجب أن يكون قمامة (لا، من الأفضل ألَّا تذكر هذا، لأن هذه العبارة المكتوبة تبدو مضحكة). ولكنها الحقيقة، حتى إن أحدنا لم يعد يعرف من هم أصدقاؤه.

بدأتُ بقول شيء: إنني لن أعطي مزيدًا من المقابلات والريبورتاجات، فقد بلغ بي الأمر

منتهاه. جئتُ إلى برشلونة لأنني ظننتُ ألَّا أحد يعرفني هنا، ولكن تبيَّن أن المشكلة هي نفسها. في البدء كنت أقول: إذاعة وتلفزيون لا، أما الصحافة فلأن الصحفيين زملائي. ولكن لا مزيد. لا صحافة أيضًا. لأن الصحفيين يأتون، فنسكر معًا حتى الثانية فجرًا، وينتهي بهم الأمر إلى أن يضعوا ما قلتُه خارج التقرير الصحفي. أضف إلى ذلك أنني لا أُراجع أو أُصوِّب ما يُكتب. فكلُّ ما نُشر منذ سنتين على أنه تصريحات مني ليس إلا تفاهة. المشكلة هي نفسها على الدوام: ما أقوله في ساعتين يختزلونه في نصف صفحة، وأظهر كمن ينطق ببلاهات. أضف إلى هذا أن الكاتب ليس موجودًا لتقديم تصريحات، وإنما ليروي أشياء. من يريد أن يعرف ما هو رأيي، فليقرأ كتبي. في **مئة عام من العزلة** توجد 350 صفحة من الآراء. هناك توجد مادة لكل الصحفيين الراغبين.

تاريخ شخصي للبُوم البيتي

يروي المؤرخ التشيلي للبُوم، وهو مُحقٌّ في ذلك أكثر من قديس، أن مراجعة تلك الحقبة وأهميتها العالمية لا يمكن أن تستند إلى النتاج الأدبي وحده، وإنما إلى التفاصيل الصغيرة التي أحاطت بحياة أصدقاء الجيل وإبداعهم الأدبي. وفي إعادته النظر في كتابه التأريخي، عام 1982، بنظرة لها طابع الحنين وابتعاد تلك السنوات البرشلونية، يتساءل:

> أي أهمية لهذه الصغائر؟ هل لها نَفعٌ سوى أنها تقوُّلات؟ أما أنا فأقول إنها أكثر من ذلك بكثير. فخلق عمل فني - وبين الروايات التي أتحدث عنها هناك أكثر من واحدة تُعدُّ عملًا فنيًا - هو أمر يكتنفه الغموض، لا مفر لجذوره من أن تتغذَّى من طبقات أرضية أشد قتامة وعمقًا مما يعرفه مبدعوها أنفسهم. الحياة اليومية، والعلاقات الأُسرية، والمحيط الاجتماعي الراهن، وتناول وجبة في مطعم، وجولة بالسيارة، دون أن يُلحظ، يمكن لها أن تكون أكثر حسمًا من مواقف سياسية، أيديولوجية ورؤى عامة (Donoso 1999: 199).

لهذا من المهم معرفة كيف كان يعيش كُتَّاب البُوم في محطتهم البرشلونية. تعزَّزت الصداقة بين ماريو وغابو، وصارت أكثر متانة في السنوات العذبة الأولى في المدينة الكونتية. وحصل البيروفي، عمليًّا، على جزء لا بأس به من مادة أطروحته، من خلال أحاديثه الطويلة والمثمرة مع غابو. ولكن، بعد وقت قليل من وصول ماريو إلى برشلونة، وقع حدث كان يمكن له، حسب دونوسو، أن يُقوِّض وحدة جماعة البُوم المتينة، «إذا ما كانت تلك الوحدة قد وُجدت في أي وقت أبعد من مجرد التخيُّل، وإذا كانت قد انتهت فعلًا» (Donoso 1999: 115). حدث

ذلك في ليلة رأس السنة عام 1970، في حفلة صاخبة في بيت لويس غويتيسولو في برشلونة. كورتاثر بلحيته التي تتخلَّلها خُصل شعر ضاربة إلى الحمرة «رقص رقصة حركات سريعة جدًّا مع أوجنيه»، والزوجان بارغاس يوسا «استجابةً لإلحاح المدعوين الذين أحاطوا بهما، رقصا فالسًا بيروفيًّا خفيفًا»؛ بَعدَ أن رَقص الزوجانِ غابو، بدفعٍ من الدائرة نفسها، «رقصةَ ميرينغي ترويبكالية» (Donoso 1999: 115). ولم يكن ممكنًا أن تغيب الماما الكبيرة، كارمن بالثييس، التي تجلس مستندةً إلى وسائد على الأريكة، و«كانت تلحس شفتيها متلمظةً وهي تُقلِّب تلك الأطباق الأدبية الشهية، المُغذية، بمساعدة فرناندو تولا وخورخي هيرالدي وسيرخيو بيتول، والأسماك الجائعة العجيبة المضاءة التي تزين جدران الحجرة في أحواضها. بدا كما لو أن كارمن بالثييس تمسك بيديها الخيوط التي تجعلنا جميعًا نرقص كدُمى ماريونيت، وكانت تتأملنا، ربما بتقدير، وربما بجوع، وربما بمزيج من الأمرين، بينما تتأمل كذلك الأسماك المتراقصة في أحواضها» (Donoso 1999: 116). في تلك الحفلة جرى الحديث عن مجلة **ليبري**، التي كانت على وشك الصدور، وهناك بالتحديد بدأ ما سيتحوَّل فيما بعد إلى خلافات سنتناولها في الفصل التالي. وسيكون عام 1971 كله موسومًا بتلك التوترات؛ ومع ذلك، كانت لأعياد الميلاد لعام 1970-1971 أجواءٌ أخوية جدًّا، واحتفالية وممتعة. وتروي ماريا بيلار سيرانو بالتفصيل عن ليلة الميلاد، قبل أيام قليلة من الحفلة التي أشرنا إليها، والتي شارك فيها جميع مَن يُشكِّلون لُبَّ البُوم، «الصفوة، ووجه قالب الحلوى»، المافيا التي ترن، وتجعل من برشلونة جيدة.

الزوجان دونوسو كانا في تلك الأيام في كالاثيته، وهي قرية صغيرة في منطقة أراغون السفلى، حيث عاشا لبعض الوقت. رنَّ الهاتف قبل أيامٍ من ليلة الميلاد. كانت المتصلة هي «غابا»، وهذا هو اللقب الذي يُطلقونه على مِرثيديس بارتشا، زوجة غابو. لا يمكن أن تكون التهنئة بالعيد هذا العام أفضل من هذا: آل غابو يدعون الزوجين التشيليين لمشاركتهما حفلة العيد في برشلونة، مع أصدقاء آخرين، مثلما هي العادة في أمريكا. ويمكنهما بعد ذلك أن يعودا إلى القرية من أجل احتفالات عيد ملوك المجوس[1]، ومن أجل أن تتوّج طفلتهما أحلامها طوال العام. كان برد ذلك الشتاء قاسيًا جدًّا، ونقود آل دونوسو قليلة جدًّا، ولهذا كانوا يتذكرون بكثرة عبارة غابو القائلة: «جميع الناشرين أغنياء وجميع الكُتّاب فقراء» (Donoso 1999: 133). عاش آل دونوسو، عمليًّا، في تلك الفترة، بفضل كرم أصدقاء أمريكيين

(1) عيد ملوك المجوس: يُحتفل به في السادس من يناير (كانون الثاني). وفيه تُقدَّم الهدايا للأطفال.

شماليين يُقرضونهم النقود ريثما يحين موعد ذهابهم إلى الولايات المتحدة، حيث سيتولى بيبي (خوسيه دونوسو) الإشراف على بعض الحلقات الدراسية الجامعية. شرع الزوجان في الرحلة، ووصلا إلى برشلونة قبل يومين من الحفلة الكبرى. وعند وصولهما، صاح غابو: «وصل أبناء العم الآتون من الأرياف!» (Donoso 1999: 136). وهناك بالتحديد أخبرهم غابو أن «أبناء العم» الآتين من باريس وصلوا أيضًا: خوليو كورتاثر ومعه زوجته أوجنيه كارافيلس، وأن كارلوس فوينتس جاء وحيدًا، ولكنه أعلن أن امرأته، الممثلة المكسيكية ريتا ماثيدو، ستصل في اليوم التالي. وكان كارلوس فرانكي قد وصل أيضًا، ولكن من روما، أما الزوجان بارغاس يوسا فكانا يعيشان هناك، في برشلونة.

في ليلة 24 ديسمبر (كانون الأول) ذهبوا جميعًا للعشاء في مطعم تقليدي كتالوني: «**نافورة العصافير**»، وتأخَّروا طويلًا في طلب الطعام لأنهم انخرطوا على الفور في جدلٍ حول كوبا. فاضطر النادل إلى استدعاء صاحب المطعم، لأنهم استغرقوا في الموضوع الكوبي ولم ينتبه أحدٌ منهم إليه. اقترب صاحب المطعم بجدية كبيرة، ونظر بإمعان إلى الجماعة، فسكتوا جميعًا فجأة بشيء من الإحساس بالذنب. عندئذ سألهم المالك، بنوع من السخرية: «هل يوجد بينكم مَن يعرف الكتابة؟» (Donoso 1999: 138). خيَّم الصمت على الجميع، ما بين مُترددين ومبتسمين، لأنهم لا يدرون إن كان قد قال ذلك وهو يعرفهم أم لا. ولكنَّ رد فعل «غابا» كان فوريًّا، لأنها تتمتع بذكاء طبيعي يجعلها تتحرك بسرعة تجاه أي موقف غير مُتوقَّع، أو ينطوي على مجازفة. وأكَّدت عنها كارمن بالثييس: «يمكن قول أي شيء عن غابا، ولكن بالانطلاق دومًا من قاعدة أنها كاملة ودقيقة» (Donoso 1999: 132). تناولت غابا ورقةً وقلمًا، ودوَّنت الأطباق المطلوبة، وقدَّمت الورقة إلى صاحب المطعم. وهكذا تصف ماريا بيلار أحاديث ذلك العشاء:

> في الخارج كان الثلج يهطل. وفي الشارع، قبل الدخول إلى المطعم، لعب خوليو كورتاثر وأوجنيه بتبادل قذف كُرات ثلج على وجهيهما. وفي الداخل كان الجو دافئًا، والمزاج حميمًا وأخويًّا. دخل كارلوس فوينتس وماريو بارغاس يوسا في نقاش تركَ الآخرين خارجًا، لكنهم كانوا يتابعون باهتمام كمشاهدين وقورين. دافع البرغماتي بارغاس يوسا عن مواقف وأفعال العسكريين اليساريين الذين يحكمون بلاده. وكارلوس فوينتس، على الرغم من أنه وجد نفسه مُضطرًّا إلى الابتعاد عن كوبا، دعا ودافع عن موقف مثالي، مثل مسيح تروبيكالي ومعاصر. كانا مُتفقَين في العمق، وأفادت مرافعتاهما في تعميق

المشاركة في الأفكار، ليس لهما وحدهما، وإنما للجماعة كلها. وربما لا، فأنا أُفكِّر من منظور انقضاء عدة سنوات. أظن أن الزمن أثبت أن بذور الخلاف كانت حاضرة منذ ذلك الحين، وهي التي أدت، إذا لم يكن إلى تحلُّل أواصر الصداقة، فعلى الأقل إلى المواجهة فيما بينهم، وتفرُّق أعضاء الجماعة شديدة التماسك، في المظهر على الأقل، منذ تلك الليلة بالتحديد (Donoso 1999: 138-139).

حسنًا، بسبب ما سيُروى تاليًا، لا يبدو الخلاف حتى الآن عصيًّا على الحل. فبعد العشاء ذهبوا إلى بيت ماريو، ومعهم جميع الأطفال (أبناء غابو وماريو وابنة دونوسو). كانت الشقة صغيرة، لكنها مريحة ولطيفة، وبقي الزوجان كورتاثر، والزوجان غابو، ومعهم أصحاب البيت. جرى الحديث عن الأدب، لكن الكولومبي بدا أقرب إلى أن يكون على الهامش. أما المستغرقون في الموضوع وفي النقاش فهم خوليو وبيبي (خوسيه دونوسو) وماريو. حاول غابو إظهار عدم اهتمامه، لكن ماريا بيلار تقول إنها لاحظت أنه يفعل ذلك بطريقة مُصطنعة، فهو مُحبٌّ للجدال أيضًا. وفي وقت مُتقدِّمٍ من الفجر، بدأ خوليو وماريو منافسة لا علاقة لها بالأدب: «ناضلا باحتدام، بحماسة، لكسب سباق سيارات روموت كنترول صغيرة أخرجاها من أكياس هدايا ألبارو وغونثالو [ابني ماريو] اللذين تعبا وذهبا للنوم ترافقهما بيلارثيتا الصغيرة [ابنة دونوسو]» (Donoso 1999: 146). انتهت الحفلة عند شروق الشمس تقريبًا، وواصلوا اللقاء في الأيام التالية، إلى أن أقاموا في ليلة رأس السنة سهرة مشابهة لسهرة العام السابق. هكذا كانت حياة جماعة البُوم، يستغلون أي سبب للاجتماع والاحتفال بما يجب الاحتفال به.

قصة أخرى تستحق الذكر تتمثَّل في اجتماعهم جميعًا في السنة التالية، بعد شهور قليلة من لقائهم في عيد الميلاد الذي لا يُنسى. كانت تُقدَّم في مهرجان أفينيون، جنوبي فرنسا، النسخة الاحتفالية من مسرحية كارلوس فوينتس: «الأعور هو الملك»، التي قُدِّمت بممثليها الرئيسيين: ماريا كاساريس، وسامي فريي. سافر آل غابو مع طفليهما، وقد صارا في سِنٍ تتيح لهما تحمُّل تلك الرحلة، أما أطفال أسرة دونوسو وبارغاس يوسا فظلوا في برشلونة، في القسم الداخلي في حضانة الأطفال في حي بيدرالبيس. وتُعلِّق ماريا بيلار: «أنا وباتريثيا كنا محبطتين جدًّا عندما ودَّعناهم، فبدلًا من أن يبكوا كانوا يُلوحون بأيديهم ويضحكون بسعادة لأنهم سيُمضون بضعة أيام من دون آبائهم» (Donoso 1999: 150). كان خوليو [كورتاثر] وأوجنيه في بيتهما في سينيون، قريبًا جدًّا من المدينة التي ستُعرض فيها المسرحية، وجاء

خوان غويتيسولو من باريس في مساء يوم العرض بالتحديد. وبعد انتهاء العرض ذهبوا جميعًا للاحتفال بذلك في مطعم. ارتدت النساء ملابس أنيقة ومُحكمة، ومناسبة لحضور فعالية كالمسرح، ومضين معًا في الشارع في اتجاه المطعم. ومضى الرجال أيضًا معًا، ولكن خلف النساء. وفجأة، توقفت سيارة شرطة كابحةً فراملها بقوة أمام النساء، وجرى توبيخهن ظنًّا أنهن مومسات. وفي اللحظة التي استطاع فيها الأعور أن يتبين الحقيقة، «تلعثم الشرطي المُرتبك ببعض الاعتذارات، ثم صعد إلى السيارة وانطلق مُتعجلًا. حين علم كارلوس بما حدث، أنَّبنا قائلًا إنه كان علينا أن نجعله يأخذنا إلى مركز الشرطة، لأن الفضيحة الصحفية التي ستُثيرها تلك الواقعة ستُشكِّل بلا ريب تنشيطًا دعائيًا كبيرًا لمسرحيته ولكتاب بيبي [خوسيه دونوسو] الذي كانت ترجمته الفرنسية على وشك الصدور» (Donoso 1999: 151).

تواصلت الاحتفالات في الأيام التالية. وفي واحد منها نظَّم الزوجان كورتاثر غداءً في نُزل ريفي، ثم دعوا الجميع بعد ذلك، مَن جاءوا من باريس ومن جاءوا من برشلونة، إلى بيتهما. هناك جرى الحديث عن الخطوات الأولى لإصدار مجلة ليبري، وحدث كذلك، كمعلومة مثيرة للفضول، كما تقول ماريا بيلار، أن ماريو «غيَّر تسريحة شعره»، وهو أمر كان لها دور كبير فيه:

> في ذلك اليوم، مثلما كانت الحال على الدوام، سرَّح ماريو شعره الكستنائي القاتم بغرة كغرة ألفيس بريسلي، وهو ما يمكن التثبُّت منه في الصور التي تظهر على طبعات كتبه الأولى. فقلت له إنه ليس من حقه، وهو صاحب أجمل شَعر في جماعة البُوم، ألَّا يزهو بذلك. وكانت لا تزال تلك الأزمنة في حقبة البيتلز، ولم يكن للرجال مفرٌّ من ترك شعورهم طويلة، مما يُحسِّن في معظم الحالات من مظهرهم (Donoso 1999: 151-152).

كان آل دونوسو، في برشلونة، يعيشون مُتحدين جدًّا بجماعة صفوة البُوم. جاءوا إلى المدينة الكونتية في 1969، قبل قليل من مجيء آل بارغاس يوسا. وقبل ذلك عاشوا لبعض الوقت في جزيرة مايوركا، حيث أقام كذلك بلينيو أبوليو ميندوسا. وقد استقروا ببرشلونة في حي باييبيدرا، على هضبة وراء جبل مونجويك، مع إطلالة بديعة على البحر والمدينة. وتروي ماريا بيلار أنهم في نهاية كل أسبوع كانوا يجتمعون: الرجال (خوسيه وماريو وغابو) يتحدثون في الأدب، والنساء ينظمن برامج لأطفالهن جميعًا، بدُمى متحركة، وزيارات إلى السيرك أو السينما، ثم يلتقون جميعًا ليتناولوا الطعام معًا. وتؤكد أن خوسيه دونوسو وماريو

ما كانا يتحدثان في أيِّ أمر آخر سوى الكتب والكُتّاب، أما غابو فيتظاهر بأن الأدب لا يهمه كثيرًا، ويحاول على الدوام إعطاء الانطباع بقلة معارفه النظرية. وأخيرًا يظهر في الحديث، من دون مفر، اسم فلوبير، فيمتدحه ماريو، بينما يهاجمه بيبي دونوسو. ولم يكن من عادتنا نحن النساء الدخول في هذا النوع من المجادلات، أي أن الأدوار كانت مُحدَّدة بدقة، إلى حدِّ أن غابو، بعد مقابلة طويلة وثقيلة مع بروفيسورة أمريكية شمالية، أعلن أنه «يمقت النساء المثقفات». وتُواصل التشيلية: «فسألتُه بسخرية، إن كان يعتبرني مثقفة، لأنني أقوم بترجمات. وكان ردُّه: حتى الآن لا، ولكنني أمضي «في طريق سيِّئ»» (Donoso 1999: 153).

يمكن لنا أن نستنتج من خلال التفاصيل علاقة الألفة الكبيرة التي توصَّل إليها أعضاء البُوم. ويُفهم أنه لم تكن هناك نزعة ذكورية عند غابو، وإنما، بكل بساطة، حقيقة أنه وصل إلى حدِّ التُّخمة من الأسئلة السفيهة التي وجَّهتها إليه أمريكية شمالية، وإطلاق كلِّ ضيقه علنًا أمام الأصدقاء من دون حياء، وبكل ثقة، حتى بلوغ حدِّ السخرية اللطيفة. حدثت مزحةٌ من النوع نفسه مع ماريو، عندما قال لماريا بيلار إنها ستكون السبب في دمار حياته الزوجية. وحين سألته عن السبب، أجابها ماريو بأنها تُحرِّض باتريثيا (زوجته) على متابعة دروس بالإيطالية معها (Donoso 1999: 153).

ولكن لم يكن الجميع أمريكيين لاتينيين في أجواء **البُوم**؛ فقد كانت برشلونة آنذاك البؤرة الثقافية الأهم في إسبانيا، ولم يكن كُتّابها وفنانوها ومثقفوها هم الأفضل وحسب، بل أيضًا الأكثر انفتاحًا على أوروبا، والأكثر استقلالية، والأكثر نقدًا للدكتاتورية التي تحوَّلت آنذاك إلى «دكتاطَرية». والكتالونيون الذين اعتادوا التردُّد على جماعة البُوم كانوا من المنتمين إلى «اليسار الإلهي» في الستينيات والسبعينيات، وقد اعتادوا كذلك على اللقاء ليلًا في «بويته بوكاشيو»، وخلال النهار في «تورتيبيريا فلاش فلاش». والشخص الأهم بينهم جميعًا، مثلما صرنا نعرف، هو كارلوس بارال الذي كان صديقًا حميمًا لماريو، وكذلك لدونوسو، حتى يوم المشاجرة الشهيرة بينهما. حدث ذلك خلال حفلة كوكتيل في بيت أوسكار توسكيتس وبياتريث دي موورا، وكانا زوجين في ذلك الحين، ومالكي دار نشر توسكيتس التي ما زالت بياتريث تواصل إدارتها. بدأ جدل بين بارال ودونوسو لأن الناشر بارال واجهه بالقول إنه كان يمكنه نشر **طائر الليل البذيء** مع دار النشر المنافسة. فردَّ عليه التشيلي بأنه هو نفسه مَن رفض ذلك عندما اقترح عليه أن يطبعا الكتاب معًا. فقال كارلوس إنه ما كان يمكن له القبول بذلك، ووجَّه إليه الوخزة بغضب: «تبدو مُضحكًا بنظارتك المثبَّتة بشريط لاصق» (Donoso

159 :1999). كُسرت نظارة الكاتب التشيلي في اليوم السابق، وريثما يشتري واحدة أخرى ألصق النظارة المكسورة بشريط لاصق. بعد هذا الحادث، سقط دونوسو طريح الفراش، في بيت مالكي دار النشر بالتحديد، وأُصيب بقرحة لم يكن مُصابًا بها من قبل، بينما خرج بارال من الحفلة باكيًا بدموع غزيرة وقد أسرف في الشراب. ولكنهما تصالحا في النهاية كما يبدو.

كان أعضاءٌ آخرون من اليسار الإلهي الكتالوني أصدقاءً لجماعة البُوم، بالطبع، مثل: الزوجين توسكيتس، وخورخي هيرالدي (الذي انتهى به الأمر في عام 1969 إلى تأسيس دار نشر «أناغراما»)، والروائية روسا ريغاس، وليبولدو بوميس، والأخوَين غويتيسولو: لويس، وخوسيه أغوسطين، اللذين بقيا في برشلونة، أما أخوهما خوان، وكان صديقًا حميمًا لجماعة البُوم أيضًا، فكان يعيش منفيًّا في باريس، والناقد خوسيه ماريا كاستيليت، وعددٍ من شعراء مختاراته الشعرية الشهيرة للمستجدين، مثل جيمفيرير، ونقادٍ ومخرجين سينمائيين، مثل: ريكاردو مونيوث سواي، وغونثالو هيرالدي، ورومان غوبيرن، ومهندسين، مثل: أوريول بوهيغاس، وريكاردو بوفيل، والشاعرة التشيلية كارمن أوريغو، وغيرهم.

حدثٌ مُهمٌّ في تلك المرحلة تمثَّل في مرور خورخي إدواردز من برشلونة، مُتوجهًا إلى باريس. وكان صديقًا حميمًا لماريو، منذ سنوات الستينيات الأولى في العاصمة الفرنسية، مثلما رأينا من قبل، وكثيرًا ما يُربط بجماعة البُوم، بسبب قربه منهم، ولأنه كاتب قصص، وينتمي إلى الجيل نفسه من حيث السن. انضم خورخي في تشيلي، منذ شبابه المبكر، إلى السلك الدبلوماسي، وهو عملٌ يتيح له، على حدِّ قوله، أن يعكف على ما يحبه فعلًا: الكتابة. وكانت إحدى المهمات الأولى التي كُلِّف بها، من حكومة الرئيس ألليندي، هي الذهاب إلى كوبا لإعادة العلاقات الدبلوماسية مع الجزيرة الكاريبية. ولكنه هناك، كما كتب فيما بعد في مذكراته البديعة: **شخص غير مرغوب فيه**، مرَّ بتجربة شاقة، حيث عانى من الحصار والتجسُّس عليه من قِبل فيديل كاسترو الذي طرده من الجزيرة، واتَّهمه بالمشاركة في نشاطات إثارة الفتن ومناهضة الثورة. ويُفهم أن ذلك كله كان زائفًا، وذنب إدواردز الوحيد أنه صار صديقًا، بلُطفه الطبيعي، لجميع الكُتَّاب الكوبيين، سواء أكانوا موالين للنظام أم لا، والتقى بهم، وتحدَّث معهم في كلِّ ما يمكن ولا يمكن الحديث عنه في الجزيرة. ولكن الجدران لها آذان، وكذلك الميكروفونات، فنفد صبر فيديل كاسترو، وانتهى به الأمر إلى طرده، قبل أن ينتهي الأمر بصورة حاسمة، حسب رأيه، إلى إنهاء العلاقات الدبلوماسية بين البلدين اليساريين الراديكاليين.

بعد فشله الكوبي، وصل إدواردز إلى برشلونة، وانضم بعد أيام إلى السفارة في فرنسا، وعمل جنبًا إلى جنب مع بابلو نيرودا. أثناء تلك الأيام نزل في بيت آل بارغاس يوسا، وشارك في وجبات غداء وعشاء مع جماعة البُوم كلهم وبعض الأصدقاء المقربين، وكانوا جميعًا متعطشين إلى أخبار كوبا. وقد تحدَّث، بصورة خاصة، عن الأجواء التي عاشها هناك بين الكُتَّاب مع انفجار قضية باديًا، وكيف أن شيئًا من آثار الموضوع أصابه أيضًا. وكانت محادثته الخاصة الأخيرة مع فيديل شديدة الزخم بشكل خاص، في الليلة الأخيرة من وجوده في هافانا، وقد عرضها بصورة دراماتيكية في بيت آل دونوسو. كان الدكتاتور الكوبي قد تعاطف مع خورخي، لكن الاتهام سبق أن أُرسل إلى تشيلي، ولم يعد هناك مجالٌ للتراجع. دأب فيديل على تتبُّع خطواته يوميًّا، من خلال أجهزة تنصت في شقته، ومخبرين في البيوت التي يجتمع فيها الشعراء للتحدُّث حول النظام، أو حول مستقبل هيبيرتو باديًا والمثقفين الكوبيين، وغير ذلك. أمل الدكتاتور فقط ألَّا ينتقل خورخي، في تلك اللحظة، «إلى الجانب الآخر». وهكذا روت الأمر ماريا بيلار سيرانو:

> في ليلة تناولنا الطعام في بالبيدريرا، بدا خورخي مُنفعلًا، ومتأثرًا جدًّا من الحدث، وأثناء روايته لنا كان يَذرَع امتداد حجرة المعيشة في بيتنا بعصبية. يبدو أن فيديل كاسترو له عادة خورخي نفسها في المشي وهو يتكلَّم عندما يُصاب بالعصبية، ويبدو كذلك أن كليهما فعلا ذلك في اللقاء الأخير بينهما [...]. كان صديقنا يمضي من جهة إلى أخرى في شقتنا، يتكلَّم ويومئ بيديه، ويتوقَّف فجأة أمام المقاعد والأريكة، ويتلمَّس بحثًا عن شيء تحت الوسائد، ويتوقَّف كذلك قبالة اللوحات بحثًا عن شيء لم أُدرك ماهيته في البدء. كنت أراقبه مُندهشةً حتى انتبهتُ إلى أنه يتصرَّف بانعكاسات شرطية. قلت له: «اهدأ يا خورخي. لا توجد هنا ميكروفونات خفية، أنت لم تعد في كوبا، إنك في إسبانيا فرانكو». كانت هناك أشياء أخرى في إسبانيا الزعيم فرانكو، وربما كذلك ميكروفونات مخبَّأة، ولكن ليس في بيت كاتب إسباني غير معروف (Donoso 1999: 167-168).

مما لا شك فيه أن الشهادة الأبرز للسيدة دونوسو ليست في كل الحكايات والطرائف التي رويناها، وإنما في الصورة الشعاعية الروحية التي تجعل من كل واحد من «الصفوة»، شخصيةً من **المافيا** التي **ترن** في برشلونة خلال السنوات الأولى من السبعينيات. ويمكن القول، بتعبير إسباني جدًّا، إن «الرماح الأربعة»، وخيالة **البُوم** الأربعة، وفرسان السرد الأمريكي

اللاتيني الأربعة، وبغّالو لوركا الأربعة، والبيتلز الأربعة، والعناصر الأساسية الأربعة، والفصول الأربعة، والجهات الأصلية الأربع، والأعداد التراتبية للعصر الذهبي للآداب الخلاسية؛ تبدأ بكارلوس فوينتس، وتُحدِّده على أنه النجم الشاب في مؤتمر عام 1962، يبرز فوق نيرودا وكاربينتير، بمداخلته، بلُطفه المكسيكي، بسهولة اندماجه في الرقص؛ وفي المواجهات الجدلية، بتذكُّر مواجهته مع البروفيسور الأمريكي الشمالي فرانك تانينباوم[1]، الذي تعامل مع الأمريكيين اللاتينيين عمومًا، والمكسيكيين بصورة خاصة، بنبرة شبه مشفقة. فردَّ عليه فوينتس الشاب بخطاب متألِّق ومُدافع عن «العِرق» في مواجهة الإمبريالية. بدا فوينتس، منذ ذلك الحين، طموحًا جدًّا، وراغبًا في التحوُّل إلى كاتب كبير. وكان هذا المكسيكي دونجوانًا على الدوام، فأقام علاقات غرامية مع ممثلات سينمائيات ومسرحيات، ونساء من الطبقة الراقية، ونساء مثقفات أيضًا. كما أن صداقاته للأشخاص البارزين واسعة جدًّا، مثل: بونويل، وويليام ستيرون، وماريا فيليكس، وسوزان سونتاج، ونورمان ميلر، وبابلو نيرودا، وجين مورو، وغيرهم. لم يعش قَطُّ في برشلونة، ولكن اتصاله بماريو وغابو أثناء تلك السنوات الأولى من السبعينيات كان دائمًا، ليس فقط في أعياد الميلاد أو في تواريخ محدَّدة، كما حدث في عرض افتتاح عمله المسرحي في أفينيون.

> تقول ماريا بيلار عن ماريو، وذكرنا ذلك سابقًا، «إنه الكمال تقريبًا» و«الأول في الفصل»، أو إنه أشبه بتلميذ ضابط عسكري (Donoso 1999: 172)، وإنه ذكي، وفاتن ومنهجي، يكتب في برشلونة، من الثامنة صباحًا حتى الواحدة، ولا يكاد ينهض أثناء هذا الوقت عن منضدته، ثم يتناول الغداء، ويستريح قليلًا، من الثالثة حتى الرابعة، لا لينام القيلولة الإسبانية، وإنما ليرد على المراسلات، وبعد ذلك «يُعلِّق على أخبار الليموند مع غابو في أحد المقاهي، ثم يخرج مع أصدقاء، ولا يعود متأخرًا كي يتمكَّن من تكرار الروتين نفسه في اليوم التالي، وقبل ذلك يقضي فترة قصيرة مع طفليه. ويستمر على هذا النظام أو ما يشابهه. كنا نقول مع الأصدقاء عندما نُعلِّق على سماته: يا له من ثقيل، كم هو جامد! ولكننا حين نكون معه، تُجرِّدنا ابتسامته الحميمة، ولُطفه الشديد، من أسلحتنا، وتقريبًا، تقريبًا، نسامحه على أنه دقيق إلى ذلك الحد» (Donoso 1999: 173).

(1) «فرانك تانينباوم» (Frank Tannenbaum) (1893–1969): أستاذ جامعي، وباحث أمريكي. عاش سنوات في المكسيك، وألَّف عنها كتابًا بعنوان: «المكسيك، الصراع من أجل السلام والخبز»، يُعدُّ مرجعًا أساسيًّا حول الحياة السياسية والاجتماعية المكسيكية في منتصف القرن العشرين.

إنه لطيفٌ إلى حدٍّ أنه، على الرغم من حرصه على ساعات العمل، «الأكثر انفتاحًا، والأسهل منالًا، بين الأربعة، وأكثر مَن يتحمَّل محاضرات الصحفيين والمعجبين والطلاب».

وتواصل التشيلية:

> أما أنا، فأشعر أنه يتحكَّم في تلك الوداعة كمفاتيح شاشة، تُسهِّل عليه، وتُبسِّط، اتصالاته بالعالم الخارجي، بينما يحتفظ، وراء الحاجز، بـ«أناه الكاتب» سليمًا لا يُمس، ثاقب الفكر، وفعَّالًا. تخدمه المنهجية والنظام المُحكَم في إبقاء شياطينه تحت السيطرة، فهو يعي وجودهم تمامًا، ويعرف، ليس التحكُّم فيهم وحسب، وإنما إدارتهم بطريقة رائعة جدًّا أيضًا. وكان يقول إنه لا يتناول أيَّ مهدئات أبدًا لخوفه من أن تقتل أو تعطل شياطينه الضروريين لعمله (Donoso 1999: 173-174).

وأخيرًا، تُقدِّم التشيلية بعض لطخات الفرشاة عن حياته السياسية خلال سنواته في برشلونة. فتؤكِّد أنه في مجال السياسة «نقي»، يتصرَّف دومًا بما يمليه عليه ضميره، حتى لو كان ذلك ضد مصالحه ومنفعته. كلُّ ما حدث في قضية باديًا عاشه بين برشلونة وباريس، خلال عام 1971، ولم يتردد ماريو قَطُّ عن عمل ما يرى أنه عادل وشرعي، حتى لو سبَّب له، مثلما حدث فعلًا، الكثير من الإقصاء، والهجمات، وأسوأ أنواع النمائم، والأشد حزنًا قطيعته مع كوبا التي لم يرجع إليها منذ ذلك الحين. قصة أخرى مشابهة، وإن كانت أقل أهمية، حدثت في برشلونة، وهي مسألة الرسالة التي قرأها في موناستيريو مونسيرات، بالقرب من برشلونة، تضامُنًا مع الأصدقاء المسجونين هناك، في إشارة احتجاج على الدكتاتورية الفرانكوية. لم يكتفِ بقراءة الرسالة أمام الملأ، بل أراد البقاء معهم هناك، لكنه غادر فقط «بإلحاح من السجناء أنفسهم، الذين أبدوا خشيتهم من أنه قد يُرحَّل إلى بلاده لكونه أجنبيًّا» (Donoso 1999: 175).

كان ماريو يُكرِّس لغابو اهتمامًا كبيرًا، ويؤكِّد أنه الأكثر تعقيدًا، والأكثر صعوبة، من وجهة نظر التعامل الإنساني. فهو ما بين الخجول والمتعجرف، ما بين اللطيف والفظ، ما بين الحميم والنائي. لا يُعطي أبدًا فصولًا دراسية جامعية، مثلما نفعل، ولا يُقدِّم محاضرات، وليس من عادته حضور المناظرات. ويخرج من برشلونة بشكل أقل من ماريو «لأسباب مِهنية». في إحدى المرَّات وافق على دعوة، بمناسبة تلقِّيه جائزة في الولايات المتحدة، واشترط ألَّا يكون في مأدبة النشاط أكثر من أربعة أشخاص. وعندما بدأ التلفزيون الإسباني، في تلك السنوات البرشلونية، إجراء بعض المقابلات مع أفضل الكُتَّاب الهيسبانيين، امتنع غابو. كما

اعتاد أيضًا على رفض الجوائز والأوسمة، لا سيما بعد تلقِّيه نوبل. وتُعلِّق ماريا بيلار أن غابو، بعد «سَكْرَةِ» النجاح الأول لرواية «مئة عام من العزلة»، وبعد استقراره في برشلونة، أُصيب بالرُّعب، ولم يعد يريد قراءة المقالات النقدية التي توالى صدورها، بلا انقطاع. أضف إلى ذلك أنه حافظ على الدوام، أثناء تلك السنوات، حتى 1975، تاريخ صدور روايته التالية، على تواضعٍ وسلوكٍ متفاجئٍ تجاه هذين العملين: رواية الشُّهرة الأولى، ورواية البطريرك.

وفي إحدى المناسبات، اتصلت زوجة دونوسو بمِرثيديس، فرد غابو على الهاتف، وتروي هي ذلك فتقول:

> سألتُهُ متفاجئة لماذا ردَّ على الهاتف، وكنتُ أعرف أنه يرتدي أفروله الأزرق في الصباح، ويعتكف للعمل، فلا يرد حتى على المكالمات الموجَّهة إليه. فقال لي:
>
> - رجعت يوم أمس من مدريد، ولم أعد بعدُ للكتابة من جديد. ذهبتُ لأني وجدت أن كتابي الجديد ليس إلا خِراءً... كنت آمل أن يكون رأيي مختلفًا عند العودة... ما زلت أرى أنه خِراء. ولا أستطيع كذلك بثَّ حرارةٍ في الكتاب. أفترضُ أن فيه دفئًا ولا أجد ذلك الدفء...
>
> وبالطبع، صار هناك دفءٌ كثيرٌ فيما بعد، ولم يكن الكتاب خِراءً، بل رواية بديعة. وحسب رأيه هو، ورأي بعض النقاد، كان كتابه الأفضل. غارسيا ماركيز مُوسوسٌ كبيرٌ أيضًا، مثل كارلوس فوينتس، ومثل زوجي بيبي وكُتَّابٍ كثيرين آخرين (Donoso 1999: 178).

مثل هذا كثير؛ ففي مناسبة أخرى، اتصلت مِرثيديس هاتفيًا بماريا بيلار، وحين سألتها عن حالها، قالت إنها في حالة جيدة، لكنهم شخَّصوا عند بيبي (زوجها) إصابةً باللوكيميا، فقالت لها مِرثيديس بلا تردد: «لا تقلقي، أُصيب غابيتو مؤخرًا بسرطان في الرأس، وهو الآن أفضل حالًا بكثير...» (Donoso 1999: 179). الخوف من المجهول، والمبالغة في الشرور، والتنبؤ بالمصائب التي يمكن أن تقع، هي أمور عادية في حياة غابو، مثلما حدث في ذلك الصيف الذي اشتدت فيه الرياح في كاداكيس، وأحس غابو أنه إذا ما ظل هناك، أو عاد إلى ذلك المكان في ظروف مماثلة، فستقتله الرياح. وما إن انتهت تلك الإجازة حتى رجع آل غابو إلى برشلونة، بسبب خوف الكولومبي من الموت.

هناك كاتبٌ وحيدٌ من معاصريه أكثر منه تخوُّفًا من هذه الوساوس، إنه ألفريدو بيرسي إتشينيكه. ففي مؤتمر قُمنا بتنظيمه في غرناطة حول **البُوم** والسخرية، روى لنا البيروفي ألفريدو

عن يومٍ كان فيه قلقًا جدًّا لأنه شعر في الليل بألمٍ شديد في مرفقه، مثل ضربة سوط غريبة، ويخشى أن تُصيبه تلك الحالة عندما يحين دوره في المساء لتقديم محاضرته. وهكذا، ولأننا نعرفه من قبل، اتصلنا بطبيب صديق، وطلبنا منه أن يتلطَّف ويُعاينه، من أجل طمأنته. وقبل إدخاله إلى المستشفى شرحنا للطبيب خابيير طبيعة الشخص الذي سيتلقَّى علاجَه. وما بين المزاح والجد، أخبرنا الطبيب ألَّا نقلق، وأنه سيُخلِّصه من الداء جذريًّا. وصلنا إلى قسم الصدمات النفسية، وسألنا عن الدكتور موراتا، فأخذونا فورًا إلى عيادته. وهناك أجرى له معاينة للذراع كلها، تفحَّصها، حرَّكها بحذر، واستمع إلى المريض، وبمهابة سُلطته كاملة، وكمن يثق ثقةً مُطلقةً فيما يحدث، شرح له، بالتفصيل التقني جدًّا، أمورًا لم يفهمها هو ولا نحن، لأن كلامه لم يكن فيه كثير من المنطق، ثم وقَّع بسرعة على وصفة دواءٍ ما، وأخبرنا فيما بعد أنه دواءٌ وهمي. خرجنا من المستشفى، واشترينا «الدواء»، فتناوله ألفريدو، وعادت الطمأنينة التامة إلى محياه. وكانت محاضرة المساء ناجحة تمامًا، وامتدت بعد ذلك حتى ساعة متأخرة من الليل على عشاء في حانة خوانييو، وسط حي السكارامونتي، بينما قصر الحمراء المضاء في الخلفية، يطل من خلال قضبان حديد النافذة.

اشتكى غابو من داءٍ آخر أثناء حياته البرشلونية، وهو الأورام والدمامل المزعجة التي تتشكَّل تحت الإبطين، وهي مؤلمة جدًّا، وتُصيبه في كلِّ ربيع، وقد أصابته من قبل في مكسيكو، أثناء كتابة **مئة عام من العزلة**، وكان الألم يشتد إلى حدٍّ لا يستطيع معه تحمُّل المزيد. وفي أحد الأيام قال لنفسه: «سأُخوزق أحد أفراد عائلة بوينديا، وأجعل الدمامل تُصيبه عندما تبدأ بوادر الحرِّ في ماكوندو. ولنرَ ماذا سيحدث...» (Donoso 1999: 179). كان التأثير صاعقًا؛ فقد تخلَّص غابو من دمامله المكسيكية، وانتقلت إلى شخص كريم من آل بوينديا، مُساعدٍ ومُعين. أما في برشلونة، فعاودت تلك الأورام حضورها من جديد، ولم يكن هناك مِن آل بوينديا مَن تُنقل إليه الأوجاع...

صارت زوجة دونوسو، وزوجة غابو، صديقتين حميمتين. وذات يوم كان الزوجان والزوجتان مجتمعين معًا. قالت التشيلية إنها تريد أن تبيع ملقاط زينة للشعر من البلاتين المرصَّع بالألماس، لأنهم في حاجة إلى نقود ريثما ينتهي بيبي من كتابة روايته ويصله التعاقد التالي للتدريس في جامعة في الولايات المتحدة. فنصحها غابو قائلًا: «فلترافقكِ مِرثيديس، لأنها معتادة على عمل هذه الأشياء، وهي تقوم بها على ما يُرام». وتقول ماريا بيلار إن صديقتها دافئة ومِضيافة، ولا تأخذ الأمور على محمل الجد، فضلًا عن أنها صريحة ومباشرة.

اقترحت عليها في أحد الأيام أن تتابعا معًا دروسًا باللغة الكتالونية، فقالت لها الكولومبية، بلا حياء: «آي، لا... بطني يؤلمني عندما أدرس» (Donoso 1999: 181).

يُغلق دائرةَ صفوة البُوم الأربعة أكبرُهم سنًّا: خوليو كورتاثر. ويقولون إنهم كانوا يرونه في مناسبات كثيرة، لأن المسافة من بيته في مدينة سينيون إلى برشلونة أقرب بكثير منها إلى باريس، فكانوا يتبادلون الزيارات بكثرة. كان من عادة كورتاثر في تلك الأيام ارتداء ملابس من تدرُّجات اللون الأزرق، مما يزيد في إبراز زُرقة عينيه، وهو أمر كان يزعجه أو يُشعره بالخجل إذا لفتوا انتباهه إليه؛ يُظهره كمُتحفِّظ، مختبئ وراء حاجز من اللطف والكياسة، ولكن أكثر بكثير من ماريو. فالبيروفي يتلقَّى المَوَدَّة الحميمة ويمنحها، أما كورتاثر فلا شيء من ذلك أبدًا. لم يكن الأصدقاء الآخرون يلجأون إليه في أوقات الأزمات، ولا يمكن وصفه بأنه مُولع بالسياسة، بل سيدٌ يضع نظارة، لا يريد أن يرى الطريق الذي أمامه.

غابو وماريو: رأس جيل البوم البرشلوني وقلبه

من الواضح، حتى ضمن «لُبِّ الجماعة»، أن العلاقة الأكثر خصوصية هي علاقة غابو بماريو، ليس فقط بسبب كمية المعلومات التي تُقدِّمها عنهما التشيلية، وكونهما توافقا طوال خمس سنوات من العيش في برشلونة، وإنما كذلك بسبب التشابهات الشخصية التي أحاطت بهما منذ ذلك اللقاء الأول في صيف 1967. في أحد الأيام مرَّ ناقد إيطالي ببرشلونة في الفترة التي كان فيها كلاهما يعيش هناك، وحضر اجتماعًا يحضره غابو وماريو أيضًا. وحين رآهما يضحكان معًا ويتبادلان الحديث أثناء حفل الكوكتيل، قال:

> من المُحال في إيطاليا أن يقوم كاتب مثل بارغاس يوسا بتأليف كتابٍ عن أعمال كاتبٍ آخر مثل غارسيا، وأن يكون كلاهما في الاجتماع نفسه من دون أن يدسَّ أحدهما سُمًّا في قهوة الآخر. حسنًا، هذا أمر يبدو أشبه بالخيال العلمي (Donoso 1999: 75).

وصل التطابق بين غابو وماريو في إبداء السعادة، إلى أن يكون عاديًّا جدًّا، حتى إنه جرى الخلط بينهما في مناسبات كثيرة. فقد روى لنا خوسيه ميغيل أوبييدو أن ماريو حكى له في إحدى المناسبات حادثة طريفة جرت له: كان الكاتب البيروفي في طائرة، مسافرًا في الدرجة الأولى، فاقتربت منه إحدى المضيفات مُقدمةً رجاءً؛ هناك مسافر في الدرجة السياحية منبهر

جدًا، فهو يقرأ إحدى رواياته المشهورة، وقد رآه عند دخوله إلى الطائرة، ويرغب بشدة في أن يُوقِّع له أتوغرافًا، ولكن ذلك المسافر لا يستطيع الدخول إلى منطقة الدرجة الأولى، بينما يمكن للكاتب أن يدخل إلى منطقة الدرجة السياحية. لم يتردَّد ماريو لحظة واحدة، بل نهض وذهب إلى حيث المُعجب به، تقوده المضيفة. حين رأى ذلك القارئ الطمَّاع مجيء معبوده، بدت على وجهه سعادة بالغة، وقال له: «أشكرك جزيل الشكر لأنك قبلت المجيء لتُوقِّع لي على الرواية، فروايتك «مئة عام من العزلة» هي أفضل ما قرأته في حياتي». لم يُبدِ الكاتب البيروفي المُهذَّب، كما هي عادته، أي تبدُّل، ووقَّع نسخة الرواية، وابتسم، وشكره على لُطفه، وعاد إلى مقعده في الدرجة الأولى.

ويروي خوسيه دونوسو، من معايشاته في سنوات برشلونة، الواقعة التالية التي يمكن لها أن تكون الوجه الآخر لقطعة العُملة:

> في إحدى المناسبات، كان على غارسيا ماركيز الذي يخاف من الطيران خوفًا شديدًا، أن يقوم برحلة لا يمكن القيام بها بأي وسيلة نقلٍ أخرى، فصعد إلى الطائرة، وغاص على الفور، مرعوبًا، في مقعده. وفجأة، كلَّمه جاره في المقعد: «يا له من شرف عظيم أن أجلس بجانبك! فأنت أعظم كاتب في أمريكا، اسمح لي أن أدعوك لتناول كأس!». وافق غابو، وشكره، وشرب بضع كؤوس ويسكي مضافة إلى ثرثرة رفيقه، مما جعل وقت الرحلة يمضي سريعًا. وعند تبادلهما الوداع في المطار مع انتهاء الرحلة، قال مُحدِّثه وهو يشد على يده بتأثُّر: «لقد أسعدني التعرُّف إليك يا سيد بارغاس يوسا! إلى اللقاء» (Donoso 1999: 140).

تكرَّر الأُمر نفسه بطريقة أخرى عندما عاد الكاتب الأرجنتيني ريكاردو بابا، في حفل استقبال بألمانيا، إلى طلب أوتوغرافات تحت قاعدة الـ«لا فرق بين هذا وذاك». ففي رسالة موجَّهة إلى ماريو بارغاس يوسا، يوم 22 أبريل (نيسان) 1976، يُنعش فيها ذاكرة البيروفي:

> أتذكَّر المرَّة الوحيدة التي التقينا فيها، في بهو فندق بكولونيا، بمناسبة واحدة من تلك الحفلات الغريبة التي يجري فيها تناول الكوكتيلات، ويُسلخ جلد القريب، أتذكَّر - أُكرِّر - أن حضرتك وقَّعت لي مُكرهًا على نسخة من كتاب غابرييل غارسيا ماركيز «مئة عام من العزلة» بترجمته الألمانية، ولفتَّ نظري يومذاك إلى أن غابو هو ذلك السيد الآخر

الذي يقف في الركن المقابل الآخر، لكنني ألححت أن تكون حضرتك من يُوقِّع لي الترجمة وليس المؤلف، ولا بد أنك فكرتَ أنني مخمور ووضعت توقيعك على الكتاب. بعد ذلك وقَّع عليه المؤلف، بعد نحو ساعة، تحت توقيع بارغاس يوسا، ولكنه لم يفعل ذلك قبل أن يخط عبارة تقول: «وأنا أيضًا» (Princeton C0641, III, Box 3).

وجرت لدونوسو ذات مرَّة، في المرحلة البرشلونية، واقعةٌ طريفة مماثلة. حدث ذلك في موربيا، وهي قرية تابعة لمنطقة كاستيون، قريبة جدًّا من الحدود مع كتالونيا. قام الزوجان التشيليان بنزهة هناك ومعهما ابنتهما، ووصلوا متأخرين إلى الفندق، في وقت كان المطعم فيه ممتلئًا. لم يجدوا مكانًا شاغرًا، وكانت أحاديث ما بعد الطعام في عطلة نهاية الأسبوع تمتد طويلًا. شعروا باليأس، لأن الوقت تأخَّر وهم جائعون. نظروا إلى المناضد كلها، ليروا إذا كان هناك مَن يطلب الحساب أو مَن يتناولون القهوة. وفي تلك اللحظة، نهض سيدٌ عن كرسيه، وتوجَّه نحو الكاتب، وسأله: «هل حضرتك خوسيه دونوسو؟». وحين ردَّ بالإيجاب، دعاه للجلوس إلى المنضدة معه ومع ابنه، واتجه فورًا إلى من يقوم بالخدمة، قائلًا: «أيها النادل، من فضلك، أحضر ثلاثة كراسي وقارورة نبيذ جيد، فهذا السيد هو خوسيه دونوسو، وهذه أسرته، وأنا أستضيفهما بكل سعادة». جلسوا معه مبتهجين، وبدأوا يتبادلون الحديث، إلى أن قال المُضيف: «حضرتك كتبت ذلك الكتاب العظيم... **عن أبطال وقبور**...» (Donoso 1999: 142). كان من المُحال توضيح سوء الفهم لرجل بمثل ذلك اللطف، كيلا يشعر بأنه مُضحك. تواصل الحديث، وصارا على الرغم من ذلك صديقين حميمين.

وحدث شيءٌ مشابهٌ أيضًا للكاتب القصصي البيروفي خوليو رامون ريبيرو، الذي كان صديقًا حميمًا لألفريدو بيرسي، وصديقًا كذلك خلال بضع سنوات لماريو بارغاس يوسا. وهو نفسه يروي ذلك في كتابه «نثر منفي». حدث ذلك في بلدة هوانتا، وسط جبال الأنديز البيروفية. ووُجد هناك أيضًا كاهنٌ بسيط، مُعلِّم في مدرسة. وانتهى الأمر بهما إلى تناول الغداء معًا وشُرب البيرة في دكان ريفي. قال رجل الدين مذهولًا: «خوليو رامون ريبيرو! مَن الذي يمكن له أن يُفكِّر في ذلك؟!». وعند الوداع، أضاف الكاهن وهو يشد على يده بحرارة: «وتناولتُ الطعام مع مؤلف «المدينة والكلاب»!». ذُهل ريبيرو، ولكنه خجل من أن يُصحح ذلك الخطأ. وفيما بعد، انتبه بطل الحكاية إلى ذلك الخطأ، وفكَّر في أن ريبيرو شخص نصَّاب، وأنه خدعه.

برشلونة تتجمَّد عندما يسافر ماريو

في عام 1974 اتخذ ماريو قراره بأن يجتاز مجددًا جسر ما وراء الأطلسي ويعود إلى ليما. في شهر يوليو (تموز) من ذلك العام، أعدَّ له أصدقاؤه حفلة وداعٍ كبرى في بيت كارمن بالثييس. ثمة شهادة مصوَّرة من ذلك اليوم لا مثيل لها، صورة فوتوغرافية يظهر فيها معًا كلٌّ من: غارسيا ماركيز، وخورخي إدواردز، وبارغاس يوسا، وخوسيه دونوسو، ومونيوث سواي. لم يعد هؤلاء الخمسة الكبار إلى اللقاء، وانهارت جسور صداقتهم كقلعة من ورق، وكجبل ملح. وبقايا الملح الوحيدة التي ظلت مع مرور الزمن هي من دموع كارمن بالثييس عند سفر بارغاس يوسا؛ حيث أعربت ناشرته، آسفةً مغمومةً، عن محبتها وتأثُّرها في رسالة تحمل تاريخ 5 يوليو (تموز) 1974:

> منذ ابتعدت السفينة عن المرفأ، خف التوتر الذي عشته في الأيام السابقة لمغادرتك قليلًا، ودخلتُ في مرحلة اكتئاب استمرت أكثر من خمسة عشر يومًا. لا أنوي أن أقول لك إن السبب الوحيد لهذا الاكتئاب هو مغادرتك، ولكنني، أجل، أستطيع أن أؤكد لك أنه السبب في وقوعي في حالة تأمل وحزن قادتني إلى رؤية ذلك كله تحت منشور أشد تشاؤمًا. آمل أن تتصل بي فور وصولك إلى ليما، ربما قبل أن تصلك هذه الرسالة [...].
> لا أريد إنهاء رسالتي من دون أن أُقدِّم لك اعترافًا رسميًّا بحب أخوي، لدعمك غير المشروط أثناء هذه السنوات، وهو دعم أفادني في الشعور الآن بأنني صرت وحيدة ومتخوزقة منذ مغادرتك هذه المدينة (Princeton C.0641, III, Box 1).

بعد شهور من ذلك، في 28 أكتوبر (تشرين الأول) 1974، ثمة رسالة أخرى تُعيد الحزن بسبب سفر ماريو، وكل ما جرى في ذلك الوقت. حزن الكتالونية يقارب المرارة:

> تلقيتُ وقرأتُ رسالتك بمحبة، حزينة، حزينة. أرغب في أن أواصل معك تبادل مراسلات بالمستوى نفسه، لكن بؤس قدرتي على الصياغة بالكتالونية، وإمكانياتي المحدودة على كل المستويات، تُلقي بي إلى أجواء المحادثات، إلى الكلمات المنطوقة، حيث لا يبقى أثر للإحساس بالخجل [...]. أرغب في التعبير عن تقديرات ورؤى حول الحياة والموت، حول الشباب والمتعة. لا يمكنك أن تعرف كم أُقدِّر أي كائن وسطي متواضع الإمكانيات لكنه قادر على التعبير كتابةً عن أفكاره. لن نتحدث عنك، سيكون من الأفضل رواية ذلك على مراحل (Princeton C.0641, III, Box 1).

يُخلِّف البيروفيون أثرًا لا يُمحى في العاصمة الكتالونية، ومَن ظلوا هناك سيلحظون ذلك إلى الأبد. تشعر ماريا بيلار سيرانو كذلك برحيل الأصدقاء، مع إحساس بأن مرحلة مهمة من حياتهم قد انتهت. ففي رسالة بتاريخ 7 أكتوبر (تشرين الأول)، تقول لصديقتها:

> تذكَّرتُك دومًا في برشلونة؛ المدينة مرتبطة جدًّا بقصة صداقتنا [...]. لم يكن آل غابو قد وصلوا بعد [من إجازتهم الصيفية]، وكانت كارمن تنتظر عودتهم في أواخر الشهر (هذا كله في شهر سبتمبر (أيلول)، بالطبع)، ولم أعرف شيئًا. تلقيتُ بطاقة بريدية منها مرسلة من مكسيكو، تقول لي فيها إنها تُفضِّل أن تروي لي الكثير من الأشياء بصورة شخصية مباشرة (Princeton C.0641, III, Box 7).

إحدى الشهادات الأخيرة التي نحتفظ بها من مرحلة وجود ماريو في برشلونة، هي الرسالة التي تلقاها قبل نحو شهرين من مغادرته. يروي له ألفريدو بيرسي - ربما كيلا يقوم بالخطوة الحاسمة للعودة إلى موطنه الصغير - كيف هي الأمور في ليما. وكالعادة، لا تزال الإشارات إلى غابو إجبارية. الرسالة مؤرخة في 24 مارس (آذار) 1974:

> هنا ليما. وكما قبل ثلاثمئة عام، على الرغم من الصيف، ما زالت الحديقة بلا أزهار. وكما قبل ثلاثمئة عام أيضًا، ما زال القراصنة يجتاحون الساحل. انتهينا للتوِّ من معركة سريعة [انطلاقًا] من أسوار قصر ملكي مُتخيَّل للملك فيلبه، معركة عابرة، أزعجتنا، وبثت فينا الحماسة بالتناوب. قرأتُ في النوفيل أوبسرفتور نص غ غ م حول تشيلي، واقترحت على خوسيه ميغيل أن يكتب له كي نتمكَّن من نشر المقال. إكسبريسو، هذا الخليط المزعج من اليعاقبية والأودريَّة[1]، قرر الإبحار في مركب قرصان. تكلم خوسيه ميغيل مع كارمن بالثييس هاتفيًّا وحذرنا رويث كارو من نشر النص، عبر لوتشو باسارا الذي استبدل مجلة إكسبريسو بمجلة بوستداتا، ولكن ما زال له أصدقاء هناك (في النهاية، صراعات بين إكسبريسو وبوستداتا، ثم يظهر منشورًا في بوستداتا) [...]. اتصلوا بي يوم الخميس من تشيكلايو، وأخبروني، بين أمور أخرى متنوعة، أنهم ألقوا بالمقال لطبعتهم الخاصة بالأقاليم. وعدوا بأن يرسلوا إليَّ القصاصات، وعندئذ سنرى ماذا نفعل. سنطبع عشرة آلاف نسخة مع مقال غ غ م (على الرغم من أن النص أدنى

(1) «الأودريَّة» (odriísmo): نسبة إلى الاتحاد الوطني الأودريستا، وهو حزب سياسي بيروفي، تأسس عام 1961 على يد الجنرال مانويل أودريا، رئيس البيرو (1948-1956).

مستوى من كتابات صحفية أخرى له)، وهذا يتيح لنا، على ما آمل، أن نستقر بصورة نهائية وحاسمة (Princeton C0641, III, Box 4).

كانت الشؤون السياسية حاضرة على الدوام في أحاديث جماعة **البُوم**. وكان نَصُّ غابو عن تشيلي محاولة للدفاع عن ألليندي في مواجهة انقلاب بينوشيت. ولكن من غير الممكن، بالطبع، أن يغيب التعليق حول كوبا. ففي السطور التالية، نجد ألفريدو، وكان في تلك الفترة يساريًّا مثل ماريو أو أكثر منه، يسخر من مواقف كُتّاب آخرين من البيرو لا يزالون، بعد ثلاث سنوات من قضية باديّا، متحمسين لكوبا، أو بعبارة أدق، تلقوا للتوِّ ضربة سوط اللذة من الثورة الشيوعية، والذي كانت جماعة البُوم، باستثناء غارسيا ماركيز، قد غادرته. فمن المثير رؤية أن غونثاليث بيانيا يستخدم في مقال مديح للثورة، عنوان خورخي إدواردز الذي يروي الحوادث المفاجئة التي واجهها في كوبا القمعية:

ظهر غونثاليث بيانيا ذات يوم في مكتبي في مركز **دراسات**. كنت عندئذ مع كارلوس فيرا. وكان غونثاليث ب. قد رجع للتوِّ من كوبا. دخل، وراح يقول بطريقته المتقطعة دومًا والعصبية: «إنه أمر رائع... إنه... إنه (وهنا لم أعد أعرف إذا كان ذلك مزاحًا أم أنه انتشاء صوفي جنسي)... إنه الإنسان الشيوعي (مسحة زيت مقدس وهو يتلفَّظ... إنها... إنها الإنسانية الجديدة - وقد - نهضتْ - وانطلقتْ - في - مسيرتها...)». حسنًا. سألته إذا كان قد رأى ليثاما ليما، فأجابني بأنه كانت هناك أمور أكثر أهمية منه. لا شك في ذلك، لكنه لم يجبني. ظللتُ مذهولًا أفكر في ما إذا كان يسخر مني، ولكن لا، يوم الأحد الماضي نشر في مجلة لاكرونيكا «كوبا: شخص غير مرغوب فيه»، مقاله يشير إلى رسمية صعوده إلى العربة. ولكن لا بأس، كاتب التحقيقات الصحفية هذا، السياسي النمَّام، يُهدِّد بإفساد فطورك البرشلوني، ومهما يكن كاتبًا برجوازيًّا، فإن للجميع الحق في أن يتناولوا طعامهم بسلام، وهكذا أنهيته (Princeton C.0641, III, Box 4).

كانت برشلونة هي المكان الذي التقى فيه ألفريدو مع غابو، في سنوات مافيا **البُوم**، ومن خلال ماريو تحديدًا. فحين كان أيٌّ منهما يُدخل شخصًا أمام الزعيم الآخر، فإن ذلك الشخص يتحوَّل إلى جزء من الجماعة. فيما بعد، سوف يبتعد ألفريدو عن ماريو لأمور سياسية، ولكنه يظل مُتحدًا مع غابو، مثلما يُثبت ذلك الفصل الكوبي من كتابه **مذكرات مضادة**، وفيه يروي المغامرات مع الكاتب الكولومبي في العاصمة الكوبية، بينما يعيش

في البيت الكبير الذي منحه له فيديل. ويروي ألفريدو بيرسي في كتابه «هراوات وعقبات» حول الحدث البرشلوني:

قدَّمني ماريو للتوِّ إلى غابو، في برشلونة. كنا نتبادل الحديث في الفندق، وبدا غابو غير مطمئن، وفضفض عن نفسه أخيرًا:

- لا يروق لي الكُتَّاب الذين يضعون ربطة عنق.

أجبته:

- أعتذر جدًّا، فأنا الذي لا أملك أيَّ أثرٍ لمكتبة، أملك في المقابل سبعًا وسبعين ربطة عنق. بعضها موروث بالطبع، ولكن...

قال لي، مبتسمًا وسعيدًا:

- أدعوك لتناول الطعام في مطعم «لابونيالادا»؛ إنه مطعمي المفضَّل، هنا في برشلونة. (Bryce 1996: 225).

غادر ماريو برشلونة، ولم يعد قَطُّ إلى مطعم لابونيالادا، لا مع غابو ولا مع ألفريدو، لكنه ظل يعترف على الدوام أن تلك الفترة كانت واحدة من أفضل فترات حياته؛ فالجو الثقافي في برشلونة كان مُتفوِّقًا عما كانت عليه الحال في باريس أو لندن، وهما مدينتان عاش فيهما خلال الستينيات، فاللغة والعادات والناس والفنانون والثقافة، وكونه هو وغابو صارا كاتبين مكرسين، وكذلك ميلاد ابنته مورغانا، إلخ، كل هذا جعل من تلك الحياة حصيلة مُرضية جدًّا. فبعد ثلاث سنوات من ذلك، في 2 نوفمبر (تشرين الثاني) 1977، يرد ماريو على ألونسو كويتو، بعد أن طلب منه هذا الأخير النصيحة حول المكان المثالي للإقامة في أوروبا وبدء مسيرة أدبية. ما زال ألونسو، حتى اليوم، واحدًا من بين أصدقاء ماريو الجيدين، وقد حصل في السنوات الأخيرة على مكانة دولية، مع تصريح وصولٍ إلى دور النشر الكبرى، لم يكن متاحًا له في العقود الأخيرة من القرن السابق. يقول ماريو:

ذكَّرتني رسالتك كثيرًا بالسنوات الأولى التي أمضيتُها في مدريد عام 1958، في مدينة أكثر قتامة وانغلاقًا مما عرفته أنت. ولكن قلة حماستك، كيلا نقول يأسك، مشابهة جدًّا لما شعرتُ به هناك في البداية. تجربتي في تلك الفترة مع الكُتَّاب الإسبان كانت معدومة عمليًّا، وكانت الجامعة خيبة أمل كبيرة، أشبه بما كانت عليه حال القديس مرقس. وعلى الرغم من ذلك كله، عملت في تلك السنة كثيرًا، وأظن أنها كانت السنة

الأهم، لأنني في تلك الوحدة اكتشفت فعلًا ما أريد أن أفعله في الحياة. أُخبرك بهذه الأمور لأن رسالتك كانت لها فضيلة تحريك هذه الذكريات الآخذة في التحوُّل إلى ذكريات قديمة جدًّا.

لا أعرف جيدًا أي نصيحة يمكنني أن أُقدِّمها إليك، لأن لديَّ الشكوك نفسها التي تساورك حول أفضل مكان في أوروبا يمكن قضاء فترة من الزمن فيه. المكان الوحيد الذي لا أنصحك به هو باريس، فهي مدينة محتلة من الأمريكيين اللاتينيين، ويبدو لي أن الأدب فيها يمضي على قوائم أحصنة. أُفكِّر في أن إسبانيا اليوم مكان مُشجِّع أكثر، من جميع الجوانب، بما في ذلك الجانب الثقافي. أثق في أن إنجلترا تروق لك كثيرًا، حيث يوجد بالفعل ألف شيء لرؤيته والتعلُّم منه. إذا كنتَ في ظروف تُتيح لك الوصول إلى هنا، فإنني أُقدِّم لك مأوى، مع أنك لن تكون في وضع مريح جدًّا. ولكن سيُسعدني أنا وباتريثيا كثيرًا وجودك معنا بضعة أيام، وهكذا يمكن لنا أن نتحدَّث طويلًا وباستفاضة حول أمور كثيرة.

يبدو لي موضوع برشلونة فكرة عظيمة. إنها مدينة تفتنني أنا شخصيًّا، على الأقل، عندما كنت أعيش فيها، كانت المكان المثالي للكتابة. هل يهمك أن تقوم بترجمات؟ أعرف أن أجورها ليست جيدة، لكنها ربما تُفيدك كعمل تكميلي، بل يمكن لها كذلك أن تكون تمرينًا جيدًا إذا ما عُرضت عليك كُتب مهمة. إذا كان هذا الأمر يهمك، فإنني مستعد للتكلُّم مع دار سيس بارال ومع دور نشر أخرى حيث لي أصدقاء (Princeton C.0641, III, Box 6).

وغادر غابو أيضًا برشلونة. ويؤكِّد دونوسو في 1982، وقد مضت سنوات عديدة على انتقال الكولومبي للعيش خارج كتالونيا:

لا أستطيع التخلُّص من الحنين إلى ذلك الغابو، غابو برشلونة، عندما كان يسدل ستائر بيته في الرابعة مساء «لأن الوقت ما زال مبكرًا لتناول الويسكي، فأنا أُحب أن أبدأ عندما يكون الظلام مخيمًا»، والاستماع إلى موسيقى بيلا بارتوك. هل هناك موازاة أو تشابه ما بين تقدير بارتوك واسع الشعبية في بلاده، والبطل الوطني لويوش كوشوت مع تقدير غارسيا ماركيز للتقاليد الشعبية في بلاده ولفيديل كاسترو؟ بينما هو يشغل جهاز الموسيقى البديع ذا الدقة العالية، ويتعامل بحذر مع أسطواناته ومسجلته الفخمة، يدعي أنه لم يقرأ شيئًا مُطلقًا، لأنه ليس أديبًا ولا مثقفًا، على الرغم من أنه قادر على الاستشهاد بفوكنر مع تحديد الفصل وموقع الجملة (Donoso 1999: 203).

أمضى غابو في مكسيكو كل الزمن التالي لمرحلة مافيا البُوم تقريبًا، حيث حدثت واقعة مشهد اللكمة الشهير، وهو المشهد المرتبط، فوق ذلك، بذكريات كتالونية سابقة، حسب التعليق الذي تلفَّظ به ماريو وهو يُوجِّه اللكمة الخاطفة إلى صديقه السابق. في 13 يناير (كانون الثاني) 1982، بعد سنوات من مغادرة مدينة برشلونة، يكتب غابو مقالًا يتذكَّر فيه بمحبة، تلك السنوات من الإقامة في شارع كابوناتا وحي ساريًا:

قبل عشرين سنة، في مكسيكو، ذهبتُ عدة مرَّات لمشاهدة فيلم **الكوبليه الأخير**. يأسرني الحنين إلى الأغاني التي سمعتُ جدتي تغنيها كثيرًا. الأسبوع الماضي، في برشلونة، ذهبتُ مع عصبة أصدقاء لمشاهدة الاستعراض الحي لسارا مونتيل، ولكن ليس لأسمع مرَّة أخرى أغنيات الجدة، وإنما لأني أسير الحنين إلى تلك الأزمنة في مكسيكو. عندما كانت تغنيها جدتي، وأنا في السادسة من عمري، كانت الأغنيات تبدو أكثر حزنًا بكثير. أما الآن، في برشلونة، فبدت لي حزينة إلى حدٍّ لا يكاد يُحتمل بالنسبة إلى شخص نوستالجي لا خلاص له مثلي. عند الخروج من المسرح، كان الليل صافيًا ودافئًا، والجو محمَّلًا بعبق ورود بحر، بينما بقية أوروبا غارقة في الثلج. أحسست بالتأثر والشجن في تلك المدينة الجميلة، المجنونة، التي لا يمكن فك رموزها، حيث تركت نثارة سنوات كثيرة من حياتي وحياة ابنيَّ، فلم يكن ما عانيته عندئذ هو الحنين المعهود، وإنما إحساس أكثر عمقًا وأشد تمزيقًا للقلب: إنه حنين الحنين (García Márquez 1991: 209).

ولهذا، يُنهي بشأن سنواته السبع الكتالونية: «إنه شعور من الصعب بطريقةٍ ما تفسيره، لم يغادرني تمامًا بعد، ولا أظن أنه سيفارقني» (García Márquez 1991: 210).

كانت برشلونة حنين الحنين. فهناك، كانا لينون ومكارتني أكثر من أي وقت آخر، فالشاعر والمهندس المعماري كتبا هناك بعض أعمالهما الكبرى، وأمضيا، جنبًا إلى جنب مع أصدقاء البُوم وجماعة اليسار الإلهي، ساعات لا تُروى، ورأيا أطفالهما يكبرون، ولكن هناك أيضًا كانت بذرة الشقاق. فالمافيا، مع كل جسورها، تصدَّعت، وإلى الأبد.

12
أعراس البُوم الكتالونية: العرَّاب، والعرَّابة، والقاضي

«عرَّاب» عُرس البُوم المتوافق على أحسن وجه هو كارلوس بارال الذي عاش في الستينيات والسبعينيات عصره الذهبي كناشر. هناك إجماع على الاعتراف بمهام الدعم والانتشار التي وفَّرتها دار نشر سيس بارال التي يقودها. حيث لعبت هذه الدار دور البطولة في واحد من أكثر الفصول أهمية في التاريخ الثقافي لبلادنا، ووصل الأمر إلى حدٍّ تحوُّلها إلى مثالٍ ورمزٍ للمرحلة. كرَّس مانويل باثكيث مونتالبان هذا الحدث قائلًا: «وعينا أنه، لأوَّل مرَّة في إسبانيا، منذ سنوات طويلة، ستُستخدم وسيلةُ نشرٍ، ومؤسسةٌ صناعيةٌ، كسلاح نضالي لخدمة الثقافة التقدُّمية» (Prats 1995: 123). لكن كارلوس بارال تحديدًا هو مَن تولى القيادة الحقيقية لتلك المرحلة الثقافية الجديدة التي بدأت في شبه الجزيرة، وعمل كمُكبِّر صوت للقارة الأمريكية اللاتينية:

> هكذا أُشيرَ إليه، وانتُقد، وكان محبوبًا ومكروهًا، مُتهمًا ومحتفى به، معبودًا ومحتَقرًا. يُصغى إليه بكل اهتمام، ويُتابَع كما لو أنه ساحر القبيلة المتنبئ. اكتشف ماريو بارغاس يوسا بنشره روايته **المدينة والكلاب**. وله تأثير معين، وعلاقات شخصية كبيرة، مع أشهر الناشرين الأوروبيين. كان يُقدِّم جائزة بيبليوتيكا بريفي، ويناهض فرانكو نضاليًّا - ويوميًّا - و«يُوجِّه» القوة الإسبانية في جائزة فورمينتور. عاش في برشلونة، المدينة التصنيعية المقاومة (Armas 2002: 100).

كارلوس بارال هو أول ناشر لبارغاس يوسا، لكنه صديقه الكبير والمدافع عنه أيضًا. أما علاقته بغابو في المقابل، فكانت أكثر تردُّدًا؛ لم يكونا عدوَّين، لكنهما لم يتبادلا إعجابًا كبيرًا. من المعروف أن بارال يُفضِّلُ الكاتبَ البيروفي بصورةٍ سافرة ومُعلنة، لكن كاتبه المُفضَّل لم يكن السبب في رفضه مخطوطة «مئة عام من العزلة»، حين أرسلها غارسيا ماركيز إلى دار النشر. سالت حول هذا الحدث أنهار من الحبر، على الرغم من أن بارال أكَّد دومًا أنه لم

يصل قَطُّ إلى رفضها، وأن الأمر برُمَّته مجرد سوء تفاهم، وأنه كان في إجازة حين وصلت المخطوطة إلى دار النشر، وأنه بالتالي لم يقرأها قَطُّ. ويؤيد داسو سالديفار هذا التأكيد، ويشير إلى أن غارسيا ماركيز نفسه يؤكِّد أيضًا ما قدَّمه بارال: كل ذلك كان «زيفًا»، إشاعة خيالية من ألسنة السوء. ومع ذلك، يشير آرماس مارثيلو إلى رواية أخرى للوقائع: قرأ شخصٌ مُقرَّب من كارلوس بارال مخطوطة الأصل، وبإلقائه نظرة سريعة استخف بقيمة الرواية. لا يستبعد سالديفار هذه الفرضية، وأن يكون أحد موظفي بارال قد قرأ المخطوطة، لكنه لا يتراجع عن عدم تدخُّل الناشر المشهور في الموضوع. ويضيف داسو معلوماتٍ أخرى أكثر تحديدًا ودقة في هذا الشأن: قرأ الشاعر غابرييل فيراتير المخطوطة - كاملةً أو بصورةٍ جزئية - لأنه علم من خطيبته التي تعمل في وكالة كارمن بالثييس، أن كارمن مفتونة تمامًا بالعمل:

> كان ردُّ فعل فيراتير فوريًّا: قال لكارمن بالثييس إنه إذا ما قُدِّمت الرواية إلى جائزة بيبليوتيكا بريفي، التي تُنظِّمها دار نشر سيس بارال، فستكون الرواية الرابحة بكل تأكيد. تشاورت الوكيلة الأدبية في الأمر مع غارسيا ماركيز، لكن هذا الأخير رفض العرض، ليس بسبب العقد الذي سبق أن وقَّعه مع دار النشر الأرجنتينية وحسب، وإنما لأنه لا يريد لروايته أن تُنشر تحت عنوان أي جائزة، ولا يريد أن يلتفت إلى لعبة الجوائز المُسبقة، على الرغم من أن جائزة بيبليوتيكا بريفي هي الجائزة الأوسع شهرة في ميدان اللغة القشتالية كله آنذاك (Saldívar 1997: 448).

ومع ذلك، فإن كارلوس بارال لم يشعر بالارتباك وهو يُصرِّح بأن **مئة عام من العزلة** لا تبدو له أفضل رواية في زمنها. ولم يكن غارسيا ماركيز في نظره أكثر من «حكَّاء شفوي من شمالي أفريقية». والحقيقة أنه كان يميل إلى بارغاس يوسا، «ليس فقط لأنه يعرف كثيرًا في الأدب، وإنما لأنه يعرف كذلك كيف يصنع الأدب أفضل من أيِّ شخص آخر» (Armas 2002: 106). لكن بارال في مذكراته يلفت الانتباه، بطريقة شديدة الابتذال، وبأسلوبه الخاص، إلى لقائه مع غابو، والأصياف المتقاسمة، ومشاركة الكولومبي في لجان جوائز دار نشر بارال:

> لم يدخل قَطُّ في السباق على الجائزة، ولم يقترح مخطوطاته على دار النشر، لكنه كان مُحَكَّمًا في الجائزة نفسها، وكانت وجهات نظره وتوصياته أشد دقة وتَطلُّبًا بكثير مما يرغب في إظهاره، وكانت آراؤه تُؤخذ دومًا في الاعتبار. كما أنه، أثناء استقراره

في برشلونة، كان يقضي بعض الوقت من إجازاته المتفرقة في قريتي البحرية، التي طردته منها لسوء الحظ «نذر التشاؤم»، كما سيقول هو نفسه، وأبعدته عن جيران مُقرَّبين شديدي اللطف، يحيونه بتملُّق يمكن أن يُفهم على أنه مكائد رهيبة، ويجعلونه يصطدم بجرة كبيرة مملوءة بريش مشؤوم؛ ريش ديك رومي مسحور، يتباهى أولئك الناس الطيبون بها كديكور لتزيين حائط الدرج، وهو ممر إجباري للكاتب، وهذا ما كان يضطره كثيرًا إلى التطهُّر بماء النيلة والأزهار الصفراء (Barral 2001: 576).

ربما هدف بارال، بهذه الكلمات غير البريئة تمامًا، إلى كبح الهجمات ضده، وإسكات أفواه الكثيرين. ومهما يكن من أمر، فإن غارسيا ماركيز نشر عند دار بارال كتابًا يضم ست قصص قصيرة بعنوان: **القصة الحزينة التي لا تُصدق لإيريندира البريئة وجدتها القاسية** (1972)؛ ربما بفعل المودة المتبادلة بينهما، أو لتوسُّط بارغاس يوسا، ولأنه لا يمكن لبارال أن يمتنع، لأسباب مِهنية واقتصادية وأخلاقية، عن النشر لأحد أكثر الأقلام المجيدة في القرن العشرين. ومع ذلك لم يكن التوصُّل إلى اتفاق النشر سهلًا، لأن غابو كان كاتبًا مُعقَّدًا بالنسبة إلى الناشرين؛ بهيمة سوداء حقيقية، لديه فكرة شنيعة عن التِّجارة الأدبية، فتبدو له استغلالية، ومجحفة، وغير أخلاقية. قدَّم الكولومبي في إحدى المقابلات تصريحات كاشفة في هذا الشأن:

وهناك ما هو أكثر، فبعيدًا عن ملاحقة الصحفيين، لديَّ الآن ملاحقة أخرى لم أُفكِّر قَطُّ في أنني قد أتعرَّض لها: إنها ملاحقة الناشرين. لقد جاء أحدهم إلى هنا ليطلب من زوجتي معلومات شخصية عني. وأتت فتاة بفكرتها الجيدة بأن أُجيب لها عن 250 سؤالًا، كي تنشر كتابًا بعنوان: «250 سؤالًا لغارسيا ماركيز». أخذتها إلى المقهى بالأسفل، وأوضحت لها أنني إذا أجبت عن 250 سؤالًا فإن الكتاب سيكون لي، والناشر، مع ذلك، هو مَن سيجني الأموال. عندئذ قالت لي أجل، وإنني على حق، وأخبرتني بشجارها مع الناشر لأنه يستغلها أيضًا. ولكن هذا كله لا يستحق الذكر: بالأمس جاء ناشر ليقترح عليَّ كتابة مقدمة ليوميات تشي غيفارا في سييرا مايسترا، فكان عليَّ أن أقول له إنني مستعد لذلك بكل سرور، ولكنني أحتاج إلى ثمانية أعوام كي أُنهي تلك المقدمة، لأني أريد أن أُقدِّم له شيئًا مشغولًا بإتقان.

إنهم أناس يصلون إلى هذه الحدود: لديَّ رسالة من ناشر إسباني يعرض عليَّ بيتًا ريفيًّا في بالما دي مايوركا، وأن يُنفق عليَّ طوال الوقت الذي أريده، مقابل أن أُعطيه روايتي

التالية. فكان عليَّ أن أُخبره بأنه ربما أخطأ في عنوان الحارة، لأنني لستُ عاهرة. وهذه الحالة تُذكِّرني بعجوز من نيويورك أرسلتْ إليَّ رسالة تمتدح فيها كتبي، وفي نهاية الرسالة عرضت عليَّ أن تُرسل إليَّ، إذا رغبتُ، صورة لها بكامل قامتها. وقد مزَّقتها مِرثيديس غاضبة. أريد أن أُخبرك شيئًا جِديًّا: أنا أُرسل الناشرين بكل طمأنينة وراحة إلى الجحيم (Vargas Llosa 2007: 180–181).

لكن كارلوس بارال بالتحديد، وجد نفسه عالقًا على مستوى كبير في شبكة تجارة النشر تلك، وفي المنافسة بلا رحمة، مما سبَّب له مجموعة من المشكلات مع دار النشر بسبب معايير ورؤى اقتصادية بصورة أساسية. ثم اتجهت الشركة الأدبية نحو الدمار عند موت فيكتور سيس في حادث مأساوي، وأدَّى مجيء أفراد آخرين من عائلة سيس إلى كسر توازن دار النشر، وفي عام 1970 حدث الانفصال النهائي. احتفظت دار سيس بارال بالاسم اللامع المشهور، وبقوة اقتصادية أكبر، ولكن الكُتَّاب ذهبوا مع مَن ناصرهم؛ مع «عرَّاب» البُوم. شارك بارغاس يوسا في هذا النزاع بفعالية، ساعيًا إلى المصالحة، ومحاولًا تجنُّب تلك القطيعة في سبيل مصلحة الآداب الهيسبانية، ولأنه كان مرتبطًا مِهنيًّا بدار النشر؛ فكتبه كلها ظهرت حاملة وسم الدار، وقد شارك منذ سنوات بصفته عضوًا في هيئة تحكيم جائزة الدار (جائزة بيبليوتيكا بريفي). ويصف الكاتب مانويل باثكيث مونتالبان تلك الحالة القاسية في مقال منشور في مجلة ترينفو عام 1970، مشيرًا إلى أن المثقفين والكُتَّاب اصطفوا إلى جانب كارلوس بارال: خوان مارسيه، وغارسيا هورتيلانو، وبارغاس يوسا، وأخبروا آل سيس عن شروعهم في إلغاء العقود الخاصة بالعناوين المطبوعة والعناوين المستقبلية إذا ما خرج كارلوس بارال من المؤسسة. وانتهى الأمر بالكاتب البيروفي (وبقية الكُتَّاب) إلى الاصطفاف مع بارال، وكان قد ساعده ودعَّمه، بتوصيته بنشر أعمال الأمريكيين اللاتينيين الأكثر بروزًا في ذلك الحين. وهكذا انتقل فريق كارلوس إلى دار النشر الجديدة التي سُميت «بارال ناشرون». وحتى أعضاء لجنة تحكيم جائزة بيبليوتيكا بريفي بدَّلوا دار النشر ليكونوا جزءًا من الجائزة التي أُنشِئت حديثًا، برعاية مؤسسة النشر الجديدة. ويشير غابو، بالتحديد، إلى دعوته للمشاركة في هذه الجائزة برسالة إلى بارغاس:

طلبت مني سيس بارال أن أحل محلك في لجنة تحكيم جائزة بيبليوتيكا بريفي، وأجبتهم بأنني سأفعل ذلك بكل سعادة إذا ما قاموا بعملية تصفية مُسبقة وشديدة الفعالية، بحيث

لا أكون مُضطرًّا إلى قراءة أكثر من خمس أو ست مخطوطات. أفعل هذا بلا أوهام كبيرة، مُقتنعًا بأنه لن يكون هناك بارغاس يوسا آخر غير مُتوقَّع خلال السنوات المقبلة، وأن كل ما يصل إلى المسابقة هو مجرد قمامة إلى هذا الحدِّ أو ذاك. أجد العزاء على الأقل في فكرة أن اجتماعات لجنة التحكيم ستكون مُسلية (Princeton C. 0641, III, Box 10).

لكن على الرغم من أن فريق بارال في دار نشره الجديدة استقر على قاعدتين كبيرتين جدًّا: خوان فيراتي، وبيري جيمفيرير، وأوضح نِية الدار في مواصلة سياسة النشر السابقة، مع التركيز على الاهتمام الثقافي؛ فإن المؤسسة أخفقت، وراحت دار النشر تفقد، ببطء، استقلاليتها وسُمعتها، إلى أن امتصتها مؤسسة لابور للنشر، واختفت بصورة نهائية.

أفضل هدية زفاف: الجائزة الأدبية

طرحت دور النشر، وبصورة خاصة في إسبانيا، مسابقات دولية، بجوائز مُغرية، للتعريف بأعمالٍ ذات قيمة أدبية عالية، وهي جوائز قُوبلت على أحسن وجه من الجمهور الذي ينظر بعين الرضا إلى لجان تحكيم مؤلَّفة من أعضاء مؤهَّلين. وبهذا المعنى، كانت أكثر دور النشر نجاحًا هي سيس بارال، التي واصلت بعد نشرها رواية «المدينة والكلاب»، نشر أعمال أمريكية لاتينية. وبهذه الطريقة، حصلت أعمالٌ مهمة جدًّا على جائزة بيبليوتيكا بريفي المجيدة، مثل: «ثلاثة نمور حزينة» للكوبي كابريرا إنفانتي، و«تبديل الجلد» للمكسيكي كارلوس فوينتس، و«عصفور الليل البذيء» للتشيلي خوسيه دونوسو.

تأسَّست جائزة بيبليوتيكا بريفي عام 1957، وقُدِّمت أول مرَّة عام 1958. وفي السنوات العشر الأولى كانت للجائزة مكافأة مالية، لكنها صارت تُقدِّم مكافأة أخرى: التكفُّل بطباعة العمل تحت بصمة «جائزة بيبليوتيكا بريفي». وتبدَّى السبب في تغيُّر السياسة السابقة، في المناظرة التي أثارتها دور النشر التِّجارية. ومن أجل التأكيد على الطابع الأدبي الخالص للدار، والنأي عما هو تجاري، قررت إلغاء المكافأة المالية للجائزة. وهي جائزة تُقدِّم لمن ينالها، بلا شك، رؤى واسعة، وتُعزِّز فكرة أن الجوائز تفتح السوق الأدبية لأسماء جديدة. ويُوضِّح كارلوس بارال الأمر في مذكراته: «من دون أن يُحدِّد أحدٌ ذلك مُسبقًا بتصميم حقيقي، تحوَّلت الجائزة بعد مرور السنوات إلى جسر أدبي عبر الأطلسي، لأدب مُحدد وحيد عمليًّا، ولنقل إنه يتلاءم مع ذوقي وميولي، ويطمح لأدب ذي رسالة كونية» (Barral 2001: 572).

مُنحت أيضًا جوائز أخرى شهيرة جدًّا، كجائزة النقد التي حازها بارغاس يوسا، الهيسبانوأمريكي الوحيد الذي حصل على هذه الجائزة، وحقّق ذلك في مناسبتين: في عام 1964 عن روايته الأولى **المدينة والكلاب**، وفي عام 1967 عن رواية **البيت الأخضر**. وتلفت نوريا براتس الاهتمام إلى واقع أن الحصة الكتالونية كانت على الدوام هي القطاع الغالب في لجان التحكيم، التي تُمنح فيها الجوائز لكُتَّاب أمريكيين لاتينيين. وكانت برشلونة هي المكان الذي فرض به ذلك السرد نفسه للمرَّة الأولى بطريقة مُلحة ومُؤثرة. أما في مدريد، في المقابل، فكان هناك تحفُّظ كبير على منح جائزة لكاتب غير إسباني. فيما بعد، في دورة عام 1969 لهذه الجائزة، اقتُرح ترشيح «مئة عام من العزلة»، ولكن الطلب رُفض لعدم استكمال الشروط؛ فالنسخة المُقدَّمة ليست من الطبعة الأولى الأصلية، ولم تُطبع في إسبانيا. وفي الحقيقة هناك أسباب أخرى تداخلت لاستبعاد الرواية:

> كان آثانكوت أحد النُّقاد الذين وضعوا قدرًا كبيرًا من عراقيل المماحكة، للحيلولة دون منح الجائزة للروائي الكولومبي، فقد رأى أنه «لا يمكن ولا يجب أن يتلقّى الجائزة» [...]. في هذا الوجوب تستتر الأطروحات الأكثر جوهرية، وهي سياسية بصورة أساسية. فمن جهة، يجب القيام بردٍّ فعلٍ ضد «المغالاة في التقييم دون تمييز - بفعل السنوبية المازوشية أو بسبب الجهل - لكل ما يصلنا من أمريكا اللاتينية»، وهو أمر يمكن أن يرتد سلبًا على الكُتَّاب الإسبانيين. ولهذا، فإن «مئة عام من العزلة»، حتى لو كانت تستند إلى بعض الإنجازات، فإنها لا تملك، حسب رأي آثانكوت، الشروط الجمالية الضرورية لتكون جديرة بالجائزة (Prats 1995: 219).

كانت الجائزة الثالثة المرموقة في مشهد تلك المرحلة، هي جائزة فورمينتور، التي تلقَّاها بورخيس عام 1961 من المؤتمر الدولي للناشرين، مناصفةً مع صمويل بيكيت. كان هذا المؤتمر الذي انعقد على أرض جزر البليار طوال عدة سنوات إلى أن حظرته الدكتاتورية الفرانكوية، من أفكار كارلوس بارال، وبتشجيع منه. وكان يحضره ناشرون يتمتعون بأوسع اعتراف وشعبية في أوروبا وأمريكا اللاتينية وأمريكا الشمالية وآسيا. ويتحدث كارلوس بارال نفسه في مذكراته عن هذه الجائزة، وعن التراجع الثقافي الإسباني بسبب الفرانكوية: «في ميدان السرد القصصي، وفي دوائر النشر، كنتُ أُفكِّر في مشروع فورمينتور الذي لم يكن قد وُلد بعد، وأضطرُ إلى أن أذلل تلك العوائق طوال بضع سنوات، وأُوسّع أفق التوقعات والآمال

حول آدابنا» (Barral 1982: 244). ويجب ألا ننسى في هذا الشأن، أن دار النشر لم تكن تتلقَّى أي دعم من الإدارة (الفرانكوية)، وكانت تحت المراقبة بسبب أنشطة بارال المناهضة للنظام. لكن ما يهم كارلوس هو الأدب الإسباني، الذي كان يستند إلى أسماء بارزة قليلة جدًّا قبل أن ينضم إليهم الروائيون الأمريكيون اللاتينيون. كان داعمو النشر ومُحَفِّزو الجوائز التي تُفضِّل كُتَّاب الجانب الآخر من الأطلسي، يجعلون من هذه القطعة من القارة المُوَلِّد الأدبي الأكثر تألقًا في اللغة القشتالية. وهكذا، توجَّهت أنظار العالم الأدبي الأوروبي، وبعد ذلك الأمريكي الشمالي، نحو أمريكا اللاتينية، وحدث «اكتشاف ثانٍ» لتلك البلدان. وقد ولَّدت هذه الظاهرة ردَّ فعلٍ «سلبي» من جانب بعض الكُتَّاب الإسبان، ممن شعروا بأنهم أُسيئت معاملتهم، وأنهم أُسكتوا بصورة ظالمة من قِبَل دور النشر في شبه الجزيرة الإيبيرية، مما أدَّى إلى مناظرات عديدة ومواجهات من مختلف الأنواع بين مؤلفين من جانبي الأطلسي، وكذلك داخل إسبانيا. بل وصل الأمر إلى الحديث عن حصار يفرضه الكتالونيون ضد كُتَّاب شبه الجزيرة الإيبيرية: هيئة التحكيم التي منحت خمسًا من جوائز سيس بارال العشر إلى كُتَّاب أمريكيين لاتينيين، كانت مؤلَّفة، بالفعل، من كتالونيين: خوسيه ماريا كاستيليت، وجوردي كلوتاس، وكارلوس بارال، وفيليكس دي آزوا. وقيل إنهم يريدون بذلك الحطَّ من قيمة الرواية التي تُكتب باللغة الإسبانية في شبه الجزيرة الإيبيرية، كما لو أنه حقد على «القشتاليين» أو «أهالي شبه الجزيرة»، للقضاء على قرون من طغيان الرواية الإسبانية منذ ثربانتس. كما عانت الجماعة الأمريكية اللاتينية الناجحة من حسد كُتَّاب ومثقفين آخرين، وهو ما تُوِّج بنشر الكتاب المعروف الذي كتبه لويس غييرمو بياثا، وعنوانه بالتحديد، بنبرة فظة: «المافيا»، وبالاستناد إلى التقوُّلات التي كانت تحيط بهذه الجماعة، وبمحيط فريق من أصدقاء كارلوس فوينتس في مكسيكو. الواقع أن كارلوس فوينتس شعر بالاستياء لنشر ذلك الكتاب، كمن يتهرَّب من التعليق الذي وجَّهه إلى ماريو في رسالة بتاريخ 24 نوفمبر (تشرين الثاني) 1970، حيث يُعلِّق كذلك مُتحمسًا على نتيجة قراءته لرواية البيروفي الجديدة:

> تهانيَّ وتقديري لروايتك «محادثة في الكاتدرائية». لا أرى فقط أنها أفضل رواياتك، بل إنها أعظم رواية سياسية كُتبت باللغة الإسبانية. أُفكِّر في نشر طبعة موسَّعة من مقالاتي حول الرواية، وأن أُضمِّنها ورقة مطوَّلة عن رواياتك، وعن عام «62»، وعن دونوسو. تشتد هنا، كما في القارة كلها، حدَّة الهجمات، وما الأدب بكل تأكيد سوى ذريعة للهجوم على الكُتَّاب الناقدين والمُستقلِّين. والمسكين كاربايو، يهاجم، من سييرا مايسترا المتخيلة

الخاصة به، في أشد الصحف والمجلات رجعية في المكسيك، ويتهم أوكتافيو باث وخوليو كورتاثر ونصف العالم بأنهم محافظون، ويفعل القذرُ لويس غييرمو بياثا الشيء نفسه ضدَّك (الحروف الأولى من اسمه هي أمه الحقيقية: العاهرة الكبرى)[1]. لقد انضم الوسطيون التافهون لخدمة السُّلطة، ولكن برفعهم راية الثورة: يا لقارة الأنذال (Princeton C.0641, III, Box 9).

ما لا شك فيه أن عرَّاب البُوم، كارلوس بارال، قدَّم هدايا عظيمة لحفلات زفاف كُتَّابه؛ هدايا على شكل جوائز أدبية، تُوفِّر لنا، جنبًا إلى جنب مع أعمال النشر، مؤشرًا لعملية التجديد الأدبي العميقة التي عاشتها إسبانيا في تلك العقود.

عرَّابة فاخرة: كارمن بالثييس

أقامت كارمن بالثييس في برشلونة أيضًا، تلك العرَّابة، «الأم الكبيرة للبُوم»، الوكيلة الأدبية لمعظم الكُتَّاب الكبار، «بنصائحها، ومهارتها، وغريزتها المِهنية، وممارستها اللطيفة للماسونية والصداقة، وبموهبتها العظيمة - شبه السحرية أحيانًا - التي جعلت الروائيين يتفوقون، سواء أكانوا هيسبانوأمريكيين أو إسبانيين - لكن الهيسبانوأمريكيين بصورة خاصة - في مواجهة ادعاءات أي ناشر. بدأت كارمن بالثييس العمل مع الزوجين إيفون وكارلوس بارال، لتستقل بعد ذلك مع تقدُّم عقد الستينيات، وتحوُّلها هي نفسها، كوكيلة أدبية، إلى **العامل البشري** الأساسي في الحياة المِهنية لبعض أبرز كُتَّاب **البُوم**، بمن فيهم غابرييل غارسيا ماركيز وم. ب. يوسا» (Armas 2002: 100-101). لا مجال لأي شك في هذا، حتى لو كانت تُلقَّب كذلك بطاغية النشر باللغة القشتالية، مثلما قال عنها بارال، مع أنها عند تعارفهما كانت «فتاة خجولة، وانفعالية، وسريعة التأثر، وقريبة الدمعة» (Barral 1982: 246). كبرت العرَّابة مع مرور الزمن، وتحوَّلت سرعة تأثُّرها السابقة إلى صلابة، وحزم، وروح متمرسة. من دونها ما كان يمكن لخطوبة البُوم وزواجه السعيد من الأدب، واحتفالات العُرس وهداياه، أن تكون هي نفسها. ويصف كارلوس بارال في مذكراته الشهيرة حذر بالثييس الشديد، واهتمامها الكبير بالأمريكيين اللاتينيين المستقرِّين في برشلونة:

---

(1) اسمه: «Luis Guillermo Piazza»، والحروف الثلاثة الأولى هي: «L.G.P»، ويُفسِّرها فوينتس بـ«La Gran Puta»، بمعنى: العاهرة الكبرى. لا يوجد شيء مُثير للحزن أكثر من انحطاط كاتب كبير مثل فوينتس.

كانت تتحوَّل في مسيرة شاقة إلى أنشط وكيلة أدبية للمؤلِّفين في أوروبا، بعد نموٍّ خجولٍ كوسيطة نشرٍ متواضعة، وما ذاك إلا مسألة رهان سخي وذكي. فأناس الأدب في ذلك الجزء من الكون الأدبي كانوا يُفسِّرون، أخيرًا، معنى أدبٍ قديمٍ جدًّا وغني، بدأ يشير فجأة إلى شهادة التعقيدات الاجتماعية العويصة للقارة الأشد عذابًا [...]. يتعلَّق الأمر، كما يقول بيرسي إتشينيكه، بأدب يعتمد المبالغة [...]، ولكنه مُقْنع ضمن مشهدٍ عام من الاهتمام المهووس والمبتذل بالتفاصيل التافهة والإيماءات اليومية. معظم أولئك الكُتَّاب الشباب، من جهة أخرى، كانوا يُلوِّحون آنذاك برايات ثورةٍ إيبيروأمريكية ثانية غير محددة أو معروفة الملامح، وينادون، مثل اليسار الأوروبي، بإيمان مطلق بالتجربة الثورية الكاستروية (Barral 2001: 557-558).

كانت [كارمن بالثييس] تناضل ضد الريح والأمواج العاتية، من أجل منافع أبطالها، وبصورة خاصة مصالح بارغاس يوسا وغارسيا ماركيز. وقد رأينا المحبة غير المشروطة التي تُكنُّها للبيروفي وأسرته، وهو أمر لا وجود له في الميدان المِهني، حيث بحثت وسعت على الدوام إلى كل ما هو أفضل للكاتب. في عام 1969، على سبيل المثال، حاولت إقناعه بأن يترك دار نشر سيس بارال، ويتحوَّل إلى بلانيتا، وهي دارٌ عرضت عليه مبالغ أكبر. وكانت بالثييس، بالتأكيد، تعرف الصداقة التي تربط بارغاس يوسا بكارلوس بارال، ولكنها حاولت مع ذلك أن تُقنعه:

عزيزي ماريو:
الوظيفة الوحيدة التي عليك انتظارها من وكيلك، هي أن يحل لك الأمور الإدارية التي لا يجد معظمُ الكُتَّاب ظروفًا تتيح لهم حلها. الصعوبة الوحيدة التي يمكن لي أن أصطدم بها في إدارتيَ لأمورك باللغة القشتالية، هي التوصُّل إلى اتفاق جيد مع دار نشر سيس بارال، مع الأخذ في الاعتبار جميع العناصر النفسية التي تحيط بالقضية. وهذا يعني أنهم مَن منحوك الإذن، وكنت تتعامل دومًا مع كارلوس في شؤونك. أنا أُحب كارلوس كثيرًا، وأنت أيضًا، إلخ إلخ إلخ [...].
من الصعب أن أشرح لك كيف حللتُ أمر هذا الحديث مع كارلوس، كلُّ شيء كان واضحًا جدًّا، ومباشرًا جدًّا، بلا شكوكٍ من أيِّ نوع، بحيث لا يمكن لي أن أفهم، أو أوافق، على اقتراحك الذي يستجيب لموقف امتنانٍ نحو كارلوس لا مكان له على الإطلاق.
الأعمال التجارية أمر جدي جدًّا، ودار النشر هي مؤسسة تجارية، المادة الأوليَّة فيها هي

الكُتَّاب. وضمن «السوق»، فكِّر موضوعيًا بما تُمثِّله أسماء مثل: بارغاس يوسا، وغارسيا ماركيز، وكارلوس فوينتس، إلخ. هذه الأسماء في قوائم الناشرين تعني نقودًا فورية، وفوق ذلك نقودًا مستقبلية [...].

مما لا شك فيه أن كارلوس [بارال] شخص رائع، لكنه شخص رائع لأسباب كثيرة، وعليك ألَّا تكون عاطفيًا، لأن ما يُقدِّمه إليك كارلوس هو أقل مما يمكن أن يُقدِّمه أيُّ ناشرٍ مقابل وجودك في قائمة كُتَّابه.

(Princeton C.0641, III, Box 1).

بعد قليل من ذلك، في 30 يوليو (تموز) من العام نفسه، تُلح على الأمور التي ترغب أن يتصرَّف فيها ماريو بناءً على ما تقترحه عليه: أن يسمح بأن يكون محبوبًا من قِبل أفضل دور النشر، ومن مدينة برشلونة. ومقابل ذلك، تعرض عليه «حبًّا» خاصًا جدًّا:

عزيزي ماريو:

الرسالة التي كتبتها لك بالأمس لا تُجدي في شيء. أجل، أجل، أُحبك كثيرًا. ما يحدث هو أنني عندما أنهمك في شيء بصورة خاصة، وهذا «الشيء» يمضي وفق ما أرغب فيه، يداخلني رُعب لا أعرف معه مواجهة الوضع الجديد. شيء كهذا حدث لي معك.

إنها رسالة طويلة جدًّا؛ وفي نهايتها تقريبًا تقول:

لا أدري لماذا لديَّ توجُّس بأنك ستبقى في البيرو لبعض الوقت، تمارس السياسة...!!

(Princeton C.0641, III, Box 1).

لم تخطئ، لا في موضوع العيش في برشلونة، ولا في مسألة تغيير دار النشر، ولا في مسألة السياسة... حتى لو لم يحدث ذلك إلا في الثمانينيات، وليس آنذاك، مثلما نعرف.

كان موقفها حديديًّا وصارمًا ولا يُقاوم. «برشلونة جيدة إذا كان جراب نقودك يرن»، هذا ما يبدو أنها كانت تقوله للبيروفي. وبالطريقة نفسها تصرَّفت **الأم الكبيرة** مع غابو. فعلى سبيل المثال، حين اقترحت دار نشر سودأمريكانا في بوينس آيرس على غارسيا ماركيز طباعة ونشر **مئة عام من العزلة**، وكانت كارمن بالثيبس، كما يقول داسو، «قد أمضت عشر سنوات من الخبرة في صراعات النشر، وتعرف جيدًا كيف تتحرَّك في ميدان حقوق المؤلف الذي كان لا يزال شبه رمادي، وتحاول دخوله [...]، وتسعى للحصول على سلفة جيدة، وعلى

عقد أفضل صياغة؛ فَقدَ غارسيا ماركيز أعصابه، ربما لخشيته من إمكانية فقدانه فرصة طباعة طبعة أحلامه، وذكر لوكيلته: «دعكم من المُضي في مواصلة الجدال حول خمسمئة دولار، فما أريده هو أن يطبعوا كتابي، وأن يطبعوه سريعًا»» (Saldívar 1997: 447-448). الشيء الوحيد الذي كان يتلهَّف إليه غابو، في ذلك الوقت، هو رؤية كتابه مطبوعًا، ولكنه عندما توصَّل إلى ذلك، وتحوَّلت الرواية إلى نجاح عالمي، أبدى قلقًا أكبر حول الأمور المالية، والتوزيع الدولي للكتاب، وهذا يعني ترجمته إلى لغات أخرى. وهكذا، في العشرين من مارس (آذار) 1967، يكتب في رسالة إلى بارغاس يوسا:

> يقول لي روجر كيلن إنه يريد أخذ كتبنا إلى الناشر كاورد-ماكان. وقد ذكرتُ لكارمن بالثييس أنه لا مانع من جانبي على الإطلاق، وهي تخبرني الآن بأن الموضوع سيُحسم في لندن خلال هذه الأيام. فلنرَ ماذا سيحدث. ويبدو أن دار نشر سيول الفرنسية أخذت «مئة عام من العزلة». وهذا يجعلني أُفكر في أن الأمور ربما تتغيَّر، بعد عشرين عامًا من الكتابة للأصدقاء (Princeton C.0641, III, Box 4).

بينما «مئة عام من العزلة» تحصد نجاحات عبر القارة، كانت كارمن بالثييس عرَّابة البُوم العظيمة «تواصل الصمت عن عملها، كنملة دؤوبة، من أجل ترجمة الرواية إلى لغات العالم الرئيسية. الواقع أنها لم تتوقَّع أن حفلة التكريس ستبدأ، ليس فقط لأنها تعرف مدى تعجُّل المؤلف، وإنما لأنها التقطت على الفور، مثل الجميع، أن رواية بمثل تلك النوعية لا تتطلَّب أي حفلة أو تكريس مُسبَق كي تُقدَّم في لغات أخرى» (Saldívar 1997: 457). فحاسة الشم الأدبي لديها، التي لا مثيل لها، وروحها التجارية الفريدة، وعلاقاتها التي لا يُعلى عليها، وترفها كوكيلة أدبية، أمور لها علاقة بالنتائج التجارية التي ما زال بوسعنا ملاحظتها، بعد مرور أكثر من أربعة عقود. روى لنا توماس إيلوي مارتينيث، في مقابلة شخصية قبل عدة سنوات، وهو الذي سيفعل الكثير من أجل التعريف في الأرجنتين بالطبعة الأولى من «مئة عام من العزلة»، أنه التقى بغابو في بيته بمدينة كارتخينا دي إندياس قبل شهور، وأنه أثناء تبادلهما الحديث بمودة لم يتوقف تدفُّق الفاكسات من جهاز الكاتب الكولومبي، وجميعها كانت من الوكيلة الأدبية كارمن بالثييس، حيث كانت «الجدة الكبيرة» ترسل إليه معلومات حول آخر أحوال حساباته عن كل كتاب من كُتبه: طبعات، وترجمات إلى لغات متعددة، وآلاف النسخ المبيعة، وآلاف الدولارات عن كل بند من تلك البنود.

حَكَمٌ لا يلين ولا يستكين: الرقابة الفرانكوية

لم يكن على كُتَّاب شبه الجزيرة الإسبانية وحدهم المثول أمام حَكَم الرقابة ذاك، وإنما الكُتَّاب الهيسبانوأمريكيون أيضًا. وقد اختلفت الطريقة التي حدث بها ذلك بين هذه الحالة وتلك، فكُتَّاب الخارج لا تُثقل عليهم آلية تصحيح الرقابة الذاتية. إذ كانت مصاعب الرقابة، كما يُفَصِّل كارلوس بارال، كثيرة، ومن أنواع مختلفة جدًّا: «احتمالات كل كتاب، ووجهات نظر المؤلف المُكتشف حديثًا، تعتمد على مزاج موظف جاهل لا يمكن توقُّع ردِّ فعله، وكان هذا واقعًا يجب الإشارة إليه أيضًا باستمرار» (Barral 1982: 244). ويصف الناشر الكتالوني عمل الرقابة الذي لا يمكن تجنُّبه في إسبانيا فرانكو بأنه «كابوس تدجيني»، ويشكو من جميع العقبات التي لا بد من تجاوزها من أجل تنشيط الأدب الطليعي سواء الكتب باللغة الإسبانية أو بلغات أخرى. والواقع أن عمل بارال كناشر كان جديرًا بالتقدير، إذ عليه أن يصارع الرقابة الضيقة التي أُخضع لها، مع اعتقالات شرطية، وذهاب وإياب إلى المحاكم. وكل ذلك من أجل تجديد المشهد الثقافي في إسبانيا.

كان على فرانكو، وآلية قمعه، مراقبة كل مطبوعة من المطبوعات الإسبانية من خلال جهاز رقابةٍ كان تصرُّفه غير مقبول، فضلًا عن كونه عملًا عبثيًّا وجائرًا: «فغياب المعايير، والمزاجية التعسفية والمضحكة في اتخاذ القرارات، كانت صفة دائمة في ذلك النشاط الرقابي القذر. وكثيرًا ما تكون طبيعة القطع والحذف مُفسدة لترتيب سياق النَّص وإيقاعه في تحديد وصف شخصية أو رواية حدث» (Barral 2001: 401-402). كان لا بد، في مناسبات كثيرة، من إضافة «ملاحظة مُذِلة في أسفل الصفحة»، أو القبول بكل بساطة بالحذف، لأن بعض الأحكام تكون «غير قابلة للاستئناف».

لهذه الأسباب، «في عام 1960، وقَّع مئتان وأربعون مثقفًا إسبانيًّا على رسالة موجَّهة إلى وزيري التربية الوطنية والإعلام والسياحة، مطالبين بمراجعة وتعديل آليات الرقابة، ومنتقدين التعسُّف الذي تحميه التشريعات السارية وترعاه، فحسب هذه التشريعات يمكن حدوث وقائع من نوع حظر العمل نفسه في وسيلة محدَّدة - كتاب - والسماح به في وسيلة أخرى - مجلة - أو أن يُحظر في أحد الأيام ثم يُجاز في اليوم التالي. أول التعسُّفات الموصوفة ليست كذلك، لأن الرقباء لا يحكمون فقط على تناسب التفويض الممنوح مع مضمون الكتابات، وإنما يؤخذ في الاعتبار - حسب نوع المطبوعة - وسيلة النشر، وأعداد

النُّسخ المطبوعة، وسعر النُّسخة، وما إذا كانت للتصدير، إلخ. مما يؤدي أحيانًا إلى رفض نَصٍّ أو إجازته حسب التأثير العام الذي سيكون له» (Prats 1995: 289-290).

ولأن الرقابة كانت أكثر تسامحًا مع الكُتَّاب الأمريكيين اللاتينيين، فإن بعض سيِّئي النِّية من النُّقاد والكُتَّاب الإسبان ألحوا على أن النجاح الأمريكي اللاتيني، ودعم الناشرين له، حدث فقط كأسلوب لتجنُّب الرقابة التي كانت أكثر رفقًا بهم من الكُتَّاب المحليين. إذ إن «إعادة خلق مجتمع ومواقف غريبة عن إسبانيا، جعلت الرقباء، بصورة طبيعية، يتجاوزون هجمات هؤلاء الكُتَّاب على أنظمة بلدانهم. لكن السماح والإذن يُلغيان في اللحظة التي توجد فيها أي إشارة مريبة إلى النظام الفرانكوي، أو أي انتقاد لـ«دوغما» الهيسبانية، أو أي نقد لتصرُّف الإسبان في أمريكا منذ أزمنة الاكتشاف» (Prats 1995: 300). في الحقيقة، هناك منشورات أمريكية لاتينية عديدة مُنعت في إسبانيا: ففي عام 1955 رُفض السماح بطباعة رواية **بيدرو بارامو**، وفي عام 1965 مُنعت رواية **النفق** لإرنستو ساباتو، وفي عام 1971 رواية **هذا الأحد** لخوسيه دونوسو، وفي عام 1973 رواية **كتاب مانويل** لخوليو كورتاثر. لكن الحالة الأكثر إثارة للفضول كانت كتاب **قصص** لبورخيس، وقد تقدَّمت به دار إيدسا، ولم تؤدِ تعديلات الرقابة إلى أي خسارة؛ ففي عام 1956 رَفض طباعته رقيبان مختلفان، لكنه نُشر، بعد مراجعة فريدة قام بها رجل لاهوت، وكان ما طالب بحذفه أقل كثيرًا مما أوصى به الرقيبان السابقان. يقول أحد تقارير أولئك الرقباء ما يلي:

> بوقوع كتاب كهذا في أيدي غير الدارسين لهذه الموضوعات، أُقدِّر أنه لا يمكن أن يُصيبَ الرؤوسَ الممسوسة مُسبقًا بالأشباح والتشخيصات الوهمية والجنونية أيُّ ضرر كبير. وعلى الرغم من ذلك، ولأن هذه الكتابات تحمل الطابع اللاهوتي - مثلما هي كل الأعمال الأخرى الخاصة بهذه الدار - فإذا كانت وجهة نظر المراجع العليا السماح بنشره - وهذا ما لا أقترحه - فإنني أُوصي بحذف ما يُشار إليه في الصفحات الموضَّحة أعلاه (Prats 1995: 306-307).

كانت المحاور الأساسية لعمل الرقابة هي الأخلاق الجنسية، والآراء السياسية، والحذر في استخدام اللغة، والدِّين. وقد شكَّلت اللغة والشؤون السياسية نقاط الضعف في رواية «المدينة والكلاب» أمام الرقابة. لم يكن الحذف والتعديلات التي طُرحت بشأن الرواية، مقبولة من مؤلفها بارغاس يوسا، ولهذا قرَّر عقد اجتماع مع أحد الرقباء - روبليس - لمحاولة التوصُّل إلى اتفاق. وقد سجَّل كارلوس بارال تلك الواقعة الطريفة:

قرأ بارغاس المقاطعَ الطويلة المُجَرَّمة [المحظورة] بإيقاع تعبيري. وبتأثيرٍ غير مُتوقَّع أُلغي الحذف الذي طالبوا به. وفي النهاية أوضح الرقيب روبليس أن هناك أمرًا واحدًا لا يمكن السماح به: العسكري الأعلى رتبة الذي يظهر في الكتاب [...] - أي الكولونيل مدير مدرسة ليونسو برادو العسكرية - يُوصف بأنه حوت (cetáceo)، وهذا الأمر «لسوء الحظ» في بلد محكوم (بدأ يستشف المستقبل) بالقبضة العسكرية، يمكن أن يبدو إيحاءً مُحدَّدًا، وهذا غير مقبول، حيث إن تسمية حوت (cetáceo) تتضمَّن إهانة كبيرة. كيف سيكون ردُّ فعل مواطن في مدريد يناديه أحدهم في الشارع بـ«يا حوت»؟ وماذا لو قال له يا «بالين» (ballena) [وهذا نوعٌ آخر من الحيتان]، فربما كان الأمر مختلفًا. أوضح بارغاس أن جميع شخصيات الرواية كانوا يُلقبون ذات مرَّة، إن لم يكن دومًا، بأسماء حيوانية، وكلمة «حوت» هي إشارة إلى العسكريين الذين سيرتفعون إلى رتبة كولونيل. أجل، لكن لماذا لا نقول «بالين» بدلًا من حوت؟ لا بأس، فليكن «بالين». تنازل المؤلف، وكان هذا تنازله الوحيد (Barral 2001: 401).

لكن نوريا براتس تُثير الجدل حول شهادة بارال، وتُلمح إلى أن مذكراته تفتقر إلى الدقة الكاملة. فحقيقة الوقائع غير ذلك، كما تقول:

طلبت دار نشر بارال تفويضًا بنشر الرواية، تحت عنوان: **النصابون**، في يوم 16 فبراير (شباط) من عام 1963. وفي يوم 27 من الشهر نفسه رُفض الطلب. في 25 مارس (آذار) لجأت دار النشر إلى وسيلة طلب مراجعة أخرى للمخطوطة. ولا بد أن نتيجة هذا الطلب لم تكن مُرضية، لأنهم وجدوا أنفسهم مضطرين إلى اللجوء إلى ما يُسمى «رقابة غير رسمية»، وهذا يعني، المقابلة مع كارلوس روبليس بيكر، وكان آنذاك المدير العام للثقافة العامة والعروض الفنية. ومن تلك المقابلة حصلوا على نية الإدارة بمنح التفويض بالنشر عندما تتحقَّق مجموعة من التعديلات [...]. يمكننا التأكد من أن التصويبات التي كان على المؤلف الأخذ بها وتطبيقها، أكبر وأكثر جوهرية من مجرد تغيير النعت الذي يتذكَّره بارال (Prats 1995: 311).

من جهة أخرى، أصرَّ المدير العام للثقافة الشعبية على أن تُرفق دار نشر سيس بارال مع كتاب بارغاس يوسا تعليقات حول الرواية، تحمل توقيع كُتَّاب لهم شعبيتهم. وقد امتثل بارال، وقدَّم بضعة سطور تقريظية للكتاب، كتبها كلٌّ من: سالازار بوندي، وروجيه كايوا،

وآلاستير ريد، وخوسيه ماريا بالبيردي، ويوف هاردر، وخوليو كورتاثر. التعليق الوحيد الذي لم يُسمح بنشره هو ما كتبه كورتاثر، وهو لا يعطي أدنى اهتمام للتجديد التقني في الرواية، ولبراعة البناء والأسلوب، إلخ. كانت كلمات الأرجنتيني ذات ميل أيديولوجي وسياسي مُحدَّد جدًّا، وغير قابلة لأن تُؤخذ على محمل «سوء الفهم»، ولها نبرة هدَّامة: «شاهدٌ لا يلين على الجحيم، ويمكن لتجربته الهذيانية أن تكون أيضًا معادلةَ افتداءٍ، لليوم الذي ستكتشف فيه شعوبُنا الحريةَ العميقة، التي ينتظر ساعتها المدفونة تحت التماثيل الفرسانُ في الساحات».

ربما بسبب كل هذا الصخب المُسلَّح مع الرقابة، وهذه هي النظرية الأكثر احتمالًا، كان لا بد من تغيير العنوان من «النصابون» إلى «المدينة والكلاب»، ذلك أن تغيير العنوان يحدث عندما تُرفض المخطوطة. بعد ذلك أُجيزت الرواية في 28 سبتمبر (أيلول) 1963، بعد أكثر من ستة أشهر، وبنصٍّ غير كامل، على الرغم من أن الإصلاحات الفرانكوية حول الإشارات العسكرية كانت محدودة في الواقع.

ثمة حالة أخرى تلفت الانتباه، وهي مرتبطة أيضًا بدار نشر سيس بارال، أعني حالة الكوبي غييرمو كابريرا إنفانتي الذي حصل عام 1964 على جائزة بيبليوتيكا بريفي عن روايته «رؤية الشروق في المنطقة المدارية»، التي أُعيد تعميدها بعنوان «ثلاثة نمور حزينة». لم تُطبع الرواية حتى عام 1967، بعد ثلاث سنوات، لأن الرقابة رفضت بصورة قاطعة السماح بالنص الأصلي المُقدَّم إلى الجائزة، مما اضطر المؤلف إلى إجراء تعديلات معتبرة، كي يصير من الممكن الموافقة عليها ونشرها. ثمة رسالة بديعة من خوليو كورتاثر إلى الكوبي في 8 ديسمبر (كانون الأول) 1966، عندما كانا لا يزالان صديقين، وفيها يُعلِّق حول ما جرى لبارغاس يوسا، وما يعيشه غييرمو بالتحديد في تلك الأيام:

> الرقابة الإسبانية لا تُبدِّد الوقت، وتتوافق بالضبط مع أمور حدثت لماريو بارغاس يوسا، إذ غيَّروا له عبارة «جنرال له بطن «حوت» (cetáceo)» لتصبح «جنرال له بطن «بالين» (ballena)» وأشياء من هذا القبيل. يسعدني على الرغم من ذلك كله أن كتاب «ثلاثة نمور حزينة» تجاوز جدار الخِراء، ويمكن أن يخرج أخيرًا؛ فأمور القص واستبدال الكلمات التي يلجأون إليها لا يمكن أن تكون ذات أهمية في رواية. لعلي أجد عند عودتي من كوبا نسخة في انتظاري، وعسى أن أجدك أنت أيضًا هناك، أو أن أتمكَّن من الذهاب إلى لندن لقضاء بضعة أيام معك (Princeton C0272, II, A, Box 1).

بعد أيام من ذلك، في 29 ديسمبر (كانون الأول) 1966، يكتب كابريرا إنفانتي رسالة إلى ماريو بارغاس يوسا، يروي له فيها كيف أن عنوان روايته تغيَّر، وأن الرواية تعرَّضت لكثير من التعديلات، وأن ذلك «يؤلمه كثيرًا»، بسبب حال الأمور في بلد فقير في الحرية وصائم عنها، على الأقل فيما يتعلَّق بأجواء العاصمة:

أعرف أن مدريد تبدو لك (ومعك كل الحق والصواب، وهو ما صرتُ أعرفه الآن) أشبه بفناء دير، وهو دير غير شديد الثراء، بل أقرب إلى أن يكون بائسًا، حيث للراهبات كلهن شوارب، وكبيرة الراهبات تُطلق فُساءً فظيعًا شديد النتانة عندما تجلس [...]. لديَّ اقتراح للعمل مع مؤسسة كوينترياو في برشلونة، ولكنها مسألة إمكانيات دعائية، وإسبانيا بدأت تملأ عينيَّ بذلك الغبار الإسباني والأفريقي، وهو ما يجعلها لا تروق لي أكثر فأكثر [...]. قمت باستغلال الوقت لإجراء تغييرات في الكتاب؛ حذف أشياء [...]، عدت إلى المخطوطة الأوَّلية، وأعدت ترميم الجزء الأخير كله، فأضفت جزءًا من رواية كانت مسودة لديَّ وكانت ستُشكِّل جزءًا من الكتاب، ووضعت للكتاب الآن العنوان الذي أردته من قبل، وهو عنوان ربما لا يُعجبك. الرواية الآن صار اسمها: **ثلاثة نمور حزينة** [...]. فلنرَ ماذا سيحدث لهذا الكتاب الذي صار يُثقل عليَّ كثيرًا (Princeton C0641, III, Box 6).

لماذا يُراجع الكوبي كتابه ويُعيد تصحيحه؟ هل السبب هو الصرامة الأدبية وحدها، أم أن الرقابة هي التي تُسبِّب له الجنون؟ من المحتمل أن السبب هو قليل من كل شيء. نعرف أن غييرمو مُوسوسٌ إلى حدِّ الهوس، وأن وساوسه أكبر بكثير في عمله الأدبي. كان منهجه في التصحيح على الدوام يقوم على تخفيف ثِقل الروايات، وازدراء ما لا نفع فيه (Cremades y Esteban 2002: 156). وفي ذلك العام، 1966، فضلًا عن مسؤوليته الإبداعية، كانت هناك مشكلة الرقابة الإسبانية، في بلاد لم تتوصَّل إلى إقناعه.

في مقابلتنا الأخيرة معه، قبل وقت قصير جدًّا من وفاته، في بيته اللندني بشارع «غلوستر رود»، اعترف لنا بأنه، عندما خرج من كوبا، فضلًا عن أنه ترك «قلبه مدفونًا»[1] هناك، مثل لويس آغيليه، فكَّر في أنه يمكن لإسبانيا أن تكون مكانًا جيدًا للاستقرار فيه، وطلب هناك

---

(1) إشارة إلى أغنية شهيرة، تقول كلماتها الأولى: «عندما خرجتُ من كوبا تركتُ حياتي، تركت حبي/ عندما خرجت من كوبا تركتُ قلبي مدفونًا هناك». كلمات الأغنية للأرجنتيني لويس آغيليه، وغنَّاها مُغنون كثيرون.

اللجوء السياسي، لكنهم لم يمنحوه إياه، لأنهم ظنوا أنه جاسوس يعمل لحساب كاسترو، ومتسلل يحاول المرور على أنه مُنشق. وهكذا انتهى به الأمر إلى لندن. وروى لنا كذلك عن خيبة أمله المزدوجة في إسبانيا (الشك فيه، والتخلُّف الثقافي بفعل الرقابة)، وطُرفة مسلية جدًّا حدثت له في صيف تلك السنة تحديدًا حين كان يخوض الصراع مع الرقباء بشأن نشر روايته الفائزة بالجائزة. حدث ذلك في توريمولينوس، مع بدء خطة التطوير السياحي في تلك المنطقة، التي قدَّمت الكثير من اللعب للسينما الإسبانية منذ ذلك الحين وحتى الآن. الواقع أنه في ذلك العام (1966) جرى عرض افتتاح فيلم **حب على الطريقة الإسبانية**، حيث ينهمك الوطنيون، في توريمولينوس، في اصطياد امرأة أجنبية. وفيما بعد جاء فيلم **عطلة نهاية أسبوع على المكشوف** (1974)، وما لا حصر له من الأفلام التي صُورت في المنطقة نفسها، حتى الأفلام الكوميدية في السنوات الأخيرة، وكانت في كل مرَّة أسوأ من سابقتها، ولكنها تُلح على الفكرة المبتذلة نفسها، مثلما هو فيلم **توريمولينوس 73** (2000)، أو **كاراتيه حتى الموت في توريمولينوس** (2003). وهناك، في توريمولينوس، كان غييرمو كابريرا إنفانتي مع زوجته ميريام، يقضيان يومًا هادئًا على الشاطئ، في مكان لا يوجد فيه أحد تقريبًا. وبعد وقت قصير من وصولهما، حضر شرطيو الحرس الأهلي، بزيِّهم العسكري النظامي الأخضر، وهم يتعرَّقون بشدة تحت شمس صيف ساطعة، وبقبعاتهم المتميزة التي لا تقل نظامية عن زيِّهم. اقتربوا من الزوجين ليخبروهما بأنه لا يصح لهما الوجود على الشاطئ بتلك الحال؛ فالسيدة ترتدي بيكيني، وهذا ممنوع؛ لأنه يكشف الكثير من اللحم. لم يشأ الكوبيان الوقوع في مشكلات، فتناولا أمتعتهما وذهبا إلى مكان حيث يمكن لميريام أن تضع لباس بحرٍ من قطعة واحدة. بعد إنهاء العملية، عادا إلى المكان نفسه، لكن أصحاب الزي الشرطي الأخضر اقتربوا منهما ثانيةً كي يقولوا إنه لا يمكن للسيدة أن تكون على هذه الحال في الشاطئ.

سألا، متفاجئين مجددًا:

- كيف «هذه الحال»؟

- بثوب سباحة لونه لحمي، يعطي الانطباع بأنها عارية.

وصلت القهقهات في هذه المرَّة حتى مدينة ماربييًا. ولكن كان عليهما أن يغادرا، وينهيا يومهما «الهادئ» على الشاطئ في إسبانيا فرانكو.

لم تنتهِ قصص الرقابة مع الأمريكيين اللاتينيين عند ذلك الحدِّ؛ فقد كان على رواية **البيت الأخضر** أن تمر على الرقابة، وكان على مؤلفها بارغاس يوسا أن يمارس الحذف، بسبب

التهجُّم على الأخلاق في هذه المرَّة. أما روايته التالية «محادثة في الكاتدرائية» فطُبعت وفق آلية رقابية أخرى: آلية «الصمت الإداري»، وهي الآلية التي خرجت إلى النور أيضًا بفضلها رواية «خونتاكدابيرس» لخوان كارلوس أونيتي، ورواية «حق اللجوء» لكاربينتير. وعلى الرغم من كل هذه العقبات، كانت علاقة جماعة **البُوم** الأمريكيين اللاتينيين مع صناعة النشر الإسبانية استثنائية، ولم ينتقص النظام الفرانكوي من رغبة الجماعة في الاحتفال بعُرسها، أمام العرَّاب كارلوس بارال والعرَّابة كارمن بالثييس، في برشلونة. كانوا يعرفون مُسبقًا أن قاضي الرقابة المُتصلِّب سيكون حاضرًا أيضًا، لكنه لن يُشكِّل عقبة كافية للحيلولة دون الاحتفال باتحادهم. ومع ذلك فإن أيًّا من بطلينا: غابو وماريو، لم يشارك في أيِّ نشاط ثقافي ترعاه الحكومة الفرانكوية. وهكذا عندما حاول لويس روساليس، وفيليكس غراندي، في بداية عام 1973 أن يقنعا بارغاس يوسا وغارسيا ماركيز بالمشاركة في مهرجان الثقافة الهيسبانية، لم يتمكَّنا من ذلك:

> اتصل كلاهما بزعيمي الرواية الأمريكية اللاتينية في إسبانيا كي يحضرا مهرجان الثقافة الهيسبانية، من خلال دورة تُنظم لهذا الغرض بحضور أحدهما أو كليهما، في إطار تلك المناسبة التي كانت، من جهة أخرى، عملًا جيدًا في العلاقات الثقافية بين أمريكا اللاتينية وإسبانيا أثناء الحقبة الفرانكوية. ترك غارسيا ماركيز بين يدي ماريو بارغاس يوسا مسألة تأكيد قرارهما، وذلك ليس لأنهما اتخذا موقفًا مشتركًا، وإنما لاقتناع خاص حافظا عليه منذ زمن سابق: عدم المشاركة في أي نشاط مع المؤسسات الفرانكوية، حتى لو كانت «غير سياسية» (Armas 2002: 4).

الحقيقة أنه لا الفرانكوية، ولا رقابتها، ولا نقد شبه الجزيرة خبيث النوايا، استطاع كبح بُوم الأدب الأمريكي اللاتيني، ولا الحيلولة دون تكريس اتحاده بدور النشر الإسبانية. لقد أُقيمت الطقوس في برشلونة، كما أسلفنا، وبكل أُبهة، بوجود عرَّابة مهيبة وعرَّاب استثنائي، وبوجود مدعوين يُشكِّلون جزءًا من طبقة جديدة من القُرَّاء (الجمهور الجامعي)؛ طبقة متلهِّفة إلى أدب جديد وجيد. لكن يجب ألا ننسى الخلفية التي شكَّلتها الثورة الكوبية، والفضول الذي أيقظته في العالم بأسره، وساعد بصورة هائلة على تفتُّح بُوم آداب أمريكا اللاتينية. ذلك أن سيل ترجمات الرواية الأمريكية اللاتينية إلى لغات أخرى، وفي هذا المجال يظهر جورج راباسا، لا علاقة له بالنصوص المتميزة وحدها، وإنما بالاهتمام العالمي بثورة كوبا الاجتماعية. فبسبب الثورة، صار ذلك الاتحاد أشد متانة وتكرُّسًا، وبسبب الثورة بدأت الاختلافات والفراق.

13
الصنارة الأدبية في تلك السنة الكبيسة

في كل عام تقريبًا هناك عمل أدبي يُشبه «صنارة»، يفرض نفسه على الأعمال الأخرى، ويستمر الأعلى مبيعًا لشهور وشهور. غابو كاتبٌ بصنارة منذ أن نُشرت **مئة عام من العزلة** أول مرَّة في 1967، وظل كذلك مع كل عمل جديد منذ ذلك الحين، وبصورة خاصة مع الطبعة المميزة من عمله الأعظم في عام 2007، للاحتفال ببلوغه الثمانين، ومرور خمسة وعشرين عامًا على نيله جائزة نوبل، وأربعين عامًا على صدور الطبعة الأولى من روايته. وماريو أيضًا اعتاد أن يكون كاتبًا بصنارة. هكذا كان في **البيت الأخضر** أيام جائزة رومولو غاييغوس، وفي **حرب نهاية العالم**، و**بنتاليون والزائرات**، و**محادثة في الكاتدرائية**، وفي السنوات الأخيرة في **حفلة التيس**. لكل عام كتاب خاص به، أفضل وأعلى مبيعًا، مثلما حدث لرواية **جنود سلامينا** لخابيير ثيركاس، أو **ظل الريح** لكارلوس رويث ثافون. أدب بصنارة.

في 12 فبراير (شباط) 1976، كانت الصنارة الأدبية كبيسة مزدوجة بتجليَّات أكثر مادية، ولم تكن لها أي علاقة بالأدب. يجري الحديث على الدوام عن أهمية مراحل القمر وارتباط الكواكب بسلوك البشر وتصرفاتهم، ولكن ذلك اليوم لم يكن يحتفظ بأي أحداث حزينة أو مشؤومة. بدء سنة التنين، حسب التقويم الصيني. وفي تاريخ أمريكا اللاتينية وقعت أحداث تاريخية كبرى، مثل: تأسيس مدينة سنتياغو دي تشيلي على يد بيدرو دي بالديبيا (1541)، واكتشاف الأمازون على يد فرانثيسكو دي أورييينا عام 1542، ومعركة الانتصار لاستقلال فنزويلا عام 1814، وإعلان وثيقة استقلال تشيلي عام 1818 على يد برناردو أوهيغينس، وظهور جريدة **الاسبيكتادور**، في بوغوتا، عام 1891، حيث سيعمل غابو، بعد سنوات، لوقت طويل، إلخ. وفي أوروبا في مرحلة زمنية أقرب، وقعت أحداث، مثل: اللقاء بين موسوليني وفرانكو عام 1941، وتنصيب إيزابيل الثانية ملكة لإنجلترا في 1952، وخطاب آرياس نافارو الافتتاحي في إسبانيا ما بعد المرحلة الانتقالية عام 1974، الذي اشتهر بعنوان «روح 12 فبراير». بعد سنتين من ذلك، في المكسيك، انتهت بطريقة عنيفة صداقة غارسيا ماركيز وماريو بارغاس يوسا. حلَّقت روح مختلفة المواصفات فوق المدينة الأزتيكية في

ذلك اليوم مزدوج الكبيسية: كان العدد 6 مرَّتين والسنة كبيسة (باللاتينية «bi-sextus»، والعدد ستة مكرَّر؛ لأن الرومان بدلًا من أن يضيفوا الـ29، كانوا يعدون الـ6 مرَّتين).

لا شيء، أو لا شيء تقريبًا، يبقى إلى الأبد، وليس هناك ما يستدعي أن يبقى كذلك إلى الأبد. الأدب الجيد مستقل عن العلاقة بين الكُتَّاب، بل أكثر من ذلك، فقد يؤدي استياء أحدهم من آخر، أحيانًا، إلى إنتاج أعمال أدبية لا تُنسى. وكيف لا نفكر في سوناتا كيبيدو عن الأنف المكرسة لخصمه غونغورا الذي كان بدوره يطلي أشعاره بشحم خنزير كيلا يشم رائحتها (يفترض أنه إذا كان يهوديًّا ألا يتناول لحم الخنزير). وكيف لا نتذكَّر تعليق بورخيس عندما أنهوا له قراءة **مئة عام من العزلة**: هناك خمسون سنة زائدة في هذه الرواية. ونحن نعرف أن الكاتب الأرجنتيني لم يكن يكتب إلا قصصًا قصيرة عظيمة، وتضايقه «الثرثرة» في كثير من الروايات الطويلة. وفي نهاية المطاف، كيف لا نتوقف ونتأمل الدافع الإيجابي الذي تلقَّاه ثربانتس، بتحفيز من نجاح منافسه ماتيو آليمان الذي نشر في نهاية القرن السابع عشر رواية **غوثمان دي الفراتشيه** بنجاح غير مسبوق في إسبانيا، وثربانتس الذي كان يغوص في الحسد، ويجلس ليكتب شيئًا يمكن له أن يتفوَّق عليه. وبقية القصة معروفة: في 1605 تظهر رواية **الكيخوتي**. خصومة أدبية تنتهي نهاية سعيدة.

في مناسبات أخرى كانت النهايات أكثر مهابة: بُترت ذراع رامون دِل بايي إنكلان[1]، نتيجة ضربة عصا وجَّهها إليه الروائي مانويل بوينو. لكن الكاتب الذي يحمل قصب السبق في هذه الصراعات، هو بلا شك، الأمريكي نورمان ميلر، الذي تحدَّى، في عام 1958، الروائي ويليام ستيرون (الحقيقة أن هذا الأخير كان صديقًا لغارسيا ماركيز)، تحدَّاه في صراع بالقبضات بسبب إهانة مزعومة وجَّهها ستيرون إلى زوجته الثانية، آديل موراليس. ولحسن الحظ أنه لم يحدث شيء آنذاك، لكن الدماء وصلت إلى النهر في مشاجرة ثانية، وهذه المرَّة مع غور بيدال، باعتدائه عليه أمام الملأ لأنه قارنه بشارلز مانسون، في عام 1971. وإن كانت أكثر مواجهاته شهرة، تلك التي دارت بينه وبين ترومان كابوت على امتداد سنوات طويلة، بمجادلات حامية جدًّا حول موضوعات متنوعة، حتى عام 1979، عندما نشر ميلر **أغنية الجلاد**، واعترف بعبقرية كابوت، وبتأثيره أيضًا.

---

(1) «رامون ماريا دل بايي إنكلان» (Ramón María del Valle-Inclán): شاعر وكاتب روائي ومسرحي إسباني، ولد في بيًّا نويَفا دي أروسا، في 28 أكتوبر (تشرين الأول) 1866. يُعدُّ من أهم كُتَّاب الأدب الإسباني في القرن العشرين وأبرزهم. وينتمي إلى تيار الحداثة الأدبي.

مَن وصلوا تقريبًا إلى الاشتباك بالأيدي هما: فلاديمير نابوكوف، والناقد الأمريكي إدموند ويلسون، بعد أن كانا لسنوات عديدة صديقين حميمين. وقد حالفنا الحظ بمراجعة كل الوثائق حول الموضوع (رسائل، ونصوص نثرية، ومخطوطات ومسودات لأعمالهما، إلخ)، وهي موجودة في قاعة مكتبة بينيك للكتب النادرة والمخطوطات، بجامعة ييل، وتضم موضوعات شديدة التنوع والاتساع، مثل: علم الحشرات، وعلم الوراثيات، والصوتيات، وقواعد اللغتين الروسية والإنجليزية، وآداب اللغتين كلتيهما. وعلى الرغم من أن ويلسون امتدح نابوكوف مرارًا، فإن الفراق بينهما وقع انطلاقًا من دراسة لويلسون حول الأصول التاريخية للماركسية، مع دراسة عن شخصية لينين ناقشها نابوكوف. وقد انفجر كل شيء مع الطباعة الاحتفالية للترجمة الإنجليزية لكتاب بوشكين: **أوجين أونيجين**، حيث استخدم نابوكوف مصطلحات مهجورة طواها النسيان وعفا عليها الزمن، وأفاض في الشروحات والتعليقات التفسيرية، فأعلن ويلسون عن اختلافه مع تلك الرؤية المثقلة في عمل نابوكوف الترجمي، وكانت تلك بداية سلسلة تفنيدات علنية وحملات تهجُّم بين الكاتبين.

مع ذلك، فإن أفضل المناظرات الثقافية التي عرفها بارغاس يوسا، هي تلك التي تقابل فيها كامو وسارتر، وهما كاتبان كان لهما تأثير كبير في التكوين الثقافي للشاب البيروفي. ففي المجلد الذي يجمع مقالاته: **رغم كل الصعاب**، تحدَّث عن تلك المناظرة مُطوَّلًا، وجمع نصوصًا لكليهما مرتبطة بالجدل الحاد. ويُعلِّق ماريو على الأمر في مقدمته على هذا النحو:

> يجدر بنا أن نتذكَّر الآن، وهو ما يفعله قليلون، تلك المناظرة الشهيرة في صيف عام 1952، التي كان مسرحها صفحات مجلة **الأزمنة الحديثة**، وفيها تقابل مؤلفا **الغثيان** و**الطاعون**، وكانا حتى ذلك الحين صديقين وحليفين وأبرز شخصيتين مؤثرتين آنذاك في أوروبا التي كانت تنهض من بين أنقاض الحرب. كان مشهدًا بديعًا، في أفضل تقاليد تلك الألعاب النارية الجدلية التي لا يمكن لأيِّ شعب أن يتفوَّق بها على الفرنسيين، وبانتشار مهيب من الطرفين، وخطابية جيدة، وبزلَّات مسرحية، وبضربات تحت الحزام، دقيقة وخاطفة، ووفرة أفكار يُنتجها الدوار. والأمر ذو المغزى هو أنني لم أعلم بالمناظرة إلا بعد شهور، بفضل تقرير في مجلة **سور**، ولم أستطع قراءتها إلا بعد مرور سنة أو سنتين، وبمساعدة قاموس، وبصبر مدام دل سولار، أستاذتي من الألينس الفرنسي.

كان غابو وماريو صديقين حميمين منذ عام 1967. وبعد ذلك راح طريقاهما المختلفان سياسيًا وأيديولوجيًا يتباعدان في اهتمامات، ولكن ليس في الصداقة. فليس عبثًا عيشهما متجاورين في برشلونة، حيث ظلا جارين طوال أربع سنوات، وقد أمضيا، كما رأينا، ساعات لا تُنسى، في حفلات، ومغامرات، ورحلات، ومعايشات عائلية يومية، حين كان كل شيء يبعث على السعادة.

لكن في ذلك اليوم المشؤوم من شهر فبراير (شباط) من سنة 1976 الكبيسة، انتهى كل شيء بينهما، أو انتهت صداقتهما وحوارهما على الأقل، فمنذ ذلك الحين اتخذ كلٌّ منهما دروبًا مختلفة. في يوم 12 فبراير (شباط) 1976 كان سيُعرض، في عرض خاص، فيلم رينيه كاردونا: **أوديسة جبال الأنديز**، الذي يُذَكِّر بحدثٍ جرى قبل أربع سنوات، عندما سقطت طائرة محمَّلة بلاعبي روكبي من أوروغواي، كانت تجتاز جبال الأنديز وتحطَّمت. مات اثنا عشر شخصًا من الركاب، والباقون، وحيدين وسط مكان مقفر، تغطيه الثلوج، وفي درجات حرارة تحت الصفر، ظلوا على قيد الحياة بعد انقضاء فترة طويلة بلغت اثنين وسبعين يومًا، أكلوا خلالها جثث رفاقهم الموتى.

قبل لحظة من بدء العرض السينمائي، في منطقة مقاعد قصر الفنون الجميلة في مدينة مكسيكو، نهض غابو مُتوجِّهًا لمعانقة ماريو. أمر منطقي وعادي، فهما لم يعودا جارين منذ وقت. ففي عام 1974 رجع ماريو إلى ليما مع أسرته، وفعل غارسيا ماركيز الشيء نفسه بعد قليل من ذلك ليستقر في العاصمة المكسيكية. منذ ذلك الحين، صار التعامل بينهما، ورؤية أحدهما للآخر، قليلين، إذ لم تعد تفصل بينهما ناصية شارع، وإنما نصف قارة.

في اللحظة التي وصل فيها غابو إلى مكان ماريو، وجَّه إليه ماريو لكمة خطف صائبة، أسقطت الكولومبي بالضربة القاضية. لم تكن هناك جولات أخرى، ولا لقاءات تالية، ولا تقديمات مسبقة، ولا إعلانات مكبرات صوت. كل ذلك حدث في ثانية واحدة وبلا سابق إنذار. لحظة نيزكية وصاعقة. ظل غابو على الأرض، شبه غائبٍ عن الوعي، ينزف بصورة مرئية من وجهه، ما بين الذقن والعين اليسرى، أمام ذهول الحاضرين، وكانوا كثيرين، وجميعهم من المرتبطين بعالم الثقافة والفن والآداب. يروي خوانتشو آرماس أن ماريو استدار وهو يقول لزوجته التي ترافقه: «هيا بنا يا باتريثيا» (Armas 2002: 110). أوردت بعض وسائل الإعلام

العبارة التالية كتكملة للَّكمة: «هذا بسبب ما فعلته بباتريثيا في برشلونة»[1]. واستبدل آخرون كلمة «فعلته» بكلمة «قلته» (Gutiérrez 2007: 9). وقالت طبعة صحيفة كلارين الأرجنتينية في 9 مارس (آذار) 2007: «كيف تجرؤ على المجيء لمصافحتي بعد ما فعلته مع باتريثيا في برشلونة!»، وهذا قريب مما قاله خوانتشو آرماس، ويناقض في نقطة ما رواية بعض الصحف، لأنه يروي أن باتريثيا اعترفت له بأنها لم تكن حاضرة في لحظة الشجار (:Armas 2002 111). روت الكاتبة المكسيكية إيلينا بونياتوسكي، أنها كانت حاضرة في المكان، وحيث جرت الوقائع:

كانت اللكمة فورية، وصل غارسيا ماركيز واستقبله بارغاس يوسا بلكمة، لم أبقَ حتى لمشاهدة الفيلم، لا أتذكَّر مَن كان موجودًا هناك، لم أكتب أي شيء عن ذلك لأنه ليس أسلوبي. لكنني، أجل، ذهبت لإحضار شريحة لحم لغارسيا ماركيز (لوضعها على عينه لتخفيف الورم)، فبالقرب من هناك يوجد متجر يُدعى: **سماء الهمبرغر**. وهناك انتهى كل شيء، لم نعد إلى الحديث عن ذلك، لقد كان مزعجًا جدًّا (Aguilar 2007: 1).

في قصر الفنون الجميلة لم يكن هناك أحدٌ مُهيَّأً مُسبقًا لمثل ذلك الوضع. ولم يُتح الوقت لأحدٍ للقيام بأيِّ ردِّ فعل، وقد ظل الحادث هناك. لم أعرف، وليس مُهمًّا، إذا ما عُرض افتتاح الفيلم أم لا.

أدلة الجناية

الواقع أن صمتًا مُطبقًا ساد طوال ثلاثين عامًا حول الحدث، وانقطع فجأة مع ظهور مُصوِّر فوتوغرافي، رودريغو مويا، صديق غابو، في يوم 6 مايو (أيار) 2007، وهو بالضبط اليوم الذي أكمل فيه غابو ثمانين عامًا، فأشبع اهتمام الرأي العام العالمي بمقالةٍ وصورٍ تظهر لأول مرَّة في جريدة **لاخورنادا** المكسيكية. يروي مويا أنه تعرف على غابو في حفلة أقامتها والدته لمثقفين كولومبيين يقيمون في المكسيك، ووالدته كولومبية صافية، مولودة في مدينة ميدلين، لكنها تقيم في عاصمة الأزتيك:

---

[1] معلومات من سيسر كوكا، من مدريد، إلى صحف مجموعة بوثينتو الإسبانية، ومنشورة يوم 27 أغسطس (آب) 2006، تحت عنوان «خطاف أدبي»، في إيديال، صفحة 59.

فلنقل إنني لم أستلطف المدعو غابو كثيرًا؛ ففي أوج الحفلة تمدَّد على أريكة، ورأسه يستند إلى ذراعه المَثْنية، وفي ذلك الوضع الذي يبدو فيه أشبه بمهراجا ضَجِر، كان يشارك بحوارات مقتضبة، أو يُطلق أحكامًا قاطعة، أو عبارات ما بين بارعة وساخرة. كان لا يزال بعيدًا عن **مئة عام من العزلة**، وعن جائزة نوبل؛ مواطنًا أُميًّا يتصرَّف بثقة في النفس، وبشيء من العجرفة الثقافية التي لم ترُق للجميع. بعد قليلٍ من ذلك قرأتُ رواية **عاصفة الأوراق**، وبعدها **قصة بحار غريق**، **وليس لدى الكولونيل من يكاتبه**، وكلَّ ما سيكتبه على امتداد الأعوام الخمسين التالية تقريبًا، وأدركت عندئذ لماذا يمكن لذلك الشخص ذي الشارب، والإيماءات الشبيهة بالنزق، والكلمات القليلة والحاسمة كأنها عبارات شهيرة، أن يستلقي على الأريكة وسط مسامرة صاخبة، ويقول ما يحلو له (Moya 2007: 1).

على الرغم من أن هذا الانطباع الأول لم يكن جيدًا جدًّا، فإن زيارات متتالية إلى بيت والدته جعلتهما صديقين حميمين، ومعهما زوجته مِرثيديس وابناهما الصغيران رودريغو وغونثالو. تمثَّل حظ مويا الكبير في مجيء غابو، في يوم 29 نوفمبر (تشرين الثاني) 1966، إلى شقته فجأة، ليطلب منه أن يلتقط له بعض الصور، لاستخدامها على الغلاف الخلفي لكتاب أنهاه للتوِّ، بعد عمل شاقٍّ استمر لعامين تقريبًا. جاء بسُترة لافتة للنظر لم تُعجب رودريغو بأي حال، حتى إنه عرض عليه أن يُعيره واحدة من عنده من أجل الصورة. نُشر الكتاب مع الصورة بعنوان **مئة عام من العزلة**. لم يكن أيٌّ منهما يظن، وسط مزاح «جلسة التصوير»، أن تلك الصورة، وذلك العنوان، سيُغيران تاريخ الأدب.

بعد عشر سنوات من ذلك، ظهر غابو مجددًا في شقة رودريغو، ولكن بلا سُترة هذه المرَّة، وبلا كتاب، بل بعين مزرقة، وفي حالة سيئة جدًّا، وبجرح في الأنف. أراد غابو أن يحتفظ بدليلٍ على الاعتداء، وكان رودريغو هو صديقه المصوِّر، والشخص المناسب لفعل ذلك. وبالطبع، كان أول ما فعله هو السؤال عن سبب ذلك الخلاف:

تهرَّب غابو، وعزا الاعتداء إلى الفروقات التي صارت عصية على التجاوز مع مُضي مؤلف «حرب نهاية العالم» بإيقاع متسارع نحو الفكر اليميني، بينما الكاتب الذي سيتلقَّى جائزة نوبل بعد عشر سنوات من ذلك، يواصل الوفاء لقضايا اليسار. أما زوجته مِرثيديس بارتشا التي كانت ترافقه في تلك المناسبة وهي تضع نظارة بعدستين مدخنتين وكبيرتين جدًّا، كما لو أنها هي التي تلقَّت اللكمة اليمينية، فكانت أقل اقتضابًا، وعلَّقت بغضب

على الاعتداء الوحشي، ووصفت ما جرى بخطوط عريضة: في عرض سينمائي خاص، التقى غارسيا ماركيز قبل بدء الفيلم بقليل مع الكاتب البيروفي. توجَّه إليه بذراعين مفتوحتين لمعانقته. «ماريو»! كانت الكلمة الوحيدة التي استطاع قولها لتحيته، لأن بارغاس يوسا استقبله بلكمة قوية أسقطته على سجاد الأرضية بوجهٍ مُغطًّى بالدم. ومع النزف الشديد، والعين المُطبقة، وحالة الصدمة المسيطرة، هرعت مِرثيديس وبعض أصدقاء غابو لاصطحابه إلى بيته في بيدريغال. حاول تجنُّب أي فضيحة، وكان يمكن لإدخاله المستشفى ألا يمر من دون مشكلات. ووصفت لي مِرثيديس طريقة العلاج بشرائح اللحم على العين، التي واظبت على تبديلها طوال الليل لزوجها المضروب من أجل امتصاص النزف. وكررت مِرثيديس قولها «ذلك أن ماريو غيور غبي»، عدة مرَّات، بينما تحوَّلت جلسة التصوير الفوتوغرافي إلى جلسة أحاديث ونميمة (Moya 2007: 1).

وينتهي المقال بالإشارة إلى تبدُّلات هذه الصور المحفوظة طوال ثلاثين عامًا في درج:

> قال لي غابو قبل أن يغادر: «احفظ الصور، وأرسل لي بضع نسخ»، وقد حفظتها طوال ثلاثين عامًا، والآن، وقد أكمل هو الثمانين من عمره، وانقضت أربعون عامًا على صدور **مئة عام من العزلة**، أُقدِّر أنه من الصواب نشر هذا التعليق حول ذلك اللقاء الرهيب بين كاتبين كبيرين، أحدهما يساري، والآخر بضربات يمينيته الحاسمة (Moya 2007: 1).

يبدو أن سَلَطة الاحتفالات التذكارية التي رافقت بلوغ غابو الثمانين، والمئة والأربعين عامًا من العزلة، تفرَّعت وتشعَّبت إلى كل أنواع التعليقات والافتراضات والمراجعات لحياة حامل جائزة نوبل، وكذلك حيوات المحيطين به. وفي دراسات ومقدمات تمهيدية موسعة لكتب الحوادث المتزامنة، توصَّل البعض إلى الحديث عن تقارب بين العبقريين الأدبيين، الشاعر والمعماري، التركو والهندي، لينون ومكارتني، بفعل مؤشرات متعددة. ففي المقام الأول، منح ماريو، لأول مرَّة منذ ثلاثين عامًا، الإذن بنشر طبعة جديدة من كتابه **قصة قاتل آلهة**، وهو عمله العظيم المكرَّس للكولومبي، لأن ناشريه، ووكيلته الأدبية، وجمهوره، وجمهور غابو، يصرخون بذلك منذ سنوات. كان من المحال العثور على نسخة من الكتاب، اللهم إلا إذا لجأ الدارس المهتم إلى مكتبة عامة حظيت في زمنها بامتياز شراء نسخة، من دون أن تدري أن تلك النسخة، في لحظة معينة، ستُعدُّ تحفة نادرة. وظل الأمر على هذه الحال إلى أن رأت النور في 2005، الأعمال الكاملة لبارغاس يوسا في مطبوعات «غالاكسيا

غوتنبرغ»، وفي أحد المجلدات، المجلد السادس تحديدًا، المخصَّص للدراسات والأعمال البحثية، ظهر كاملًا نصُّ الكتاب عن غابو، إلى جانب الكتب المكرَّسة لجوانوت مارتوريل، وفلوبير، وغيرهما. وفضلًا عن أن تلك الطبعة كانت مهدِّئًا للقُرَّاء والباحثين، لأن المجلدات كلها صدرت مع مقدمات جيدة، كتبها ماريو ونُقاد بارزون، كان يمكن اعتبار صدور الكتاب إيماءة تقرُّب؛ لكن ليس بالضرورة أن يكون الأمر كذلك. وقد أجاب بارغاس يوسا على هذا النحو في طبعة يوم 20 مايو (أيار) 2006، من الملحق الثقافي لجريدة **الباييس**، **بابيليا**، في ردِّه على سؤال من ماريا لويسا بلانكو حول الأعمال الكاملة للبيروفي:

- وهل ضمنتها كتاب **غارسيا ماركيز: قصة قاتل آلهة**؟
- بكل تأكيد. لم أُعِد طباعة كتاب «غارسيا ماركيز: قصة قاتل آلهة» لسبب بسيط، هو أنه كتاب يحتاج إلى تحديث، وهذا ما يتطلَّب مني جهدًا. إنه كتاب ينتهي عمليًّا مع كتاب قصص قصيرة نشره غارسيا ماركيز بعد **مئة عام من العزلة**، وهذا يعني أن أكثر من نصف أعمال غارسيا ماركيز ظلَّت خارجًا. لكنه في طبعة لأعمالي الكاملة سيكون مُتضمَّنًا.
- ألا يؤثر في ذلك تنائيك عن غارسيا ماركيز؟
- هذا موضوع لن نقربه.
- إنني أسألك بسبب المسألة المعنوية، لأنه من الصعب مواجهة أمر خلافي، أمر موجع ببرودة.
- هناك أمور في الواقع لا يمكن لي أن أكتبها اليوم، بالطبع، بالطريقة نفسها، لكنني أعتقد أن هذا يحدث لجميع الكُتَّاب ولجميع الكائنات البشرية. فعندما تراجعين حياتكِ تجدين أشياء كثيرة تفضلين لو أنكِ لم تفعليها، أو تفضلين لو أنكِ فعلتها بطريقة أخرى. لكنني أعتقد أنكِ إذا كنتِ تنشرين أعمالك الكاملة، فليس لكِ الحق في إجراء عمليات البتر هذه، فضلًا عن أنه لن يكون لها أي معنى. ولهذا، أظن أنه من المهم جدًّا أن يُنشر كل شيء وفق تسلسله الزمني، حيث يمكن متابعة حياةٍ ما بكل تناقضاتها، وسقطاتها، وقياماتها، وتعثراتها، التي لها أيضًا حياة أدبية وفنية (Zapata 2007: 125-126).

في مقامٍ ثانٍ، وأكثر أهمية، هناك مغزى خاص لواقع أنه، في الطبعة التي صدرت في الذكرى الأربعين لنشر الرواية الماكوندوية الأعظم، أضاف بارغاس يوسا مقدمة ضمن مجموعة مقدمات غير متجانسة لشخصيات تُكرِّم ابن مدينة آراكاتاكا. إنها طبعة شعبية

صدرت عن الأكاديمية الملكية الإسبانية، جنبًا إلى جنب مع المؤسسات الأكاديمية الأخرى للغة الإسبانية، وهي الطبعة التي صدرت بمليون نسخة، ولم يبقَ منها سوى القليل في بعض المكتبات. الطبعة عظيمة، مع جدول شرح مفردات من خمس وخمسين صفحة، أعدته الأكاديمية الكولومبية للغة، وتسلسل لأجيال آل بويندِيا، ومراجعة للنص، وتصفية أخطاء، ومصححة بعد ذلك من المؤلف. أما الدراسات التي تسبق المقدمة، فضلًا عن دراسة بارغاس يوسا التي تحمل عنوان «مئة عام من العزلة: واقع شامل، رواية شاملة»، وتُشكِّل أحد الأجزاء المركزية من مؤلفه الكلاسيكي: **قصة قاتل آلهة**؛ فهناك مقالات لكارلوس فوينتس، أفضل صديق لغابو في فلك البُوم، ولألبارو موتيس، وآخرين من أقرب أصدقائه منذ أزمنته الأولى في مكسيكو، وفيكتور غارسيا ديلا كونتشا، الذي يربطه بغابو وروايته شيء وحيد، هو كونه مدير الأكاديمية الإسبانية التي نشرت الطبعة، وكلاوديو غيين، المُنَظِّر الأدبي الاستثنائي، وهناك أخيرًا ثلاثة نُقاد أمريكيين لاتينيين: غوستافو سيلوريو، وبيدرو لويس بارثيا، وخوان غوستابو كوبو بوربا، وهذا الأخير هو أحد أكثر من كتبوا عن أعمال مُواطنه الكولومبي.

يمكن أن يكون ما حدث، عند توافق أكاديميات اللغة الإسبانية جميعها، وكثير من النقاد والأصدقاء الموهوبين، في التوجُّه نفسه، هو استجابة ماريو متحمسًا للظروف، ويبدو أن تلك الإشاعات عن مصالحة لم تكن أكثر من ذلك: مجرد إشاعات. فهما لم يظهرا معًا في أي مكان، ولم يُقدِّما تصريحات علنية أو خاصة في هذا الشأن. تحدثت بعض وسائل الإعلام عن الأمر، ففي يوم 10 يناير (كانون الثاني) 2007، أوردت جريدة «الأزمنة» البوليفية خبرًا سبق أن ظهر قبل أيام في جريدة «الغارديان» الإنجليزية، ويقول الخبر، بما أن كليهما موافق على تضمين مقدمة البيروفي في الطبعة التذكارية لرواية الكولومبي، فهذا دليل حاسم على تقاربهما. وبمقابلتنا لخوسيه ميغيل أوبييدو، المقرَّب منهما منذ الستينيات، والصديق الكبير لماريو، علَّق لنا أنه يمكن للأمر ألا يكون كذلك بالضرورة: فأكاديمية اللغة، ووكيلتهما الأدبية (وهي الوكيلة نفسها لكليهما)، تمكنتا من التوسُّط بينهما كي يُقدِّم كلٌّ منهما موافقته. لكن جريدة الأونيفرسال كذَّبت التقارب، ونَسبته جريدة إلتيمبو في بوغوتا إلى «سوء الفهم»، ووضعت جريدة أخرى على لسانيهما كلمات توضيحية معينة، بصورة منفصلة، وذكرت أن غابو قال: «لا أُمانع في نشره (يعني نص ماريو)، لكنني لن أطلبه»، وأن ماريو قال: «لا أُمانع في نشره، لكنني لن أعرضه» (Gutiérrez 2007: 8)، وهي

الكلمات التي بدأ بها الرئيس الكولومبي السابق بيليساريو بيتاكور عند بدء مؤتمر اللغة في كارتاخينا، حيث أقيم حفل التكريم لغابو. وأكَّد أيضًا، وربما يكون في سوء الفهم قد بدأ بعبارة تأكيده هذه، «علاقاتهما في منطقة حميمة من اللين». ومهما يكن من أمر، فإن تلك المقدمة موجودة في الكتاب، وتثري طبعةً ستتحول إلى طبعة كلاسيكية، وسيجري تذكرها لوقت طويل.

كتب توماس إيلوي مارتينيث، ذلك الصحفي والروائي الأرجنتيني الذي كان له دور كبير عام 1967 في نجاح **مئة عام من العزلة**، والصديق الشخصي لكليهما، في جريدة «لاناثيون»، الصادرة ببوينس آيرس، في 26 أبريل (نيسان) 2000: «لا يكره أيٌّ منهما الآخر. فالحقيقة أن الصداقة بينهما في السابق كانت حميمة جدًّا. أصدقاء غارسيا ماركيز الحقيقيون هم من بدأت صداقته بهم عند بلوغه سن الخامسة والثلاثين. وبهذا المعنى يكون بارغاس يوسا واحدًا من هؤلاء الأصدقاء». وفي هذه الفترة نفسها، حين كان ماريو يُروِّج في كل أنحاء العالم كتابه **حفلة التيس**، وكان غابو قد انتهى للتوِّ من صراع بين الحياة والموت بسبب سرطان لمفاوي، وبدأ يسترد عافيته في مرحلة نقاهة، كانوا يسألون البيروفي بكثرة عن الكولومبي، وقد اعتاد أن يرد: «لا، لم نعد لتبادل الكلام، ولكن يسعدني أنه على ما يُرام» (vid. nt. 1, noticia de César Coca, p. 59).

ويبدو كذلك، إذا كان التقارب لم يحدث، أن زوجة غابو هي السبب، جزئيًّا، لأنها صرَّحت في عدة مناسبات بتصريحات ضد التقارب. ففي بداية التسعينيات، وفي مقابلة مع التلفزيون، سألت الصحفية غارسيا ماركيز عمَّن كان صديقه، فبدَّل الكولومبي ملامحه، وظل صامتًا لثوانٍ لانهائية، ثم علَّق بوجهٍ قليل الود بأنه لا يريد الحديث في الأمر. بعد وقت قصير من ذلك، خلال محادثة في مكسيكو مع شافي آيين لمجلة ماغزين، مجلة يوم الأحد التي تصدر عن جريدة لابنغوارديا البرشلونية، سأله الصحفي: «ألا ترى إمكانية حدوث مصالحة؟». في تلك اللحظة تدخَّلت مِرثيديس بارتشا، زوجة غابو، وردَّت بصورة جازمة: «بالنسبة إليَّ، لم يعد الأمر ممكنًا. لقد مضت ثلاثون عامًا». تساءل غابو متفاجئًا: «كل هذا الزمن؟». قالت مِرثيديس بتشدُّد: «لقد عشنا سعداء جدًّا أثناء هذه السنوات الثلاثين من دونه، ولسنا في حاجة إلى وجوده بأي حال»، ثم حدَّدت أن «غابو أكثر دبلوماسية، ولهذا يمكنك أن تضع هذه العبارة على لساني حصريًّا» (Zapata 2007: 126). بل إن هناك من يؤكدون أن غابو وماريو أرادا في لحظة معينة إعادة علاقاتهما، لكن شيئًا حال دون ذلك.

التصريحات التالية

بعد وقوع الحادث المؤسف، وعدم قيام أحدهما بمحاولةٍ للمصالحة، كانت التصريحات التي جرى تبادلها من خلال مقابلات صحفية هي الشيء الوحيد الذي نعرفه. لم يتوجَّه أحدهما قَطُّ إلى الآخر بصورة مباشرة عبر وسائل الاتصال، لكنهما كانا يردان كلما طلب منهما صحفي رأيًا ما. غير أن تلك الردود، سواء ردود الكولومبي أو البيروفي، كانت على الدوام ذات مضمون أدبي أو سياسي أو تاريخي، ولكن ليس شخصيًّا بأي حال، وأقل من ذلك الإشارة إلى الحدث المشؤوم. أقرب ما يجمع بينهما هو توقيعهما، منفصلين، على نسخة من كتاب الكولومبي. أتتذكرون ذلك الحوار لغابو وماريو في عام 1967 في ليما حول الرواية؟ أتتذكرون أنه كانت هناك طبعة، دعَّمها خوسيه ميغيل أوبييدو، في مييًّا باتريس، وقُرصنت مرارًا؟ حسنًا إذن، توصَّل صاحب مكتبة في بوغوتا، يُدعى ألبارو كاستييو غرانادا، ولديه نسخة من إحدى طبعات الكتاب الأولى، إلى جعل الكاتبين يوقعان عليها، وكان ذلك بالطبع في لحظات صعبة. مُبتدئًا وقَّع ماريو الكتاب، بهذه الطريقة:

> إلى ألبارو كاستييو هذه اللقية الببيلوغرافية (والمقرصنة).
> بكل مودة، ماريو بارغاس يوسا. 2000

بعد سنة من ذلك مرَّ غابو من هناك، ووضع الإهداء التالي:

> وبتضامن الجانب الآخر.
> (Zapata 2007: 127).

عندما منحوا غابو جائزة نوبل، عام 1982، صرَّح ماريو بأنه لو كان ضمن لجنة التحكيم «لكنت أعطيت صوتي لبورخيس» (Zapata 2007: 121). هذا التأكيد في حدِّ ذاته، وبلا أي سياق محدد، هو الأكثر منطقية في الدنيا. فالمجتمع الثقافي الدولي بأسره يعي الجريمة الخطرة التي اقتُرفت بحق بورخيس، بحرمانه من الجائزة لأسباب سياسية. روت لنا أرملته ماريا كوداما في مقابلة شخصية، أنه في العام الذي نال فيه بورخيس وسامًا في تشيلي، أثناء حكم بينوشيت، تلقَّى مكالمة من آرتور لوندكفيست، السكرتير الدائم (حتى وفاته، فالموت لا يتسامح حتى مع أمناء جائزة نوبل) للأكاديمية السويدية، فضلًا عن أنه الوحيد الذي يعرف الإسبانية ويقترح أسماء المرشحين من لغة ثربانتس، وطالبه في المكالمة بعدم

الذهاب لتلقِّي الميدالية، لأن في تشيلي دكتاتورية قمعية، وهدَّده بعدم اقتراح اسمه لجائزة نوبل إذا فعل ذلك. وتضيف ماريا كوداما أن بورخيس إذا كان قد فكَّر للحظة في إمكانية عدم الذهاب إلى تشيلي، فإنه لم يعد لديه أدنى تردُّد منذ تلك اللحظة. وقد ذهب، ورأى، واقتنع، لكنه ظل بلا نوبل.

حسنًا، إن الإدلاء بهذا التصريح في اللحظة التي يحتفل فيها غابو بحصوله على نوبل، إنما هو إشارة، لسبب شخصي، بعيد عن هذا الخبر العظيم، مع أنه قبل سنوات مضت، أعلن ماريو أن غابو هو أحد أفضل الكُتَّاب في عصرنا، وكرَّس دراسة مديح ونزاهة لأعماله الأولى. وقبل قليل من ذلك، كان بارغاس يوسا يعترف لإستريَّا غوتييريث، الصحفيَّة لدى إنتر برس سيرفيس، بأنهما لا يزالان متنائيين، ولكن لأسباب سياسية (Zapata 2007: 121)، وهو أمر يصعب تصديقه، في إطار ما عُرض حتى الآن. وقد قال باقتضاب لسولير سيرانو، أثناء مقابلة في البرنامج التلفزيوني الإسباني «بتعمق»: «لقد كنا صديقين حميمين، وجارين في برشلونة طوال أربع سنوات أيضًا». أما بشأن حادثة اللكمة، فقد شرح له: «حسنًا، الصحفيون يكونون أحيانًا أوسع مخيلة من الروائيين أنفسهم»، ثم أضاف: «لقد وقع حادث، بالفعل، لكن ليس له طابع أدبي ولا سياسي، مثلما ادعى الصحفيون» (Zapata 2007: 122-123). هنا يقترب أكثر إلى الأسباب الشخصية، ولكن بحذرٍ على الدوام، وبتكتُّم حافظ عليه كلاهما طيلة السنوات الاثنتين والثلاثين الماضية، وحتى يومنا هذا. الواقع أنه في 20 يونيو (حزيران) 2007، في جريدة «ميإنلاسي دوت كوم» (Mienlace.com)، التي تصدر في كيتو، والتي أجرت معه مقابلة بمناسبة وجوده في تلك الأيام لإلقاء محاضرة في ذلك البلد الأنديزي، أكَّد: «أنا وغارسيا ماركيز لدينا اتفاق ضمني يقضي بألَّا نتكلَّم عن أنفسنا، كي نُجبر كُتَّاب السيرة على العمل وبذل الجهد، إذا تبين فيما بعد أننا نستحق ذلك»، ثم أضاف: «فليقم كتبة السيرة بالبحث والتحري، وليكتشفوا بأنفسهم، وليقولوا ما حدث».

نحن، بكل تأكيد، نرى أن مسخَي الأدب هذين يستحقان أن تُكتب سيرة حياتيهما، ولهذا السبب كتبنا هذا الكتاب، مع ثقتنا في أن آلافًا كثيرة من الأشخاص يرون الشيء نفسه. والآن، ما المخبَّأ تحت كل ذلك التهرُّب؟ من المحتمل أن يكون الاتفاق الذي انتهى ماريو إلى الإشارة إليه. فمن خلال معلومات موثوقة، لا يريد المسؤول عنها أن يُذكر اسمه، نعرف أن عبقريي الأدب المعاصر يحافظان على نوعٍ من التواصل الخاص، لكنه تواصل متباعد، منذ زمن لا بأس به، لكن ذلك لم يخرج إلى النور قَطُّ، ربما بسبب موقف مِرثيديس. والأهم من

هذا كله، على الرغم من أن تلك العلاقة المؤثرة ضاعت إلى الأبد، فإننا نحن القُرّاء لم نفقد أعمالهما، ومنذ عام 1976 استطعنا أن نقرأ لهما قرابة عشرين رواية ومجموعات قصصية ودراسات، وأكثر بكثير من عشرين عملًا إذا ما أخذنا في الحسبان أيضًا المجلدات الرائعة التي تضم مواد صحفية (ريبورتاجات، وكتب رحلات، وصحافة استقصائية، ومقالات رأي)، ومذكرات، وكتب نقد أدبي، إلخ. ولهذا سيكون هذا الفصل بكل تأكيد طُرفة إضافية بين الطُّرف الكثيرة التي تُروى عن عظماء الأدب العالمي.

أكثر ما يهمنا، إذن، من تلك التصريحات التالية لعام 1976، هو ما له علاقة بالأدب أو بالأفكار. ولا تهمنا كثيرًا المشكلات الشخصية، التي هي جزء من حميمية البطلين، وليس كثيرًا المزاج العام. ما يبدو واضحًا كذلك، منذ ما قبل 1976، ذلك التنائي الذي بدأ يحدث. يروي خوانتشو آرماس الذي كان صديقًا لماريو منذ وقت بعيد، أنه أراد في أحد الأيام التعرُّف على غابو، عندما كان الاثنان جارين في برشلونة. اقترح الصحفي والكاتب الكناري على ماريو، أثناء رحلة قام بها إلى المدينة الكونتية عام 1973، أن يدعو غابو إلى بيته. كان سيحضر ذلك اللقاء أيضًا الشاعر خوستو خورخي بادرون، والروائي ليون باريتو. وبعد أن انتظر الجميع نصف ساعة في البيت، وصل غابو، باسمًا، مُمازحًا، مُرتديًا أفرولًا أزرق اعتاد على ارتدائه كثيرًا في تلك الفترة، وبدا غريبًا بعض الشيء. جاء المدعوون الثلاثة ومع كلٍّ منهم نسخته من «مئة عام من العزلة» كي يُوقعها المُعلِّم لهم. ويروي آرماس:

> تناول غارسيا ماركيز بين يديه نُسخة تلو الأخرى من النُسخ الثلاث، وتفحَّصها بشيء من التدقيق، وراح يُوقِّعها لكلٍّ منا. عندما قدَّم له خوستو خورخي بادرون نسخته، دقَّق فيها غارسيا ماركيز أكثر من النسختين الأخريين، وقال وهو ينظر إلى كعب النسخة التي أعطاه إيَّاها بادرون: «هذه [نسخة] ما زالت عذراء. إنها مشتراة للتوِّ». وبالفعل، كان الشاعر قد اقتنى الرواية قبل نصف ساعة من وصوله إلى بيت ماريو بارغاس يوسا. ولم يمر هذا الأمر مرورًا عابرًا على غابرييل غارسيا ماركيز، وهو وَشَق دقيق في هذه التفاصيل الصغيرة كلها (Armas 2002: 107).

لكن التفصيل التالي هو ما لفت انتباه خوانتشو. قال إن ماريو، في ذلك اللقاء، كان يتكلم قليلًا، وينظر بشيء من النأي إلى الكولومبي، وبدا أن البيروفي لا ينظر بكثير من الرضا إلى مداخلات غابو ومزاحه المتواصل:

قال غارسيا ماركيز وهو يُودِّع: «سأذهب الآن إلى السينما». سألته بنبرة استفزازية: «وأنت بهذا اللباس؟». قال لي: «بالطبع، من أجل إخافة البرجوازيين». عاد ماريو بارغاس يوسا ينظر إليه بازدراء، ولاحظتُ عندئذ أن غارسيا ماركيز يلبس كذلك جوربين بلونين مختلفين، كما لو أنه لا يعطي أي اهتمام لمظهره الخارجي (Armas 2002: 107-108).

ما بدا جليًّا أيضًا، أنه على الرغم من أن الاختلافات السياسية صارت عميقة جدًّا، فإن الشأن الشخصي هو أساس القطيعة. ففي المقابلة مع الصحفي سيتي، سأله الصحفي حول القضية، وعن الاختلافات السياسية والشخصية، فكان ردُّ ماريو:

اعلم، أنا لا أتشاجر مع الأشخاص لأنهم يختلفون عني سياسيًّا. لديَّ خلافات كبيرة مع الكاتب الأُورُوغْوِياني ماريو بينيديتي، ودخلت في مجادلات معه، ومع ذلك أُكنُّ له تقديرًا كبيرًا. لم نعد نلتقي منذ زمن طويل، لكنني أشعر نحوه باحترام شديد، لأنه فوق ذلك رجل مُنسجم جدًّا مع نفسه، ويحاول أن يعيش وفق أفكاره. لقد حدث تباعد بيني وبين غارسيا ماركيز بسبب أمور لا أريد التحدث فيها.

ويواصل سيتي توجيه الأسئلة، بلا أي وازع، ويسأل فوق ذلك في الموضوع السياسي. ويجيبه ماريو: «إنها مسألة شخصية. وهذا يبدو لي أحد مظاهر البربرية» (Setti 1989: 17-35). مما يعني أن القضية النابضة كانت مسألة شخصية وليست أيديولوجية، لأنها إذا كانت عكس ذلك فإن بارغاس يوسا سيعتبر نفسه بربريًّا، والحال ليست كذلك.

تتبدَّل الحال عندما يتعلَّق الأمر بالحديث في الأدب؛ ففي مقابلة أُجريت منذ سنوات، بعد دخولنا في الألفية الجديدة، سألوا ماريو حول الإضافة التي شكَّلها البُوم للأدب المعاصر. لم يأتِ على ذكر نفسه في أي لحظة، لكنه أكَّد:

لا أظن أنه كانت له قيمة سوسيولوجية، ولا تاريخية، ولا جغرافية. فكُتَّاب مثل: بورخيس، أو غارسيا ماركيز، أو خوليو كورتاثر، اعترُف بهم لأنهم كُتَّاب كبار، صنعوا أدبًا جذابًا وذا حيوية كبيرة، في وقت كان فيه الأدب في أوروبا يُبحر في الشكلانية والتجريبية (Coaguila 2004: 266).

وعن غابو بالتحديد، يقول:

ربما كان أحد أكبر نجاحات «مئة عام من العزلة» هو في كونها أدبًا عالي النوعية، يمكن أن يكون سهل المنال بعمق لكافة مستويات الجمهور، والوصول إلى القارئ شديد الدنيوية، وامتلاك الرواية في الوقت نفسه لكل وسائل الجذب الممتعة التي يطلبها الجمهور المرهف (Coaguila 2004: 267).

الحقيقة أنه إطراء عظيم، أو ربما هو، بتعبير أدق، اعتراف بعبقرية لا يملكها سوى قلة من الرواة (بمن في ذلك ماريو بارغاس يوسا، الأكثر عقلانية وتعقيدًا في عدد من رواياته): الكتابة بمستويات متعددة كي يجد كل قارئ المستوى الذي يناسبه للاستمتاع على طريقته في قراءة الرواية.

لغابو أيضًا كلمات مديح في ماريو بارغاس يوسا في الميدان الأدبي. ففي مقالة بتاريخ 15 يوليو (تموز) 1981، عنوانها «مقابلة صحفية؟ لا، شكرًا»، يُطلق حكمًا إيجابيًّا على حكم سابق لماريو بارغاس يوسا يمتدح فيه **مئة عام من العزلة**. يقول:

بعد الانتهاء من كتابة المقالة السابقة، وجدت مقابلة مع ماريو بارغاس يوسا منشورة في مجلة كرومو الصادرة في بوغوتا، بالعنوان التالي: «غابو ينشر فضلات **مئة عام من العزلة**». الجملة المتضمنة بين قوسين تعني، فوق ذلك، أنها استشهاد حرفي. ومع ذلك، ما يقوله بارغاس يوسا في جوابه هو التالي: «بالنسبة إليَّ، ما زال يبهرني كتاب مثل «مئة عام من العزلة»، الذي هو خلاصة أدبية وحيوية. وغارسيا ماركيز لم يُكرِّر تلك المأثرة لأنه ليس من السهل تكرارها. وكل ما كتبه بعد ذلك هو استذكار، إنها فضلات ذلك العالم الفسيح الذي تخيَّله. لكنني أعتقد أنه من الظلم انتقاده على ذلك. من الظلم القول إن «قصة موت معلن» غير جيدة لأنها ليست مثل «مئة عام من العزلة». لأنه من المحال كتابة كتاب مثل هذا في كل يوم». الواقع أن بارغاس يوسا - حيال سؤال استفزازي ممن أجرى المقابلة - لقنه درسًا جيدًا عن كيفية فهم الأدب. والعنوان، من جهته، قدَّم كذلك درسًا جيدًا عن كيفية صناعة صحافة رديئة (García Márquez 1991: 127-128).

العنوان يخدع في الحقيقة، إذ يبدو أن مضمون الخبر سيكون ناقدًا. ومع ذلك، فإنه إطراء عظيم للرواية التي تُمثِّل ذروة عمل الكولومبي، كما أنه دفاع في الوقت ذاته عن الأعمال التالية لصديقه السابق الذي يعتاش على عوالم ماكوندو، ولكن من دون أن يكون مُضطرًّا

إلى مجرد تكرار أرعن للشيء نفسه. ويعترف غابو أن بعض عبارات ماريو ليست لامعة وحسب، بل صائبة بصورة كبيرة جدًّا، وأن تجربته الخاصة لم تؤدِ إلا إلى تعزيزها. فعلى سبيل المثال، في مقالة في 9 فبراير (شباط) 1983، بعنوان «حسنًا، فلنتحدث في الأدب»، ينطلق من جملة لبورخيس («الكُتَّاب الآن يفكرون في النجاح والإخفاق»)، في إشارة إلى بعض التصرُّفات التي لمحها عند كُتّابٍ شباب، تعجَّلوا في إنهاء روايات من دون أن يعملوا عليها جيدًا، لأن موعد قبول الطلبات في إحدى المسابقات شارف على الانتهاء. وهنا ترد عبارة ماريو التي يستشهد بها غابو ويُعلِّق عليها بإسهاب:

> سمعت ماريو بارغاس يوسا ذات مرَّة يقول جملة جعلتني مُشوَّشًا على الفور: «يُقرِّر كلُّ كاتبٍ، في لحظة جلوسه للكتابة، إذا كان يريد أن يكون كاتبًا جيدًا أم كاتبًا رديئًا». وبعد عدة سنوات من ذلك، جاء إلى بيتي في مكسيكو شابٌّ في الثالثة والعشرين، نشر روايته الأولى قبل ستة أشهر، وكان يشعر في تلك الليلة بالانتصار لأنه سلَّم للتوِّ مخطوطة روايته الثانية إلى ناشر. أعربت له عن حيرتي للسرعة التي يندفع بها في مسيرته المبكرة، فردَّ عليَّ باستهتار، ما زلت أرغب في تذكُّره على أنه استهتار غير إرادي: «القضية أنك شخصيًّا مُضطرٌّ إلى التفكير كثيرًا قبل أن تكتب لأن الجميع ينتظرون ما تكتبه. أما أنا في المقابل، فأستطيع أن أكتب بسرعة كبيرة، لأن قلة من الناس يقرأون لي». عندئذ فهمت، كما في كشفٍ مُبهر، مغزى عبارة بارغاس يوسا؛ فذلك الشاب قرَّر سلفًا أن يكون كاتبًا رديئًا، وهو ما كانه بالفعل إلى أن حصل على وظيفة جيدة في شركة لبيع سيارات مستعملة، ولم يعد إلى إضاعة وقته في الكتابة.

فلنعد إلى مارس (آذار) 2007. يحتفل غابو طيلة الشهر بعيد ميلاده الثمانين. نراه في قطار أصفر يشبه (ويقولون إنه نفسه) ذلك القطار الذي ذهب فيه مع والدته لبيع «البيت». بعد ذلك نراه في هافانا، يتجوَّل مع البطريرك في خريفه الطويل، مُرتديًا زيًّا رياضيًّا بدلًا من بدلة الأخضر الزيتوني. ونجده كذلك في كاسا دي لاس أمريكاس، يُسلِّم صديقه بابلو ميلانيس جائزة هايدي سانتاماريا، ويُصرح: إنها «المرَّة الأولى في حياتي التي أُقلِّد فيها وسامًا لشخص أصغر مني سنًّا». وفي يوم 28، نتأمَّله جذلًا، سعيدًا، راضيًا، مع حشد من الأصدقاء الكُتَّاب والسياسيين والنُّقاد الأدبيين، في إطار مؤتمر أكاديميات اللغة. أما ماريو الذي كان يُكمل واحدًا وسبعين عامًا، فليس موجودًا في الحفل، على الرغم من أن وسائل

إعلام كثيرة أكَّدت أنه سيذهب. لقد قدَّم الكثير بسماحه بإعادة طباعة هذين العملين. وقد تجنَّب الاثنان بصورة حاسمة كلَّ مَن حاولوا الحصول منهما على سر ما حدث في يوم 12 فبراير (شباط) 1976. ما زال الحلف بين فرسان مائدة الكتابة، دوق ماكوندو، وكونت البيت الأخضر، قائمًا. الهذيانات: موجودة هناك بالملايين، فيما لا حصر له من الجرائد والمطبوعات التافهة. أما ما بينهما، وأصدقاؤهما، ومواقفهما السياسية، وزوجتاهما، فهي أمور خاصة بهما، وليس لأحدٍ الحق في خرق ذلك الحرم المقدس. وحتى لو تكلَّم أحدهما، فستكون روايته ورؤيته فقط، ويمكن لها أن تكون مختلفة تمامًا عن رواية الآخر ورؤيته. لكن، اطمئنوا، لن يفعل أحدٌ ذلك، لا هما، ولا كتبة سيرتَي حياتيهما الذين سيجدون على الدوام المصاعب نفسها: لا أحد يعرف ماذا حدث، ولماذا حدث. وما تبقَّى هو قصة، قصة عبقريين أدبيين كانا صديقين، كانا عدوَّين، والله أعلم بما سيكونان عليه في العالم الآخر.

ليت هذا الكتاب كان ذا نفعٍ في حدوث اللقاء النهائي، لقاء المصالحة. لكُنا اقترحنا عليهما أن يعيشا صيفًا مشابهًا لصيف عام 1967؛ كما في رواية بيوي كاساريس «حلم الأبطال» (1954)، حيث يستعيد بطل الرواية عيش ثلاثة أيام كاملة من عام له أهمية خاصة بالنسبة إليه. لكُنا أقمنا لهما جائزة رومولو غاييغوس أخرى، وجلسة حوار حاشدة أخرى مع توقيع نُسخ من الكتاب في مكتبة مارتا ترابا، وتعميدًا آخر لغابرييل رودريغو غونثالو، وجلسات مشتركة أخرى في ليما حول الرواية الأمريكية اللاتينية المعاصرة، أي: رواية مليئة بعاهرات حزينات وطفلات خبيثات. كل ذلك بُغية أن يكونا مرَّة أخرى: غابو وماريو، مؤسِّسا جيل البُوم، خوسيه آركاديو وأورسولا، لينون ومكارتني، ثيبي وثابي[1]، التركي والهندي، الشاعر والمعماري.

---

(1) شخصيتا رسوم كوميك للأطفال، أبدعهما الإسباني خوسيه إسكوبار منذ 1948، وهما من أشهر شخصيات الكوميك في إسبانيا.

14

نهاية «نوبلية»[1]

آنخل إستيبان

السابع من أكتوبر (تشرين الأول) عام 2010. والساعة تُشير في نيويورك إلى الثامنة صباحًا تقريبًا، بينما تجاوز الوقت منتصف النهار في أوروبا، والجميع هناك يعرفون الخبر. لكننا في هذه الأنحاء بدأنا في تشغيل المذياع. في الطريق إلى الجامعة، ثمة إذاعة تُعلِّق على إجراءات أوباما الأخيرة من أجل إدارةٍ أفضل للهجرة، وموت شاب وسط الشارع منذ ساعات في بروكلين، وتُقدِّم معلومات عن مدير جامعة ديلاوير الذي تلقَّى بالأمس جائزة نوبل في الكيمياء. تبدو إنجليزية المذيعة مبهمة وغير مترابطة، وما تقوله يكاد يكون غير مفهوم. وفجأة يطلقون في المذياع اسم «الكاتب البيروفي» ماريو بارغاس يوسا، ويذكرون بعض أعماله. يا للمصادفة! كنتُ معه منذ ثلاثة أيام في حفل في «الأمريكان سوسيتي» عند تقاطع الجادة 68 مع البارك، وتحدَّثنا هناك عن أشياء كثيرة، واتفقنا على تناول العشاء ذات يوم في مطعم كوبي في منطقة نيو جيرسي الملاصقة لهدسون، حيث أفضل مناظر مانهاتن، لكننا لم نُعلِّق بأي كلمات حول جوائز نوبل، وكان قد بدأ الإعلان عنها. تبادلنا الحديث حول هذا الأمر في سنوات أخرى سابقة، في مثل هذا التاريخ، وكان ماريو يقول على الدوام إنها مسألة لا تهمه، لأنه لا يضعها هدفًا له، وكلما ظهرتَ أكثر في الصحافة أثناء الأيام السابقة لها كمرشح أبدي، تكون احتمالات منحك إيَّاها أقل. وكان يؤكد دومًا كلما دار الحديث حول الموضوع: «لاحظ موضوع بورخيس، لقد كان بالفعل إحدى المظالم الكبيرة في القرن الماضي، فهو [بورخيس] لا يستحق الجائزة أكثر من الجميع وحسب، وإنما هو الكاتب الوحيد فوق ذلك الذي يقف على مسافة سنوات ضوئية من أي شخص آخر باللغة الإسبانية في أزمنتنا». إلى هذا الحدِّ كان رأي ماريو حاسمًا بشأن الكاتب الأرجنتيني: «إنه الثغرة الأكبر في تاريخ الجائزة».

---

(1) كُتب هذا النص بعد ثلاثة أيام من منح جائزة نوبل لماريو بارغاس يوسا، ولهذا يدور الحديث فيما يتعلَّق بغارسيا ماركيز على أنه حديث عن شخص لا يزال حيًّا.

أُغير محطة الإذاعة، فالخبر في المحطة السابقة يبدو لي غريبًا، هكذا، بصورة مفاجئة، لأنه ليس من عادتهم أبدًا أن يُقدِّموا معلومات حول موضوعات هيسبانية. يُخيَّل إليَّ أن الخبر كان حول أمر له علاقة بالدورة التعليمية التي بدأ تقديمها للتوِّ في جامعة برِنستون. ومع ذلك، فإن هذه المحطة الأخرى، عندما يأتيني بثها، تذكُر من جديد اسم ماريو، وأفهم بصورة أفضل بعض الشيء. وفجأة تؤكِّد بوضوح أنه نال جائزة نوبل، وأن الخبر نُقل إليه رسميًّا منذ ثلاث ساعات. لا أكاد أُصدِّق. أنا أقود السيارة، وما زلتُ أحتاج إلى خمس عشرة دقيقة كي أصل إلى مكتبي في قسم اللغات الأجنبية في جامعة ديلاوير. أفتح الكمبيوتر فور وصولي، أنظر إلى الصحيفة، وأرى الخبر على الصفحة الأولى في كل الصحف الناطقة بالإسبانية. أدخلُ إلى البريد الإلكتروني، وأجد لديَّ قرابة ثلاثين رسالة حول الموضوع: أصدقاء، وصحف تطلب معلومات أو مقالًا عنه لطبعة الغد. لقد ثُوِّر العالم الهيسباني. أحاول الاتصال بماريو، لكن ذلك مستحيل، لا يمكن الاتصال به الآن على وجه الخصوص. أكتب له إيميل تهنئة، وأنتظر أن أتمكَّن من الوصول إليه أثناء النهار. دعوا في الساعة السابعة إلى عقد مؤتمر صحفي في معهد ثربانتس في نيويورك. لا أظن أنني سأتمكَّن من الوصول، لأنني أنتهي من الدروس في وقت متأخر، وعليَّ أن أعود من هنا، والمسافة ليست قريبة. ترد باتريثيا أخيرًا على اتصالي الهاتفي، وتقول إن ما يحدث جنونٌ. حين أرى التلفزيون في البيت ليلًا، أستمع طوال نصف ساعة إلى تعليقات أشخاص كثيرين... الملك، ورئيس الحكومة الإسباني، ورئيس البيرو، ورئيس المكسيك، ورئيس تشيلي، ورئيس المجموعة الأوروبية، وآيتانا سانتشيث خيخون؛ الممثلة التي شارك الكاتب البيروفي معها في عدة عروض مسرحية، بعضها لأعمال كتبها هو نفسه، ومدير أكاديمية اللغة، وكُتَّاب وشخصيات من عالم السياسة والتمثيل والفن والثقافة.

وماذا عن غابو؟

في نوفمبر عام 2009 كنتُ في معرض الكتاب في ميامي أُقدِّم الطبعة الإسبانية الأمريكية اللاتينية الأولى من هذا الكتاب. وأُقيمت هناك مائدة مستديرة معي ومع جيرالد مارتين الذي أصدر للتوِّ الطبعة الإسبانية لسيرة حياة غابو. حضر هذا اللقاء مئات الأشخاص، أولًا لأن معرض ميامي للكتاب يرتاده أناس كثيرون جدًّا، وتمتلئ قاعات الأنشطة على الدوام بالمتابعين، وثانيًا لأن شخصية غابو جذَّابة دومًا، كما أن السيرة التي كتبها جيرالد مميزة في هذا المجال، إذ استغرقت كتابتها أكثر من عشرين عامًا، وبعد مقابلاته للكاتب الكولومبي

خلال وقت طويل وفي مناسبات مختلفة، وثالثًا لأن ماريو يواظب على ارتياد هذا المعرض، ومتابعوه هناك يُشكِّلون جيشًا.

بعد انتهاء الحفل، أخذونا إلى منطقة المؤلفين، حيث يوجد بوفيه وبعض المناضد طوال اليوم. فتناولنا هناك بعض الأطعمة بينما نتبادل الحديث عن غابو. وقال جيرالد لي إنه التقى به قبل شهور، وكان انطباعه سيئًا جدًّا. فذاكرته متردية كثيرًا، وعلى الرغم من أن السرطان الذي عانى منه قبل عشر سنوات كان تحت السيطرة، فإن دماغه بدأ يدخل في نفق لن يستطيع، لسوء الحظ، الخروج منه. أهو الزهايمر؟ الشيء الوحيد الواضح من ذلك كله أنه لن يكتب مزيدًا من الأعمال، ولن يُنهي الجزأين اللذين وعد بهما من مذكراته، ولا قصصه الأخيرة. وسيظل كتاب «الغانيات الحزينات» هو الأثر الأخير لعبقري ظل متمردًا دومًا على صروف الزمن، في صورة التسعيني الذي أراد أن يُهدي لنفسه عذارى دون سن البلوغ تقريبًا ولم يستطع. فبنوع من الموازاة المرعبة، يحاول غابو كتابة جملة، وحين يصل إلى منتصفها لا يدري كيف يكملها، لأنه لا يتذكر كيف بدأها. هذا ما اعترف لي به جيرالد، بكل أسى وكآبة، في منطقة الكُتَّاب في المعرض.

وغابو؟ هل علم الشاعر أنهم منحوا المهندس المعماري أيضًا جائزة نوبل؟ ألديه وعي بما يحدث؟ أيكون قادرًا على أن يدرك أن الأكاديمية السويدية قامت بقوننة البُوم ضمن تاريخ الأدب العالمي كله؟ مثلما فعلت ذلك لجيل الضياع الأمريكي، عندما منحت جائزة نوبل لعدد من مكونيه: ويليام فوكنر في 1949، وإرنست هيمنغواي 1954، وجون شتاينبك 1962. وقد انتهت من فعل ذلك للتوِّ بإغلاقها الدائرة التي تمضي من غابو إلى ماريو، كي تُثبت أن روح البُوم وُجدت حقًّا، وأن هذين العبقريين هما بكل وضوح نقطتا الاستناد لجيل بلا سوابق في الأدب الأمريكي اللاتيني. ولو أن الأكاديمية كانت كريمة وعادلة، لكان عليها أن تمنح جائزتها كذلك إلى خوليو كورتاثر، وأليخو كاربينتير، وكارلوس فوينتس. حسنًا، لا يزال أمام هذا الأخير احتمال بعيد، إذا ما تكرَّر الرهان على الإدهاش كما في عامي 1989 و1990، حين نال الجائزة كاتبان من أصول هيسبانية، هما كاميلو خوسيه ثيلا وأوكتافيو باث، في عامين متتاليين. بعد أن تُوفِّي ميغيل ديليبيس، بكل أسف، قبل شهور، تاركًا الطريق مفتوحًا لكليهما. وربما يمكن لكارلوس فوينتس أن يفكر في أن يحالفه الحظ مثلما حدث مع مواطنه الشاعر باث قبل عشرين عامًا. وليت مؤسسة نوبل تُفلح وتسمح بفوز عدد مماثل من الفائزين من جيل الضياع الأمريكي، ومن جماعة البُوم الأمريكية اللاتينية. سيكون ذلك

طريقة في تصفية دَين تاريخي، والحفاظ على توازن واقعي وموضوعي. عندما علم فوينتس بمنح نوبل لماريو، سارع على الفور إلى تهنئته، وكان موجودًا في نيويورك أيضًا، وعلَّق للصحافة بأن هذه الجائزة تعني «مكافأة للإبداع الهائل في مجمل أعماله، لأن كتبه كلها تُشكِّل عملًا واحدًا بفنانين مختلفين». ثم أضاف: «أشعر بسعادة كبيرة، إنه كاتب عظيم بلُغتنا وكاتب عالمي». وأجاب كذلك على مسألة إذا كان هذا الحدث يُقلِّص من فرص اختياره هو نفسه للجائزة: «لا، ليس لهذا أي علاقة بي»، وأصر: «إنها جائزة لأعمال بارغاس يوسا، وهذا يسعدني كثيرًا».

وغابو؟ المرَّة الأخيرة التي رأيته فيها كانت بالتحديد في الاحتفال ببلوغ كارلوس فوينتس الثمانين، في شهر ديسمبر (كانون الأول) 2008. وكان ذلك في احتفالين اثنين: تكريم الأصدقاء له، وتدشين الأوبرا التي كتبها فوينتس عن سانتا آنا. بدا حفل التكريم تمجيدًا مُطلقًا. فإلى منضدة تلك القاعة الضخمة المزدحمة، جلس الروائيون وشخصيات عامة أخرى. وقدَّم كل واحد من المتحدثين خطبة مقتضبة، وشكر فوينتس أصدقاءه المقرَّبين على كلماتهم. وعندما جاء دور غارسيا ماركيز حدث تيار سحر يصعب وصفه. نهض من مقعده وقد بدأ الجمهور في التصفيق والصراخ كمتعصبين حقيقيين لإحدى أساطير الروك أو لممثل هوليودي. لم يقل غابو كلمةً واحدة، بل توجَّه مباشرة إلى حيث يجلس فوينتس، وضمَّه في عناق قوي استمر طويلًا جدًّا. وكانت هذه هي مداخلته كلها. لم يكن هناك ليتكلَّم، ولم يرق له التكلُّم أمام جمهور قَطُّ. ولكن ذلك العناق كان أشد بلاغة من كل الخطابات وكلمات التكريم التي قيلت للمكسيكي خلال العام كله. بعد يومين من ذلك، تصادفنا مرَّة أخرى في حفل افتتاح الأوبرا. كان غابو يجلس في أحد صفوف المقاعد العادية، مختلطًا بالجمهور. وعند المَخرَج التقينا للحظة. أحاطه المعجبون يطلبون منه أتوغرافات بما يشبه العنف. وقد وقَّع بصبر عشرة أو اثني عشر توقيعًا. بدا مُتعبًا. ولأن المد البشري كان كبيرًا جدًّا، توجَّه إلى الجمهور وعلَّق بحسه الساخر المعهود: «أرجوكم، ها هو ذا كارلوس فوينتس هناك، اطلبوا التوقيع منه، فهو أيضًا له يد ويعرف كيف يُوقِّع». ودخل إلى السيارة التي تنتظره، محاطًا بحراس شخصيين. قبل أسابيع من ذلك رأيت شيئًا مشابهًا (ليس في حفل غنائي لفريق البيتلز أو لفريق «يو 2»)، في متحف التاريخ الطبيعي في نيويورك: اتفقت على اللقاء مع بعض الأصدقاء، لكن الوقت كان لا يزال مبكرًا، فظللت لبعض الوقت أقرأ في السيارة، وقد أوقفتها إلى جانب رصيف السنترال بارك، قبالة المتحف. وفجأة اختفت السيارات التي

كانت تمر في الاتجاهين، ووصلت خمس أو ست سيارات رباعية الدفع، جميعها سوداء وبزجاج معتم. توقفت واحدة منها في منتصف الشارع، وأحاطت بها السيارات الأخرى، وبدأ يخرج من جميع السيارات رجال يرتدون بدلات قاتمة، أنيقون جدًّا، ومسلحون. بعد ذلك، خرج من السيارة التي في الوسط بيل كلينتون وزوجته، وتوجَّهوا تحت الحراسة حتى درجات سلم المتحف، وسط حشود تحاول الاقتراب من وراء محيط **رجال البدلات السوداء**. ظللتُ داخل سيارتي وكان الذعر هائلًا. كنتُ على بُعد متر واحد من أقرب الحراس إلى الرصيف، لكنه لم يرني. ومن الذي يمكن أن يخطر له أن هناك من هو في سيارة مركونة في الشارع. علمت فيما بعد أن هناك عشاء رسميًّا يهدف إلى جمع تبرعات لحملة أوباما الانتخابية، الذي سيتحول في الشهر التالي إلى أول رئيس أسود للولايات المتحدة. ذكَّرتني واقعة غابو في مدينة غواديلاخارا المكسيكية بطريقة ما بحادثة كلينتون، لأن شهرًا وبضعة أيام فقط فصلت بين مفاجأتيَ الأولى والثانية، الهستيريا الجماعية كانت متشابهةً.

وغابو؟ هذا هو السؤال الذي طرحه كثيرون من الأصدقاء المشتركين لكلا الكاتبين، وكثيرون من متابعي أعمال عظيمي البُوم. الإشارة في هذه الأيام إجبارية، والخبر ضروري. في يوم الخميس، السادس من أكتوبر (تشرين الأول) مساءً، نشرت الإشاعة صحفٌ لا حصر لها، في طبعاتها على الشبكة: غابرييل غارسيا ماركيز، قام افتراضيًّا، ومن صفحته على تويتر (http://twitter.com/ElGabo#) التي يتابعها مئة وأربعون ألف شخص، بتهنئة ماريو بارغاس يوسا بالحدث «النوبلي»، في بوست بعنوان «حسابات متعادلة». بعد دقائق قليلة من ظهور هذا التعليق، علَّق واحد من محترفي الإعلام الكثيرين الذين قابلوا صاحب نوبل الجديد في ذلك اليوم، على الخبر مع الكاتب، فعبَّر بارغاس يوسا بكل تهذُّب عن شكره لهذه اللفتة من الكولومبي. ولكن بعد دقائق قليلة كُذِّب الحدث من قِبل مؤسسة الصحافة الأمريكية اللاتينية الجديدة، وهي هيئة أسسها غابرييل غارسيا ماركيز في بلاده لتنشيط الصحافة نوعيًّا في أمريكا الجنوبية. وأوضح مديرها، خايمي آبيًّا، أن هذا الحساب يحمل اسم الكاتب الكولومبي، لكنه ليس هو نفسه من يديره، بل بعض مريديه ممن فتحوا الحساب منذ زمن وينشرون فيه أخبارًا وتعليقات، ويفعلون ذلك في أحيان كثيرة بضمير المتكلم، كما لو أنه هو نفسه من يكتب، لكن غابو لا يعلم شيئًا من ذلك، ولا يأخذ بالاعتبار ما يُنشر هناك من آراء وأفكار. ويواصل آبيًّا تصريحه: «إنها عملية حلول محله على سبيل المزاح أحيانًا، لكن الأمر مضى بعيدًا هذا اليوم». هناك رسائل تكون منتحلة على الدوام، وهناك في أحيان

كثيرة أخبار حول زيارات مزعومة لغابو إلى أمكنة لم يذهب إليها قَطُّ. وتنتهي مداخلة آبييًا بالإشارة إلى أنه إذا ما قرَّر غابو التعليق حول منح جائزة نوبل لماريو بارغاس يوسا، وهو ما يعتبره «خبرًا عظيمًا»، فإنه سيفعل ذلك عبر قناة رسمية.

أما ألبارو موتيس فأعلن في 7 أكتوبر (تشرين الأول) أن منح جائزة نوبل لماريو بارغاس يوسا، خبرٌ عظيمٌ في عالم الآداب، ولكنه يشك في إمكانية حدوث تغيُّر أو تحسُّن في العلاقة بين الكاتبين المُتوَّجَين. يعرف موتيس، الصديق الحميم لغابو، والصديق الجيد لماريو، أن ذلك الجرح المفتوح تزداد صعوبة شفائه أكثر فأكثر، لأن تقدُّم العمر بغابو وظروفه الجسدية تجعل من الصعب حدوث لقاء، ولأن صمت كليهما في هذا الشأن كبير المغزى. فالكولومبي يكاد لا يخرج من بيته، وحالته الصحية حرجة جدًّا. لا ندري ما الذي فعله غابو في ذلك السابع من أكتوبر (تشرين الأول)، وإذا ما استطاع معرفة الخبر أم أن الخبر مرَّ عليه من دون أن يعيه. ومع ذلك، فقد استيقظ ماريو بارغاس يوسا في وقت مبكر جدًّا، وبينما هو يعيد قراءة رواية آليخو كاربينتير «مملكة هذا العالم»، ويفكر في دروسه للأسبوع المقبل في جامعة برِنستون، تلقَّى مكالمة هاتفية في الساعة الخامسة صباحًا تقريبًا، أي الحادية عشرة أو الثانية عشرة في أوروبا. لم يستطع هو، ولا باتريثيا زوجته، أن يعرفا المُتَّصِل ولماذا يتَّصل، إذ لم يستطيعا فهم ما يقوله ذلك الصوت. وفكرا في أن الاتصال، في مثل تلك الأوقات، لا يمكن إلا أن يكون أخبارًا سيئة.

ما لا يمكن تفسيره، هو أن تكون الأكاديمية السويدية غير واعية لفروق التوقيت بين أوروبا وأمريكا، وأنه في هذه الحالة، لا يمكن للساعة الخامسة صباحًا أن تكون مناسبة للاتصال بأي شخص، حتى لو كان ذلك لإخباره بأنه اختير لنيل أسمى تميُّز يمكن أن يتطلَّع إليه كاتب، أو اقتصادي، أو كيميائي، أو طبيب، أو فيزيائي، أو أي طوباوي مثالي يناضل من أجل السلام في العالم. عندما تمكَّن الطرف الآخر على الخط من النطق بكلمتي «الأكاديمية السويدية»، انقطع الاتصال. بعد ثوانٍ قليلة رن الهاتف مرَّة أخرى... والآن، أجل، فُهمت الرسالة جيدًا: لقد نال ماريو جائزة نوبل للأدب في الذكرى المئوية الثانية لاستقلال أمريكا، في شهر تحتفل فيه أمريكا بـ«الإرث الهيسباني»، وقبل خمسة أيام من «يوم كولومبوس». ظن الكاتب البيروفي في البدء أن هناك مَن يمازحه، وتذكَّر ما جرى لألبيرتو مورافيا قبل سنوات، عندما اتصل به شخص خبيث في يوم مماثل وقال له إنه كسب الجائزة. بدأ مورافيا الاحتفال منذ تلك اللحظة تحديدًا، وبعد ساعات قليلة عرف أن الخبر زائف. ولهذا طلب

ماريو من باتريثيا أن تنتظر قليلًا قبل أن تُخبر الأبناء والأقارب المقربين، إذ ربما يكون الخبر خاطئًا أو خبيثًا. لكن جلاء الخبر لم يتأخَّر طويلًا؛ فقبل الساعة السادسة صباحًا، بتوقيت نيويورك، كانت آلاف وسائل الإعلام المكتوبة والمسموعة تعلن الخبر بكل صخب وأُبهة: جائزة نوبل هذا العام من نصيب روائي «هيسبانو-بيروفي»، «لدوره في عرض بنى السُّلطة، وتصوراته الصائبة لمقاومة الفرد وتمرده وهزيمته»، كما قال رئيس هيئة التحكيم في الأكاديمية السويدية، بيتر إنغلوند عند مثوله أمام وسائل الإعلام فور معرفته بالقرار.

جيل البُوم في عيد. ونحن، من نحب اللغة الإسبانية، ونعرف، على الرغم من كونها مجرد وسيلة تواصل، أن بعض البهلوانات المهرة يجعلون منها شيئًا ساميًا، في حفلة عيد أيضًا. إنه احتفال سيستمر طويلًا، ما دامت هناك نسخ من أعمال غابو، وماريو، وكارلوس، وخوليو، وجميع من كانوا حول «النواة»، في مكتبات العالم بأسره، سواء بطبعة باللغة الأصلية أو بترجمات إلى أكثر من أربعين لغة، بينما هم يتأبَّدون في الزمن من خلال كلماتهم، وما دام هناك بشر على الأرض يقرأون ما كتبوه. وحاليًّا، أنا في انتظار أن تظهر أخيرًا رواية «حلم السلتي»، وتصل إلى نيويورك، وأتمكَّن من اقتنائها كي أستمتع بنصف بطالة في عطلة نهاية أسبوع مُقبل، من تلك التي يَحُول فيها المطر أو البرد أو الثلج دون خروجك للقيام بجولة في السنترال بارك، أو اللقاء بالأصدقاء من أجل ترتيب العالم، وأتمكَّن من قراءتها دفعة واحدة، مثلما أفعل دومًا بروايات ماريو، والاتصال بمؤلفها بعد هذا الجنون الجماعي في الأيام التالية للسابع من أكتوبر (تشرين الأول)، والذهاب لتناول العشاء بصورة حاسمة في مطعم كوبي بنيو جيرسي، وأطلب منه أن يُوقِّع لي على الكتاب، وأُعلِّق له على انطباعاتي الأوليَّة، ونلتقط بضع صور معًا، ونحتفل بما اتفقنا عليه في المرَّة الماضية في (الأمريكان سوسيتي) حتى دون أن نلمِّح متى سنحسم الأمر ونقرِّر مسألة الذهاب، وتذوُّق شراب «الموخيتو» وطبق «الثياب القديمة» المشغولين بأفضل أسلوب كوبي.

15
العالم بلا غابو

آنا غاييغو كويناياس

يمكن لنا أن نبدأ هذه الخاتمة على غرار قصة بورخيس الشهيرة «الألف»: في الصباح الأبريلي المترنِّح الذي مات فيه غابو، «بعد احتضار مرهق لم تنخفض حدَّته لحظة واحدة، لا في مشاعر العاطفة، ولا في الخوف»، أدركنا أنه على الرغم من أن «الكون الممتد والشاسع» آخذ في الابتعاد عنه، فهذا الكون لن يكون هو نفسه. لأنه في 17 أبريل (نيسان) 2014، لم يترك الكاتب الكولومبي الأعظم في كل العصور، أمريكا اللاتينية وحدها في عزلة، بل العالم بأسره. لا يبدو لنا عبثيًّا اختياره لهذا الشهر بالتحديد كي يغادرنا، إنه الشهر الأكثر أدبية بين كل شهور السنة، شهر ثربانتس وشكسبير، وفي ذكراهما نحتفل بعد ستة أيام، عامًا بعد عام، بتكريم يوم الكتاب. وسنضيف الآن إلى هذا التقويم شخصية أخرى يُذَكِّر بها خلود الأعمال الأدبية التي دخلت في واقعنا اللغوي والحياتي، وحوَّلتهما إلى هيئات بشرية لها إدراكها الذاتي ووصفها الذي لم يُعثر له على تحديد لفظي من قبل في معجمنا: نتكلَّم عن مواقف وأوضاع «كيخوتية»، عن «روميوهات» و«جُوليتات»، وعن «ماكوندوات» حتى في القرن الحادي والعشرين. هذا يعني أن خيال هؤلاء «الرجال العباقرة» يغذي واقعنا ويُحسِّنه، فضلًا عن أنه يثبت للعالم قيمة الأدب الدائمة التي لا يمكن مقارنتها بأي شيء آخر.

بكل صرامة، أعمال غارسيا ماركيز كلها تجعلنا ندرك، بطريقة أو بأخرى، أن الحياة تزداد غنى بالمطالعة. كم من المرَّات تأملنا في «ريميديوس الجميلة»، وكم من المرَّات شعرنا أن قصة حبنا يمكن لها أن تتحول إلى قصة فلورينتينو آريثا وفيرمينا داثا، وكم من سنتياغو نصار اكتشفنا وجوده في نشرات الأخبار، وكم من البطريركات رأينا في خريفهم. في قراءاتنا لغابو روينا. استُعيدت تقاليدُ وذاكرة على وقع كل قصة رواها الكاتب عن الحياة، وعن سمات أمريكا اللاتينية وخصائصها. كاتب، في مفارقة غريبة، فقدَ في أواخر حياته الذاكرة. مَنْ بدأ الكتابة عن المآثر التي كان يرويها له جده، و**عاش ليرويها**. الكاتب الذي، كما في روايته العظمى، «مات عجوزًا في الوحدة، من دون أنَّة واحدة، من دون اعتراض، من دون أي

محاولة نكوص، مُعذبًا بذكرياته وبالفراشات الصفراء». الفراشات نفسها التي مَنحتْ اسمًا لمؤسسة في كولومبيا، والتي ستواصل لقرون وقرون رواية أحلامنا. لأن اصفرار الحلم، منذ «مئة عام من العزلة»، لم يعد يقتصر على بلاطات ساحر أوز، وإنما هو أصفر فراشات غابو.

لا شك في أننا تحوَّلنا، مع أدبه، إلى قُرَّاء مؤرقين، قُرَّاء موالين، قُرَّاء نهمين، قُرَّاء من كل الأنواع، لأن نثره، بكل بساطة، جعلنا نحلم بكل الطرق معًا. ولا يُمكن، لولا ذلك، أن يُفهم أنه منذ عُرف خبر وفاة غابرييل غارسيا ماركيز توالت متسارعة مظاهر المحبة الكبيرة ونظرات التكريم والتبجيل من أنحاء كوكبنا كله متمثلة في التقديمات المكثفة لباقات الأزهار الصفراء عند باب بيته في مدينة مكسيكو، أو في المقالات التي نشرتها في تلك الأيام شخصيات مثل: ميلان كونديرا، وخوان غابرييل باثكيث، وبلينيو أبوليو ميندوسا، وليلي غيريرو، وجيرالد مارتين، وغيرهم. حتى إن ماريو بارغاس يوسا كسر جدار الصمت الذي أقامه كلاهما نتيجة شجارهما المدوِّي في مكسيكو في السبعينيات. فجاء موت الشاعر، بعد أربعين عامًا، ليدفع المهندس المعماري للكتابة، أخيرًا، في جريدة البابيس: «مات كاتب كبير منحت أعماله سُمعة وانتشارًا كبيرين للأدب الناطق باللغة الإسبانية في كل بلدان العالم. ستظل رواياته حيَّة، وستكتسب قُرَّاءً في كل مكان. أقدمُ تعازيَّ إلى أسرته كلها». لم تكن ثمة حاجة لأن نتساءل: وماذا عن ماريو؟ لأن بارغاس يوسا أجاب من دون أن نسأله أو نطلب منه ذلك. حتى لو كانت كلماته لا تحمل ما يتوافق مع مُصالحة ما بعد الموت - والتي ما كان سيُصدِّقها أحد - إلا إنها تنضح بأناقة اعتراف دقيق وعادل: الكلمات لا تطير.

على الرغم من أن البعض تكلموا باستخفاف عن ظاهرة «غارسيا ماركتينغ»، أو عن قيام التشيليين ألبيرتو فوغيت وسيرخيو غوميس، في التسعينيات، بمحاكاة ساخرة لـ«تأثيره» من خلال أنطولوجيا مك أوندو، فقد ظل غارسيا ماركيز محترمًا، ومحبوبًا، ومُقدَّرًا من الجميع. ما يحدث هو أن ابن مدينة آراكاتاكا يُجسِّد النموذج النادر للكاتب الشعبي - المؤلف الأوسع ترجمة في العالم بعد ثربانتس - وهو يراهن فوق ذلك على كتابة ملتزمة. نجاح في المبيعات ونجاح في النقد. وهو أمر لا يمكن تصوُّره في صناعة النشر في هذه الأيام، حيث الشيء الوحيد الذي يُباع هو «التسلية والترفيه» الأدبي، بينما الالتزام الجمالي والاجتماعي يظل مقصورًا على جماعة محدودة جدًّا من القُرَّاء. ولكن غابو ربط بإتقان صامولة «قواعد الفن»، وتوصَّل إلى أن يكون - بلغته السردية - الكاتب الأوسع شهرة في ميدان أدب اللغة الإسبانية المعاصر، ونموذجًا كونيًّا يُحتذى بأسلوبه «الخاص»: أسلوب الواقعية السحرية. لا

وجود لارتباط معايشة في تاريخ الأدب بين اسم شخص وأسلوب أدبي. ومع ذلك فإن هذا التوجُّه أو العلامة التي نُسجت بين **البُوم** وعولمة الأدب الهيسبانوأمريكي، كان المرآة التي نظرت مختلف الثقافات الغربية والشرقية إلى نفسها من خلالها. نُفكِّر في سلمان رشدي، أو في أصحاب نوبل الآسيويين: في الياباني كينزابورو أوي في عام 1994، والصيني مو يان عام 2012 اللذين اعترفا علنًا بأنهما يدينان بالكثير لغارسيا ماركيز، بوصفه الدعامة الأساسية في تكوينهما الأدبي. والأكثر إثارة للفضول أنه توصَّل إلى ما وصل إليه من دون أن يُسرف في الظهور على وسائل الإعلام التي صارت ضرورة لا غنى عنها لمبيعات الكتب في زمن ما بعد الحداثة الأدبية، حيث تحوَّل الكاتب إلى وسيلة استهلاكية تُقدَّم لتنشيط مبيعات المؤلفات، وفي المؤتمرات، والورش والدورات التعليمية، إلخ. نتذكَّر أن غابو ظل على الدوام بعيدًا عن تقنية سوق وسائل الاتصال الجماهيري، إلى حدِّ أنه رفض تلقِّي خمسين ألف (50000) دولار لقاء مقابلة لمدة نصف ساعة. فما كان يهمه هو أن يكتب، وأن يعيش على الكتابة. تتحدث عنه مؤلفاته، ولن ننسى مبادئه العظيمة أبدًا، وسنظل نعود إليها دومًا كلما ظننا أن الأدب - الجرح المميت الدائم - يتحلَّل في الحاضر. لسنا قلة من حفظنا عن ظهر قلب، كتعويذة، مطلع **مئة عام من العزلة**: «بعد سنوات طويلة، وأمام فصيلة الإعدام، كان على الكولونيل أوريليانو بوينديا أن يتذكَّر مساء ذلك اليوم البعيد الذي أخذه فيه أبوه ليتعرَّف على الجليد». أو الجملة المؤثرة الأولى من **الحب في زمن الكوليرا**: «لا مناص؛ فرائحة اللوز المُر كانت تُذكره دومًا بمصير الغراميات غير المواتية».

***

وهكذا، يمكننا أن نؤكد أن غارسيا ماركيز **كاتب كلاسيكي**. وبالخط العريض. بل أكثر من ذلك، فمع نشره «مئة عام من العزلة» في عام 1967 دخل إلى «قاعدة» الآداب الغربية. وعندما نستخدم هذا المصطلح «المرموني والتبجيلي» الكلاسيكي، لا يمكن لنا ألا نستفيض في المسألة التي يطرحها إيتالو كالفينو في «لماذا نقرأ الكلاسيكيين؟»، أو بورخيس في مقالته «حول الكلاسيكيين»، وفي **محاكم تفتيش أخرى** كذلك. من المهم بادئ ذي بدء معرفة ما هو العمل الكلاسيكي في أيامنا هذه. والجواب، مثلما يدرك القُرَّاء، لن يكون واحدًا بأي حال: فالتعريف الأوسع انتشارًا يشير إلى أن العمل الكلاسيكي هو **عمل مفتوح**، يحافظ على حيويته في الزمان، ويصمد لآماد طويلة جدًّا، ولقراءات وإعادة قراءات «حماسية» وتفسيرات

لا تستنفده، بل تجدده وتُحدِّثه في كل سياق، مقدمةً بذلك معاني «جديدة» لتجارب الكائن البشري الفردية والجماعية. السؤال الثاني الذي نوجِّهه لأنفسنا ربما يكون أكثر إثارة للرهبة والقشعريرة: ما المكانة التي يحتلها كلاسيكيٌّ في عصرٍ ويكيبيدياوي غير متناسب مع لازمانية قراءة أعمال كلاسيكية، ولا مع بنيان راكد كقاعدة أبدية؟ لا وجود أيضًا لجواب ممكن. ربما يكون التوقف عند الكلاسيكيين، وقراءتهم وإعادة قراءتهم بـ«وفاء غامض» - مثلما يقول بورخيس - هو أسلوب مقاومة في مواجهة التسارع الأجوف للعولمة والرأسمالية المالية الآخذتين في السيطرة على «ما هو حالي» و«ما هو مستجد»، في هذا الوقت الذي تُعطى فيه الأهمية لـ«ثقافة شريحة اللحم»، ثقافة السنوب ولوح ركوب الأمواج - مثلما صاغها باريكو - الموجَّهة لبناء صورة «أخرى» مخادعة للـ«أنا» ومشهديته. ربما لا يكون الحديث عن كاتب كلاسيكي أمرًا جليًا وبديهيًا، وإنما هو فعل تمرُّد في حاضرنا. وقد أكَّد ثربانتس: «في مكان ما من كتاب ما، ثمة جملة تنتظرنا كيما تمنح معنى للوجود». وهذا سيكون كافيًا: «مواجهة المغزى الأدبي باللامغزى الحياتي».

***

بعد عام ونصف عام تقريبًا من اعتياد العالم على العيش من دون غابو، غادرتنا شخصية أساسية أخرى من شخصيات البُوم، «الأم الكبيرة»: كارمن بالثيِيس. ففي يوم 21 سبتمبر (أيلول) 2015 ماتت الوكيلة الأدبية المستقلَّة، مَنْ غيَّرت وضع الكُتَّاب في قطاع النشر منذ عقد الستينيات، الممثلة الشخصية لأكثر من ثلاثمئة مؤلف باللغتين، الإسبانية والبرتغالية - عدد منهم يحمل جائزة نوبل وجائزة ثربانتس - ومن أنشأت شركة تضم أكثر من أربعمئة عامل تحت مسؤوليتها، وباعت «أوراقها» (رسائل، وتجارب طباعية مُصححة لكُتَّاب، وإيصالات سلف مالية، وغيرها) لوزارة الثقافة الإسبانية بمبلغ (3000000) ثلاثة ملايين يورو عام 2010. هذه الوثائق، المحجوبة عن الجمهور، تُبلور العلاقة الحميمة بين الأدب والاقتصاد. العلاقة التي كانت هي نفسها تُجسِّدها، مثلما تحدثنا في هذا الكتاب. ولهذا أُلحقت بها ألقاب من نوع «البيزيتية»، و«الرؤيوية»، و«الاحتكارية»، أو «الطموحة». بل إن الكاتب مانويل باثكيث مونتالبان وصفها بأنها «السوبر وكيلة التي لديها تصريح بالقتل»، ودومًا مع أفق الهاجس بأنه لولا إدارتها وسعيها لما كان للبُوم أن يصل إلى المدى الفسيح الذي وصل إليه.

في جنازتها، غطت تابوتها الضخم ورود بيضاء، كما في قصة قصيرة لغارسيا ماركيز.

ورافقها في قرية سانتا في دي سيغارا، مسقط رأسها، أكثر من مئة وخمسين شخصًا من أفراد أسرتها وأصدقائها، ولم يكن بينهم سوى قليل من الكُتَّاب: إدواردو ميندوسا، وكارمن ريبرا، وأتوقف هنا عن العدِّ. الغائب الكبير كان ماريو بارغاس يوسا. ومن جديد، تسارع السؤال نفسه: وماذا عن ماريو؟ في ذلك اليوم كان ماريو في مدريد مع إيزابيل بريسلير، خطيبته المشهورة جدًّا، يحضران مسرح التياترو ريال في نوع من «العرض العابر» لإشهار علاقتهما التي أعلنت عنها الصحافة. طلاقه من زوجته باتريثيا يوسا أحدث اضطرابًا في صيف عام 2015، سواء في عالم الأدب أو في أوساط العالم المخملي. لكن ماريو لا يسمح للخوف بأن يتغلب عليه، فقد أعلن للرياح الأربع، وهو في التاسعة والسبعين، أنه عاد للوقوع في الحب مجددًا. والواقع أنه قبل ثلاثة أيام من موت كارمن بالثييس، ذهب إليها في برشلونة ليُعرِّفها على إيزابيل. لا ندري ما الذي حدث في ذلك اللقاء، وما الذي فكرت فيه «الأم الكبيرة» - وقد كانت أيضًا على صداقة متينة مع زوجته باتريثيا - ولا ندري كذلك لماذا قرر بارغاس يوسا عدم حضور جنازة صديقته. ومع ذلك، في يوم 23 سبتمبر (أيلول)، نشر الكاتب البيروفي في جريدة البابييس نصًّا محشوًّا بمحبة مخادعة، بعنوان «كارمن العزيزة جدًّا، إلى اللقاء قريبًا»، يؤكد فيه أن الوكيلة الأدبية تركت فراغًا لا يمكن لأحد أن يملأه. وبالفعل، لم يجانب ماريو الحقيقة في قوله هذا؛ فوظيفة الوكيل الأدبي آخذة في الاختفاء شيئًا فشيئًا من المشهد الأدبي، ويلاحظ أن هناك تناقصًا متزايدًا في عدد الكُتَّاب الذين تتمتع كتبهم بمبيعات عالية ويحتاجون إلى وسيط من أجل ديمومة نشر أعمالهم. وهكذا تتوالد أكثر فأكثر دور النشر المستقلة، حيث صار عدد نسخ المطبوعات أقل، ووجد الكُتَّاب أنفسهم مضطرين إلى العيش، لا على إيراد إعادة طبع كتبهم، وإنما على مداخلاتهم ومحاضراتهم في الميدان العام. المشهد الأدبي آخذ في التبدُّل. والفراغات لم تعد تُملأ بالطريقة القديمة نفسها. الكبار يذهبون، ويتركون لنا علامات لا تُمحى تشير إلى غيابهم، وتتبدّى في مفاعيل انقطاع أدبي؛ حتى لو كنا لا نلحظ، في سياق الأيام، اليقين الفظيع بأننا غير قادرين على فعل أي شيء. ولكن بالطريقة نفسها التي ترد في نهاية **غاتسبي العظيم**، «سنواصل قُدمًا، زوارق ضد التيار، مدفوعين بلا توقف نحو الماضي». على الدوام في اتجاه عالم غابو، ذلك العالم الذي ساعدت كارمن بالثييس في أن نقرأه الآن، في عالم بلا غابو.

غرناطة، 13 نوفمبر 2015

المراجع

Aguilar Sosa, Yanet (2007). "Pesaron más trenita años de enemistad que 100 de soledad". El Universal. www.eluniversal.com.mx/cultura/51166.html

ArmasMarcelo, Juan José (2002). Vargas Llosa. El vicio de escribir. Madrid, Alfaguara.

Barral, Carlos(1982). Los años sin excusa. Memorias II. Barcelona, Alianza.

Barral, Carlos(2001). Memorias. Barcelona, Península.

Benedetti, Mario (1967). "Las dentelladas del prójimo". Marcha, 137, 27 de octubre.

Bryce, Alfredo (1993). Permiso para vivir. Antimemorias. Lima, Peisa.

Bryce, Alfredo (1996). A trancas y barrancas. Madrid, Espasa-Calpe.

Casal, Lourdes(1971). El caso Padilla. Literatura y revolución en Cuba. Documentos. Nueva York, Nueva Atlántida.

Centeno Maldonado, Daniel (2007). Periodismo a ras de boom. Otra pasión latinoamericana de contar. Mérida, Universidad de Los Andes.

Coaguila, Jorge(ed.) (2004). Mario Vargas Llosa. Entrevistas escogidas. Lima, F. E. Cultura Peruana.

Cortázar, Julio (1994). Obra crítica. Madrid: Alfaguara, 3 vols.

Cortázar, Julio (1999). Todos los fuegos el fuego. Barcelona, Edhasa.

Cremades, Raúl y Esteban, Ángel (2002). Cuando llegan las musas. Cómo trabajan los grandes maestros de la literatura. Madrid, Espasa-Calpe.

Díaz Martínez, Manuel (1997). "El caso Padilla: Crimen y castigo (Recuerdos de un condenado)". Encuentro de la Cultura Cubana, 4-5, pp. 88-96.

Diego, Eliseo (1996-97), "Cartas cruzadas Gastón Baquero/Eliseo Diego", Encuentro de la Cultura Cubana, 3, pp. 9-12.

Dillon, Alfredo (2006). "Beckett y Joyce: dublineses en parís". www.myriades1.com

Donoso, José (1999). Historia personal del boom. Madrid, Alfaguara.

Edwards, Jorge(1989). "Enredos cubanos (dieciocho años después del 'caso Padilla')". Vuelta, XIII, 154, pp. 35-38.

Edwards, Jorge(1990). Adiós, poeta. Barcelona, Tusquets.

Esteban, Ángel y Panichelli, Stéphanie(2004). Gabo y Fidel. El paisaje de una amistad. Madrid, Espasa-Calpe.

Esteban, Ángel y Gallego Cuiñas, Ana (2008). Juegos de manos. Antología de la poesía hispanoamericana de mitad del siglo XX. Madrid, Visor.

Ette, Ottmar (1995). José Martí. Apóstol, poeta revolucionario: una historia de su recepción. México, UNAM.

Fernández Retamar, Roberto (1980). "Calibán". En VVAA. Revolución, Letras, Arte. La Habana, Letras Cubanas, pp. 221-276.

Fuentes, Carlos(1972). La nueva novela hispanoamericana. México, Joaquín Mortiz.

García Márquez, Eligio (2002). Son así. Reportaje a nueve escritores latinoamericanos. Bogotá, El Áncora Editores/Panamericana Editorial.

García Márquez, Gabriel (1991). Notas de prensa (1980-1984). Madrid, Mondadori.

Gilman, Claudia (2003). Entre la pluma y el fusil. Debates y dilemas del escritor revolucionario en América Latina. Buenos Aires, Siglo XXI Editores Argentina.

Goytisolo, Juan (1983). "El gato negro que atravesó nuestras oficinas de la Rue de Biévre", Quimera. 29, pp. 12-25.

Gutiérrez, José Luis(2007). "Vargas Llosa vs García Márquez: Historia de un puñetazo". Leer, XXIII, 182, pp.8-9.

Herrero-Olaizola, Alejandro (2007). Latin American Writers and Franco's Spain. Albany, State University of New York Press.

Mendoza, Plinio Apuleyo (1984). El caso perdido. La llama y el hielo. Bogotá, Planeta/Seix Barral.

Mendoza, Plinio Apuleyo (1994). El olor de la guayaba. Barcelona, Mondadori.

Mendoza, Plinio Apuleyo (2000). Aquellos tiempos con Gabo. Barcelona, Plaza y Janés.

Morejón Arnaiz, Idalia (2004). "El crítico como estratega: Rama & Retamar vs. Monegal". www.cubistamagazine.com.

Morin, Edgar (1960). "Intellectuels: critique du mythe et mythe de la critique". Arguments (XX) cuarto trimestre.

Moya, Rodrigo (2007). "La terrífica historia de un ojo morado". La Jornada, 6 de marzo. www.jornada.unam.mx/2007/03/06/index.php?section=cultura&article.

Oviedo, José Miguel (2007). Dossier Vargas Llosa. Lima, Taurus.

Palencia-Roth, Michael (1990). "The Art of Memory in García Márquez and Vargas Llosa". Language Notes, 105, pp. 351-367.

PratsFons, Nuria (1995). La novela hispanoamericana en España 1962-1975. Granada, Universidad de Granada. Tesis doctoral.

Rama, Ángel y VargasLlosa, Mario (1972). García Márquez y la problemática de la novela. Buenos Aires, Corregidor.

Rama, Ángel (1984). «El «boom» en perspectiva». VV. AA. Más allá del boom: literatura y mercado. Buenos Aires, Folios Ediciones, pp. 51-110.

Rama, Ángel (1986). La novela en América Latina. México, Universidad Veracruzana/ Fundación Ángel Rama.

Rentería, Alfonso (1979). García Márquez habla de García Márquez. Bogotá, Rentería Editores.

Sáenz Hayes, Ricardo (1952). La amistad en la vida y en los libros. Buenos Aires, Espasa Calpe.

Sáenz Hayes, Ricardo (2007). "Amistades históricas: Goethe y Schiller". www.enfocarte.com.

Saldívar, Dasso (1997). García Márquez. El viaje a la semilla. Madrid, Alfaguara.

Setti, Ricardo A. (1989). Diálogo con Mario Vargas Llosa. Buenos Aires, Editorial Intermundo.

Sierra, Ernesto (2006). «Mundo Nuevo y las máscaras de la cultura». Hipertexto, 3, pp. 3-13.

VargasLlosa, Mario (1983). Contra viento y marea (1962-1982). Barcelona, Seix Barral.

VargasLlosa, Mario (1993). El pez en el agua. Memorias. Barcelona, Seix Barral.

VargasLLosa, Mario (2007). Obras completas VI. Ensayos literarios I. Barcelona: Galaxia Gutenberg.

VargasLlosa, Mario (2008). "París, entre unicornios y quimeras". http://elviajero.elpais.com/articulo/viajes/unicornios/quimeras/Paris/Vargas/Llosa/elpviavia/20080628elpviavje_3/Tes.

Vázquez Montalbán, Manuel (1998). Y Dios entró en La Habana. Madrid, El País/Aguilar.

Viñas, David (1971). "Viñas o la otra alternativa en el debate acerca del caso Padilla". La Opinión, 11 de junio, p. 23.

Verdecia, Carlos (1992). Conversación con Heberto Padilla. Costa Rica, Kosmos.

VV.AA. (1971). "El caso Padilla. Documentos". Libre.

VV.AA. (1971b). Panorama actual de la literatura latinoamericana. Madrid: Fundamentos.

Williams, Raymond L. (2001). Otra historia de un deicidio. México, Taurus.

Yurkievich, Saúl (1972). "Cuba: política cultural. Reseña de una conferencia de prensa". Libre, 4.

Zapata, Juan Carlos (2007). Gabo nació en Caracas, no en Aracataca. Caracas, Editorial Alfa